Victor Lucien Tapié  Maria Theresia

Victor Lucien Tapié

# MARIA THERESIA

## Die Kaiserin und ihr Reich

Ins Deutsche übertragen von Uta Szyszkowitz und Eugen Wacker
Der Titel der französischen Originalausgabe lautet
„L'Europe de Marie-Thérèse. Du baroque aux lumières"
und erschien © 1973 bei Librairie Arthème Fayard, Paris

Umschlagbild: Martin van Meytens, Gemäldegalerie der Akademie der bildenden Künste Wien
Die Bilder im Text stammen aus dem Bildarchiv der Österreichischen Nationalbibliothek, Wien

CIP-Titelaufnahme der Deutschen Bibliothek

**Tapié, Victor Lucien:**
Maria Theresia : Die Kaiserin und ihr Reich /
Victor Lucien Tapié.
[ins Dt. übertr. von Uta Szyszkowitz und Eugen Wacker]. –
3. Aufl. – Graz ; Wien ; Köln : Verl. Styria, 1996
ISBN 3-222-11261-4

ISBN 3-902016-17-5

genehmigte Sonderausgabe 2000
für edition aktuell

*Meinen persönlichen Freunden*
*in Österreich,*
*der Tschechoslowakei und Ungarn,*
*deren Vorfahren*
*als Untertanen Maria Theresias*
*gelebt haben*

*Inhalt*

# *Vom Barock zur Aufklärung*

## Vorwort

Die Widmung dieses letzten Werkes von Victor Lucien Tapié an seine persönlichen Freunde in Österreich, der Tschechoslowakei und in Ungarn, deren Vorfahren als Adelige, Bürger oder Bauern unter der Herrschaft Maria Theresias gelebt haben, erscheint im Rückblick fast wie ein ahnungsvoller Abschiedsgruß an seine vielen Freunde in den Ländern der einstigen Donaumonarchie. Am 28. Mai 1973 hatte er in dem bis auf den letzten Platz gefüllten großen Saal des Französischen Kulturinstituts in Wien einen Vortrag über dieses sein neuestes Werk gehalten. Ein Jahr später, im Mai 1974, fehlte er zum erstenmal seit Jahren bei der feierlichen Jahressitzung der Österreichischen Akademie der Wissenschaften, zu deren korrespondierenden Mitgliedern im Ausland er seit 1965 zählte, und man erfuhr von seiner schweren Erkrankung. Am 23. September 1974 ist er in Paris gestorben.

Als junger Mann, unmittelbar nach dem Ende des Ersten Weltkriegs und dem Zerfall der Donaumonarchie, war der Austauschlehrer der französischen Sprache in Prag mit der Geschichte des östlichen Mitteleuropa in Berührung gekommen und hatte sich zunächst mit Themen der Geschichte Böhmens zur Zeit des Dreißigjährigen Krieges und den französisch-böhmischen Beziehungen im siebzehnten Jahrhundert beschäftigt. Nach dem für ihn so entscheidenden Jugenderlebnis des böhmischen Barock hat er in seiner späteren intensiven Beschäftigung mit dem „grand siècle" der französischen Geschichte, dem großen siebzehnten Jahrhundert des Kardinals Richelieu und Ludwigs XIV., auch eine neue Betrachtung und Beurteilung für das schwierige und umstrittene Problem eines „französischen Barock" erarbeitet und konnte daher das Verdienst einer „Entdeckung" und Neubewertung des französischen Barock für sich in Anspruch nehmen, nun nicht allein im Sinne einer kunsthistorischen Stil- und Epochenbezeichnung, sondern als eines alle Lebensbereiche umfassenden Phänomens. Ist doch das 1957 in Paris erschienene Buch „Baroque et Classicisme" sein wohl mit Recht erfolgreichstes bahnbrechendes Werk geworden, ebenso bestechend durch seine Synthese aus politischer, Wirtschafts- und Sozialgeschichte, Kultur- und Kunstgeschichte, wie in seiner nicht nur Frankreich, sondern auch das ganze übrige Europa und die Ausstrahlung bis nach Rußland wie nach Mittel- und Südeuropa einbeziehenden Überschau. Es erhielt zwei akademische Preise (den „Prix Hercule Catenacci" der „Académie des Sciences morales et politiques" und den „Prix Charles Blanc" der „Académie française") und wurde unter dem Titel „The Age of Grandeur" ins Englische übersetzt (London 1961) und erschien 1972, kurz vor der Vollendung des Maria-Theresien-Buches, in zweiter umgearbeiteter und erweiterter Auflage. Mit Recht hat der französische Kunstkritiker und Schriftsteller Pierre Charpentrat das Jahr 1957, als das Jahr des Erscheinens von „Baroque et Classicisme", den Zeitpunkt genannt, von dem an „la guerre de reconquête", der Kampf um die Wiedergewinnung des französischen Barock, sich „en marche triomphale", in einen Triumphmarsch, verwandelt habe. Eine wohl noch weitere Verbreitung erlebte das kleine Bändchen „Le Baroque" in der bekannten und vielgelesenen Sammlung „Que sais-je?" der „Presses universitaires de France" (Paris 1961, zweite Auflage 1963, japanische und spanische Übersetzungen 1963).

Gerade zu Beginn der sechziger Jahre, als der Lehrstuhlinhaber für Neuere Geschichte an der Sorbonne schon als der bekannteste und führende Spezialist für das Barockzeitalter international anerkannt war, hat sich Tapié wieder der mitteleuropäischen Geschichte zugewandt, jetzt in bemerkenswerter Ausweitung von der böhmischen auf jene des Habsburgerreiches: mit einer Abhandlung „Nationalités et nationalismes en Autriche-Hongrie" (La Table Ronde, März 1960) und „Marie-Thérèse, une souveraine ‚baroque'" und „François-Joseph, le dernier grand empereur" (Les Cahiers de l'histoire, Oktober 1961). Die Anführungszeichen um das Adjektiv „baroque" kennzeichnen eine Fragestellung, die den französischen Forscher offenbar schon damals gefesselt und nicht mehr losgelassen hat, auch wenn zunächst die Nationalitätenfrage in der Donaumonarchie im Zuge einer sehr lebhaften Diskussion in der internationalen Geschichtswissenschaft im Vordergrund seines Interesses stand. Aber nach seinem so erfolgreichen Werk „Monarchie et peuples du Danube" (Paris 1969, italienische Ausgabe Turin 1972, deutsche Ausgabe unter dem Titel „Die Völker unter dem Doppeladler", Graz, Verlag Styria 1975) hat er sich wieder der Gestalt der großen Kaiserin und der in jenen Anführungszeichen angedeuteten Fragestellung zugewandt — und das Ergebnis war dann das vorliegende Buch.

Es ist nicht nur sein letztes, sondern auch sein reifstes, von Gerechtigkeitssinn, Altersweisheit und Zuneigung überglänztes Werk geworden. Die Frage, ob und inwieweit man Maria Theresia als eine „barocke" Herrscherin bezeichnen kann, findet ihre Antwort in dem Untertitel „du baroque aux lumières" (Vom Barock zur Aufklärung). Denn wenn auch die so häufig zu hörende Bezeichnung einer Zeit als „Übergangszeit" insofern eigentlich töricht und nichtssagend ist, als jede Zeit eine „Übergangszeit" ist, in der Altes vergeht und Neues entsteht, da der Übergang eben unabdinglich zum Wesen der Zeit gehört, so steht die theresianische Epoche, wenn wir ihr Verhältnis zu den eingeführten und traditionellen Epochenbezeichnungen „Barock" und „Aufklärung" untersuchen — die wie alle derartigen Bezeichnungen unscharf, vieldeutig und höchst problematisch sind, auf deren Gebrauch wir aber leider doch kaum verzichten können — zwischen diesen beiden Epochen, zwischen Barock und Aufklärung. Die Herrscherin selbst, die für uns wie für den Autor dieser Zeit ihren Namen gab, stand der Aufklärung fremd, ja kritisch und ablehnend gegenüber, und sie hat deren Einströmen nach Österreich zugleich weit die Tore geöffnet. Sie war in ihren Anschauungen wie in Lebens- und Herrschaftsstil eine Monarchin des ausgehenden Barockzeitalters und sie gehört durch ihr von Anfang an so lebhaftes Reformbewußtsein und ihre Reformtätigkeit als eine geradezu idealtypische Leitfigur in das Phänomen des „aufgeklärten Absolutismus". So weist denn auch der Autor abschließend mit Recht darauf hin, daß gerade in der theresianischen Epoche des Übergangs vom Barock zur Aufklärung, vom Staat zur Nation, von der patriarchalischen Monarchie zur Gewaltenteilung und zum Gesellschaftsvertrag, von der feudalen Agrarwirtschaft zur kapitalistisch-industriellen Produktion der Herrschafts- und Regierungsstil charakterisiert erscheint durch die Verbindung christlicher Tradition mit dem Bestreben, in die Beziehungen zwischen den Staaten mehr Rationalität, in das Alltagsleben der Menschen mehr Gerechtigkeit zu bringen.

Wien, im März 1980 Adam Wandruszka

# *Einleitung*

Dieses Buch ist ein Versuch, die Gestalt einer Frau, die vierzig Jahre lang die Staatsgewalt über eine der großen europäischen Monarchien ausgeübt hat, in die allgemeinen Verhältnisse der Epoche wie auch in die ihren Ländern und Völkern eigenen Fragenkreise hineinzuversetzen. Originell an diesem Experiment ist der Bruch mit dem alten Ideal der traditionellen Monarchien, dem Trachten nach Ruhm und dem Streben nach Macht; es verbleibt lediglich die Sorge um die Verteidigung des Erbes, den Zusammenhalt des Staates und die Verbesserung des persönlichen Loses der Untertanen. So rückt das Wirken Maria Theresias in die Nähe des aufgeklärten Absolutismus, es übernimmt jedoch weder dessen Geist noch dessen Praxis. Die Landesmutter handelt auf empirische Weise, wobei sie manchmal in Widersprüche gerät, eigenen Abneigungen nachgibt und es trotzdem fertigbringt, eine Ansammlung noch fast mittelalterlicher Besitzungen in einen verhältnismäßig modernen Staat umzuwandeln, der stark genug sein wird, sie um hundertfünfzig Jahre zu überleben. Die theresianische Monarchie ist somit als eine positive Leistung im Europa des 18. Jahrhunderts zu werten. Die Sonderart der einzelnen Völker und ihre gesellschaftliche Entwicklung innerhalb einer Welt, die damals von einer vorwiegend agrarisch und handwerklich geprägten Wirtschaftsform überwechselt zu einer solchen der für den Handel bestimmten Großproduktion und der industriellen Verarbeitung, der Rückstand Mitteleuropas gegenüber den Verhältnissen im westlichen und maritimen Europa samt der Bemühung zum Aufholen, die Beständigkeit im religiösen Glauben und der Wandel der Gesinnungen: All diese Probleme waren der Regierung Maria Theresias gestellt, und ihnen mußte sie sich stellen, sie, die bedachtsame, geduldige Frau, der jedoch das Maß an Phantasie nicht geschenkt war, das zu kühnen Neuerungen hinzureißen vermag.

Die uns bekannten Ausdrücke „Barock" und „Aufklärung" hat Maria Theresia nicht gekannt, und dennoch wird ihr Werk ziemlich richtig eingeschätzt, wenn man sagt, daß mit ihr sich der Übergang vom Barock zur Aufklärung vollzieht.

Es sei mir erlaubt, meine Dankbarkeit all denen zu bezeigen, deren Arbeiten, Bücher, Artikel, persönliche Ermunterungen mich in die Lage versetzt haben, diese Beweisführung zu versuchen. Am Ursprung stand eine Anregung von Denis Richet, der mich des Unternehmens fähig erachtete. Und je weiter ich in meiner Arbeit fortschritt, welche Dankesschuld! Ich denke zunächst an die großen Historiker Mitteleuropas. Am Anfang steht von Arneth, dessen heute hundertjähriges Werk, wenngleich in Methode und Form überholt, wegen der Zuverlässigkeit seines Urkundenmaterials unentbehrliche Quelle bleibt, dann die Lehrer meiner Jugendzeit an der Prager Universität bis zu dem 1972 verstorbenen Prof. Hugo Hantsch OSB von der Universität Wien, dem ich dieses Buch so gerne vorgelegt hätte.

Dank der Zuvorkommenheit des seinerzeitigen Generaldirektors des Staatsarchivs Prof. Mikoletzky, des Herrn Dr. Blaas, Direktor des Haus-, Hof- und Staatsarchivs, der Frau Dr. Anna Coreth und des gesamten Stabes vom Minoritenplatz verbleibt mir von den Wiener Forschungsstunden eine fröhliche Erinnerung. Welche Dankesverpflichtung auch gegenüber so vielen Kollegen und Konfratres der Akademien und Universitäten Wien, Prag, Budapest, Salzburg, Graz, Preßburg, Łodz, die mir großzügig die Schatzkammern ihres Wissens geöffnet haben und die sich einzeln in meinem kollektiv ausgesprochenen Dank wiedererkennen werden.

Ich war bestrebt, aus meinen wiederholten Reisen und Aufenthalten in Österreich, der Tschechoslowakei und Ungarn, aus der sorgfältigen Besichtigung von Denkmälern und Museen, aus der Betrachtung der Landschaften und Landessitten Nutzen zu ziehen, und ich habe es nur vermocht dank der unermüdlichen Geduld der Frau, die mich so oft begleitet und ihren Anteil — manchmal den undankbarsten — an dieser Arbeit übernommen hat.

# *Ihre Länder und Völker*

Kaiser Karl VI. stand noch im besten Mannesalter (fünfundfünfzig Jahre), als er am 20. Oktober 1740 in seinem Sommerpalais Favoriten, vor den Toren des damaligen Wien, nach wenigen Tagen des Krankseins starb. Er hinterließ als Erbin sämtlicher Länder seine älteste Tochter, die Erzherzogin Maria Theresia, Gemahlin des Großherzogs von Toskana Franz Stephan von Lothringen. Diese am 13. Mai 1717 in Wien geborene und dort aufgewachsene junge Frau, die im Familienkreis, ja selbst von den Wienern mit dem Kosenamen Resl genannt wurde, hatte keinerlei politische Vorbildung erhalten. Den Gang der Ereignisse aber hatte sie zwangsläufig gekannt und verfolgt, bildete doch die Hofburg ein Zentrum lebhaftester Geschäftigkeit von Ministern und ausländischen Diplomaten.

Es wird späterhin noch die Rede sein von den dramatischen Verwicklungen der österreichischen Erbfolge. Zunächst aber ist es angebracht, das Erbe selbst, Länder und Völker, kennenzulernen.[1] Was besaß denn eigentlich Kaiser Karl VI. bei seinem Tod? Die Ausdehnung seiner Länder machte ihn zu dem hervorragendsten Landesherrn unter den Deutschen, deren Wahlkrone ihm beim Tod seines älteren Bruders, Kaiser Josefs I., zugesprochen worden war.

Die beharrliche Politik der Habsburger hatte nach und nach, zum Vorteil der Dynastie, den Zusammenschluß vieler Länder bewirkt: der österreichischen Herzogtümer, deren Namen sie angenommen hatten, der Alpenländer Steiermark, Kärnten und Krain, der Stadt Triest, die ein Fenster auf die noch venezianische Adria aufstieß, der Grafschaft Tirol, Vorarlbergs, das der Rhein von der Schweiz schied und dessen äußerstes Gebiet der Bodensee umspülte. Weiterhin, nach einer Reihe von Enklaven, fanden sich erneut habsburgische Besitzungen, nämlich die Waldstädte an den Rheinufern, der Breisgau inmitten des Schwarzwaldes mit seiner Hauptstadt Freiburg, einer rührigen und gelehrten Kleinstadt, und der Abtei St. Blasien, Grabstätte mehrerer Vorfahren. Wandte man sich zurück nach Osten, ins Donautal, so traf man auf andere Herrschaften des Hauses (des Erzhauses, wie man sagte), nämlich Burgau und Günzburg, heute in vollem industriellen Aufschwung begriffen, deren Hauptplätze jedoch, so belebt sie neuerdings sind, deren alte Schlösser und Kirchen ihre Dekoration aus der theresianischen Zeit bis heute bewahren. Man nannte diese Gebiete die Vorlande oder Vorderösterreich, eine Art tief nach Deutschland vorgeschobenes Österreich.

Rhein und Donau also, diese beiden Flußverkehrsachsen Europas, begrenzten oder durchquerten, bevor sie sich zu geographischer Größe aufschwangen, kleine Territorien des Hauses Österreich.

Die Donau aber war bereits zu einem mächtigen Fluß angeschwollen, wenn sie unterhalb von Regensburg und Passau, bei Engelhartszell, der ersten Mautstelle vor Linz, in die eigentlichen Erzherzogtümer eintrat: Nördlich von Österreich, von wuchtigen Gebirgen umsäumt, entfaltete sich das Königreich Böhmen, von Süden nach Norden von Moldau und Elbe durchquert, und, ihm angegliedert, die Markgrafschaft Mähren, deren Fluß, die March, unterhalb Wiens zur Donau stieß, und die schlesischen Herzogtümer, von der Oder durchflossen und durch historische Grenzen von Polen geschieden. Das Ganze bildeten die Länder der Wenzelskrone. Das waren die Herrschaftsgebiete, die das Haus Österreich innerhalb des Heiligen Römischen Reiches besaß. Etwa fünfzig Kilometer von Wien begann ein weiteres ausgedehntes Reich, das Königreich Ungarn oder das Reich der Stephanskrone.

Save und Donau, letztere im Anschluß an ihren trägen Bummel durch die ungarische Tiefebene, bezeichneten dessen südliche Grenze, nach der Balkanhalbinsel zu, die damals Teil des Osmanischen Reiches war. Dort bildete ein ziemlich schmaler, ungleichmäßig ausgedehnter Gebietsstreifen die Militärgrenze, an der seit dem 16. Jahrhundert eine Bevölkerung von mit Privilegien ausgestatteten Soldatenbauern verschiedener Herkunft ansässig war. Jederzeit zur Grenzverteidigung verpflichtet, verfügten sie über kleine Grundstücke für ihren Lebensunterhalt und den ihrer Familie und genossen Steuerfreiheit; in Kriegszeiten griffen sie zu den Waffen und bezogen Sold wie das reguläre Heer. Im Norden schied der Karpatenbogen Ungarn von Polen, und gen Osten, bis zu den moldo-walachischen Ebenen, erstreckten sich die Transsylvanischen Alpen.

Durch Bodenbeschaffenheit und Klima, besonders in seinem zentralen Tiefland mit den endlosen Horizonten sehr verschieden von Österreich, Böhmen, den Alpenländern und den Rheinlanden, weist das Königreich Ungarn zahlreiche osteuropäische Züge auf. Dem Reisenden, der donauabwärts fuhr, kam es bereits wie eine andere Welt vor. Die ungarische Wirklichkeit war aber nicht ausgeschöpft, wenn man lediglich das steppenartige Flachland um Donau und Theiß in Betracht zog. Im nördlichen Landesteil befand sich das imposante Tatramassiv, an dessen Fuß, in den Tälern, Erzlager (Silber, Kupfer) diesem Oberungarn große wirtschaftliche Bedeutung gesichert hatten. Mit der Konkurrenz der amerikanischen und schwedischen Erzgruben war jedoch der Niedergang angebrochen. Von noch ganz anderer Beschaffenheit waren im Südwesten Kroatien mit seinem Hügelland, die Banatebene im Süden, das gebirgige und waldige Siebenbürgen im Osten. Zwei Jahrhunderte lang hatten Einfälle oder Besatzung der türkischen Heere die politischen und wirtschaftlichen Verhältnisse Ungarns durcheinandergebracht und aus dem, was am Ende des Mittelalters und noch im 15. Jahrhundert, zu den Zeiten des Matthias Corvinus, das schöne und blühende Königreich der Stephanskrone gewesen war, eine Grenzmark und ein Schlachtfeld gemacht. Rechtlich und historisch hatte sich Ungarn stets einer vollen Souveränität, der Unabhängigkeit gegenüber jeglichem anderen Staat, erfreut, und nie hatte es dem Heiligen Römischen Reich unterstanden.

Die so lebhaften Geschäftsbeziehungen mit den Königreichen Böhmen und Polen hatten jedoch am Ende des Mittelalters zur Folge gehabt, daß ein und dieselbe Familie gleichzeitig an die Spitze Ungarns, Polens und Böhmens trat, die sie aneinanderfügte, ohne sie jemals miteinander zu verschmelzen. Weil dann die letzte Jagellonin, die Schwester König Ludwigs II. von Ungarn und Böhmen, Anna, den Erzherzog Ferdinand zum Gemahl hatte, den Beherrscher Österreichs, Tirols und der Alpenherzogtümer, hatte das Haus Habsburg seinen Besitzungen zwei ansehnliche Königreiche hinzufügen können: Böhmen, das im Reich die Kurwürde besaß, und Ungarn, das dem Reich fremd war.

Zu diesen schon so verschiedenartigen Ländern, die wir als mitteleuropäisch ansprechen können, kam seit Anfang des Jahrhunderts (1713—14) der Anteil am spanischen Erbe, den die völkerrechtlichen Verträge Kaiser Karl VI. zuerkannt hatten. Dieser beherrschte nunmehr das heutige Belgien und Luxemburg (die Spanischen Niederlande), in Italien das Herzogtum Mailand und, seit 1738, die Herzogtümer Parma und Piacenza. Eine Welt also. Soll man nun denken, daß eine solche Territorialmacht Karl VI. das Mittel gab, Europa gefährlich zu werden? Hatte das Haus Österreich all diese Herrschaftsgebiete nicht mit Heeresmacht unter sein Joch gebeugt? Hatte es nicht das in der Formel A. E. I. O. U. — Austriae est imperare orbi universo — bekundete ehrgeizige Programm verfolgt und teilweise verwirklicht? Hüten wir uns, allzu rasch zu einem allzu knappen Schluß zu gelangen! Weder Bescheidenheit noch Selbstlosigkeit hatten das Erzhaus zu einem derartigen Ergebnis geführt, und am Ehrgeiz, das erste Herrscherhaus der Welt zu sein, hatte es ihm bestimmt nicht gefehlt. Mehr noch: Wenn es ihm gelungen war, seit 1438 die Kaiserkrone für sich zu behalten, durch die Wahl eines Kaisersohnes oder -bruders zum römischen König Zwischenregierungen zu vereiteln und die höchste Würde der Welt so gut wie erblich zu machen, so waren ihm die realen Hilfsquellen und das moralische Ansehen der Länder, die es beherrschte, dazu unentbehrlich gewesen. Jedoch hatte das Erzhaus, zweifellos gewandt oder auch gut bedient, sein Vorhaben keineswegs durch Krieg allein verwirklicht. Man denke nur an die großartigen heiratspolitischen Erfolge Kaiser Maximilians I. durch seine eigene Ehe mit der Tochter Karls des Kühnen von Burgund und die Ehe seines Sohnes mit der Erbin von Kastilien und Aragon. Seine Macht hatte es ihm zwar ermöglicht, Geldmittel zur Bildung mächtiger Heere aufzutreiben, niemals aber hatte sie es vermocht, all diese Länder, deren jedes seine Verwaltungs- und Finanzhoheit eifersüchtig wahrte, in ein einziges politisches System zusammenzufügen. Mirabeau, ein schönes Bild übertreibend, meinte am Vorabend der Revolution, Frankreich sei ein Aggregat ungeeinter Völker. Die Formel ließe sich richtiger auf das Haus Österreich anwenden. Wohl hatte es einen Kaiser zum Oberhaupt, aber es war der Kaiser des Römisch-Deutschen Reiches. Zur Zeit des Dreißigjährigen Krieges unterstellten ihm die französischen Politiker und Polemiker die Absicht, das Reich in eine Erbmonarchie umwandeln zu wollen. In Wirklichkeit hatte er kaum die Mittel besessen, einen so hoch gespannten Plan auszuführen, und es war ihm nie gelungen. Wenn der Kaiser, seit 1617 in Wien ansässig, von dieser Hauptstadt aus gleichzeitig die Geschicke des Reichs lenkte und seine sämtlichen zusammengewürfelten Länder regierte, da war er zweifellos bemüht, beides zu einer gemeinsamen Aktion zu verbinden, die nur außenpolitisch sein konnte, nämlich zum Krieg, sei es zum Angriffs- oder zum Abwehrkrieg.

Krieg hatte das Haus Österreich lange gegen den Türken geführt, und es hatte sich rühmen dürfen, Bollwerk und Schutzschild der Christenheit zu sein. Krieg hatte es geführt gegen den König von Frankreich, dem es den vorherrschenden Einfluß auf die deutschen Fürsten streitig machte. Kraft der Westfälischen Verträge war der König von Frankreich Garant der deutschen Libertäten, doch hielt er sich eine Klientel im Reich. Zum Kampfe nun gegen die Türken wie gegen Frankreich bot der Kaiser seine eigenen Truppen auf, die aus den Einkünften seiner eigenen Länder besoldet wurden; doch verfügte er auch über Kontingente, die der Reichstag oder die deutschen Fürsten dann in seinen Dienst beorderten. Seit dem Scheitern der Türken bei der Belagerung Wiens 1683 war die osmanische Macht weit zurückgedrängt worden: Ungarn, Siebenbürgen, der Temescher Banat waren völlig befreit. Beim Rastatter Frieden von 1714 waren der französische und der „österreichische" Unterhändler, Marschall Villars und Prinz Eugen, zur Einsicht gelangt, die beiden Monarchien sollten, ihren eiteln Streit um Deutschland beilegend, sich eine Politik zu eigen machen, die sie nicht mehr in Gegensatz zueinander brächte: Der Kaiser würde seine Macht auf dem Balkan erweitern und der König von Frankreich, mit gesicherter Ostgrenze, sich dem Überseehandel widmen. Es braucht aber viel Zeit, damit eine in sich vernünftige Absicht in die Wirklichkeit übergeht. Jede der beiden Monarchien hatte in Deutschland auch weiterhin viel zu viele Interessen, die den Interessen der andern zuwiderliefen, als daß die Versöhnung bereits möglich gewesen wäre. Der Kaiser übte im Reich und in Deutschland eine umso geringere Macht aus, als viele deutsche Fürsten seit einem Jahrhundert ihre landesherrliche, militärische und steuerliche Macht vergrößert hatten und, wenngleich sie sich als Vasallen bekannten, sich doch wie unabhängige Herrscher benahmen. Ihre Stellung entsprach einem etwas schwankenden Begriff, nämlich dem der Landeshoheit, die sie zu

Herren ihrer eigenen Politik machte, vorausgesetzt, daß sie den allgemeinen Interessen des Reiches nicht schadeten, ein Vorbehalt, der nicht immer leicht zu interpretieren war. Hatten zudem die mächtigsten deutschen Fürsten lange nach der Kurwürde gestrebt, so war es fortan die Königskrone, die sie lockte: Unzweifelhaft ein Abglanz des Zaubers, den auf dem Kontinent der König von Frankreich Ludwig XIV. ausgeübt hatte, dessen persönliche Rolle in Europa die Historiker seines Landes eben heute zu verharmlosen bemüht sind, wobei er doch zu Lebzeiten, wenn auch verhaßt und bekämpft, in dieser phantasievollen Gesellschaft als Modell einer Leistung erschienen war, die jeder annähernd nachvollziehen wollte. Der König von Böhmen war lange der einzige König im Reich gewesen. Seit dem Ende des 17. Jahrhunderts hatte es die Fürsten gereizt, die Königswürde zu erlangen, und wäre es auch in zerstückelten oder reichsfremden Gebieten. Der Kurfürst von Brandenburg war König *in* Preußen geworden, das heißt in Königsberg, in einem Landstrich, der einst Polen unterstanden hatte, in Wirklichkeit aber war er König *von* Preußen, mit Berlin als Hauptstadt. Der Kurfürst von Sachsen war 1697 zum König von Polen gewählt worden; der Kurfürst von Hannover war durch persönliches Nachfolgerecht zum König von England geworden; der Herzog von Savoyen, einem Lande, das lange dem Reich unterstand, hatte die Krone von Sizilien erlangt, dann war er, indem er auf einen Tausch Siziliens gegen Sardinien einging, König von Sardinien geworden.

Solcherart versorgt, machten sich diese fürstlichen Häuser fortan eine dynastische und territoriale Politik zu eigen. Das englische Parlament hatte wiederholt seinen Willen bekundet, nicht zuzulassen, daß der König als Kurfürst von Hannover die Politik des Vereinigten Königreiches im Sinne der kurfürstlichen Interessen umbiege; alles in allem fand es aber gar kein so großes Mißfallen daran, daß er ein persönliches Besitztum in Deutschland hatte. Der Kurfürst von Bayern, Maximilian Emanuel, Schwiegersohn Leopolds I., nachmals Klient und lästiger Verbündeter Ludwigs XIV., hatte sich ebenfalls, jedoch erfolglos, um das Königtum bemüht; der Spitzname „Blauer König", den ihm seine Tapferkeit während der Türkenkriege am Ende des 17. Jahrhunderts eingetragen hatte, genügte ihm nämlich nicht.[2] Diese Häufung von Königstiteln bei den deutschen Fürsten schwächte die Sonderstellung des Kaisers im Reich und zwang ihn, um die Klientel anderer Fürsten nachzusuchen, die prunksüchtig oder verarmt, manchmal beides zugleich waren, und hierzu gehörten die geistlichen Kurfürsten sowie die Fürstbischöfe reicher Bistümer. Da nun der König von Frankreich seinerseits um Verbündete warb und weiterhin den Einfluß des Hauses Habsburg in Deutschland fürchtete, ergab es sich, daß die alte Rivalität fortbestand, wenn auch nicht mehr so aktuell und so drängend wie in den Jahrhunderten zuvor.

Unter diesen Umständen lag es neuerdings im Interesse des Kaisers, seine Machtstellung in den eigenen Ländern auszubauen und dieselben in einem politischen Gebilde zusammenzufassen, das für sich allein, indem es die für eine internationale Rolle nötigen Hilfsmittel sicherstellte, in Europa eine echte Großmacht sein konnte. Mit einer sehr glücklich gewählten Formel hatte Prinz Eugen von Savoyen, einer der intelligentesten Staatsmänner seiner Zeit und einer der besten Kenner Europas, dies zum Ausdruck gebracht, als er Karl VI. nahelegte, aus seiner Monarchie ein Ganzes zu machen: „Die Monarchie als Totum.“ Dieser Franzose von Geburt und Bildung hatte in Versailles gelebt, und er wußte, was eine gut verwaltete Monarchie vermochte, in der zufolge der letztinstanzlichen Entscheidungsgewalt des Königs und durch den Einsatz königlicher Beamter, die für Gehorsam seitens der Untertanen und für den Einsatz regelmäßiger Steuermittel sorgten, der Wille des Königs Gesetz war. Zweifellos kannte Prinz Eugen besser als irgendwer die Grenzen, welche dieser königlichen Allmacht gesetzt waren. Er sah aber in der relativen Einheit Frankreichs eine Voraussetzung zu dieser von ihm bewunderten, begehrten und gefürchteten Größe. Er beklagte, daß die Monarchie des Hauses Österreich, mangels einer ebenso geregelten Verwaltung, von solcher Macht sehr weit entfernt sei.[3]

Nicht nur nämlich war der Kaiser keineswegs der Gebieter des Reiches, auch in seinen eigenen Erblanden übte der Chef des Hauses Habsburg keine unumschränkte Gewalt aus. Da er aber in jedem von ihnen bestimmte landesherrliche Vorrechte besaß, kann man ohne Gefahr des Irrtums sagen, daß dieselben ihm gestatteten, den Absolutismus wenigstens anzustreben. Spürbar wirkte sich das aus im religiösen Bereich. Die Steuerbewilligung jedoch, der Steuersatz und besonders die Steuerveranlagung und -eintreibung hingen von den Landtagen ab, die von der einheimischen Aristokratie der adeligen Großgrundbesitzer beherrscht waren. Dies traf zunächst für Ungarn zu, wo dem König durch die Verfassung wirklich ein Zügel angelegt war, aber auch für das Königreich Böhmen, was auch immer über dessen Knechtung gesagt worden sein mag, oder für Tirol, das den Nationalstolz und den Unabhängigkeitssinn gar weit trieb, ja sogar für Niederösterreich, dessen Landtag, wiewohl er in Wien, in des Kaisers Hauptstadt, tagte, kaum weniger widerspenstig als die anderen war.

So bildeten die Besitzungen des Hauses Österreich faktisch, nicht rechtlich, eine Konföderation, zusammengefaßt unter einem gemeinsamen Fürsten, den sie mit Geld und mit Menschen für seine allgemeine Politik in Europa versorgten. Koordinierende und zentralisierende Dienststellen waren nur andeutungsweise vorhanden und bildeten nicht die Triebkräfte des Systems.

In jedem seiner Länder besaß der Souverän natürlich die oberste Gerichtsbarkeit. Es gab in Wien, aber nur weil der Kaiser dort residierte, einen *Reichshofrat,* vor dem die Rechtshändel des Reiches ausliefen, also auch die der Erblande, da einige von ihnen der Zuständigkeit des Reiches unterlagen (niemals aber die Rechtssachen Ungarns). Desgleichen war die *Reichshofkanz-*

*lei* für die Angelegenheiten des Reiches zuständig und ebensowenig eine zentrale Institution der österreichisch-böhmischen Länder. Es gab allerdings auch Räte, in denen die allgemeinen Angelegenheiten der Monarchie behandelt wurden. Der erste war der *Geheime Rat,* den man später *Geheime Konferenz* nannte. Kaiser Josef I. hatte ihn neu organisiert, indem er an seine Spitze den Obersthofmeister als eine Art Regierungschef stellte und das Ganze in eine engere Konferenz aufteilte, die sich mit der Außenpolitik befaßte, und in eine erweiterte Konferenz für die inneren Angelegenheiten. Der andere Rat, die *Hofkammer,* verwaltete die Einkünfte, die die verschiedenen Länder dem Herrscher zur Verfügung stellten. Selbstverständlich war aber dieser Finanzverwaltungsrat kein Finanzministerium schlechthin, ja noch nicht einmal ein oberster Rechnungshof, er war eine Behörde für die Verwaltung von Kassenüberschüssen oder von Beträgen, die von den Landtagen zu besonderen Zwecken bewilligt worden waren. Wohl verfügte nämlich der Herrscher in jedem Land über Grundbesitz und Regalien (Einkünfte aus Zoll-, Strom-, Straßen- und Bergregal); ein großer Teil der daraus erzielten Erträge sowie der von den Landtagen bewilligten Steuern wurde jedoch im Lande selbst zurückbehalten und von der dortigen Kammer für die Besoldung der Beamten, für die Verwaltungsbehörden, für Gebäude und Straßen in Anspruch genommen. Was an die Hofkammer gelangte, konnte für den Unterhalt des Heeres, worin deren Hauptaufgabe lag, nicht genügen. Die Außenpolitik der Dynastie zwang fortwährend zu Anleihen bei Bankherren in Genua oder Holland, wobei die Einkünfte aus Zöllen und Bergwerken verpfändet wurden. Die Lage hatte sich nur unwesentlich gebessert durch die Gründung einer Wiener Stadtbank, die unter Karl VI. Gundaker Graf Starhemberg trefflich verwaltete.[4]

Aufgrund der Berichte, die ihr die Hofkammer zuleitete, konnte sich die Geheime Konferenz eine Vorstellung über Mittel und Wege ihrer allgemeinen Politik machen, und sie traf auch finanz- und währungspolitische Entscheidungen.

Es ist verschiedentlich gesagt worden, die Konferenz hätte die Rolle eines Ministerrats gespielt oder sie wäre so etwas wie in Frankreich der Staatsrat des Königs gewesen.[5] Das ist äußerer Schein und ein völlig abwegiger Vergleich. In Versailles umfaßte der Rat des absoluten Königs die Leiter regelrechter Ministerialabteilungen und entschied sowohl über die allgemeine Politik als auch über die Mittel ihrer Durchführung, während in Wien die Räte hohe Staatsdiener waren, die, nachdem sie beraten hatten, dem Gutdünken des Kaisers Vorschläge unterbreiteten, deren Ausführung nachher von den Landtagen und den Landesverwaltungen abhing. Wie der Rechtshistoriker Tezner bemerkt hat, war der Geheime Rat keineswegs ein Verfassungsorgan der unter dem Zepter der Habsburger vereinigten Länder, weil keine der einzelnen Landesverfassungen seine Existenz juristisch weder kennen noch anerkennen und weil der Wille des Herrschers, der ja nicht, wie in Frankreich, von sich aus Gesetz war, ihm keinen institutionellen Charakter verleihen konnte. Da der Kaiser sich in Wien aufhielt, ließ er sich in den Hauptstädten seiner übrigen Länder durch einen Statthalter vertreten, der in seinem Namen regierte und verwaltete, jedoch gemeinsam mit dem Landtag und dessen Exekutivausschuß. Justiz- und Finanzbeamte, selbst wenn vom Herrscher ernannt, waren gehaltsmäßig vom Landtag abhängig und dienten lieber ihrem Land als ihrem Fürsten.

Nach Verfassung und Herkommen mußten die Kanzler immer da zugegen sein, wo der Fürst residierte. Deshalb hatte ein Reichsvizekanzler seinen Sitz in Wien (Erzkanzler war von Rechts wegen der Erzbischof-Kurfürst von Mainz), und die Dienststellen der *Reichskanzlei* waren in einem von Fischer von Erlach erbauten Flügel der Hofburg untergebracht. Seit Josef I. gab es zwei österreichische Hofkanzler. Dem böhmischen Hofkanzler stand dem Wiener Rathaus gegenüber ein prunkvolles Palais zur Verfügung, das derselbe Fischer von Erlach zu Beginn des 18. Jahrhunderts erbaut hatte und dessen Giebel eine imposante heraldische Figur zierte: die des gekrönten Löwen mit erhobenen Pranken. Eher als einem öffentlichen Verwaltungsgebäude glich das Palais der Botschaft eines mächtigen Königreiches bei einem ausländischen Herrscher. Die Wirklichkeit war vom Anschein nicht weit entfernt, denn es handelte sich tatsächlich um die Gesandtschaft eines mächtigen Königreiches bei seinem eigenen Herrscher, der im Ausland residierte, und juristisch war Böhmen Österreich nicht untergeordnet.

Nach Rang und Amt waren die Kanzler gewöhnlich Geheime Räte, so daß es aussehen mochte, als wäre die Geheime Konferenz eine Art — freilich rein beratenden — Kollegs der Länder der Monarchie zu seiten des Herrschers.

Ein anderer Rat, der *Hofkriegsrat*, befaßte sich mit der Streitmacht, und zwar sowohl mit der Truppenstärke, Ausrüstung, Besoldung als auch mit den militärischen Operationen. Das erforderliche Geld erwartete er von den Dienststellen der Hofkammer und den Entscheidungen des Geheimen Rats.

Eine solche Beschreibung, die indes lediglich die Hauptzüge nachzeichnet, kann den Eindruck einer entmutigenden Vielfalt der Institutionen erwecken. Die Regierung der Monarchie war gewiß ein sehr schwerfälliger Apparat. Dennoch kam den Zeitgenossen diese Verfahrensweise nicht töricht vor. Die einzelnen Länder fühlten sich unabhängig, und die Zentralbehörden, im Prinzip einverstanden, waren die zwangsläufigen Verhandlungen mit den Landesbehörden gewohnt. Die französische Denkart, selbst vor Descartes, und zwar sowohl von der Scholastik als vom Römischen Recht her, erstrebte Folgerichtigkeit und Klarheit in Grundsatz und Handlung. In der Habsburgermonarchie war der Empirismus Trumpf und störte überhaupt keinen Menschen, denn dieses scheinbare Durcheinander hielt sich im Gleichgewicht und ermangelte nicht einer gewissen inneren Ausgeglichenheit.

Von den Persönlichkeiten, die Sitz im Geheimen Rat hatten, bekleideten etliche in ihrem Lande hohe Ämter und verfügten dort vielfach über bedeutendes Grundvermögen. So verbanden sie in ihrer Person den Hofdienst mit den Interessen ihres eigenen Landes, die sie etwas summarisch als Adelige mit denen ihres Standes und ihrer wirtschaftlich-sozialen Gruppe gleichsetzten, waren sie doch durchwegs Großgrundherren.

Zu sagen „Frankreich" oder „französisches Königreich", hieß schon damals, eine feste, klare Vorstellung zu erwecken. Zu sagen „Österreich", hieß, wie die Neigung im Westen immer noch besteht, allzusehr an die Dynastie denken und die Tatsache jener Konföderation von Königreichen und Herzogtümern vernebeln. Und mag es auch eine Zeit gegeben haben (ob sie überhaupt vorbei ist?), da man meinte, die Regierung des Ganzen sei ausschließlich und eigennützig im Hinblick auf das Prestige oder den Nutzen einer ehrgeizigen Familie geführt worden: Eine unvoreingenommene Betrachtung dessen, was sich damals zugetragen hat, rechtfertigt diesen Vorwurf nicht mehr. Jenen gegenseitigen Nachbarländern erwuchsen gerade aus ihrer Nachbarschaft zahlreiche gemeinsame Interessen, besonders gegenüber dem Ausland. Die Dynastie verband sie miteinander, und umgekehrt bezog sie aus ihnen die Gründe ihres Daseins: augenfällige Solidarität.

Die Verbindung war immerhin enger, man könnte fast sagen hautnaher, innerhalb der kompakten Gruppe der Erblande: Tirol, österreichische Herzogtümer, Königreich Böhmen und, bis zu einem gewissen Grad, Ungarn. Die Stellung der Vorlande und Vorarlbergs war wegen der größeren Entfernung von der Zentrale schon etwas weniger eindeutig; sie wurde aber ausgewogen durch die Zugehörigkeit zum Römisch-Deutschen Reich. Es ist kein Zweifel, daß die Niederlande und das Herzogtum Mailand, bei allem Zuwachs an Prestige und Durchschlagskraft, den sie der Monarchie brachten, als Anhängsel betrachtet wurden, wohingegen alles übrige, trotz der Zusammengewürfeltheit und den abweichenden Institutionen, das von den Ahnen ererbte heilige Stammesgut war, das das Haus Österreich trug und sein Sendungsbewußtsein nährte.

Es ist nicht immer erkannt worden, welche Bedeutung der Mannigfaltigkeit der Länder des Hauses Österreich zukam, sowohl in ihrem Festhalten an eigenen Institutionen als in ihren jeweils verschiedenen Rollen entsprechend der Einwohnerzahl, den wirtschaftlichen Hilfsquellen und der mehr oder weniger engen Verbundenheit mit der Dynastie. Hingegen ist großes Gewicht auf die Eigenart der Völker gelegt worden, auf den Gegensatz zwischen Slawen, Germanen und Magyaren. Besonders im 19. Jahrhundert wurden solche Gegensätze als fundamental erachtet, und die damalige Geschichtsschreibung zeigte das Bild von ungleichartigen Völkern, die dem Erzhaus durch Eroberungs- und Machtpolitik unterworfen worden waren. Der Vorgang der Zusammenführung war in Wirklichkeit sehr viel komplizierter.

Innerhalb der keltischen Urbevölkerung waren die slawischen Einwanderer breit ausgeschwärmt, um sich dann in bestimmten Gegenden festzusetzen, und die später erfolgten magyarischen Einbrüche hatten die Niederlassung ungarischer Stämme im Tiefland von Donau und Theiß zur Folge gehabt. Schließlich saßen germanische Volksteile im Alpengebiet, wo sie im heutigen Österreich Grenzmarken errichtet hatten (die ehemalige Römerstadt Vindobona war zur Zeit des karolingischen Reiches Hauptstadt der Ostmark geworden); und später, im Verlauf der von Bayern und Sachsen ausgegangenen Ostkolonisation, hatten sich Deutsche rund um Böhmen herum festgesetzt, während Kaufleute und Handwerker einer Bevölkerung von Viehzüchtern und Hirten die Ansätze zu einer höheren und differenzierteren wirtschaftlichen Entwicklungsstufe vermittelten. Mehr oder weniger rasch, je nach Leichtigkeit oder Schwierigkeit von Eheschließungen zwischen diesen mindestens sprachlich verschiedenen Menschengruppen, war es zur Blutsvermischung gekommen. Kein Mensch kann ein dauerndes Verharren der Rassen in ihren biologischen Anfangsgründen wissenschaftlich vertreten. Die heutige Anthropologie ist der Ansicht, daß körperliche Merkmale — Schädelform, Gesichtswinkel, Größe, Maßverhältnisse des Knochengerüsts — sich ziemlich schnell verändern können. Als man vor einigen Jahren auf den Prager Friedhöfen Untersuchungen an Skeletten durchführte, stellte man daran Unterschiede fest, die merklich genug waren, um sie in wissenschaftlich bereits festgelegte Kategorien einzureihen: Nordiden, Alpiniden, Dinariden; jedoch waren die Typen an ein und demselben Bestattungsort jeweils so vermischt, daß sich nicht erkennen ließ, welche Skelette nun von Germanen und welche von Slawen stammten, das heißt von Menschen, die sich durch Sprache und Kollektivbewußtsein voneinander unterschieden.[6]

Denn gewiß waren solche Unterscheidungen vorhanden, doch entstammten sie weit mehr einer historischen als einer biologischen Entwicklung. Der Gebrauch der Sprache war das Entscheidende gewesen, dann die Zugehörigkeit zu einem Staat. Es ist unbestreitbar, daß schon im hohen Mittelalter in Böhmen, Mähren, Kroatien, im Hochgebirge Ungarns die Bewohner Slawen waren, aber nur weil sie slawische Mundarten sprachen, weil ihre militärischen und politischen Führer sich selbst als Slawen betrachteten. Die mittelalterlichen Chroniken und Legenden hatten um das Entstehen dieser Staaten Mythen gerankt, und zwar so, daß bei den Einwohnern das Bewußtsein ihrer Eigenart und das Festhalten an einer Überlieferung gestärkt wurden. Die Bekehrung zum Christentum, die Verbreitung einer altslawischen liturgischen Sprache zur Zeit der Missionierung durch die hl. Cyrill und Method (9. Jahrhundert), sodann der Rückgriff auf das Lateinische, das, besonders in Ungarn, diese Völker enger mit der westeuropäischen Kultur verbunden hatte, all dies hatte zur Bildung der nationalen Gemeinschaften beigesteuert. In Böhmen starb Anfang des 10. Jahrhunderts der junge Herzog Wenzel, sicherlich ein Tscheche und folglich ein Slawe, den Märtyrertod, mehr aus religiösen (er bekannte sich zur christlichen und römischen Religion im Gegensatz zum Heidentum) als aus nationalen Gründen (er hatte dem deutschen König Tribut gezahlt). Im Verlauf des Mittelalters jedoch, von Generationen angerufen, war Wenzel zum Symbol des tschechischen Reiches und Volkes in Böhmen geworden, ihr Beschützer in schweren Stunden, und die Fürsten seines Geschlechts, die Přemysliden, hatten das Land regiert bis zu ihrem Aufgehen in einer deutschen Dynastie, den Luxemburgern. Diese hatten immerhin den populärsten König von Böhmen gestellt, dem an der Stärke des tschechischen Reiches am meisten gelegen war: Kaiser Karl IV.

In Ungarn berief sich die Dynastie der Arpaden auf die großartige Erinnerung an den Gründer Stephan den Heiligen (1000—1038). Als sie erloschen war, folgte ihr eine neue Dynastie, das Haus Anjou, das von den im Königreich Neapel sitzenden Fürsten französischer Herkunft abstammte.

In Österreich hatten die deutschen Babenberger ihre Herrschaft auf das Donautal ausgedehnt. Einer von ihnen, Markgraf Leopold III., gestorben 1136, dessen Nachkommen den Herzogstitel führten, wurde ein Heiliger. Diese Dynastie bestand bis 1246, nach ihr aber entstand ein Machtkampf zwischen den Habsburgern und den Přemysliden von Böhmen. Der Habsburger (nämlich Rudolf, der bereits deutscher König war) besiegte seinen Rivalen Ottokar II., der in der Schlacht bei Dürnkrut 1278 den Tod fand und dessen Reich zusammenbrach. So waren es die Wechselfälle der Geschichte und nicht völkisch bedingte Zwänge, die über die Existenz der Staaten und den Durchbruch gewisser Fürstenhäuser in diesen Gebieten der Alpen und des Moldau- und Donaubeckens entschieden.

Die Regierungen waren feudalistisch. Das bedeutet, daß die Kriegsleute, Klerus, Äbte, die die führende Gesellschaftsklasse bildeten, dem König nur eine beschränkte Macht zugestanden; sie erkannten ihn als Heerführer und als obersten Gerichtsherrn an, hielten aber seine Mittel knapp und zügelten seinen politischen Unternehmungsgeist. Die mit wirtschaftlichen Sonderrechten versehenen königlichen Städte hätten wohl den Fürsten tatkräftiger unterstützt, liefen aber die Interessen der Dynastie denen ihres Handels zuwider, so wurden sie bockbeinig. Durch die Goldene Bulle von 1222 hatte der König von Ungarn, der Arpade Andreas II., der Nation das Jus resistendi zugestanden, das heißt das Recht der Gehorsamsverweigerung, falls der König etwas verfügen sollte, was als Verletzung der schriftlich fixierten Überlieferungen des Reiches gelten konnte. Selbst ein Erbkönigtum wurde nur widerstrebend hingenommen: Als im 14. Jahrhundert der ungarische Thron einer Frau anheimfallen sollte, hatte eine Fraktion die Prinzessin Maria von Anjou als *König* anerkannt. Im Grunde galt die Vorliebe einem aus dem einheimischen Adel erwählten König. Im 15. Jahrhundert regierten in Ungarn Matthias (Hunyádi) Corvinus, ruhmvollsten Angedenkens in der ungarischen Geschichte und eine der blendendsten Gestalten der Frührenaissance, in Böhmen der zweifellos sehr beliebte hussitische König Georg Podjebrad, der eine ein Ungar aus Siebenbürgen, der andere ein Tscheche. Manchmal aber, wenn sie sich nicht über einen aus ihrer Mitte einigen konnten, erkannten die adeligen Herren einen fremden Fürsten an, weil er ihnen mächtig vorkam und über Nachbarländer herrschte. So waren zu verschiedenen Malen, ohne daß jedoch eine dauernde Ordnung daraus hervorging, Polen, Österreich, Böhmen, Ungarn, geschlossen oder teilweise, unter ein und demselben Herrscher zusammengefaßt worden, unter einem Luxemburger etwa, der Deutscher war, oder unter einem Jagellonen, der Slawe war. Die Habsburger waren also nicht absolute Neuerer gewesen. Sie hatten lediglich eine zuvor von anderen Dynastien versuchte Lösung ausgebaut und konsequenter gestaltet.

In all diesen Ländern war die stärkste Gesellschaftsschicht die der Bauern, die jedoch, Tirol ausgenommen, über keine politischen Rechte verfügten, im Unterschied zum Hochadel, zum niederen Adel, zu den Städten und zum Klerus. Diese bildeten die privilegierten Stände. Da aber das Privileg die allgemeine Regel, um nicht zu sagen das Gesetz, war, läßt sich selbst von den Bauern nicht sagen, sie seien aller Privilegien bar gewesen: Eine Reihe von Rechtsschutzbestimmungen umschrieben ihre Stellung innerhalb der Dorfgemeinschaft. Im 15. bzw. 16. Jahrhundert freilich, als der Markt sich zunehmend über ganz Europa ausdehnte und der Zufluß von Edelmetallen und Waren aus Amerika eine regelrechte wirtschaftliche Umwälzung bewirkt hatte, wodurch die Produktion von Getreide und Textilien einen Anstoß erhielt, hatte das Los der Bauern große Veränderungen erfahren. In Polen wie in Ungarn (ab ca. 1520 an zwang allerdings der Türkeneinfall diesem Land außergewöhnliche Verhältnisse auf) und in Böhmen hatten die reichsten Grundherren den Umfang ihrer Liegenschaften bedeutend erweitert. Statt Zins in bar zu erheben, der ihr Obereigentum am bäuerlichen Erbgut bezeugte, hatten sie Entgelt in Naturalien oder Arbeitsleistung (Frondienst) gefordert, wodurch sie in die Lage kamen, mehr Land im Eigenbau zu bewirtschaften, und zudem hatten sie ihre Gewalt über die Landleute innerhalb ihrer Grundherrschaften verstärkt. Die Grundherrschaft war zur wesentlichen Sozialeinheit der Agrargesellschaft geworden: Der Grundherr übte die Gerichtsherrschaft aus, er erteilte seinen Untertanen die Bewilligung zum Heiraten, in ein Lehrverhältnis einzutreten oder ihren Wohnsitz zu verlassen. Während ihre Vorgänger diese Aspekte der Wirtschafts- und Sozialgeschichte allzu summarisch abgehandelt hatten, haben die heutigen Historiker Mittel- und Osteuropas zur Bezeichnung dieser neuen Zustände sich den Ausdruck „zweite Leibeigenschaft" oder „neuer Feudalismus" zu eigen gemacht. Der Ausdruck ist nicht zu verwerfen, obgleich im Zusammenhang damit möglichen Zweideutigkeiten begegnet werden muß: Das Feudalwesen ist nämlich ein militärisches System, während im vorliegenden Fall von einer Rechts- und

Wirtschaftsordnung die Rede ist. Stand der Leibeigene dem ehemaligen römischen Sklaven sehr nahe, den sein Herr behandeln konnte wie eine Habe, die er, ähnlich einem Tier oder einer Sache, zu vollem Eigentum besaß, so beschränkte sich die Abhängigkeit des österreichischen oder des böhmischen Bauern auf die Zustimmung des Grundherrn, wenn er über sein Erbgut verfügen, seine Kinder unterrichten lassen oder sie in die Lehre geben wollte. Trotzdem hatte er weniger Spielraum für eigenes Vorgehen und weniger persönliche Freiheit als der westeuropäische Bauer, wie sehr dieser auch an Abgaben, an die herrschaftliche Gerichtsbarkeit und an gewisse Fronen gebunden war. Zweifellos war der Frondienst die Hauptantriebskraft dieses ländlichen Wirtschaftswesens. Da die ausgedehntesten Großgrundherrschaften Zehntausenden unserer heutigen Hektare gleichkamen, wurden sie mehr nach der Zahl der Feuerstätten oder der Familienoberhäupter als nach der Summe der Flächenmaßeinheiten bewertet. Sie erstreckten sich über mehrere Herrschaften, ja selbst über eine große Zahl von Herrschaften mit verschlungenen Grenzen und eingeflochtenen Enklaven, die selber wieder den Herrschaften des benachbarten Großbesitzes zugehörten.

Auf den Ländereien, die der Grundherr bewirtschaftete, um deren Erzeugnisse auf die Märkte zu verschicken, ja sogar auf weit entfernte Märkte (die Fische aus den künstlichen Weihern Südböhmens versorgten die Märkte von Wien, Linz oder Krems, polnischer Weizen wurde nach West- und Südeuropa ausgeführt, Ungarns Vieh zog das Donautal hinauf und gelangte auf die deutschen Märkte), wurde von den wohlhabendsten Bauern, den Gespannbauern, der Spanndienst gefordert, wozu das Gerät, Pflug und Wagen sowie die Zugtiere gestellt werden mußten. Zum Handdienst verpflichtet waren die ärmsten Bauern, die nur wenige Morgen besaßen oder Tagelöhner waren. Verschieden von einer Herrschaft zur andern, überschritt die Fron selten drei Tage in der Woche, genug, um eine wenn auch sehr ungleichmäßig schwere Belastung zu verursachen. Daraus erfolgte eine weitgehende bäuerliche Abhängigkeit und gleichzeitig der Niedergang des kleinen Ritteradels, der verarmte, weil er mit den geringen Einkünften eines mittelgroßen Gutes das schnelle und gründliche Reichwerden der großen Exportierenden nicht schaffen konnte. Aber auch da darf man sich keine erstarrte Gesellschaft vorstellen. Alte Adelsgeschlechter erloschen, und ihre Ablösung übernahmen vom Glück Begünstigte, die der Ritterschaft entstammten und denen die Hofkanzlei die Eintragung in die Adelsmatrikel gewährte. Die großen Herren gerieten in Geldverlegenheit oder gingen bankrott, weil sie, dem Luxus und der Baulust zuliebe, Schulden aufgenommen hatten, die mit ihrem Einkommen in keinem Verhältnis standen. Die solidesten Vermögen waren in den Händen von italienischen oder jüdischen Kaufleuten und Bankherren, die den Warenhandel steuerten und aus den Spekulationen Gewinn zogen. Durch Wirtschafts- und Währungskrisen hindurch wickelte sich dieser Vorgang ab, und er begann stets von neuem, eng gebunden an den wirtschaftlichen Rhythmus, der seit der Renaissance und der Entdeckung Amerikas die Welt durchlief. Er bestand also lange vor dem Dreißigjährigen Krieg, der von 1618 bis 1648 Mitteleuropa erschütterte und, insbesondere in Böhmen, weit mehr einen Eigentümerwechsel als einen Systemwandel bewirkte.

Die religiöse Krise des 16. Jahrhunderts hatte die geistigen Werte aufs neue in Frage gestellt und Umwälzungen der Wirtschaft zur Folge gehabt. Weil eine Kirche, die man beschuldigte, zu viele Reichtümer zu besitzen und sich an der Ausbeutung der Armen mitzubeteiligen, an Ansehen verlor, weil Lutheraner, Calvinisten, Zwinglianer neue Interpretationen der christlichen Religion aufgestellt hatten und weil das Konzil von Trient ein gleichsam „letztes" Aufgebot der katholischen Glaubenslehre gewesen war, dazu bestimmt, die Religion vier Jahrhunderte lang mit Leben zu erfüllen, darum waren sämtliche Gesellschaftsschichten in dieser Krise erfaßt und durcheinandergeschüttelt. Es ist behauptet worden, weil die Habsburger katholisch geblieben seien, hätte die Aristokratie ihrer Lande aus Opposition den Protestantismus angenommen. Vielleicht käme man durch Umkehrung der Glieder des Satzes der Wahrheit des Geschehens am nächsten. Die geistige und die gesellschaftliche Elite war fast gänzlich zum neuen Glauben übergetreten: Österreich, ja sogar Österreich, in dem man den bevorzugten Boden eines innig-frommen katholischen Glaubens sehen mußte, war lutherisch geworden. Böhmen ebenso, und vielleicht (aber nur vielleicht) hatten die hussitische Krise des 15. Jahrhunderts und das hartnäckige Fortbestehen des Utraquismus den Triumph der Reformation erleichtert. Aber die Habsburger selber hatten gezögert: Der Sohn des soliden Ferdinand, den seine spanische Kindheit zum tief überzeugten Katholiken gemacht hatte, Kaiser Maximilian II., wahrte den Schein, aber mit dem Herzen eines verkappten Lutheraners. Vom spanischen Zweig des Hauses Karls V., besonders von Philipp II., der über das religiöse Heil des Gesamthauses wachte und seine Neffen an seinem Hof erziehen ließ, und auch von den bayerischen Wittelsbachern her war der Entschluß der Fürsten gekommen, der römischen Kirche die Treue zu wahren. Und auch, ohne jeden Zweifel, von den Jesuiten sowie von der zähen Geschicklichkeit der römischen Kurie und der Nuntien. Erstere hatten aus verschiedenen Fürsten und hohen Herren eifrige Propagandisten der Glaubenslehre und der Reform des Konzils von Trient gemacht. Die Nuntien hatten Mittel und Wege gefunden, daß die hohen Staatsämter überzeugten Katholiken vorbehalten blieben. Am Ende des 16. Jahrhunderts hatten in Polen und Böhmen katholische Hochadelige in ihren Augen größere Bedeutung gehabt als ein Souverän des Hauses Habsburg, wenn er ein Zögerer war. Ein Habsburger jedoch, entschlossener als die anderen, Ferdinand von Steiermark, hatte in seinem eigenen Herzogtum den Katholizismus gewaltsam wiederhergestellt, und er hatte die Krone Böhmens angenommen und nach dem Kaisertum getrachtet, lediglich um den römischen

Glauben bei seinen Untertanen und Vasallen zu erneuern. Durch den böhmischen Aufstand 1618 hätte er ums Haar alles verloren, doch mit Hilfe Bayerns und Spaniens hatte er die Situation wiedergewonnen, und zwar so, daß er zehn Jahre später in der Lage schien, Deutschland und vielleicht Europa zu gebieten, was die Wachsamkeit Richelieus nicht zugelassen hatte. Die Häresie jedoch blieb bei Kräften. Die Westfälischen Friedensverträge hatten im Reich das rechtmäßige Bestehen dreier Konfessionen anerkannt: römische Katholiken, Lutheraner und Reformierte (Calvinisten), dabei allerdings den Fürsten eine regelrechte Oberhoheit in religiösen Angelegenheiten zugestanden. Sie konnten ihren Untertanen die Wahl zwischen Übertritt und Auswanderung lassen. Als Ferdinand II. und sein Sohn Ferdinand III. in ihren Erblanden allein den Katholizismus zulassen wollten, hatten sie lediglich ein allen Fürsten zuerkanntes Recht in Anspruch genommen. Ebensowenig hatten sie — was auch immer darüber geschrieben worden sein mag — das Königreich Böhmen unnachgiebiger behandelt als Österreich. Weil Böhmen gebietsmäßig größer war, zeigte sich eben die Rückkehr einer zahlreicheren Bevölkerung zum katholischen Glauben in erhöhtem Glanz.

Überdies hatte die Bestrafung der Rebellion im Königreich große gesellschaftliche Veränderungen hervorgerufen. Alle, die dazu in der Lage waren, Einheimische wie Ausländer, hatten profitiert und vom König beschlagnahmte, von der böhmischen Hofkammer feilgebotene Güter billig an sich gebracht. All das ohne irgendwelche Intervention Österreichs. Schlesien, als dem Königreich angegliederte Provinz, war in religiösen Belangen eines Sonderstatuts teilhaftig geworden, das, zufolge einer auf Begehren des sächsischen Kurfürsten aufgenommenen Sonderklausel der Westfälischen Friedensverträge, die Beibehaltung der protestantischen Positionen begünstigte. Genauso verhielt es sich mit Ungarn, wo die religiöse Freiheit der Grundherren Teil der Privilegien war, die der König nicht hatte abschaffen können. Gerade in diesem Land aber, dank dem energischen Eingreifen des Erzbischofs von Gran, des Kardinals Peter Pázmány, eines Konvertiten, Gründers der Universität von Tyrnau (Nagy Szombáth, heute Trnava, ČSSR), hatte der Katholizismus erneut festen Fuß gefaßt. Beide Religionen standen also einander gegenüber, lebten nebeneinander her. Toleranz? Nein. Mit dieser Bezugnahme auf seine eigene Philosophie hat das 19. Jahrhundert einen Zustand schlecht interpretiert, der mit unserem Ausdruck von der friedlichen Koexistenz viel besser umschrieben wäre, denn alles hing ja an der materiellen Unmöglichkeit für jede der beiden Parteien, die andere auszuschalten. Als Ungarn Ende des 17. Jahrhunderts zurückerobert wurde, breitete sich der Katholizismus dort noch stärker aus.

Zu der Zeit, als Maria Theresia auf den Thron gelangte, waren die meisten ihrer Untertanen in Österreich, in Böhmen und in Ungarn für die römische Religion wiedergewonnen, und sie praktizierten mit Eifer. Außerdem gab die ständig steigende demographische Kurve Gewähr, daß die neuen Generationen in diesem Glauben aufwachsen würden. Aus dem Gefühl, daß man der religiösen Einheit entgegenging, läßt sich möglicherweise sogar eine zunehmende Härte gegenüber den Protestanten und eine wachsende Unbeugsamkeit gegenüber den Katholiken selber erklären. In dieser im Bauerntum wurzelnden Gesellschaft, wo die Familientraditionen ihre Stärke bewahrten, ist nicht anzunehmen, daß sämtliche Hausgemeinschaften die Erinnerung an den evangelischen Glauben verloren hätten. Besonders in den Gegenden, wo entweder eine genügend zahlreiche Weltgeistlichkeit oder der Einfluß eines Stiftes oder eines Klosters fehlten, überlebte ein verhüllter Protestantismus. Zur Zeit Karls VI., eines autoritären Fürsten mit festen Überzeugungen, gab es noch Ketzerprozesse. Von damals stammt auch die Jagd nach protestantischen Bibeln und nach verdächtigen Erbstücken, die in katholischen Häusern aufbewahrt wurden. Das Werk eines tschechischen Jesuiten, des Paters Koniaš, „Schlüssel zur Erkenntnis der häretischen Bücher“,[7] aus dem Jahre 1729, ist in diesem Zusammenhang sehr aufschlußreich. Es wendet sich nicht an Häretiker, die bekehrt, sondern an praktizierende Katholiken, die zu größerem Glaubensernst angespornt werden sollen. Nichts beweist, daß die Besitzer solcher Bücher auch deren ständige Benützer gewesen wären: Die Landbewohner besaßen wohl nicht viele Bücher, die wenigen aber, die sie aufbewahrten, erschienen ihnen wie mit einer Art magischer Kraft ausgestattet, weil sie aus uralter Zeit stammten und zu den überkommenen Erbgütern gezählt wurden. An einigermaßen gebildete Bauern oder städtische Notabeln also wandte sich dieser „bärbeißige“ Apostel, wenn er die Übersetzung der Bibel in die Volkssprache als verdächtig anprangerte, insbesondere diejenigen vom Ende des 16. Jahrhunderts: 1579, 1580, 1582, 1584, 1588, 1593, 1601 und ganz allgemein jede andere Ausgabe als die von 1677, 1712, 1715, also die neuesten, vom Bischof approbierten. Dasselbe Werk beurteilte sämtliche Schriften des Johann Hus als ketzerisch und untersagte deren Lektüre.

Im Gegensatz zur Religion des Buches, der Bibel, hatte sich seit hundertfünfzig Jahren, dem Geist des Konzils von Trient gemäß, eine Religion des Sakraments und der bildlichen Darstellung herausgebildet, von der man sagen kann, daß ihr Höhepunkt in den Donauländern mit der Thronbesteigung Maria Theresias zusammenfiel. Die lange Friedensperiode, als keine fremden Heere mehr in Österreich, Böhmen und Mähren auftauchten, als die Türken aus Ungarn zurückfluteten, begünstigte ihr Aufblühen. Sie fand ihren Ausdruck in der verjüngten Dekoration von Kloster- und Pfarrkirchen, in den geistlichen Liedern und in den besonderen Andachten, die persönliche Anliegen und Gebet mit dem Schutz eines in seinem Bildnis dargestellten Heiligen innig verflochten. Gott und seiner Realpräsenz in der Eucharistie eine möglichst glühende Ehrfurcht zu bezeigen, hatte die katholische Religion alles gefördert, was Seele und Herz vom Alltag und seinem Jammer loslösen und zum Aufschwung ins Außergewöhnliche fortreißen konnte. Reichlich nahmen die Kirchen in ihren Kult Kostbarkeiten auf, Gold und Silber der heiligen Gefäße und der Monstranzen, Farbenpracht, Weihrauchduft.

Das Mittelalter war zutiefst von Riten geprägt gewesen und hatte der Religion die schönsten Kunstwerke gewidmet. Die orthodoxe Christenheit fuhr fort, ihre liturgischen Zeremonien durch die Schönheit der Gesänge und den Prunk der Ikonostasen ergreifend zu gestalten. Keinerlei Überlegung konnte den durch das Konzil von Trient erneuerten Katholizismus veranlassen, die Riten abzulehnen und die Kunst zu verschmähen. In der Zwischenzeit jedoch hatte die italienische Renaissance die Normen der antiken Architektur wiederentdeckt und das Schönheitsideal erneuert. Das Konzil ermöglichte es, deren frischen Kräfte zum Zweck der Verjüngung der Kirche aufzufangen. Wie in Frankreich, hatten sich die Vorbilder Italiens, die Alpen überquerend, auch in den Donauländern verbreitet. Lieber jedoch als Ebenmaß oder Harmonie, wie sie von dem wenigstens in einzelnen seiner Äußerungen rationaleren klassischen Ideal Frankreichs angestrebt worden waren, hatte Mitteleuropa größere Empfindungstiefe, unverhüllteres Pathos sich zu eigen gemacht. Man hatte es noch nicht mit dem Wort „Barock" und überhaupt noch mit keinem besonderen Wort benannt. Die aus Italien gekommenen Formen hatten sich ganz einfach mit einem Gemütszustand verbunden, der die Bereitschaft einschloß, sich am Wunderbaren zu ergötzen und zu laben. Es ist sicherlich nicht wahr, daß hier Religion und Kunst von außen her durch den Willen des Auslands aufgezwungen wurden. Ganz Europa, sogar das protestantische, hatte von den Italienern gelernt, waren sie doch die besten Architekten, die besten Maler, die besten Bildhauer. Noch nötiger brauchte sie Mitteleuropa, als die sozialen und religiösen Verhältnisse zum Wiederaufbau von Schlössern, Abteien und Kirchen drängten und die wirtschaftlichen Verhältnisse gewisser Gesellschaftsgruppen die Ausgaben ermöglichten. Die bereits im 16. Jahrhundert aufgenommene Bautätigkeit (wer vergäße in Prag die florentinische Zartheit des Belvedere der Königin Anna und die wohlgegliederten Bauten Rudolfs II. auf dem Hradschin oder jene hübschen offenen Galerien, zum Beispiel in Rossitz, im Schloß des mährischen protestantischen Adelsgeschlechts der Zierotin, oder im Stadtpalais der Fürsten Portia in Wien) also wurde durch die Gewalttätigkeiten und Plünderungen des Dreißigjährigen Krieges unterbrochen. Als der Friede wiederhergestellt war, setzte sie von neuem ein, in größerem Umfang und auch mit präziseren Zielsetzungen, die mit dem gleichzeitigen Aufschwung einer erneut wohlhabend gewordenen Grundaristokratie und der Gegenreformation einhergingen. So wurde der Triumph des weltlichen und des religiösen Barocks gesichert.

Wallenstein und Prinz Eugen, die sich so wenig ähnlich sind — der eine renaissancehaft mit noch mittelalterlichem Einschlag, der andere von rationalerer, die Aufklärung ankündigender Denkart —, haben immerhin dieses eine gemeinsam, daß sie, mit einem Jahrhundert Abstand voneinander, vergleichbare persönliche Erfolge aufweisen (mit einem Maß italienischer virtù), die sich in der Errichtung prachtvoller, triumphal zur Schau gestellter Wohnpaläste bekunden. In der religiösen Kunst hielten die römisch beeinflußten Fassaden der Jesuitenkirche in Wien oder der Karmeliterkirche in Prag noch Verbindung zur ernsten Würde der frühen Gegenreformation, doch der Geschmack hatte sich in Richtung auf Krafteffekte oder erhöhtes Pathos weiterentwickelt. In Prag, nach dem großen palladianischen Bau des Palais Czernin durch Francesco Caratti 1666, hatte ein französischer Architekt, Jean-Baptiste Mathey, bereits nach 1670 die Kuppel der Franz-Seraphin-Kirche in die Landschaft am Flußufer gesetzt. In Wien, auf dem Graben, hatte eine Gemeinschaft von Dekorateuren und Bildhauern die feine, zierliche, in der Folge so kläglich verkannte Pestsäule errichtet, und wenige Schritte davon entfernt hatte Hildebrandt für die Peterskirche den gewaltigen Effekt des Zusammenwirkens einer Kuppel und zweier Türme ersonnen. Das Glanzstück der religiösen Architektur war schließlich, zur Zeit Karls VI., die von Fischer von Erlach erbaute Karlskirche, Anklang an den Petersdom in Rom, an La Salute, und Variation auf das kosmische Thema der Kuppel, wie die St.-Pauls-Kathedrale in London und der Invalidendom in Paris, und dazu begleitet von den der Trajans- und der Antoninssäule nachgebildeten beiden Triumphsäulen, die auf Constantia und Fortitudo, die beiden kaiserlichen Tugenden, anspielen. Ein unvergleichlich eindrucksvolles Werk, das aber von der ihm innewohnenden Anmut und Beschwingtheit einen eigensinnig-persönlichen Akzent empfing.

Malerei, Plastik und Musik hatten keinen geringeren Aufschwung genommen. Herangebildet durch Italienaufenthalte, eine Tradition, der die mitteleuropäischen Künstler längst verpflichtet waren, oder durch Lernen in den Wiener und Prager Werkstätten, vor den Sammlungen der Schlösser oder auch an jener Kunstakademie, die der Maler Paul Strudel 1705 in Wien errichtet hatte, hatten in Österreich Johann Michael Rottmayr, Daniel Gran, Bartolomeo Altomonte, Paul Troger, in Böhmen Peter Brandl und V. V. Reiner, teils Fresken-, teils Staffeleimaler, an Kirchengewölben und Altaraufsätzen ihre großen allegorischen Kompositionen oder Darstellungen von Martyrien und Apotheosen verbreitet. 1710 bis 1740: ein dreißigjähriger Zeitraum, in dessen Verlauf Künstlergruppen zahllose Werke geschaffen hatten, wie in einer wirklichen Donauschule, die des Ansehens der älteren würdig war.

Andreas Pozzo, der Maler der großen Freske vom Triumph des hl. Ignatius in Rom, hatte seine Tage in Wien beschlossen, wo er mit der Virtuosität seiner illusionistischen Malerei die Jesuitenkirche umgestaltet hatte. In Prag war die Karlsbrücke, mit zwei Reihen von den Klöstern und den Kongregationen gestifteter Statuen, zum staunenerregenden Ehrenspalier geworden, auf der jeden 16. Mai die Prozession zu Ehren des hl. Johannes von Pomuk, des 1729 kanonisierten tschechischen Nationalheiligen, stattfand.[8] Matthias Braun hatte die Tradition eines Bernini wieder aufgenommen: Die Statue der hl. Luitgard auf der Karlsbrücke schien eine Nachbildung der Verzückung der hl. Theresia zu sein. Seine Mitarbeiter waren in Böhmen von so vielen Aufträgen in Anspruch genommen, daß er für den Rest der Monarchie kaum etwas produziert hatte. Die Wiener Werkstätten ihrerseits aber hatten in Kirchen und Schlössern Österreichs und Tirols eine ganze Welt von Bildern ausgestreut.

Mehr als Unterhaltung, vermittelte die Musik allen Gesellschaftsschichten den bevorzugten Ausdruck der Gefühle, und sie führte sie eher zusammen, als daß sie sie trennte. Das flache Land hatte seine Musikanten, und aus den begabtesten unter ihnen suchte man die Mitwirkenden der herrschaftlichen Musikkapelle aus, denn es gab kein Fest auf dem Schloß, ob religiös oder weltlich, das nicht von einem Konzert begleitet gewesen wäre.

In den Stiften und Klöstern, in den großen Pfarrkirchen der Städte wollten die religiösen Feste mit feierlichen Hochämtern begangen sein, untermalt vom Dröhnen der Orgel, von Chorgesang, vom Spiel der Blas- und Saiteninstrumente. So war der Platz, den die Musik im Leben der Bevölkerung einnahm, beachtlich, und da man sich nicht mit der Wiederholung von bereits bekannten und anerkannten Werken zufriedengab, sondern bei jeder Gelegenheit etwas Neues begehrte, war die Produktion unermeßlich wie kaum vorstellbar. Um diese Zeit, die mit der Laufbahn Bachs zusammenfiel, dessen Genie sich zunächst unter dem Einfluß der norddeutschen Musik entwickelte, pflegten die Länder des Hauses Österreich mit Vorliebe die Tradition der italienischen Musik.

Man läßt es nicht an der Bemerkung fehlen, diese kulturelle Blüte habe sich in den Ländern des Erzhauses eben dann entfaltet, als gleichzeitig die von ihnen getragene politische Macht, nachdem sie den Gipfel einer Kurve erreicht hatte, auf zunehmende Schwierigkeiten stieß. Es muß immer wieder auf die überragende Tatsache verwiesen werden, daß jene Periode den Gewinn einer langen Friedenszeit erntete. Diese hatte ausgereicht, innerhalb eines agrarisch-grundherrschaftlichen Wirtschaftssystems, von dessen Änderung keine Rede war und dessen schlimme Seiten allein eine glückliche Konjunktur abschwächte oder vergessen ließ, etwas mehr Wohlstand aufkommen zu lassen. Am Ende des 17. Jahrhunderts hatte der Wirtschaftswissenschaftler Philipp Wilhelm von Hörnigk ein Buch veröffentlicht mit dem aufsehenerregenden Titel „Österreich über alles, wann es nur will".

Hörnigks Programm stimmte mit der Tradition des Merkantilismus überein, wonach ein Herrscher zur Erhaltung der Macht seines Staates dafür sorgen soll, daß von aller in der Welt kursierenden harten Währung der größte Teil in seinem Lande bleibt. Dieses Land muß also mehr verkaufen, als es einkauft, und folglich für den Verbrauch seiner Einwohnerschaft genug produzieren, mit einem im Ausland absetzbaren Überschuß, womit das ausländische Geld angezogen wird. Das war Richelieus Gedanke, als er den französischen Handel von der Bevormundung durch die holländischen und spanischen Kaufleute befreite und er die Manufakturen und die Qualitätsproduktion förderte, was dann Colbert späterhin noch besser fertigbrachte.

Die Härte der Zeiten (Dreißigjähriger Krieg, Kampf an zwei Fronten: gegen Ludwig XIV. und gegen die Türken) hatte den Herrschern des Hauses Österreich, die sich mit Notbehelfen durchschlugen, kaum gestattet, ein solches Programm ins Auge zu fassen. Dabei klagten in Böhmen Ende des 17. und Anfang des 18. Jahrhunderts der Landtag, die Statthalterschaft und ein kurz zuvor errichtetes Handelskolleg über die wirtschaftliche Anarchie des Königreiches. Ihre Berichte zeigten die Unzulänglichkeit der Manufakturen auf, obwohl gewisse Herren darangegangen waren, solche auf ihren Gütern zu gründen (Wallenstein für Textilien, Auersperg für Kristallwaren). Altertümliche Institutionen jedoch behinderten oder hemmten sogar völlig die zur Erzeugung eines allgemeinen Wohlstandes anzustrebende Geschäftsentwicklung. Die Zünfte hielten ihr Monopol aufrecht, und ihre Herstellungsvorschriften standen handwerklichen oder industriellen Neuerungen im Wege. Sie bildeten eine kleine Werkstattaristokratie. Gewiß, den Mitgliedern dieser Zünfte fehlte es weder am handwerklichen Können noch an einem würdigen Familienleben. Herkömmlicherweise ergänzten sie sich aus den Söhnen und Schwiegersöhnen der ehemaligen Meister. Es widerstrebte ihnen, allzu viele Neulinge in ihren Kreis aufzunehmen. Das Meisterstück kam teuer zu stehen, und sein Preis schreckte die Gesellen von vornherein davon ab, es in Angriff zu nehmen. Weil die königlichen Städte Steuern zu entrichten hatten, die den herrschaftlichen Städten nicht abverlangt wurden, verfügten diese über bessere Existenzbedingungen. Ihr Handel war sichergestellt durch die Erzeugnisse der Herrschaft, und die Bauern waren genötigt, das Bier der herrschaftlichen Brauerei oder Tiere zu kaufen, die sie, statt einer Abgabe, auf ihren Wiesen großgezogen hatten. Während es weiterhin zum Vorteil aller gewesen wäre, die Erzeugnisse des Landes im Lande selbst zu verarbeiten, verließen die Rohstoffe das Königreich und kamen, im Ausland verarbeitet und teurer geworden, wieder zurück. So war zum Beispiel die Textilindustrie, wenngleich sie in etlichen Gegenden in ziemlicher Blüte stand, unzulänglich. Die jüdischen Händler holten an der Haustür der Bauern oder beim Gutsverwalter den Flachs und den Hanf ab und verkauften die Ware weiter, wonach sie etappenweise nach Deutschland ging, nämlich nach Sachsen und Preußen. Die zur Spiegelfabrikation nötigen Rohstoffe wurden in Böhmen eingekauft zum Vorteil der Deutschen und der Venezianer, wohingegen es möglich gewesen wäre — wie aus dem Versuch der Auersperg erhellt —, Spiegel und Kristallwaren herzustellen, um sie im Inland preiswerter, im Ausland aber mit gutem Gewinn zu verkaufen. Insgesamt war das also eine Routinewirtschaft, die sich seit dem ausgehenden Mittelalter kaum verändert hatte und so gegenüber den westeuropäischen Ländern, mit denen sie einst in gewinnbringendem Wettbewerb gestanden hatte, gewaltig ins Hintertreffen geraten war. Zum Aufbau einer Industrie wurden gleichzeitig Kapitalien und Arbeitskräfte benötigt. Die Grundaristokratie war begütert und mächtig, aber ihr Reichtum bestand nicht in großen Geldmengen. Ihre Lebensweise schaffte Arbeitsmöglichkeiten für die im Baugewerbe (Maurerei, Dachdeckerei, Zimmerei, Schreinerei) und in den Kunstgewerben Tätigen. Dennoch beklagte man sich in Böhmen, daß viele hohe Herren, um lange Wintermonate bei Hof zu verbringen, sich in Wien Stadtpalais gebaut hätten, unnütze Wiederholungen ihrer Prager Wohnsitze, und daß auf diese Weise ein großer Teil ihres Einkommens außerhalb des Landes ausgegeben würde.

Was die Arbeitskräfte betrifft, so erschwerte die allgemeine Lebensart der ganzen Gesellschaft deren Anwerbung und Verfügbarkeit. Auf dem Lande hielten persönliche Hörigkeit, Ausreiseverbot, Fronpflicht den größten Teil der Bevölkerung am Platze fest. In den höheren Schichten der Bauernschaft war sozialer Aufstieg möglich, er wurde jedoch weder veranlaßt noch durch neue Formen der Wirtschaft verwirklicht. Er verlief noch in herkömmlichen Bahnen; es war schmeichelhaft, in den engeren Dienst des Herrn zu treten, in seine Amtsstuben als Schreiber, in seine Kapelle als Musikant; es war auch schmeichelhaft, Geistlicher zu werden. Die allgemeinen Zustände begünstigten die geistlichen Berufe, die auch durch das Ansehen Auftrieb erhielten, dessen sich der Klerus erfreute, und durch die unbestreitbaren Lebensbequemlichkeiten der Kleriker. Die vom grundherrschaftlichen System Benachteiligten waren sehr zahlreich: Es gab viele Arme, die man eigentlich der Industriearbeit hätte zuführen können. Die städtischen Zünfte fürchteten aber den Zustrom dieser Unbemittelten. Außerdem war das Elend auf dem Lande, wo die Bettler einigermaßen sicher waren, wenigstens ihren Hunger stillen zu können, sicher nicht so grenzenlos wie in der Stadt, wo Almosen in schlechtem Geld ihnen nicht genug eingebracht hätten. Das harte Gesetz des Profits, das im industriellen Experiment zutage treten sollte, war von den Wirtschaftswissenschaftlern noch nicht klar erkannt worden. Es galt, wenigstens in der Theorie, als sicher, daß die Entwicklung der Manufakturen im ganzen Land die Wohltat des wirtschaftlichen Aufschwungs verbreiten würde. Es ist indessen merkwürdig zu beobachten, wieso ein Rat bei der böhmischen Hofkammer namens Bořek, der die Schädlichkeit der Zünfte brandmarkte, deren Verschwinden nicht empfahl. Er machte sich Sorgen wegen der Volksbewegungen, die England und Holland, bei einer für jene Zeit fortgeschrittenen industriellen Produktion, bereits erlebten.[9]

Tagelöhner und Lehrlinge wurden einigermaßen in den Schranken der Disziplin und der Geduld durch die Zünfte gehalten. Diese brauchten nur zu verschwinden, so könnten jene ihre Kräfte mit denen der freien Maschinenarbeiter vereinen, und die Stadt würde zum Schauplatz von Aufständen werden, wie solche auf den Grundherrschaften bereits vorkamen. Es war dies aber ein Trugschluß.

Faßt man übrigens alle Einzelzüge, die im Vorhergehenden untersucht wurden, zu einem Gesamtbild der durch Erbschaft an Maria Theresia gefallenen Länder und Völker zusammen, so findet man ebenfalls eine Art von Teufelskreis. Trotz des Vorhandenseins großer Städte (die Bevölkerung Wiens überschritt damals 170.000 Einwohner, die von Prag belief sich auf 50.000), trotz des Vorhandenseins eines großen Heeres und zahlreicher Verwaltungszweige ist das System in seinem innersten Wesen agrarisch und grundherrschaftlich. Die Herrschaft und ihre Arbeitsweise gewährleisten die Macht des Grundherrn, auch wenn er seinen Glanz von den Ehrenämtern des Hofes und von den großen Aufgaben beim Staat zu beziehen scheint. Denn sofort stellt sich die Frage: Was für ein Staat?

Wenn es damals langsam üblich wird, all diese Länder, die dem Erzhaus unterstehen, Österreich zu nennen, so deshalb, weil die öffentliche Meinung, selbst im Ausland, deren Zusammengehörigkeit ahnt oder bereits spürt. Eine einzige Heeresmacht, deren Kriegsglück unterschiedlich, zu Anfang des 18. Jahrhunderts aber oftmals glänzend gewesen ist, stützt den Staat und verhilft ihm gelegentlich zur Gebietserweiterung. Die Stunde ist anscheinend vorbei, wo der Adel dem Herrscher Schach bot, wo in Wallensteins Umgebung Komplotte geschmiedet wurden, dem Königreich Böhmen seine alten Freiheiten wiederzugeben, wo in Ungarn die Aufstände der Malkontenten aufeinander folgten, wo ein so ausgesprochen nationaler Krieg dem Kaiser das Ungarn Franz II. Rákóczis entgegenstellte. Und dennoch, obwohl nun in den Dienst des Herrschers getreten und fortan, wenigstens dem Schein nach, treu und loyal, sind die Grundherren hier, wegen der Art ihres materiellen Reichtums und besonders wegen ihrer Rechte auf die Menschen, auch weiterhin die gefährlichsten Gegenspieler des Fürsten und des Staates. Das grundherrschaftliche System stellt sich der Bildung eines modernen, dem Hause Österreich zum Vorteil gereichenden Staates entgegen. Es verzögert das Aufkommen eines unabhängigen Bürgertums ebenso wie die Ausbildung eines Nationalgefühls, das sich zugunsten des Ganzen auswirken könnte. In diesem Sinn kann man von einem Fortbestehen des Feudalsystems sprechen. Nun wäre es höchst ungerecht, dieses System in seinen sämtlichen Äußerungen zu verwerfen. Es hat die Fortschritte im Leben der Gruppen und Einzelmenschen auf seinen Grundherrschaften nicht verhindert, ihm ist zu einem großen Teil die Verbreitung jener plastischen und musikalischen Barockkultur zu verdanken, die Mitteleuropa seinen unvergänglichen Charme und seine Tugenden verliehen hat. Viele seiner Glieder zeigten sich bereits empfänglich für edle Gefühle und für Einsichten, die der Menschheit zum Wohl gereichen sollten.

Hat nicht ihre Verteidigung der historischen Rechte der verschiedenen Königreiche und Herzogtümer den Weg für die Bekundung jenes Nationalbewußtseins bereitet, das im Verlauf des 19. Jahrhunderts im jeweiligen Einzelfall soviel sittliche Größe dartun sollte, auch wenn es, in seiner besonderen Äußerung, die Rechte des Nationalbewußtseins des allernächsten Nachbarlandes häufig nicht anerkennen wollte?

Trotzdem steht fest, daß die grundherrschaftliche Struktur der Gesellschaft den Widerspruch zwischen der Großmachtpolitik, welche die Bevölkerungszahl und die Ergiebigkeit der Hilfsquellen dem Haus Österreich zuzuweisen schienen, und den tatsächlichen Mitteln, eine solche zu betreiben, erkennen ließ. Die jeweiligen Verfassungen hatten in den einzelnen Ländern das Erbrecht der Dynastie anerkannt, und diese konnte, je nach den Vorstellungen der Zeit, es als eine Erbaufgabe empfinden, ihre Herrschaft über diese Länder aufrechtzuerhalten und dieselben geschlossen gegen jeglichen fremden Anspruch zu verteidigen.

Dem Ganzen fehlte es bestimmt nicht an Größe, und der Zusammenschluß dieser Länder, von denen keines einen ansehnlichen Staat abgegeben hätte, war für sie höchstwahrscheinlich vorteilhaft. Der Zusammenschluß wurde aber von der öffentlichen Meinung nicht eindeutig gebilligt, und der gemeinsame Herrscher vermochte keines seiner Völker in wirksamer Weise dafür zu gewinnen. Man kann daher nur feststellen, wie sehr es hier an Zusammenhalt und an Kraft fehlte, und darüber staunen, daß das Prestige des erlauchten Hauses, von dem man behauptete, es hätte den Ehrgeiz gehabt, Europa und die Welt zu beherrschen, und es hätte ihn etwa noch, eine besorgniserregende Schwäche verdeckte.

## *Ihre Rechte für die Nachfolge*

Es ist allgemeine Meinung, daß Kaiser Karl VI. durch eine Pragmatische Sanktion seine Tochter Maria Theresia als Erbin seiner sämtlichen Länder eingesetzt habe, unter Verletzung vorhergegangener Verpflichtungen, entsprechend denen bei seinem Tod die Sukzession an seine Nichten, die Töchter des 1711 verstorbenen Kaisers Josef I., übergehen sollte. Deutsche und französische Historiker haben es wieder und wieder behauptet. Es liegt hier ein offensichtlicher grober Irrtum vor, aber er hat ein zähes Leben und wird es weiterhin behalten, so, als ob der Irrtum wer weiß was für einen Reiz besäße, der ihm den Vorzug vor der Wahrheit verschaffte.

Die Pragmatische Sanktion ist eine öffentliche, feierliche Verlautbarung, die Kaiser Karl VI. am 19. April 1713 um zehn Uhr morgens in der Wiener Hofburg zur Regelung der Erbfolge in seinem Hause erließ. Er war damals kinderlos: Seine Tochter Maria Theresia wurde vier Jahre *später* geboren, am 13. Mai 1717. Unter diesen Umständen mußte es ihm recht schwer fallen, seine Nichten zugunsten seiner Tochter zu enterben.

Eine Pragmatische Sanktion war nach Römischem Recht ein königliches Edikt zu außerordentlich wichtigen Fragen, und Karl VI. bediente sich ihrer, um die unteilbare Weitervererbung seiner sämtlichen Länder in seiner Familie zu beanspruchen. Das Dokument selbst wird im Wiener Staatsarchiv aufbewahrt, wo es leicht zugänglich ist.[1] Muß nach dem soeben Gesagten noch hinzugefügt werden, daß der Name Maria Theresia nicht darin enthalten ist, und zwar aus gutem Grund! Verweilen wir einen Augenblick beim Datum: 19. April 1713. Europäische Großmächte, Frankreich, England, Holland, die sich seit zwölf Jahren in einem furchtbaren Krieg gegenübergestanden haben, stellen in diesen Tagen in Utrecht den Frieden wieder her und einigen sich über die Art und Weise der Aufteilung des spanischen Erbes, des Gegenstands ihres Konfliktes.

Es gab nun aber zwei Könige von Spanien, von denen jeder den andern als Gegenkönig betrachtete: Philipp V., der seit 1701 in Madrid regierte, und eben Kaiser Karl VI., der, als Karl III., seit 1703 auf das gesamte spanische Erbe Anspruch erhoben hatte. Er war zweimal in Madrid eingerückt und hatte mehrere Jahre in Katalonien regiert, wo er, nach dem Ausdruck des zeitgenössischen Historikers Pedro Voltes Bou, der König der Katalanen war.[2] Die Vertragspartner in Utrecht waren damit beschäftigt, eine Kompromißlösung auszuarbeiten: Philipp V. würde Spanien und die amerikanischen Kolonien behalten, Karl VI. bzw. III. bekäme die Spanischen Niederlande (das heutige Belgien und Luxemburg), Mailand und das Königreich Neapel, Gebiete, die er fast gänzlich in der Hand hatte. In einer ihrer Absichten, die allerdings nicht offen erklärt wird, erscheint die Pragmatische Sanktion als Protest gegen das, was die beiden ehemaligen Verbündeten Karls III., England und Holland, in Utrecht im Einvernehmen mit Frankreich beschlossen hatten. Ihrem Wesen nach ist sie eine feierliche Bekräftigung des Rechts des Hauses Österreich, seine Erbländer zu besitzen und sie weiterzuvererben „sammentlich ... ohnzertheil nach Ordnung und Recht der Primogenitur". Schließlich legt diese Erbfolgeordnung die Bedingungen fest, unter denen das Erbrecht der Frauen ausgeübt wird, falls der Mannesstamm erlöschen sollte. Dies ist die Pragmatische Sanktion. Um sie in ihrem vollen Umfang zu verstehen, muß man allerdings in der Zeit etwas zurückgreifen.

Am Ende des 17. Jahrhunderts ließ die Kränklichkeit des Königs Karl II. von Spanien, aus dem Hause Habsburg, an dessen baldigen Tod glauben. Seine nächsten Erben waren seine direkten Vettern Ludwig XIV. und Kaiser Leopold I., die zugleich seine Schwäger waren. Die Vereinigung des spanischen Erbes entweder mit der französischen Monarchie oder mit derjenigen der Habsburger in Wien drohte das europäische Gleichgewicht zu stören.

Nach dem schweren Pfälzischen Erbfolgekrieg hatte sich Ludwig XIV. bereitgefunden, für Frankreich nicht das gesamte spanische Erbe zu fordern; er würde als König von Spanien den zweiten Sohn Leopolds, den Erzherzog Karl, anerkennen und sich mit einigen Provinzen (Guipuzcoa, Mailand, Neapel) begnügen, die ihm ermöglichen könnten, durch Tausch mit den interessierten Fürsten Savoyen und Lothringen zu gewinnen. England und die Generalstaaten unterzeichneten mit ihm diesen Teilungsvertrag, den weder der König von Spanien, der über seine Gesamtmonarchie frei verfügen wollte, noch Kaiser Leopold I., der sich auf diese Weise alle seine Rechte vorbehielt, anerkannten. Wie man weiß, bezeichnete Karl II. vor seinem Tode als seinen Alleinerben den damals siebzehn Jahre alten zweiten Sohn des Dauphin, Philipp, Herzog von Anjou. Karl II. hatte wohlweislich bestimmt, daß im Fall einer Weigerung des Königs von Frankreich das Gesamterbe an den Erzherzog Karl fallen sollte. Nach einigen Tagen der Überlegung nahm Ludwig XIV. das Testament an. Es ist hier nicht der Ort, diese Entscheidung zu beurteilen. Immerhin darf bemerkt werden, daß die spanische öffentliche Meinung, der an der Erhaltung der Integrität der Monarchie gelegen war, höchste Befriedigung empfand und daß die Gouverneure der entfernten Provinzen (Neapel, Niederlande, Mailand) und selbst die Vizekönige der Kolonien ohne Zögern Philipp V. anerkannten. Der Kaiser allein protestierte. England und die Generalstaaten aber, verärgert durch die Feststellung, daß Ludwig XIV. seine Verpflichtungen ihnen gegenüber nicht eingehalten hatte, beunruhigt durch gewisse Verhaltensweisen des Königs, die sie provozierend fanden, kamen bald zur Einsicht, daß eine dynastische und wirtschaftliche Verbindung zwischen einem Frankreich und einem Spanien, die voneinander unabhängig blieben, mindestens ebenso viele Gefahren brachte als ihre Vereinigung. Eine Koalition kam zustande (1701). Philipp V. mußte ein Konkurrent entgegengestellt werden: Das konnte nur der Erzherzog Karl sein. Kaiser Leopold I., seinerseits befragt, gab seine Zustimmung. Er und sein ältester Sohn, der römische König Josef, traten ihre persönlichen Rechte an Karl ab.

Zu diesem Zweck fand am 12. September 1703 (Philipp herrschte seit zweieinhalb Jahren in Madrid und hatte durch sein Wohlwollen und seinen offensichtlichen guten Willen das spanische Volk für sich gewonnen) im Ratzimmer der Sommerresidenz Favorita in Wien eine Zusammenkunft von fünfunddreißig Räten statt, in deren Gegenwart der österreichische Hofkanzler Buccellini die Verzichtserklärungen des Kaisers und des römischen Königs verlas.[3] Danach wurde die Annahmeerklärung des Erzherzogs Karl verlesen. Die drei Fürsten schritten zu einem Tisch, wo ein Kruzifix zwischen zwei Kerzen stand. Kardinal Kollonitsch, Primas von Ungarn, reichte ihnen das Evangelium, auf das sie den Eid ablegten, das, was sie soeben miteinander abgeschlossen hatten, getreulich einzuhalten. Darauf rief Leopold, in seiner Eigenschaft als Chef des Hauses, Karl III. zum König von Spanien aus.

Vater und Sohn umarmten sich; die Räte traten hinzu und küßten die Hand des neuen Souveräns. Solchem Zeremoniell hatte es nicht an Würde gefehlt. Es ist jedoch erlaubt, auf die Szene in Versailles fast drei Jahre vorher zurückzuverweisen und in aller Sachlichkeit anzuerkennen, daß sie auf eine viel eindrucksvollere Art eine viel aufgeschlossenere Ansicht von den Interessen Europas zum Ausdruck gebracht hatte. Überaus achtbar in ihrem Festhalten an der Ordnung ihres Hauses, hatten die Habsburger Fürsten lediglich Familieninteressen gewahrt, in der etwas düsteren Stimmung des Geheimnisvollen oder fast der Verschwörung.

In Versailles hatten sich die Türen vor dem gesamten Hof weit geöffnet, gleichsam als vor dem versammelten Europa: „Meine Herren, hier ist der König von Spanien!" hatte Ludwig XIV. verkündet, indem er den Herzog von Anjou vorstellte. Dann hatte er erklärt, daß derselbe im Testament des verstorbenen Königs bezeichnet worden sei, daß die spanische Nation ihn herbeiwünsche und daß er selber im Interesse des Friedens und Europas seine Zustimmung dazu gebe. Dynastischer Stolz auch hier, und Bruch der mit England und Holland eingegangenen Verpflichtungen hinsichtlich einer Teilung der spanischen Monarchie. Jawohl, das waren die schwachen Punkte der Entscheidung. Welche Wucht jedoch in den angeführten Argumenten, denn es stimmte doch, daß der König als Erblasser den Herzog von Anjou frei zu seinem Erben gewählt hatte, daß die Annahme des Testaments die spanische Monarchie unangetastet ließ und lediglich einen König, der ein möglicher Verbündeter Frankreichs war, an die Stelle eines andern, dauernd feindlich gesinnten, setzte, aber nichts änderte an dem Antlitz Europas, so wie es aus den Verträgen von Rijswijk, den gerechtesten des Jahrhunderts, hervorgegangen war.

Der spanische Botschafter wurde eingeladen, seinen neuen Herrn zu begrüßen. Er brachte ihm seine Huldigung in kastilianischer Sprache dar. Ludwig XIV. hatte sich mit seiner gewohnten Freundlichkeit eingeschaltet: „Er versteht die spanische Sprache noch nicht, an mir ist es also, für ihn zu antworten", und er hatte ein paar Sätze voller Hochachtung und Weisheit gesprochen. Danach, sich an Philipp V. wendend: „Seien Sie ein guter Spanier, hatte er gesagt, das ist jetzt Ihre erste Pflicht." Beim anschließenden Gang zur Kapelle hatte der Großvater seinem Enkel die Rechte eingeräumt, denn dieser, nunmehr König von Spanien, hatte Anspruch auf die Aufmerksamkeiten eines Gastgebers für seinen Gast und Gleichgestellten. Dies alles am hellen Tag, öffentlich, weil es bei einer Handlung, die der Billigkeit entsprach und die Existenz einer großen Monarchie achtete, nichts zu verbergen gab. Der Charakter der beiden Zeremonien widerspiegelte trefflich die Unterschiede zweier Regierungssysteme und zweier Kulturen; Ludwig XIV. handelte im Vollbewußtsein des Gehorsams, seinen Befehlen gegenüber, eines mächtigen, in seinen provinziellen Abarten vielfältigen, jedoch zusammenhängenden und vereinigten Volkes; die Macht der Habsburger entstammte einem Nebeneinander von Ländern, einem in vielen seiner Aspekte mittelalterlichen Mosaik. Gewiß, es ließ sich dort nicht weniger gut leben als sonstwo, aber es fehlte die Aufgeschlossenheit für die großen politischen und geistigen Strömungen, und alles lief nur auf die Verteidigung der Interessen des Erzhauses hinaus.

Der Proklamation Karls III. zum König von Spanien war daher eine andere Zeremonie vorausgegangen, und zwar eine geheime. Elf Räte nur waren morgens in ein Gemach auf Favorita, die Retirata, zusammengerufen worden, um von einem „pactum mutuae successionis", einem die gegenseitige Erbfolgeordnung bestimmenden Familienvertrag, unterrichtet zu werden, den Leopold und seine Söhne soeben abgeschlossen hatten.[4]

Faktisch, wenn Europa einen Habsburger als König von Spanien lieber sah als einen Bourbonen, so bedeutete das wohlverstanden, daß die spanische Monarchie niemals mit der österreichischen vereint werden sollte, denn dieser Grundsatz entsprach dem europäischen Gleichgewicht. Nun aber ließ das geheime „pactum mutuae successionis" genau das Gegenteil zu. Starb der neue König von Spanien ohne männlichen Erben, so folgte auf ihn der römische König als nächster Agnate und, nach diesem, dessen männliche Nachkommenschaft oder, mangels einer solchen, dessen weibliche Nachkommenschaft. Zu jenem Zeitpunkt hatte der römische König nur zwei Töchter. Sollte er selber hinscheiden ohne männlichen Erben, würde ihm der König von Spanien in den österreichischen Erblanden nachfolgen. Die Töchter und ihre Nachkommen wären erst nachher an der Reihe.

Was war geschehen im Jahre 1711, als der römische König, seit 1705 (dem Tode Leopolds) Kaiser Josef, gestorben war? Sofort hatte der König von Spanien, als einziger männlicher Erbe, auf die Sukzession seines Bruders Anspruch erhoben; er hatte Barcelona verlassen, von den Donauländern Besitz ergriffen und hatte sich zum Kaiser wählen lassen. Diese allzu große Macht hatte das Interesse der Bündnispartner für seine Sache erkalten lassen. Sie hatten es darum vorgezogen, in Utrecht mit Ludwig XIV. eine vernünftige Teilung Spaniens zu vereinbaren. Indem er das geheim gebliebene „pactum mutuae successionis" in eine Pragmatische Sanktion umwandelte, gab Karl VI. bzw. III. sein Recht bekannt, die Nachfolge seines Bruders anzutreten. Er machte die Erbfolgeordnung seines Hauses und den Grundsatz der Devolution des Ganzen, ohne Auflösung und Teilung, an die durch die Primogenitur bezeichnete Person zum Gesetz für alle seine Länder. Ohne Auflösung und Teilung, „ohnzertheilt", hier lag der Kern der Sache. Die Pragmatische Sanktion machte die bisher geheim gebliebenen Klauseln des „pactum mutuae successionis" öffentlich bekannt, um ihre Anwendung auf den Fall Karls VI. zu demonstrieren.

Weit davon entfernt, durch die Pragmatische Sanktion seine Nichten zu enterben, bestätigte Karl VI. ihre Rechte. Zu diesem Zeitpunkt, obwohl nach mehreren Ehejahren kinderlos, konnte er auf Söhne und Töchter hoffen. Einige vertraute Ratgeber hatten sich deshalb gefragt, ob die Verkündigung der Pragmatischen Sanktion und der Rechte der josefinischen Erzherzoginnen keinen unerfreulichen Eindruck erwecken würde, etwa wie ein Geständnis, daß der Kaiser bereits nicht mehr mit direkten Nachkommen rechne.[5] Indem er die Rechte seiner Nichten bestätigte, und zwar immer nach der Ordnung der Primogenitur, überließ er ihnen den Vorrang gegenüber seinen Schwestern, der Königin von Portugal und der Erzherzogin Magdalena.[6]

Dreiundzwanzig Geheime Räte und Gesandte, darunter Prinz Eugen von Savoyen, Österreicher, Deutsche, aber auch Böhmen, Ungarn und Spanier (der Karl III. treu gebliebene Erzbischof von Valencia, Anton Folch de Cordona) waren Zeugen der Verkündigung und wurden beauftragt, sie so weit wie möglich bekanntzumachen.[7] Der Kaiser und seine Räte jedoch waren der Ansicht, daß die feierliche Form einer Pragmatischen Sanktion noch nicht ausreichte, um jener Erbfolgeordnung und ungeteilten Weitervererbung der Länder der Monarchie die volle Garantie zu sichern, die erwartet wurde. Es mußte deshalb jeder Landtag sie zu seinem eigenen Grundgesetz erheben, es mußte auf diese Art das Versprechen einer ewigen Vereinigung aller Länder der Monarchie unter demselben Fürsten (oder derselben Fürstin) erlangt werden. Und schließlich war es notwendig, daß die europäischen Mächte sie als ein Grundprinzip der internationalen Ordnung anerkannten.

Wie konnte unter diesen Umständen jene Legende entstehen, die eine so wahrheitswidrige Auslegung der Pragmatischen Sanktion darstellte und immer noch darstellt? Das liegt an der in den Dienst der Feindseligkeit gegenüber dem Haus Österreich gestellten Schikaniersucht der damaligen Diplomatie. Darüber hinaus wurde der Vorwand allerdings durch eine scheinbare Zweideutigkeit im Text des „pactum mutuae successionis" geliefert, und dieser Punkt ist nun zu klären.

Pakt und Sukzessionsordnung waren in ihrer Abfassung das Werk desselben Autors, nämlich des österreichischen Hofkanzlers Johann Friedrich Graf Seilern, von dem Johann Christoph Freiherr von Bartenstein zu Maria Theresia einmal gesagt hat, er sei einer der kompetentesten und fähigsten Männer seiner Generation gewesen. Ein französischer Informant hat ihn dargestellt als einen „geistig regen, tatkräftigen Menschen. Er hat viel Sinn für Ordnung und eine perfekte Kenntnis der Interessen des Hauses Österreich."[8]

Im „pactum mutuae successionis" stehen nacheinander zwei Artikel, von denen der erste den Fall vorsieht, daß in Spanien Karl III. sterben würde, ohne einen Sohn zu hinterlassen, wenngleich er Töchter hinterließe. In diesem Fall wäre sein Bruder Josef sein Universalerbe und würde seinerseits die Sukzession auf seine Söhne und Töchter übertragen. Die Töchter Karls III. wären erst wieder nachfolgeberechtigt, nachdem keine Nachkommen Josefs mehr vorhanden wären, „wenn die legitimen männlichen Nachkommen unseres Stammes und auch die weibliche Linie unseres Erstgeborenen (es ist der Kaiser Leopold, der da vom römischen König spricht) — sie hat immer und überall vor jenen (d. h. vor den eventuellen Töchtern Karls) den Vorrang — aussterben", „deficientibus nostrae stirpis maribus legitimis et (quae, eas ubivis et semper praecedunt) Primogeniti nostri foeminis".[9]

Der folgende Artikel erwog die andere Hypothese, jene, die dann allzu schnell Wirklichkeit wurde: Den Fall nämlich, daß Josef starb, ohne einen Sohn zu hinterlassen, wenngleich er Töchter hinterließ. Sein Universalerbe war also der König von Spanien, auf welchen dessen Söhne, dann die Töchter seiner direkten und legitimen Abstammung folgen sollten. Die Töchter des verstorbenen Herrschers genossen das Vorrecht vor dessen Nichten. Es konnte da kein Bedenken geben.

Und doch kam eines auf. Es war allgemein Brauch, daß von Erzherzoginnen oder Infantinnen, die einen ausländischen Fürsten heirateten, der Verzicht auf ihre etwaigen Erbrechte verlangt wurde. Es sollte auf diese Weise jedem Anspruch auf die Gesamtheit oder auch nur auf Teile der Monarchie vorgebeugt werden. Als nun Maria Josefa, die älteste der josefinischen Erzherzoginnen, 1719 mit dem Kronprinzen von Sachsen verlobt wurde, mußte auch sie diese herkömmliche Verpflichtung eingehen. Da kam jemand im Rat auf den Einfall, das „pactum mutuae successionis" durchzustudieren, er stolperte über den Satz „quae eas ubivis praecedunt" und fragte, ob das nicht etwa bedeutete, daß den josefinischen Erzherzoginnen unter allen Umständen der Vorrang vor ihren karolinischen Kusinen (die jetzt endlich geboren waren) zukam, und ob es nicht angebracht wäre, das in Betracht zu ziehen, damit die Verzichtserklärung eindeutig sei.

Ein solcher Skrupel schien nicht angebracht. Seilern war zu jenem Zeitpunkt tot; hätte es aber den geringsten Anschein von Widerspruch zwischen dem Pakt und der Pragmatischen Sanktion gegeben, ist es da wohl glaubhaft, daß er, Seilern, 1713 diesen Punkt nicht vorsichtshalber geklärt hätte, um jedweder Anfechtung vorzubeugen? Wäre nicht auch darauf hinzuweisen, daß Prinz Eugen, als höchst aufmerksamer Zeuge dieser Erbfolgeregelung, nichts Anfechtbares hätte durchgehen lassen und daß schließlich, wäre das Argument in jenem Jahre 1719 als gewichtig empfunden worden, der in der Blüte der Jahre stehende (vierunddreißigjährige) Kaiser nicht versäumt hätte, es in einer erneuten Erklärung zu widerlegen? Mit der Pragmatischen Sanktion war alles klar genug. Dennoch sollten die spitzfindigen Einwendungen Erfolg haben und die grundfalsche Legende entstehen lassen, wonach die Pragmatische Sanktion von 1713 den Bestimmungen des „pactum mutuae successionis" widersprochen und den noch nicht geborenen Töchtern Kaiser Karls die Rechte der Waisen Kaiser Josefs zugeschoben hätte. Und dies ist der Irrtum, den man dann weiterverbreiten wird! Einstweilen sorgte sich des Kaisers Rat um andere Dinge. Es galt, die Landtage davon zu überzeugen, daß es in ihrem Interesse lag, die Pragmatische Sanktion zu garantieren, und das war nicht leicht, denn jeder Landtag blieb um seine Autonomie besorgt. Ungarn insbesondere empfand Widerwillen gegen Verpflichtungen, die die Gefahr mit sich brachten, für immer jene Gelegenheit auszuschließen, die es sich gerne offenhielt, einmal seinen König wählen zu können. Es blieb lange widerspenstig, bevor es, im Tausch gegen eine erneute Bestätigung der traditionellen Privilegien des Adels, die Pragmatische Sanktion inartikulierte, das heißt, sie zum Reichsgrundgesetz erhob. Entgegenkommender hatte sich Kroatien erwiesen, das bereits 1712 den Wunsch geäußert hatte, denselben Souverän anzuerkennen wie die Steiermark und Österreich, vorausgesetzt, daß ihm diese beiden Länder bei Bedrohung durch die Türken Hilfe brachten. Der böhmische Landtag von 1720 — mit nur vierundachtzig Teilnehmern an dieser Sitzungsperiode nicht sehr stark besucht — gab seine Zustimmung. Mit mehr oder weniger Diskussionen und Forderungen erteilten die übrigen Landtage die ihre: Steiermark, Krain, Tirol, Siebenbürgen 1720, Belgien 1723[10] und die Lombardei 1725.

So schien der dauernde Zusammenschluß der Habsburgerlande besiegelt, und es würde nicht zu befürchten sein, daß partikularistische Rechte eines Tages die Weitergabe der Krone innerhalb des Erzhauses behinderten, wenngleich dasselbe nur noch durch eine Frau vertreten wäre.

Mehrere Länder der Monarchie, darunter die wichtigsten: Böhmen, Österreich, waren Reichslehen. Folglich mußte das Reich seine Zustimmung geben. Wer sich nun einen Habsburgerkaiser vorgestellt hatte oder noch vorstellt, der in der Lage gewesen wäre, sämtlichen deutschen Reichsständen seinen Willen aufzuzwingen, hat hier eine schöne Gelegenheit, etwas hinzuzulernen. Fast zwanzig Jahre des Feilschens und des Auftrumpfens brauchte es, bis der Regensburger Reichstag die Pragmatische Sanktion anerkannte. Frankreich hielt die Empfindlichkeit der deutschen Fürsten wach. „Es wäre zu wünschen“, äußerte ein Pamphlet, das man in Wien für französisch inspiriert hielt, nicht weil es französisch geschrieben war, sondern wegen der Art seiner Argumente, „daß dieser Fürst (der Kaiser), statt die Pragmatische Sanktion als ein Gesetz proprio motu vorzustellen, dem das Reich nur noch beizupflichten hätte, sich überlegt hätte, daß eben dieses Reich, nach allen Gesetzen und Verfassungen, befragt werden mußte, bevor irgend etwas geregelt wurde, da es sich doch um große Länder oder Lehen ersten Ranges handelte, deren Natur und Qualität ohne Zustimmung aller Parteien zu ändern nach Ansicht der berühmtesten Rechtsgelehrten nicht erlaubt ist.“ Der Kaiser erwiderte, indem er geltend machte, daß seine Pragmatische Sanktion niemandem schade, daß die Unteilbarkeit seiner Monarchie, welche der Christenheit als Bastion gedient und die Freiheit Europas gegen alle fremden Angriffe verteidigt habe, im Gegenteil allen Deutschen zur Garantie gereiche.

Trotz Bayerns Widerstand erkannte das Reich 1732 die Pragmatische Sanktion an. Das war noch nicht alles: Karl VI. wünschte schon frühzeitig, daß dieses Prinzip der Unteilbarkeit seiner Länder durch feierliche Akte in die europäische Ordnung selbst integriert würde. So mußte er beim Frieden von Rastatt, nicht ohne Schmerz und Scham, die Katalanen mit Stillschweigen übergehen, ein impliziter und demütigender Verzicht auf jenes Volk in Spanien, das ihn am besten empfangen und ihm anschließend am besten gedient hatte. Er brauchte aber als Gegenleistung die Garantie, daß er nun nichts mehr von seinen Ländern verlieren würde, denen Belgien, Mailand und das Königreich Neapel doch immerhin wesentlichen Zuwachs gebracht hatten. Fünfundzwanzig Jahre lang war seine gesamte Außenpolitik von der Hoffnung geprägt, die Pragmatische Sanktion von den andern Herrschern garantieren lassen zu können. Man muß bedenken, daß die Periode, die auf die Wiederherstellung des Friedens im Westen folgte, im Osten dank der Siege des Prinzen Eugen überaus glorreich war. Die Eroberung des Banats von Temeschburg im Anschluß an Peterwardein, die Belagerung und Einnahme Belgrads 1717 und, im folgenden Jahr, der Friede von Passarowitz, der dem Kaiser einen Großteil Serbiens sowie die Kleine Walachei bis zum Alt zusprach: Das war der tiefste Einbruch ins Osmanische Reich und in die Balkanhalbinsel, den die Donaumonarchie jemals hatte tun können. Welche Triumphe! Die Fresken von Troger und Altomonte in St. Florian und Göttweig, die den Kaiser in den Gestalten der Mythologie verherrlichten, rühmten ohne Übertreibung echte Tatsachen. Noch nie hatte das Haus

Österreich im Osten Europas eine solche Machtfülle erreicht. Selbst seine Bundesgenossen machten sich unter diesen Umständen Gedanken darüber, welchen Nutzen es aus seinen neuen Gebieten am Mittelmeer und in Belgien zu ziehen imstande sein könnte. Durch sein katalanisches Experiment nämlich hatte Karl VI. viel von der Seefahrt und vom Seehandel gelernt. Die Gründung in Ostende einer Kompagnie für Handelsreisen nach Indien (die Ostendische Handelskompagnie), die Eröffnung von Freihäfen in Triest und Fiume ließen ein ehrgeiziges, doch keineswegs unvernünftiges Wirtschaftsprogramm erkennen. Würde man es aber entfalten können, ohne England und Holland zu beunruhigen, das erstere insbesondere, dessen Politik zunehmend die der Handelsherren der City wurde? Welche würde sodann die Haltung Frankreichs sein, diejenige Spaniens, ja sogar Portugals, dessen König zwar der Schwager Karls VI. war, wo aber der englische Einfluß seit dem Handelsvertrag von 1703 vorherrschte? Einen Augenblick, doch nicht lange, hatte Prinz Eugen an die Möglichkeit der Aussöhnung und selbst der Freundschaft mit Frankreich geglaubt, wie es der Wunsch Ludwigs XV. und Villars' gewesen war. Er hatte aber an dieser Ansicht nicht festgehalten und war der Auffassung, daß die Donaumonarchie sich um keinen Preis von ihren maritimen Provinzen trennen sollte und daß ihr Interesse eine Höchstzahl von Abkommen mit den deutschen Fürsten, besonders mit Preußen, forderte. So war auch Rußland, wegen der Auseinandersetzungen mit der Türkei und mit Polen, ein ebenso notwendiger Bündnispartner.

In einem Europa, das fast überall seine wirtschaftlichen Verhältnisse verbesserte, waren die Jahre 1715—1740 Jahre einer intensiven diplomatischen Tätigkeit, in der dynastische und nationale Ambitionen kreuz und quer liefen und die bezeichnet war durch Bündnisse und Gegenbündnisse, durch Kriege, aber rasch beendete, und durch Verträge, bei deren Zustandekommen die Sorge um das Gleichgewicht der Mächte über die Bewilligung von gegenseitigen Kompensationen und über den Austausch von Gebieten entschied. Diese Politik des Austauschs war es übrigens, die zur Spaltung der dynastischen und der völkischen Interessen und zur Vorbereitung des Verfalls des monarchischen Prinzips beitrug, obwohl es aussah, als sei sie dem Dünkel der Herrscher förderlich. In diesem Labyrinth ließ Karl VI. nicht nach, um die Anerkennung der Pragmatischen Sanktion zu werben.

Er erhielt sie von Spanien schon 1725, jedoch unter Zustimmung zu den Absichten der Königin Elisabeth Farnese auf die italienischen Fürstentümer, die sie nach dem Erlöschen der letzten Herrscher (der Farnese in Parma, der Medici in Toskana) gerne ihren Söhnen hätte zusprechen lassen. Danach erhielt er sie 1726 von Rußland, dann von Preußen 1728, doch gegen das Versprechen, im Reich die territorialen Ansprüche des Königs zu unterstützen, die doch seinen eigenen Interessen zuwiderliefen. England aber, besorgt wegen der kürzlichen Aussöhnung des Kaisers und des Königs von Spanien, verlangte für seine Garantie der Pragmatischen Sanktion einen unerhörten Preis: Ihm mußte die Ostendische Handelskompagnie geopfert werden, von der Karl VI. einen neuen Aufschwung in allen seinen Ländern und eine Verminderung der finanziellen Lasten hatte erhoffen können, die seine Initiativen in den internationalen Angelegenheiten hemmten. Nachträglich ließen sich dann Dänemark, Frankreich, Sardinien zur Zustimmung herbei. Schließlich hatte also ganz Europa die Pragmatische Sanktion anerkannt.

Es gibt aber hier einen Widerspruch, der nicht anders als überraschend wirken kann. Zunächst hatte die Jagd nach diesem heißbegehrten Erfolg die inneren Reformen verhindert, die die Monarchie hätten festigen können. Schlimmer noch: Obwohl die Pragmatische Sanktion grundsätzlich die Erhaltung der ungeteilten Einheit sämtlicher Territorien forderte, hatte man sich mit Gebietsabtretungen abfinden und folglich das Gebäude, das man zu erhalten vorgab, verkleinern und nahezu unterminieren müssen.

So hatte zum Beispiel der Kaiser 1713 das Königreich Neapel erhalten, doch ohne Sizilien, das dem Herzog von Savoyen zugesprochen worden war, damit dieser durch die Insel zu einem Königstitel kam. Das Königreich Neapel war dann wiederhergestellt worden durch Tausch Siziliens gegen das zur Würde eines Königreiches erhobene Sardinien. Bei den Vereinbarungen von 1738 jedoch mußte das ganze Neapel dem allgemeinen Belieben der Mächte geopfert und an den Herzog von Parma, einen Sohn Philipps V., abgetreten werden. Das Großherzogtum Toskana, auf das die spanischen Bourbonen Anspruch erhoben hatten, wurde dem Herzog von Lothringen, Franz I., zugesprochen, der sein eigenes Herzogtum dem ehemaligen König von Polen Stanislaus I. Leszczyński auf Lebenszeit, mit der Auflage des Heimfalls an Frankreich, überließ. Die Gewißheit, das seit einem Jahrhundert begehrte Lothringen nun endlich zu besitzen, bestimmte die Franzosen dazu, ihrerseits die Pragmatische Sanktion zu garantieren. Parma und Piacenza fielen an das Haus Österreich (in Wirklichkeit behielt es sie nur zehn Jahre); das war also eine Abrundung seines oberitalienischen Besitzes. Gleichzeitig hatte es aber einige Gebiete des Herzogtums Mailand dem Herzog von Savoyen übergeben.

Das Schlimmste war, daß man sich sofort von Rußland in einen Krieg gegen die Türkei mitreißen ließ, wobei die seit Prinz Eugens Tod 1736 eingerissene Desorganisation der österreichischen Armee zutage trat. Im Frieden von 1739 fielen Serbien und die Kleine Walachei an den Sultan zurück, und Belgrad ging erneut verloren. So war die Pragmatische Sanktion, die der Zersplitterung der Monarchie im Falle von Nachfolgeschwierigkeiten vorbeugen sollte, zwar von den Landtagen aller Länder als Grundgesetz, danach in ganz Europa als Klausel des internationalen Rechts anerkannt worden. Dieser für Dynastie und Staat gewiß vorteilhafte Ausgang hatte jedoch territoriale Opfer, das Scheitern einer bedeutenden wirtschaftlichen Unternehmung und die Verschiebung, ja geradezu die Verhinderung innerer Reformen mit sich gebracht, so daß 1740, obwohl es paradoxerweise an Zeichen des Fortschritts und an Zukunftsaussichten nicht fehlte, die zentrale Staatskasse leer, der Kredit gefährdet und das Ansehen der Monarchie eben deswegen bei den übrigen Mächten im Sinken war. Trotzdem konnte zu dieser Zeit das von ihren eigenen Landtagen, vom Reichstag und von den übrigen europäischen Mächten anerkannte Recht der Großherzogin von Toskana, Maria Theresia, auf das Erbe ihres Vaters schwerlich bestritten werden.

Zum Unterschied von allem andern jedoch war die Kaiserkrone nicht erblich und ebensowenig einer Frau zugänglich. Damit sie in der Familie blieb, mußte sie dem Großherzog von Toskana, dem Gemahl der Königin von Ungarn und Böhmen, zugesprochen werden, und dazu mußte dieser Fürst sich die Mehrheit der Stimmen des Kollegs der sieben Kurfürsten sichern. Maria Theresia brachte ihm die Stimme Böhmens, es galt aber noch andere zu gewinnen: die des Königs von Preußen als Kurfürst von Brandenburg, die des Kurfürsten von Bayern. Seit einigen Monaten auf dem Thron, hatte Friedrich II. seine Ambitionen noch nicht entdeckt. Er dachte nicht an das Kaisertum für sich selbst, aber er begehrte Schlesien, was für die internationale Meinung kein allzu überraschender Anspruch war, hatte doch Anfang des Jahrhunderts der französische Minister Torcy bei Prüfung der Verhältnisse in Europa vorausgesehen, daß Preußen früher oder später Absichten auf Schlesien bekunden würde. Friedrich konnte, wie wir im folgenden sehen werden, ziemlich vernünftigerweise annehmen, daß seine Kurstimme eine Belohnung verdiene und daß diese Belohnung in Schlesien zu finden sein müsse.

Beim Kurfürsten Karl Albert von Bayern lagen die Verhältnisse anders. Er allein hatte die Pragmatische Sanktion nie anerkannt. Er hatte deren Anerkennung durch den Reichstag bekämpft. Er hatte protestiert, als der König von Frankreich sie ebenfalls anerkannt hatte. Er schrieb damals dem Kardinal Fleury: „Ich hatte nicht erwartet, daß dieselbe Person, die mich so oft des unverbrüchlichen Wortes Seiner Allerchristlichsten Majestät versichert hat, mir eines Tages mitteilen müßte, daß dieser hochmögende Fürst, trotz so vieler geheiligter Bande, im Begriffe steht, mich im Stiche zu lassen."

In der Tat pochte er auf seine Nachfolgebefähigung in Böhmen nicht, wie so oft gesagt worden ist, aufgrund der Rechte seiner Gemahlin Maria Amalia, der zweiten josefinischen Erzherzogin, sondern unter Anrufung des Testaments Kaiser Ferdinands I., seines Vorfahren. In seinen Verfügungen von 1543 und 1547 hatte Ferdinand I., der Bruder Karls V., den Fall vorgesehen, da die aus legitimer Ehe hervorgegangene männliche Nachkommenschaft der Habsburger erlöschen würde. Dann sollten die Königreiche Böhmen und Ungarn an seine älteste Tochter fallen. Karl Albert war der direkte Nachkomme dieser Tochter.[11]

Wurden diese Ansprüche angenommen, so konnte der Kurfürst von Bayern

Böhmen und die dem Souverän dieses Königreichs zustehende Kurstimme erlangen. So würde er über zwei Stimmen verfügen. Von da an wurde die Wahl des Großherzogs von Toskana unwahrscheinlich. Frankreich hatte oft in der Vergangenheit die Kurfürsten von Bayern angespornt, das Kaisertum für sich selbst zu fordern. Einer ganzen Partei, die nur daran dachte, das Haus Österreich zu erniedrigen, erschien die Gelegenheit unverhofft und allzu günstig, um sie sich entgehen zu lassen. Es hieß also, die Ansprüche des Kurfürsten von Bayern zu übernehmen und ihn, zu deren Unterstützung, mit finanzieller und militärischer Hilfe zu versorgen. Mit dem Risiko eines allgemeinen Krieges. Weder Ludwig XV. noch Kardinal Fleury dachten bisher daran. Die Situation Europas sollte sie allerdings dazu nötigen, weit mehr zu unternehmen, als sie vorhatten.

Seit 1739 befanden sich England und Spanien im Krieg wegen des Amerikahandels. Die englische Meinung, aufgebracht durch die Verluste im Geschäftsgang und die Konkurrenz der mit irischer Wolle hergestellten französischen Stoffe, schob der Regierung Walpole die Schuld zu und bezichtigte sie, Frankreich gegenüber zu friedfertig und verträglich zu sein. Walpole mußte im März 1741 zurücktreten. „Ein neues England war im Begriff hervorzutreten, Wesley und Pitt waren besser geeignet, zu ihm zu sprechen als Walpole.“[12] In Frankreich drängte ein Teil des Hofadels und der Regierungskreise dazu, Spanien zu unterstützen und das mit England verbündete Haus Österreich zu demütigen. Fleury, dessen Haupttugend nicht die Rechtschaffenheit war, stellte sich, um an der Macht zu bleiben, darauf ein, eine Politik zu verfolgen, die er nicht guthieß. Solange er den Ausgleich mit dem Kaiser angestrebt hatte, hatte er den bayerischen Kurfürsten von oben herab behandelt und ihm glatt erklärt, „seine Rechte wären noch nie ausgepackt worden und seien nicht festgestellt“. Von nun an, da Frankreich Karl Albrecht seine Unterstützung versprochen hatte, war er bemüht auszuweichen und die Tragweite der Verpflichtungen, die er dem König eingeredet hatte, abzuschwächen.

„Es stimmt“, schrieb er am 17. Juni 1741 an Maria Theresia, „daß der selige Kaiser glorreichen Angedenkens, als er seine Pragmatische Sanktion aufstellte, versichert hat, daß sie keinen europäischen Fürsten benachteilige; diejenigen aber, die glauben, entgegengesetzte Ansprüche zu haben, werden wohl geltend machen, daß sein Wort, wiewohl sehr achtbar, keine feststehende Regel ist und daß ihre Rechte von unparteiischen Mächten untersucht werden müssen, um zu erkennen, ob sie wohlbegründet oder unbegründet sind. Es erübrigt sich zu wiederholen, daß die Nichtbenachteiligung des Dritten in alle Verträge stillschweigend einbezogen ist.“

Dann fuhr er, die wahren Beweggründe noch weiter enthüllend, in jenem glattzüngigen Ton, der ihm seitens der österreichischen Minister den Vorwurf der Schurkerei eintrug, fort:

„Ich bin weit davon entfernt, gegen alles, was Eure Majestät zur Sicherung der Erbfolge in Ihrem Hause unternimmt, etwas einwenden zu wollen, sowenig wie gegen Ihre Bemühungen, sich Freunde zu verschaffen, um Ihr dabei zu helfen; doch ist Eure Majestät auch zu gerecht, um nicht zu gestehen, daß, nachdem Sie Sich mit Mächten verbündet hat, von denen wir Ursache haben anzunehmen, daß sie nicht zu unseren Freunden gehören, wir unsererseits Maßnahmen ergreifen, uns vor allem Schaden zu bewahren, den dieselben uns vielleicht zufügen möchten."[13]

Diese Vorsichtsmaßnahmen, das waren die dem Kurfürsten von Bayern bereits im Mai im Vertrag von Nymphenburg gemachten Versprechungen, seine Ansprüche auf Böhmen zu unterstützen und ihm zur Besitzergreifung dieses Königreiches Waffenhilfe zu leisten. Und zwar sollte dies, wenigstens unmittelbar, keinen Bruch mit der Königin von Ungarn nach sich ziehen. Es ging lediglich darum, daß man in einer umstrittenen Erbfolgeangelegenheit eine andere Sache als die ihre verteidigte. In Versailles wußte man, daß Franz Stephan Frankreich haßte, daß er Toskana nur unter dem Druck der Verhältnisse angenommen hatte und daß er seinem Lothringer Erbe nachtrauerte, mehr aus Prinzip zwar als aus persönlicher Anhänglichkeit, hatte er doch kaum dort gelebt. Seine Person gab keinerlei Grund, seine Wahl zum Kaiser zu begünstigen. Und dann war da die schlesische Affäre, die alles komplizierte. Konnte man sicher sein, daß der Großherzog sich nicht zur Preisgabe von Gebieten in Schlesien bereitfinden würde, um die Stimme des Königs von Preußen zu gewinnen? In Frankreich war der Obersekretär im Außenministerium, Le Dran, ein gelehrter und subtiler Kenner der Prätentionen der einen wie der andern und ein scharfsinniger, kaum parteilicher Beobachter der Schwankungen der europäischen Konjunktur.

Er machte darauf aufmerksam, daß die Pragmatische Sanktion die Gesamtheit der Länder umfaßte, die der verstorbene Kaiser besessen hatte. „Sollte die Erzherzogin irgendeinen Teil davon abtrennen, so verstieße sie selbst gegen die Pragmatische Sanktion und gäbe den Mächten, die deren Garanten geworden sind, Anlaß, ihre Verpflichtungen ungültig zu erklären."[14]

Welche Heuchelei in alldem! Und welche Winkelzüge zur Tarnung von konkreteren Zielen: Das Scheitern Englands in den kontinentalen Auseinandersetzungen, die Revanche am Hause Österreich, indem man ihm den Weg zum Kaiserthron versperrte, ja sogar zur Zerstückelung seiner Erbländer beitrug.

Geschichte macht man nicht mit Mutmaßungen oder, volkstümlicher gesagt, mit Wenn und Aber.

Da drängt sich jedoch eine Frage auf, die anscheinend nicht viele Historiker zum Verweilen bewogen hat. Maria Theresias Rechte waren unanfechtbar in den Ländern, die sie von ihrem Vater geerbt hatte, und die Annahme der Pragmatischen Sanktion durch sämtliche Mächte hatte klar gezeigt, daß die

Ansprüche des Hauses Bayern auf Böhmen unter Berufung auf das Testament Ferdinands I. von niemandem ernst genommen wurden. Sie waren diskutabel, insoweit alles diskutabel sein kann, aber neue Aktualität hatten sie nur erlangt, weil sie eine Handhabe boten, die Wahl des Großherzogs von Toskana zu vereiteln.

Da nun Maria Theresia als Frau sich nicht selber um das Kaisertum bewerben konnte, da die Kandidatur ihres Gemahls sogleich alle möglichen Schwierigkeiten heraufbeschwor, den König von Preußen dazu aufstachelte, sich seine Stimme teuer bezahlen zu lassen, und Frankreich, die Forderungen des Kurfürsten von Bayern zu berücksichtigen, wäre es da nicht weiser und staatsmännischer gewesen, diese Frage nicht aufzuwerfen? Vom kalten Verstand her gesehen und aus weitem Abstand betrachtet, unter jenem Blickwinkel, den die Außenstehenden unvorsichtigerweise als Urteil der Geschichte bezeichnen, kann die Frage zweifellos bejaht werden. Brüchig und zersplittert, wie die österreichische Monarchie war, bildete sie doch eine eindrucksvolle Gesamtheit: die Erblande, Belgien, Oberitalien, Mailand und Parma, Ungarn. Es war das eine große europäische Macht.

Fügte die Kaiserkrone alldem etwas so Überragendes und Begehrenswertes hinzu?

In dem ruhmsüchtigen, dynastischen Denken der Zeit übte diese seit drei Jahrhunderten ununterbrochen im Besitz der Familie gebliebene, zu Unrecht zwar, aber faktisch eben doch als übertragbare Würde angesehene Krone noch immer einen ungeheuren Reiz aus. Am Wiener Hof kam es niemandem in den Sinn, es könnte gleichgültig oder gar vorteilhaft sein, darauf zu verzichten. Man wird sagen: Es mußte auch ohne gehen, in den drei Jahren von 1742 bis 1745. Gewiß, aber die erste Bedingung zur Versöhnung mit Bayern nach dem Tode Karls VII. war die Vorbereitung ihrer Rückkehr in die Familie. Franz Stephan, der enteignete Lothringer, fand sich persönlich schwer damit ab, nur der Großherzog von Toskana zu sein. Andrerseits waren die Erblande wie auch die schwäbischen und breisgauischen Besitzungen Teil der Realität des Reiches, das man zu jenem Zeitpunkt sowohl in seinem Zusammenhang mit der Vergangenheit, dem „alten Herkommen“, als auch in seiner derzeitigen Praxis betrachten muß, mit der Vielfältigkeit der Sonderrechte, mit der Verflechtung gemeinsamer Sitten, mit der trotz starker mundartlicher Abweichungen gemeinsamen Sprache. Es war noch nicht die Zeit, da man sich hätte eine vom Reich getrennte österreichische Monarchie vorstellen können, und trotzdem ist es bleibende Tatsache, daß der Anspruch auf das Kaisertum einer der Gründe, wenn auch nicht der einzige, war, weshalb die Reiche, die Maria Theresias legitimes Erbe bildeten, von den Mächten mit Zerstückelung bedroht wurden.

# *Die große Prüfung*

Der Regierungsantritt dieser jungen Frau, die jetzt über so viele Länder herrschte, erweckte die Neugier ganz Europas. Wer war sie? Tochter einer Fürstin — Elisabeth von Braunschweig-Wolfenbüttel —, die als eine der schönsten Souveräninnen ihrer Zeit galt, zog Maria Theresia, damals in voller Jugendblüte stehend, von sehr regelmäßigen Gesichtszügen, blendendem Teint, unvergleichlicher Anmut der Haltung, alle, die ihr nähertraten, mühelos in ihren Bann. Da das Kaiserpaar den Sohn, der ihm nach mehreren Jahren banger Erwartung geboren worden war, nicht hatte großziehen können, schien Maria Theresia, auf die noch zwei Schwestern gefolgt waren, von Kindheit an zur Erbin des Erzhauses bestimmt. Man hatte versucht, ihr eine dieser Bestimmung angemessene Erziehung zu geben, was sich jedoch darauf beschränkte, ihr einige Grundkenntnisse von allem zu vermitteln; wenn sie sich nämlich in französischer, spanischer und italienischer Sprache fließend auszudrücken wußte und Latein verstand, so sprach sie doch kein gutes Deutsch, sondern Wienerisch, und fehlerlos schreiben konnte sie in keiner Sprache. Hingegen war die Bildung ihres Charakters geglückt, denn ein sehr heller Verstand, ein von Natur aufrechtes, ehrliches, großherziges Wesen hatten die Aufgabe der Aja, der Gräfin Charlotte Fuchs, erleichtert. Maria Theresia hat diese ihre Erzieherin stets mit Hochachtung behandelt und ihr sogar, als sie starb, die außerordentliche Ehre angetan, als der einzigen im Kreise der Fürsten und Fürstinnen kaiserlichen Geblüts eine Ruhestätte in der Kapuzinergruft zu gewähren. Auch bekundete die Erzherzogin eine starke Neigung zur Religion: Sie zeigte sich von tiefem, eifrigem Glauben, nahm es mit der Befolgung aller religiösen Vorschriften genau und hatte eine Vorliebe für die andachtsfrohe, mildtätige Frömmigkeit ihres Zeitalters. Sie besuchte oft und gerne die Wallfahrtsstätten.

Die Jagd, das Reiten, die Bewegung an der frischen Luft begünstigten schließlich die körperliche Ertüchtigung der jungen Dame, die durch den Mangel an Bequemlichkeit der Hofburg und der Schlösser so abgehärtet war, daß sie auf die Unbill der Jahreszeiten keine Rücksicht nahm. Eine besondere Veranlagung ließ sie übrigens von der Hitze viel leichter belästigt werden als von großer Kälte. Maria Theresia hat sozusagen ihr Leben bei offenen Fenstern verbracht, zum großen Leidwesen ihrer Vertrauten, während die Scheu vor langem Gehen oder Stehen in der prallen Sonne sie zum Beispiel dazu bewog, den Zeitpunkt der Sakramentsprozession verschieben zu lassen, mit welcher der österreichische Herrscher zu Fuß durch die Straßen von Wien gehen mußte.[1]

Die schon früh aufgeworfene Frage ihrer Heirat drehte sich weniger um ihr Glück als um das Staatsinteresse. Der Kaiser hatte zunächst gedacht, sein Schwiegersohn könnte einmal der älteste Sohn des Herzogs von Lothringen, der teilweise am Wiener Hof aufgewachsene Prinz Klemens, werden. Seiner Anmut und seiner Intelligenz wegen nannte man ihn das Wunderkind. Doch er starb bereits 1723. In denselben Jahren betrieb Karl VI., von dem verbündeten England enttäuscht und darauf brennend, die Pragmatische Sanktion von einer weiteren Großmacht anerkennen zu lassen, paradoxerweise die Annäherung an Spanien, das Land, auf das zu verzichten ihm so schwergefallen war, und an König Philipp V., seinen ehemaligen Rivalen. Versprechungen wurden ausgetauscht, und eine Weile war Maria Theresia dem nachmaligen Karl III., später Herzog von Parma, König von Neapel und König von Spanien, zugesagt. Prinz Eugen von Savoyen stimmte dieser Lösung nicht zu: Er hätte einen deutschen Fürsten gemocht. Warum nicht den Sohn des Königs von Preußen, Prinz Friedrich (den nachmaligen Friedrich II.)? Wohl war er protestantisch; war aber nicht Maria Theresias Mutter, die Kaiserin Elisabeth, zur guten, ja frommen Katholikin geworden? Oder aber Maximilian Josef von Bayern, der Sohn des Kurfürsten Karl (des nachmaligen Kaisers Karl VII.), doch da hätte man warten müssen, denn er war zehn Jahre jünger als die Erzherzogin.

Diese Ungewißheiten begünstigten die Vorliebe, die Maria Theresia für den jungen, anstelle seines Bruders an den Wiener Hof gekommenen lothringischen Prinzen Franz Stephan zu zeigen sich nicht scheute. Das Bemühen um kaiserliche Protektion für seine Söhne und um eine bessere Zukunft als jene, die ihnen das Herzogtum Lothringen in Aussicht stellte, hatte den Herzog Leopold bewogen, dieselben zur Erziehung in die Nähe des Kaisers zu schicken. Karl VI. aber war Franz Stephan gegenüber mißtrauisch; er fand ihn weniger intelligent als seinen älteren Bruder und fürchtete, er sei bereits für Frankreich gewonnen, für das er durch den Einfluß seiner Mutter Elisabeth von Orléans, der Nichte Ludwigs XIV., eine Neigung gefaßt hätte. Da seine Unterrichtsstunden dauernd unterbrochen wurden durch Jagdpartien, Hofzeremonien, ja selbst die Familientreffen in der Hofburg, war es für Franz Stephan unmöglich, sich eine ernsthafte Bildung anzueignen. Da er selbst aber sehr begabt war, beschäftigte er seine Neugier mit vielen Dingen und schickte sich an, das zu werden, was er, Vorzüge und Mängel zusammengenommen, ein Leben lang sein sollte: ein Mann ohne Grundwissen, aber von umfassender Bildung, ein schlechter Feldherr, ein verständiger, gut unterrichteter politischer Berater, ein guter Verwalter seines privaten Erbguts. Der Tod seines Vaters rief ihn 1729 nach Lothringen zurück; er ging nach Versailles, um

Ludwig XV. für den Teil seines Herzogtums, der von Frankreich lehensabhängig war, den Lehenseid zu leisten. Danach kehrte er über England, Holland, Deutschland nach Wien zurück, wo Karl VI. ihn mit mehreren wichtigen Ämtern betraute. Er war ganz und gar Österreicher geworden, als das Projekt einer Verbindung mit der Erzherzogin wieder aufgenommen wurde. Am 12. Februar 1736 wurde in der Wiener Augustinerkirche ihre Hochzeit gefeiert.

Daß er den Herzog von Lothringen zum Schwiegersohn hatte, sollte Karl VI. bald die diplomatischen Verhandlungen erleichtern, durch welche er sich aus den Verwicklungen des Polnischen Erbfolgekrieges herauswinden konnte. Stanislaus I. Leszczyński verzichtete zugunsten des Kurfürsten von Sachsen, seines Mitbewerbers, auf dieses Reich, behielt jedoch den Königstitel und bekam auf Lebenszeit Lothringen, das nach ihm an Frankreich fallen sollte. Dem Herzog von Lothringen stand im Ausgleich für sein Herzogtum die Anwartschaft auf Toskana zu, wo der letzte Medici-Fürst seinem Lebensende entgegensah.

Kaiser Karl konnte, über seinen Schwiegersohn, die Macht seines Hauses auf den größten Teil Oberitaliens ausdehnen. Er selbst bekam die Herzogtümer Piacenza und Parma. So sollte ihm der Verzicht auf Neapel leichter fallen, wo an seiner Stelle der Infant von Spanien, Carlos, bisher Herzog von Parma und Piacenza, die Regierung antrat. Merkwürdige Politik des 18. Jahrhunderts, wo die Fürsten von einem Land ins andere dem Aufstieg nachjagen und, dem Ansehen oder dem Reichtum zuliebe, die Bande zerreißen, die sie mit ihren Ländern und ihren Untertanen verbunden hielten.

Und doch war Franz Stephan der Begriff vom Land und vom Landesvater nicht fremd, denn wenngleich er annahm, was man von ihm forderte, jedoch als ein Opfer für das Wohl und den Frieden Europas, erachtete er sich als seines väterlichen Erbes beraubt. Er versuchte, die Elite seines ehemaligen Herzogtums in seine Dienste zu ziehen, sowohl Künstler wie Jean Nicolas Jadot als auch Gelehrte wie den Botaniker Nicolaus Josef Jacquin, Facharbeiter und Landwirte. Frankreich beklagte sich ob dieses Benehmens als den Verträgen zuwiderlaufend.[2]

„Der Großherzog haßt uns auf den Tod", sollte Kardinal Fleury sagen, „weil wir ihm sein Stammgut weggenommen haben." Es war dies auch die Ansicht ausländischer Beobachter am Wiener Hof, und obwohl Franz Stephan seine gute Gesinnung gegenüber Frankreich und König Ludwig XV., dessen Vetter er war, immer wieder beteuert hat, ist anzunehmen, daß er Anlaß gab, das Gegenteil zu glauben.

Der Tod Gian Gastones von Toskana im Juli 1737 machte ihn nun zum Großherzog von Toskana. Er zeigte wenig Eile, seinen neuen Thron einzunehmen. Anfang 1739 zog er jedoch zusammen mit Maria Theresia in Florenz ein, und die jungen Herrscher wurden mit Triumphbogen und Festlichkeiten empfangen. Als aber der Winter vorbei war, kehrten sie doch lieber nach Wien zurück, wobei die Regentschaft in Toskana einem lothringischen Großen, dem Herzog von Craon, anvertraut wurde.

Diese Rückkehr erfolgte unter Umständen, die für ihre Popularität nicht günstig waren. Niemand in der Monarchie war zufrieden, einmal wegen der durch die kürzlichen Kriege auferlegten Steuerlast, dann wegen der demütigenden Verträge, die Gebietsverluste zur Folge gehabt hatten. Die Landleute rund um Wien warfen ihrem Kaiser eine allzu große Vorliebe für die Hetzjagd vor, die ihnen Flurschäden verursachte. Im Oktober 1740 hatte schlechtes Wetter die Weinlese beeinträchtigt, wofür Karl VI. nichts konnte, aber sein Tod zu einem schlechten Zeitpunkt gab keinen Anlaß zu Landestrauer, und man munkelte, es sei nicht angebracht, daß die Kronen einer Frau zufielen, und es wäre vorteilhafter, unter das Zepter eines deutschen Fürsten zu kommen.[3]

Die ersten öffentlichen Handlungen der neuen Souveränin bestanden darin, ihren Völkern offiziell den Tod des Kaisers und ihren eigenen Regierungsantritt bekanntzugeben[4] und den deutschen Fürsten, die über eine Kurstimme verfügten, die Kandidatur ihres Gemahls für die Kaiserkrone zu empfehlen. In Erinnerungen, die inzwischen als Politisches Testament von 1750 bezeichnet worden sind, hat Maria Theresia die schwierigen Umstände ihrer Thronbesteigung beschrieben, ihren zweifachen Schmerz als liebende Tochter und als demütige Vasallin, welcher der Kaiser nie versucht hatte eine Kenntnis der inneren Angelegenheiten seiner verstreuten und vielfältigen Länder wie der auswärtigen Politik zu vermitteln.

Sie gelangte auf den Thron (auf die Throne) ohne Vorbereitung auf ihren Beruf, „ohne Geld, ohne Heer und ohne Rat". Das war kaum übertrieben. Zwei wesentliche Dinge aber machte sie sich zur Lebensregel: ihre eigene Verantwortlichkeit und das Streben nach dem Wohl der Länder.

Ihre engsten Berater, auf die das übergroße Andenken des Prinzen Eugen einen vielleicht ungerechtfertigten Schatten warf, waren weder altersschwache Männer noch Stümper. Der am meisten ihr Vertrauen erweckte, den sie aber nicht für den Fähigsten hielt, war der einundsiebzigjährige Graf Gundakar Thomas Starhemberg. Es war sein Verdienst, Vorurteile zu zerstreuen, welche die junge Herrscherin gegen den Staatssekretär Bartenstein hegte. Dieser erstrebte „in allen Dingen den Bestand, die Einheit und die Stärke der Monarchie". Seine Meinung wurde aber als die eines Nichtadeligen von den hochadeligen Räten oft geringgeschätzt. Im Geheimen Rat warf sich der böhmische Hofkanzler Philipp Graf Kinsky, ein Vierzigjähriger von heftiger Gemütsart, zum Anwalt seiner Nation auf, wobei er so weit ging, daß er sich gegen alle anderen Erblande erklärte, die er bei der Steuerlastverteilung als unrechtmäßig begünstigt erachtete. Er war mehr ein treuer Untertane als ein scharfsinniger Politiker, seinen böhmischen Patriotismus aber hielt sie ihm zugute, weil er einer guten Absicht entsprang, nämlich sie als wahre Mutter aller ihrer Untertanen erkennen zu lassen.

Nach einigen Wochen indessen und trotz eines kleinen Aufruhrs in Wien waren die Huldigungen ihrer verschiedenen Länder bei Maria Theresia eingetroffen, und die europäischen Höfe schätzten, daß die Wahl des Großherzogs zum Kaiser reibungslos vonstatten gehen würde. Da stellte Anfang Dezember die Haltung des Königs von Preußen alles wieder in Frage. Friedrich II. gelüstete es nicht nach der Kaiserkrone, so wenig wie er Eifersucht oder Abneigung empfand, seine Stimme Franz Stephan zu geben. Er erachtete jedoch, daß sein Wahlakt eine Belohnung verdiene. Und Schlesien, Brandenburg benachbart, von Deutschen protestantischen Glaubens bevölkert, mit guter Textilproduktion, schien ihm für sein Reich die passendste Gebietserweiterung zu sein. Er erklärte, in seinem Haus vererbte Ansprüche auf Schlesien zu haben, aber auf welches Gebiet konnte ein Fürst schon nicht Ansprüche geltend machen? Friedrich war hauptsächlich der Meinung, in der äußersten Verwirrung, die in den Ländern des Hauses Österreich herrschte und worüber er gut Bescheid wußte, würde sein Vorschlag angenommen oder mindestens diskutiert werden. Inwieweit war er im Irrtum? So viele Leute bei der Wiener Regierung sollten zur Annahme und zum Verhandeln bereit sein... Als er jedoch am 9. Dezember dem außerordentlichen Gesandten Maria Theresias, Marquis Botta d'Adorno, seine Pläne auseinandersetzte und ihm mitteilte, daß seine Truppen bereits in Schlesien einmarschiert seien, geriet der österreichische Diplomat völlig aus der Fassung. Er unterrichtete den Großherzog, und dieser schrieb am 15. Dezember an Friedrich, entrüstet und staunend, daß er vom König von Preußen nichts als Freundschaftserklärungen erhalten habe, daß ihm alles verheimlicht worden sei und er jetzt erfahre, daß „dem Projekt der bewaffnete Einmarsch in Schlesien zugrunde lag".

In der Tat wickelte sich der Einmarsch in Schlesien erstaunlich leicht ab. Die preußische Armee von 30.000 Mann hatte das Land von österreichischen Garnisonen entblößt vorgefunden, mit unbesetzten Festungen und einer Bevölkerung, die von der Propaganda so gut bearbeitet oder von Versprechungen angelockt worden war, daß sie keinerlei Widerstand leistete. Am übernächsten Tag empfing Franz Stephan den ordentlichen Gesandten Friedrichs in Wien, Borcke, in Audienz und bekam konkretere Vorschläge zu hören: Für die Abtretung ganz Böhmens würde der König eine Entschädigung von zwei Millionen Talern zahlen und dem Großherzog seine Stimme gewähren. Er bot der Königin ein enges Bündnis an, das auch auf Rußland und die Seemächte ausgeweitet werden sollte, und er verpflichtete sich, alle seine Kräfte zu ihrer Verfügung zu stellen zur Verteidigung der übrigen Gebiete gegen jeden Gegner, der sie bedrohen sollte.[5]

Der Großherzog wies den Handel hochmütig von sich. Das Gespräch war nicht mit der Königin, sondern mit dem Großherzog geführt worden, weil es in der Sache um die Kurstimme und um die Bewerbung um das Reich ging. Immerhin öffnete Maria Theresia einen Spalt breit die Tür, um ihre königliche

Gegenwart zu bekunden, allerdings mit der Gebärde einer Ehefrau, die ihren Mann von einem lästigen Besucher zu befreien sucht und ihn in den Familienkreis zurückruft: „Ich komme gleich", sagte der Großherzog.

Die Haltung des Preußenkönigs verunsicherte die Meinung der übrigen europäischen Herrscherhöfe. Man fragte sich, ob der Großherzog sich nicht von vornherein mit Konzessionen abfand und ob nicht demzufolge, und trotz der Pragmatischen Sanktion, die ganze Affäre zu einer neuen territorialen Umschichtung, praktisch zu einer Aufteilung der Länder des Hauses Österreich führen würde. Gewiß, diese Pfandnahme einer ganzen Provinz setzte Friedrich II. in kein gutes Licht. Der Gesandte der Königin in Paris, Wasner, erzählte, daß in Frankreich nicht allein der Hof, sondern die gesamte Nation sich aufgeregt zeigte. Ludwig XV. hätte gesagt: „Der König von Preußen ist wahnsinnig", und Kardinal Fleury hätte dem portugiesischen Gesandten erklärt: „Er ist ein unredlicher Mensch und ein Schurke."[6]

Anfang Jänner 1741 empfing der Großherzog einen neuen Abgesandten Friedrichs, den Rat Gustav Adolf von Gotter. Er machte ihm eine Vorwurfsszene, wobei er sich über Freundschaftsverheißungen entrüstete, die durch die Invasion von 30.000 Mann Lügen gestraft würden, und höhnisch fragte, ob Friedrich ihn nicht, zum Beweis seiner guten Absichten, dazu auffordern würde, einen Ärmel seines Rockes herzugeben. Auf die Stellung Schlesiens innerhalb der Gesamtmonarchie anspielend, meinte der Gesandte, es handle sich höchstens um einen Knopf. „Dessen Fehlen aber genügt, mich lächerlich zu machen", erwiderte der Großherzog. Darauf der Gesandte mit mehr Zynismus als Geschmack: „Legen Sie die Hand darauf!" Nach diesen schlechten Witzen trennten sie sich, ohne jedoch miteinander gebrochen zu haben. Mehreren Ministern und vielleicht dem Großherzog selbst, der trotz seiner Ausfälle erschüttert war, erschien nämlich der Bruch mit dem König von Preußen als die schlimmste Lösung. Sie beharrten im Glauben, daß dessen Bündnis zur Verteidigung des Territoriums und seine Stimme zur Kaiserwahl die Opfer schon wert waren, die man zunächst mit Entrüstung zurückgewiesen hatte. Starhemberg und Bartenstein lehnten eine solche Kapitulation entschieden ab. Aus Ehrgefühl. Aber auch aus Weisheit, denn sie kamen zum selben Schluß wie in Frankreich der Obersekretär im Außenministerium Le Dran:

„Das schlichte Aufgeben eines kleinen Gebietsteiles, und wären es auch nur ein paar Grundherrschaften, würde der Pragmatischen Sanktion umso schlimmeren Schaden zufügen, als die Garantmächte automatisch von der Pflicht entbunden wären, ihre Garantie aufrechtzuerhalten."

Dieser Ansicht schloß sich Maria Theresia an. An solch bewundernswerter Entscheidung des gesunden Menschenverstandes und des Muts wird sie bereits erkennbar. Sie wählt die ehrenhafteste, aber auch die schwierigste Lösung. Man muß ihre persönlichen Lebensumstände, ja ihre Gesundheit zu diesem Zeitpunkt berücksichtigen. Sie hatte bereits drei Kinder geboren und war zum vierten Male schwanger. Bisher nichts als Töchter; die älteste jedoch, Elisabeth, geboren 1737, war im Frühjahr 1740 gestorben, vier Monate vor dem Kaiser, und die dritte, Karolina Maria, vom Jänner 1740, war eben erst, in diesem tragischen Jänner 1741, innerhalb weniger Stunden hinweggerafft worden. Es verblieb ihr nur ihre zweite Tochter Maria Anna, geboren im Oktober 1738. Würde das erwartete Kind ein Sohn sein? Die fromme Herrscherin betete innig zum hl. Josef, dessen Hilfe ihr Großvater Leopold angerufen hatte, als er nach zwei Ehejahren ohne Erbe dastand und sich leidenschaftlich einen Sohn wünschte für die Zukunft des Hauses Österreich. Die beängstigende Situation von 1676 schien sich erneut eingestellt zu haben. Die Dynastie war in Gefahr, genau wie ihre Länder. Das Kind kam am 13. März zur Welt: es war ein Sohn, der künftige Josef II.

Doch die allgemeine Lage verschlimmerte sich unaufhaltsam. Als Kardinal Fleury der Königin zu ihrer Entbindung gratulierte, verschwieg er ihr nicht, daß die deutschen Angelegenheiten zu verworren waren, als daß der König von Frankreich bei seinen Freunden intervenieren und ihnen die Kür des „lieben Gemahls" empfehlen könnte. Das bedeutete, daß in Frankreich sich mindestens eine Partei anschickte, die Kandidatur des Kurfürsten Karl Albert von Bayern zu unterstützen. Die Rechte auf die Krone Böhmens, die jener lang und breit auslegte und von denen überzeugt zu sein manche Leute vorgaben, waren nur ein Mittel, sich selbst zwei Stimmen zu sichern und andere zu gewinnen. Drüben in Sachsen fing der Kurfürst, der Gemahl Maria Josefas, der ältesten Tochter Kaiser Josefs I., an zu bestreiten, daß die böhmische Kurwürde auf eine Frau übertragen werden könne. Er erhob zwar keinen Anspruch auf das Königreich Böhmen und auf die Kur wie sein Schwager in Bayern, aber er stellte in Zweifel, daß eine Frau die kurfürstlichen Rechte ausüben könne.

Das Verhalten Englands, dessen König der Kurfürst von Hannover war, konnte ausschlaggebend werden. Maria Theresia bedrängte den englischen Gesandten Robinson. Würde England nicht das Beispiel des Festhaltens an seinen Verpflichtungen geben und sich der Verletzung der Pragmatischen Sanktion widersetzen? Würde es Unterstützung mit Truppen und Geld gewähren? England aber stand gerade im Krieg mit Spanien, und da Frankreich mit Spanien verbündet war, drohte der Konflikt, trotz der friedlichen Absichten Ludwigs XV. und Fleurys, sich auszuweiten. Frankreich war darauf aus, in den deutschen Angelegenheiten nicht dieselbe Sache zu unterstützen wie England, um dieses in Schwierigkeiten zu bringen.

Die einzige Aussicht, Schluß machen zu können, lag für Maria Theresia darin, die preußischen Truppen zur Räumung Schlesiens zu zwingen. Sie betraute mit dieser Aufgabe den General Neipperg, der, an der Spitze von 25.000 Mann, Friedrich II. am 10. April 1741 bei Mollwitz eine Schlacht lieferte. Er schien zu obsiegen, doch der preußische General Schwerin führte einen trefflichen Gegenschlag, und der Kampf endigte mit der Flucht der

Österreicher. Man stand wieder vor denselben Schwierigkeiten wie zuvor, mit einer militärischen Niederlage obendrein. In Frankreich gewann die Bayern günstig gesinnte, vom Marschall de Belle-Isle angeführte Partei endgültig die Oberhand. Im Mai sicherte der Vertrag von Nymphenburg dem bayerischen Kurfürsten die Mitwirkung einer französischen Armee zu, damit er sich nach Böhmen begeben und dort anstelle der zur Usurpatorin erklärten Maria Theresia als König anerkennen lassen konnte. Spanien, mit Frankreich verbündet, leistete Bürgschaft. Ohne von allem, was heraufzog, unterrichtet zu sein, beharrte die junge Königin in ihrem Entschluß zur Abwehr; ihrerseits wollte sie nun ein engeres Bündnis mit einer ihrer Nationen anstreben, nämlich mit Ungarn.

Die ungarische politische Nation bestand aus den mit dem Inkolat versehenen und in der Regionalversammlung vertretenen Einwohnern. Letztere schickten Abgeordnete ins Unterhaus des Reichstags, während im Oberhaus, an der Magnatentafel, die Abgeordneten ihren Sitz aufgrund ihrer Ämter und Würden hatten. Obwohl jedes der beiden Häuser ziemlich unterschiedliche Interessen für sich in Anspruch nehmen konnte, waren sie doch beide mit der herkömmlichen Verfassung verbunden und beseelt von der leidenschaftlichen Entschlossenheit, der Unabhängigkeit des Reiches Achtung zu verschaffen. In der Praxis standen sie unter dem Einfluß des Hochadels und widmeten sich der Verteidigung des herrschaftlichen Eigentums. Die Bauernschaft trug schwer an der — mit Abstufungen — drückenden Last ihrer Grunddienstbarkeit, doch die sozialen Oppositionsbewegungen, gelegentlich wohl geeignet, Aufstände zu entfesseln, vermochten nicht, die gesamte öffentliche Ordnung längere Zeit zu bedrohen. Der Reichstag, wenn er vom König einberufen war oder, in Krisenzeiten, vom Führer, dem er seine Geschicke anvertraut hatte, war wirklich die Verkörperung der nationalen Einheit Ungarns, und er verfügte über die Streitkräfte durch das Aufgebot des bewaffneten Adels, besonders einer zahlreichen, heißblütigen, wenn auch nicht disziplinierten Kavallerie. Das Unterhaus, obwohl aus wenig begüterten Adeligen zusammengesetzt, war eine Macht für sich, deren Beschlüsse das Oberhaus in Verlegenheit bringen konnten. Die Aristokratie, einmütig im Anspruch auf ihre Vorrechte, war dennoch in sich gespalten durch das religiöse Bekenntnis: Die Protestanten behielten ihre Kirchen, ihre Freiheiten bei, neben den sehr unternehmungslustigen Katholiken, darunter Hochadelige, neben den Bischöfen und den geistlichen Orden. Sie war es auch in ihrer Haltung gegenüber der Dynastie. Gewisse Magnaten neigten seit langem zu der Ansicht, daß Ungarn, durch die türkischen Einfälle und Besatzungen verarmt, seinen Weiterbestand allein dank der Hilfe des Monarchen sicherte, denn dieser bezog ja seine Kraft daraus, daß er über andere Länder herrschte, über bedeutende Hilfsmittel verschiedener Art und über ein besonderes Ansehen in Europa verfügte. Diese Anhänger der Dynastie nannte man

Labanzen. Sie waren größtenteils katholisch und schätzten die Unterstützung, die die Habsburger andauernd ihrem Glauben gewährten. Auf der anderen Seite hegten die Kuruzzen, auch Malkontenten genannt, Argwohn gegen die Dynastie und Feindseligkeit gegen die kaiserlichen Truppen, die äußerer Krieg oder innere Wirren ins Land führten und denen man vorwarf, daß sie sich schlimmere Übergriffe erlaubten als die Türken. Indessen hatten Reichstage des 17. Jahrhunderts schließlich die Erblichkeit im herrschenden Haus anerkannt, womit nicht restlos sichergestellt war, daß ein und dieselbe Person den Thron in Ungarn und in den benachbarten Ländern der Dynastie innehaben würde. Einen König gab es in Ungarn übrigens erst, wenn er feierlich gekrönt worden war und den Treueid auf die Verfassung und ihre Privilegien abgelegt hatte — die Stephanskrone war wirklich das Haupt des mystischen Leibes, den die ungarische Nation bildete — und damit das Verfassungsleben geordnet war, mußten auch die hohen Staatsämter besetzt sein: Das Amt des Palatins oder Vizekönigs, der keineswegs ein Stellvertreter des Fürsten oder dessen Gouverneur, sondern eine weitere Emanation der ungarischen Nation war und eine Art vermittelnder Funktion ausübte zwischen ihr selbst und dem König, dem Erzbischof von Gran als dritter Persönlichkeit des Reiches und dem Oberlandrichter oder Judex curiae. Will man sich vom Ungarn der Mitte des 18. Jahrhunderts ein annähernd richtiges Bild machen, so darf man weder die gesellschaftlichen Werte noch sogar die wirtschaftlichen Verhältnisse in den Vordergrund rücken, sondern die Macht einer lokalen Tradition, die sich auf zwei Ebenen entfaltet: der näherliegenden des Komitats und der umfassenderen der historischen Nation mit ihrem Selbstgefühl, ihrem Stolz auf die Institutionen und ihrer allgemeinen Freiheitsbegeisterung.[7]

Kaum dreißig Jahre aber waren verflossen, seitdem sich das Königreich Ungarn unter Franz II. Rákóczi erhoben und, mitten im Spanischen Erbfolgekrieg, der habsburgischen Macht Schwierigkeiten bereitet hatte. Rákóczi war ein Magnat, reich an unermeßlichen Ländereien und, obwohl von protestantischer Abstammung und selber erst vor kurzem bekehrt, ein sehr aufrichtiger Katholik von einsichtsvollem, auf echt religiöse Bildung und treue Praxis gestütztem Glauben. Indem er Anstalten zur Bauernbefreiung traf, hatte er versucht, ein soziales Problem zu lösen, dessen Bedeutung er ermessen hatte. Er hatte ebenso viel persönlichen Mut wie politische Erfahrung bewiesen. Diese Vorzüge hatten indes nicht genügt, ihm den Sieg zu sichern. Ein kurzer Krieg und die Unterstützung rasch über Polen ihn erreichender französischer Subsidien hätten dazu führen können. Das Fortdauern der Kriegshandlungen in Europa, die Unmöglichkeit für die französisch-spanische Allianz, wegen der Entfernung und der Gefahr, in der diese beiden Königreiche sich befanden, wirksam Hilfe zu leisten, die Ermüdung eines Teils der Malkontenten und die Erfolge des kaiserlichen Heeres hatten nach wenigen Jahren dem letzten großen Kuruzzenaufstand den Todesstoß versetzt. Wenn es ihm übrigens gelungen war, seine Macht für kurze Zeit auf das ganze ungarische Reichsgebiet auszudehnen, und wenn er unerhörte Maßnahmen gebilligt hatte, wie zum Beispiel die vom Reichstag von Onod ausgesprochene Thronentsetzung der Habsburger, so hatte er auch seine Schwächen gehabt. Eine Minderheit ungarischer Herren war dem Kaiser treu geblieben, nicht aus kleinlichem Interesse, sondern aufgrund einer anderen, realistischeren Auffassung vom Besten des Vaterlandes, und der Überzeugung, daß ein unabhängiges, aber isoliertes Ungarn nicht lange würde bestehen können. Diese Partei hatte ungarische Truppen im Dienst des Kaisers belassen. Sie hatte Verhandlungen mit den Malkontenten eingeleitet, und das endgültige Ergebnis war nicht etwa die Niederlage und die Kapitulation der Ungarn gewesen, sondern eine Versöhnung unter Gleichberechtigten, zwischen der Nation und der Dynastie im Frieden von Sathmar 1711. Franz Rákóczi hatte ihn nicht unterschrieben und auch die Amnestie nicht annehmen wollen, die ihm angeboten wurde; er war nach Frankreich, dann in die Türkei ausgewichen.

Der Thronwechsel im gleichen Jahr hatte für Ungarn eher günstige Folgen gehabt. Kaiser Karl VI. (König Karl III. in Ungarn, wie er es auch in Spanien war) befand sich während des Kuruzzenaufstandes nicht in österreichischen Landen; er hatte weder an den militärischen Operationen noch an den politischen Verhandlungen teilgenommen. Seine Thronbesteigung geschah gleichzeitig mit der Rückkehr zum normalen Leben; er hatte ein befriedetes Land vorgefunden, wo er gekrönt wurde und wo er es sogar zu einer gewissen Popularität brachte, und dessen Reichstag bereits 1722 sich bereitfand, die Pragmatische Sanktion anzunehmen. Damit war die unteilbare Weitervererbung der Kronen und der Länder eingeführt. Dieselbe Persönlichkeit, die in Wien herrschen würde, sollte auch den Thron Ungarns besteigen, wohlverstanden aber mit der Verpflichtung, sich an die dem Königreich eigene Verfassung zu halten.

So verlief die Regierungszeit Karls III. in Ungarn gut: Eine gedeihliche Entwicklung setzte wieder ein, die Städte verschönerten sich und, wenn bis dahin Preßburg die wirkliche Hauptstadt blieb, so plante der König, dieselbe in die Mitte des Landes nach Buda zu verlegen. Er begann mit dem Bau eines königlichen Palastes an der Stelle, wo sich die Behausungen der früheren Dynastien erhoben hatten.

Als er starb, wurden Maria Theresias Rechte nicht angefochten, und im Mai 1741 schickten die Ungarn eine Abordnung zur Begrüßung ihrer — sagen wir — künftigen Königin, denn sie war ja noch nicht gekrönt. Es war Brauch, daß der Reichstag dem Herrscher Gravamina, das heißt Forderungen hinsichtlich gewisser Aspekte der allgemeinen Lage, die Verbesserung heischten, vortrug. Als der Reichstag im Mai eröffnet wurde, nahm man sich dieser Sachen an. In den etwas stürmischen Versammlungen der beiden Kammern saßen Slowaken, Kroaten, Magyaren bunt durcheinander, doch alle Ungarn. Als Verständigungsmittel diente die lateinische Sprache. Es gab da sehr gebildete Herren von feinem Benehmen, aber auch Adelige aus den Komitaten, ungehobelt und von ziemlich engem politischem Horizont, denen es weder an Schroffheit im Pochen auf ihre Rechte noch an Tapferkeit, noch an Menschlichkeit fehlte. Um das Krönungsgeschenk, das der Königin zugesprochen werden mußte, hatten manche gefeilscht wie um den Preis eines Grundstücks. Die Leute aus den ärmeren Gegenden schrien, es sei ihnen nicht möglich, die Großzügigen zu spielen. Sie suchten den Betrag von 100.000 Gulden herabzudrücken, während im Gegenteil die Magnatentafel sich anschickte, ihn zu erhöhen. Man nahm die Königin an, gewiß, aber man wollte von ihr eine gewisse Anzahl Garantien erlangen, welche die Unabhängigkeit Ungarns innerhalb der Monarchie verstärken würden. Die ungarischen Angelegenheiten sollten ausschließlich von Ungarn behandelt werden; ein ungarischer Rat sollte, unabhängig von der Konferenz, der Königin beigegeben werden, bestehend aus dem Palatin, dem Primas, dem Hofkanzler, den Prälaten und Magnaten, und der Ban von Kroatien sollte dort seinen Sitz haben, wenn die zur Verhandlung stehenden Fragen Kroatien beträfen.

Die Komitatentafel protestierte; sie hätte in diesem Rat auch Vertreter des niederen Adels sehen wollen. Man verlangte auch mehr Kontrolle hinsichtlich einer Gewohnheit, die Mißtrauen erweckte. Durch königliche Schenkung oder durch Erwerb besaßen nämlich ausländische Herren (besonders Deutsche aus Österreich) in Ungarn bedeutende Ländereien, so daß ihnen das ungarische Indigenat zugesprochen werden mußte: Damit hatten sie Sitz an der Magnatentafel. Endlich und hauptsächlich forderte man die Bestätigung der Steuervorrechte des Adels.

Ein Magnat von der Partei der Labanzen, Johann Graf Pálffy, der den Frieden von Sathmar mitausgehandelt hatte, war Berater der Königin und weihte sie in die ungarischen Angelegenheiten ein. Da Maria Theresia fürchtete, sie könnte sterben, bevor ihre Kinder großjährig wären, wollte sie ihren Gemahl als Mitregent an den Amtsgeschäften beteiligen. Das war nirgendwo leicht durchzusetzen, am wenigsten aber in Ungarn.

Ende Juni kam die Königin nach Preßburg. Sie reiste auf dem Fluß an und hielt ihren Einzug in die Stadt in einem weißen, mit Gold und blauen Blumen bestickten ungarischen Kleid, im offenen Wagen, der aussah wie ein Triumphwagen. Die Menge jubelte ihr zu: „Vivat Domina et Rex noster!“ Von der Anwesenheit ihres Gemahls neben ihr war man jedoch nicht sehr erbaut. Er war ein Fremder und eine Privatperson, die Ungarn nicht zur Kenntnis zu nehmen hatte. Die Gespräche mit den ungarischen Behörden begannen sofort. Die Königin versprach, den Palatin wählen zu lassen, alle Privilegien mit Ausnahme der Bulle von 1222, die das Widerstandsrecht bewilligt hatte, zu bestätigen, die Steuerfreiheit des Adels bestehen zu lassen, den Artikel II des

Gesetzes von 1723 zu erneuern, der die Pragmatische Sanktion anerkannte, zugleich aber garantierte, daß im Falle völligen Aussterbens der Nachkommen Karls III., Josefs I. und Leopolds I. die ungarische Nation ihren König selber wählen würde. Sie war bereit zu der Zusage, Ungarn nicht auf dieselbe Art und Weise zu verwalten wie ihre Erblande, aber sie widerstrebte der Bildung eines ungarischen Rates, der ihrer Gesamtpolitik schaden konnte. Wie üblich schlug sie für das Amt des Palatin zwei katholische Kandidaten: Pálffy und den Ban von Kroatien, Fürst Esterházy, und zwei protestantische: Paul Reway und Emmerich Zay, vor. Pálffy wurde gewählt und leistete den Eid, vitam et sanguinem, sein Leben und sein Blut dem Dienst der Königin zu weihen, während der kurzen Zeit, die ihm noch zu leben verbleibe, denn er war alt und krank und mußte sich für jenen Fall in einer Sänfte tragen lassen.

Am 25. Juni, dem fünften Sonntag nach Pfingsten, wickelten sich die Krönungsfeierlichkeiten ab. Sie begannen bereits um sechs Uhr in der Früh, wegen der um diese Jahreszeit häufig auftretenden schrecklichen Hitze. Auf dem Weg vom Schloß zum Martinsdom fiel es der jungen Königin schwer zu lächeln, weil sie das Ausmaß der Schwierigkeiten mit dem Reichstag bereits erkannt hatte und weil sie hatte zugeben müssen, daß ihr Gemahl vom Zeremoniell gänzlich ausgeschlossen blieb. Aber das Volk jubelte ihr so hingebungsvoll zu, daß sie sich etwas entspannte. Sie kniete vor dem Primas nieder, der sie mit der jahrhundertealten, ganz verschlissenen Dalmatik bekleidete und ihr die heilige Krone aufsetzte. Sie empfing das Schwert, mit dem sie die rituelle Gebärde einer dreifachen Segnung ausführte. Dann begab sich der Zug zur Franziskanerkirche, inmitten der Stadt, wo die Königin einige Adelsherren zu Rittern schlug. Auf der Schwelle der Kirche der Barmherzigen Brüder erneuerte sie vor dem versammelten Volk den Eid, das Land im Besitz seiner Rechte, Privilegien und Freiheiten zu belassen.

Nun verblieb die letzte symbolische Handlung: Der neue König muß einen aus Säcken mit Erde von allen Komitaten Ungarns gebildeten künstlichen Hügel im Galopp hinaufreiten und, oben angelangt, das Schwert in die vier Himmelsrichtungen ziehen, zum Zeichen, daß er das Königreich gegen jeden Feind verteidigen wird, woher er auch kommen mag. Das ist die Verpflichtung hinsichtlich der äußeren Politik, im Anschluß an die Versprechungen in bezug auf die innere Ordnung. Der kleine Hügel war auf dem Kirchplatz von Sankt Martin hergerichtet worden. Vor den ungarischen Adelsherren entledigte sie sich in glänzender Weise des schwierigen rituellen Aktes. Sie erwies sich als perfekte Reiterin, brachte ihren Rappen richtig in Gang, parierte ihn genau auf dem Gipfel, zückte das Schwert, wendete und ritt unter donnerndem Beifall wieder hinab. Dann begab sie sich zu ihrem Wagen, um zum Schloß zurückzukehren.

Der Reichstag hatte seine Sitzungen unterbrochen, die Anfang Juli, genau so mühselig wie zuvor, wieder aufgenommen wurden.

Die österreichischen Minister in Wien, die für Ungarn sehr wenig übrig hatten, vielmehr gereizt waren durch ein Zeremoniell, das ihnen provozierend vorkam, und ohne Vertrauen zu dieser Nation, die nach ihrer Ansicht nur rebellisch oder anspruchsvoll sein konnte, fragten sich, wie der Krieg fortzusetzen sei und ob es nicht klüger wäre, sich mit dem König von Preußen zu verständigen. Maria Theresia vertraute noch darauf, daß ihr diese gefährliche Demütigung erspart bleiben und daß sie mit Bayern zu einem Abkommen über die böhmische Angelegenheit und die Kaiserwahl ihres Gemahls gelangen würde. Der König von England und Kurfürst von Hannover bot ihr seine Vermittlung bei Friedrich II. an. Sie aber wünschte etwas ganz anderes: militärische Hilfe. „Ach! Wenn der König, Ihr Herr, nur wollte... wenn er nur wollte!" sagte sie zu dem Gesandten Robinson. Jener aber schien die Gefahr nicht zu begreifen, die sie bedrohte. Er bildete sich ein, Friedrich würde sich mit Niederschlesien und Glogau begnügen. Mitnichten! Ganz Schlesien wollte er haben, und das war praktisch der Niedergang des Königreichs Böhmen, das solcherart ein Drittel seines Gebiets verlöre. Aber weshalb sollte man ihn schließlich am Versuch einer solchen Intervention hindern, deren Erfolglosigkeit ihm vielleicht die Augen öffnen würde? Es galt also, List anzuwenden.

Immerhin aber hatte Maria Theresia Zugang zum Diplomatenhandwerk gefunden, das sie nie erlernt hatte. Sie verfolgte einen anderen Plan: Während man Preußen hinhielt und Zeit gewann, um England nicht zu verdrießen, wollte sie ihrerseits versuchen, sich mit dem Kurfürsten von Bayern zu verständigen und auf dieser Seite den Krieg abzuwenden. Sie wußte, wessen Vermittlung anrufen. Die Kaiserinwitwe Wilhelmine Amalia, ihre Tante, die gewesene Gemahlin Josefs I., lebte in Wien im Kloster der Salesianerinnen, das sie um eine schöne barocke Kuppelkirche, ein Werk d'Allios, bereichert hatte. Sie war die Mutter der Königin von Polen und der Kurfürst-Gemahlin von Bayern. Ihr stattete Maria Theresia am 26. August einen Besuch ab. Sie schlug vor, dem Kurfürsten Belgien und Mailand zu überlassen. Wenn es aufrichtig gemeint war, dann ist dieses Opfer ein guter Beweis dafür, daß die Königin unter ihren verschiedenen Ländern eine gefühls- und ehrenmäßige Rangordnung einhielt und daß für sie die Erblande rund um die Donau das eigentliche Vätererbe waren, auf das sie so wenig verzichten konnte wie auf ein Glied ihres eigenen Leibes. Denn schließlich: Was waren Belgien und Mailand, gemessen an Schlesien! Die Kaiserin erwiderte höflich, aber bestimmt, daß ihr Schwiegersohn, zufolge der kürzlich mit dem König von Frankreich und dem König von Spanien eingegangenen Verpflichtungen, nicht mehr in der Lage sei, diese Angebote anzunehmen. Daraufhin fragte Maria Theresia, ob die Abtretung der Gebiete in Deutschland, die dem Kurfürsten gestatten würden, sein Herzogtum zu vergrößern, ja vielleicht eines Tages König von Schwaben oder Franken zu werden, ihn nicht dazu bestimmen würde, dem Hause Österreich den Besitz seiner übrigen Lande zu garantieren. Die Kaiserin Wilhelmine Amalia schien zu bezweifeln, daß ihr Schwiegersohn sich damit zufriedengeben würde, Maria Theresia aber hatte tatsächlich den Breisgau, die schwäbischen Städte (Burgau und Günzburg) und Vorarlberg, vor den Toren Österreichs, angeboten. Anscheinend hat sie dann begriffen, daß eine solide Allianz zwischen Frankreich und Bayern geschlossen war und daß die französischen Regimenter, die begonnen hatten, über den Rhein zu setzen, in Richtung auf ihre Länder marschieren würden. Später (1749) hat sie erklärt, daß sie einen großen Fehler begangen habe, indem sie damals nicht in direkte Verhandlungen mit Frankreich eingetreten sei.[8] Es ist kaum wahrscheinlich, daß sie etwas erreicht hätte. Frankreich hatte soeben den Kurfürsten von Sachsen ihrer Partei abspenstig gemacht. Diesem hatte Maria Theresia, im Glauben an ein mögliches Übereinkommen, angeboten, ihm einen Gebietsstreifen abzutreten, um die Verbindung zwischen Sachsen und Polen, wo er König war, zu gewährleisten und seine Fähigkeit zur Nachfolge in Böhmen anzuerkennen für den Fall, daß sie selbst, ihre Schwester und ihre beiderseitigen Erben ausfallen sollten. Außerdem bot sie eine reichliche Entschädigung. Diesen allzu fernen Aussichten hatte der Kurfürst von Sachsen soeben die Versprechungen vorgezogen, die ihm, von München aus, der Marschall de Belle-Isle und der spanische Gesandte Graf von Montijo machten, um ihn für die Bayernpartei zu gewinnen. Er rechnete damit, daß aus all diesen Intrigen für ihn schon noch eine Königskrone in Mähren oder in Sachsen herauskommen würde, wenn er nicht gar den Hintergedanken hatte, gleich auf den Thron Böhmens zu gelangen, denn es war ihm ja nicht verborgen, daß das deutsche Bürgertum dieses Reiches seine Kandidatur von jeher wohlwollend aufnahm. In dem zwischen Partnern, die ihre Gegensätze kaum verhüllten, unter Schwierigkeiten zustande gekommenen und mit dem Beitritt Frankreichs ratifizierten Übereinkommen vom 19. September 1741 wurde dann Mähren dem Kurfürsten von Sachsen und das Königreich Böhmen dem Kurfürsten von Bayern zugesprochen.

Nun blieb Maria Theresia nichts mehr übrig, als mit Friedrich II. einen Waffenstillstand zu schließen. Diese Waffenruhe, die am 9. Oktober in Klein-Schellendorf unterzeichnet wurde und die Besetzung Schlesiens bis zur Neiße anerkannte, sollte in Erwartung des endgültigen Vertrags geheim bleiben. Maria Theresia fand sich nur schwer damit ab: „Placet, weil kein anders Mittel zu helfen, aber wohl mit mein größten Hertzenleid."[9] Der Großherzog richtete an Friedrich II. sofort einen Brief, der heute ziemlich peinlich zu lesen ist und in welchem er sich zu dem erreichten Ergebnis beglückwünscht und demütig um den Beistand des Königs von Preußen nachsucht, um der Königin ihre übrigen Länder zu erhalten.

Maria Theresia war nach Preßburg zurückgekehrt. Da sie jetzt nicht mehr daran zweifelte, daß der Krieg ihre Erblande erfassen würde, ließ sie in

Österreich so viele Soldaten wie möglich ausheben, aber sie war entschlossen, von Ungarn die Beihilfe der Insurrektion zu verlangen, des allgemeinen Aufgebots, das bisher nur zur Verteidigung des Königreichs selbst, nie aber zugunsten der übrigen Länder des Souveräns verfügt wurde.

Die Partie war schwierig: Sie spielte und gewann sie mit ebensoviel Entschiedenheit wie Gewandtheit. Am 11. September trat sie vor den Reichstag, die Stephanskrone auf dem Haupt und in Trauerkleider gehüllt, und hielt auf lateinisch eine Rede.

Darauf folgten Applaus, Tränen, rasend hinausgeschriene Gelöbnisse, ein ganzer Tumult, den die Geschichte festgehalten hat in dem berühmten „moriamur pro rege nostro Maria Theresia — laßt uns sterben für unsern König Maria Theresia!". Angesichts dieser mutigen, unglücklichen jungen Frau geriet die ganze Ritterlichkeit, die in den Herzen dieser rauhen Männer aus den Komitaten lebte, in Erregung und sprudelte hervor als Entschlossenheit, ihr in Treue zu dienen.[10]

Hat man all den schmutzigen Schacherhandel unter Fürsten, die Habsucht und die Lügen der Politiker, die verschlungenen Wege ihrer Vergleiche mit dem eigenen Gewissen und ihre vollkommene Gleichgültigkeit beim Heraufbeschwören des Kriegselendes über Völker, die nichts wollten, als in Frieden arbeiten, hat man alldies hinter sich gelassen und begegnet man nun dieser Szene, die einen zwar wegen ihrer Antiquiertheit etwas verwirrt, die jedoch der ungarischen Nation solch unvergängliche Ehre eingetragen hat, da genießt man nach den Giftausdünstungen die Wohltat der reinen Luft.

Maria Theresia hatte eine Soforthilfe von 100.000 Mann erwartet, die, nach der Aussage des Historikers Guglia, die militärische Lage sofort umgekehrt hätte. In Wirklichkeit lieferte die Insurrektion nur 40.000 Mann, davon 15.000 Reiter, und tatsächlich einsatzbereit war sie erst im Herbst 1742. Fortan aber verfügte die Königin über sechs Reiterregimenter, deren erste bereits 1742 an den Kampfhandlungen in Böhmen teilnahmen. Besonders stark war der moralische Effekt auf die Gegner Maria Theresias, denn groß war der Ruf der Tapferkeit der berühmten Panduren. Es hatte genügt, daß Friedrich II. den Aufmarsch von 30.000 oder 40.000 Mann befürchtete, um ihn zur Unterzeichnung des Geheimabkommens von Klein-Schellendorf zu veranlassen, und was auch immer für Schicksalsschläge folgen sollten, so muß man doch mit dem Historiker Hugo Hantsch feststellen, daß damals Ungarn das Haus Österreich gerettet hat.[11]

Was nun die Verhandlungen mit dem Reichstag anbelangt, so führten sie zu dem vernünftigsten Ausgleich. Die Königin hielt ihre königlichen Vorrechte aufrecht. Wenn sie zwar den ungarischen Rat nicht zugestand, der allgemeinen Angelegenheiten der Monarchie gefährlich war, so versprach sie doch, in allen Dingen, in die Ungarn miteinbezogen wäre, die hohen Amtsträger des Königreiches zu Rate zu ziehen; in finanzieller Hinsicht, abgesehen von der

Steuerfreiheit des Adels, wollte sie die Sonderrechte der ungarischen Kammer aufrechterhalten, wobei sie freilich erwartete, daß dieselbe mit der Hofkammer die zur Verwaltung des Ganzen unerläßliche Zusammenarbeit pflegen würde. Schließlich hatte sie die Anerkennung ihres Gemahls als Mitregent durchgesetzt. So war Ungarn, ohne etwas von seiner Autonomie einzubüßen, im Augenblick, da die Habsburgermonarchie vom Zerfall bedroht wurde, mit deren Verteidigung und Rettung enger verwachsen.

Im Oktober überschritt die französisch-bayerische Armee die Grenzen an zwei Punkten, in Oberösterreich durch das Donautal, in das Königreich Böhmen durch die westlichen Schluchten einfallend. Der bayerische Kurfürst trat nicht als Eroberer auf, sondern als rechtmäßiger Fürst, der die Huldigung seiner selbstverständlichen Untertanen fordert. Er besetzte zunächst Oberösterreich. In Linz unterwarf sich der Landtag mit einer Bereitwilligkeit, die man skandalös und überraschend fände, wollte man sie nach dem patriotischen Maßstab des modernen Staates bewerten. Dem Adel ging es hauptsächlich um die Wahrung seiner Privilegien und die Sicherung seines angestammten Besitzes. In allem, was darüber hinausging, zeigten ihre Ansichten und Gefühle nicht mehr dieselbe Festigkeit. Nicht alle Adeligen waren von glühender Treue zum Herrscherhaus beseelt und noch viel weniger von einem auf die Gesamtmonarchie bezogenen Patriotismus.

Dennoch hat Maria Theresia in dieser Gesellschaftsgruppe ihre besten und berühmtesten Diener gefunden, Minister, Gesandte, Generale von unwandelbarer Hingabe an ihre Sache, freilich aufgrund persönlicher Entschließung. Eine Familie konnte uneinig, ja in sich zerrissen sein durch einander widersprechende Entscheidungen. Das war nichts Neues, denn es war schon die ganzen letztvergangenen Jahrhunderte hindurch so gewesen, und die Folgen für diejenigen, deren Partei nicht gesiegt hatte, wurden im allgemeinen gemildert durch das Zusammengehörigkeitsgefühl der Familie, die, wenn die Ordnung wiederhergestellt war, sich einsetzte und den Pechvögeln zu Hilfe eilte.

Es schien, als würde die bayerisch-französische Armee geradewegs auf Wien marschieren, und die Hauptstadt fühlte sich bedroht. Nachdem sie aber bis in die Gegend von St. Pölten vorgedrungen waren, schwenkten die Invasionstruppen nördlich ab, in Richtung auf Böhmen zu.[12] Sie fanden dort keinen direkten Widerstand, und auch jetzt wieder erleichterte die zweideutige Haltung des Adels den Erfolg des Kurfürsten. Ein tschechischer Historiker des vergangenen Jahrhunderts, J. Svátek, hat als erster nachdrücklich die Rolle der Freimaurerlogen und der durch sie zwischen den französischen und bayerischen Generalen und den Mitgliedern des tschechischen Adels hergestellten Verbindungen betont. Die Bauernschaft ihrerseits wurde bearbeitet von Agenten, die ihr eine Verbesserung ihres Loses versprachen, sobald der neue König auf dem Platze wäre. Der Prager Stadtkommandant, Feldzeugmeister

Ogilvy, forderte dringend, man möge sich beeilen mit der Hilfe, denn er verfügte über eine zu schwache Garnison, 2500 Mann, die von der Bürgerwehr und den Studenten unterstützt wurden. Unter dem Kommando des Großherzogs, dessen militärische Unfähigkeit sich eben erwies, hatten sich aber die österreichischen Streitkräfte in Südböhmen und Mähren zu langsam umgruppiert. Es gelang ihnen zwar, die Invasionsarmeen von ihren Stützpunkten abzuschneiden, aber sie hinderten sie nicht an der Einschließung Prags, dem sich von Norden her die Kontingente des sächsischen Kurfürsten ebenfalls näherten. Am 20. November errichtete der Kurfürst von Bayern sein Hauptquartier am Weißen Berg, dort, wo eine Votivkirche an den Sieg der Katholiken 1620 erinnerte. Prag wurde einige Tage lang beschossen, dann, in der klaren, eisigen Nacht des 26. November, von zwei Seiten her überraschend im Sturm genommen. Die Sachsen umgingen die Burg und stiegen auf die Kleinseite hinab; die Franzosen, angeführt von Moritz von Sachsen, drangen von Süden in die Neustadt ein. An der Prager Brücke vereinigten sie sich. Im Laufe des Morgens kapitulierte Ogilvy. Die Operation hatte dreißig Tote und doppelt so viele Verwundete gekostet. Bald hielt Karl Albert seinen Einzug in die Stadt, wo Belle-Isle zu ihm stieß und im Toskanischen Palais, einem schönen Herrensitz gegenüber der Burg, Wohnung nahm.

Belle-Isle handelte den Abzug der sächsischen Truppen aus, die in der Gegend von Saaz Quartier bezogen. Dann eröffnete man das Gespräch mit den hohen Amtsträgern des Reiches und mit den Ständen. Die Anerkennung des neuen Königs war schnell erreicht; der Fürsterzbischof von Prag, Manderscheid, war ein Rheinländer, ohne andere Bindung an das Königreich als seine bischöflichen Pfründen, und einem deutschen Reichsfürsten günstiger gesinnt als der Königin von Ungarn. Er war einer der Urheber des Übertritts des Adels zu König Karl III. Hier liegt der Beweis für den politischen Irrtum, den die Habsburger begangen hatten, als sie viel zu leicht Fremde in die hohen Ämter ihrer verschiedenen Länder zugelassen hatten, statt überall nationale Regierungen einzusetzen, die, indem sie den inneren Zusammenhalt in jedem Lande verstärkten, zur Festigung des Ganzen beigetragen hätten. Und man sieht auch, wie recht die Ungarn hatten, wenn sie in ihren Gravamina den Grundsatz größerer Vorsicht bei der Erteilung des Indigenats aufführten und wenn sie die Staatsämter geborenen Ungarn vorbehalten wollten (wobei mit dem Wort Ungarn auch die Slowaken, Kroaten, Siebenbürger gemeint waren, zwischen denen man keinen Unterschied machte). Karl von Bayern brannte darauf, als König anerkannt und gekrönt zu werden. Doch Karl VI. hatte daran gehalten, daß seine Kronen in Wien verwahrt würden. Diese Maßnahme sollte seiner Tochter zum Vorteil gereichen. Denn wenn die Krone fehlte, war es nicht möglich, die Rechtmäßigkeit des neuen Königs durch eine religiöse Zeremonie zu bekräftigen. Er forderte aber die Stände auf, ihm den Lehens- und Treueid zu leisten. Wer sich weigerte, dem drohte die Gütereinziehung. Am 19. November wurde mit großer Beflissenheit der Aufforderung nachgekommen. Vierhundert in Prag oder im Zentrum des Reichs wohnende Adelspersonen erschienen auf der Burg; alle großen Geschlechter waren vertreten: Kinsky, Kolowrat, Sternberg, Czernin, Waldstein, Wratislaw, von ältester tschechischer Abstammung, aber auch die neueren, noch nicht so lange eingewurzelten, die Gallas, Clary, Desfours, Paradis, Buquoy. Ein weiterer Beweis für die Dummheit der im 19. Jahrhundert verbreiteten Ansichten über den böhmischen Adel, der durch die Habsburger nach der Schlacht am Weißen Berg gewaltsam an die Stelle des einheimischen gesetzt worden wäre, um den Gehorsam des Landes gegenüber der Dynastie zu gewährleisten. Stimmte das, so wären ja die Habsburger schön belohnt worden!

Nein, nichts dergleichen. Es ging ihnen nur darum, persönlich die Gunst des neuen Regimes zu erlangen. Bei der zweiten Huldigung, die für die in entfernteren Gegenden des Reiches ansässigen Adeligen auf den 8. Jänner 1742 festgesetzt worden war, erschienen nur vierundzwanzig Herren und sechsundvierzig Ritter. Inzwischen hatte man erfahren, daß die Königin auf diejenigen, die zum Kurfürsten übergehen sollten, die alten Bestimmungen über Majestätsverbrechen anwenden würde. Da in dieser Welt nichts sicher ist, ließen manche Adelsherren den Eid durch Vertreter leisten, indem sie sich in Wien gleichzeitig entschuldigten, sie hätten kein anderes Mittel, ihre Güter zu erhalten. So mächtig ist die kollektive Mentalität einer Epoche, daß Maria Theresia, Souveränin, aber auch Inhaberin von Herrschaften, anscheinend diesen Vorwand wiederholt so ziemlich gelten ließ.

Bis zum Oktober 1741 hatte Maria Theresia geglaubt, hinsichtlich der Kaiserwahl nicht jede Hoffnung aufgeben zu müssen. Die Geheimkonvention von Klein-Schellendorf hatte kaum einen andern Sinn, als die Stimme Friedrichs II. noch zu gewinnen, und desgleichen die allerletzten Verhandlungen des Sekretärs der Königin, Koch, mit Marschall Belle-Isle in Frankfurt. Doch das war eine Illusion. Der König hatte mit Frankreich und Bayern Abkommen unterzeichnet und seine Stimme dem Kurfürsten versprochen; er nahm gewollte oder böswillige Indiskretionen in Wien zum Vorwand, den Waffenstillstand zu brechen und in Westböhmen eine Offensive zu starten, bevor er Olmütz in Mähren besetzte. Der neue König von Böhmen konnte sich nunmehr nach Frankfurt begeben: Seine Wahl war gesichert. Sie erfolgte am 24. Jänner 1742.

Doch die Österreicher hatten sich wieder gefaßt. Maria Theresia hatte das Oberkommando einem ihrer besten Reiteroffiziere, einem Schüler des Prinzen Eugen und Enkel Montecuccolis, dem Feldmarschall Khevenhüller, anvertraut, von dessen Plänen zur Rückeroberung Oberösterreichs und zum Angriff auf Bayern sie eingenommen war. Bereits Ende Dezember in Wilhering bei Linz versammelt, nahm die Armee Linz und stieß dann kräftig in Bayern vor, so daß der Kaiser ziemlich verdutzt in Frankfurt verweilen mußte, während ein Teil seines Kurfürstentums von Maria Theresias Streitkräften besetzt war und sogar seine Hauptstadt München, die am 12. Februar 1742 kapitulierte.

Zu seiner Stellvertretung hatte er in Prag eine Regentschaft zurückgelassen, die Deputation, deren Vorsitz ein böhmischer Großer, Ferdinand Philipp Graf Kolowrat, führte. Es waren aber der Marschall von Belle-Isle, der Anführer der französischen Armee, und der General Séchelles, die die wirkliche Macht ausübten. Sie organisierten die Verteidigung gegen die österreichische Armee, die Karl von Lothringen befehligte, der Schwager der Königin und ein besserer Offizier als der Großherzog (damals wenigstens dem Ruf nach!). Im Mai lieferte Karl von Lothringen der preußischen Armee, die, mit Friedrich II. an der Spitze, in Richtung Prag marschierte, eine Schlacht. Das Treffen erfolgte bei Chotusitz: Die Österreicher waren zahlenmäßig stärker. An diesem Tag aber erwies sich Friedrich als Stratege von seltener Begabung, und seine Truppen, vor allem die Kavallerie, stellten die Fortschritte, die sie seit einem Jahr gemacht hatten, unter Beweis. Der Vorteil verblieb dem König von Preußen. Das Ereignis zeitigte sofort bedeutende Auswirkungen auf die allgemeine Situation. England, wo seit dem Sturz Walpoles die Kriegspartei an die Macht gelangt war, wünschte nicht die Verlängerung eines Konflikts zwischen Preußen und Österreich, weil es die Streitmacht des letzteren gegen die Franzosen und die Bayern einsetzen wollte. Es war aber England, das jetzt die Subsidien lieferte, und ohne seine Hilfe war sogar die Wiedergewinnung Böhmens nicht zu ermöglichen. Maria Theresia mußte sich mit den Forderungen ihres Bündnispartners abfinden, umso mehr als Verwicklungen in Italien aufgetreten waren, wo spanische Streitkräfte die Küsten des Großherzogtums Toskana bedrohten und den Versuch machten, Piacenza und Mailand zu erreichen. Das beste war, man verhandelte mit dem König von Preußen, wenn auch seine Ansprüche horrend waren: er forderte ganz Schlesien, die Grafschaft Glatz und sogar einen Teil Böhmens, nämlich den Kreis Königgrätz. In diesem letzteren Punkte blieb Maria Theresia fest; sie erklärte, daß sie in Böhmen nichts hergeben würde, „selbst wenn die Hölle losgelassen werden sollte gegen sie und den König von England mit seinem Parlament, das entschlossen ist, ihn im Stich zu lassen“. Hingegen war es ihr nicht mehr möglich, Schlesien zu halten, lediglich die Fürstentümer Teschen, Troppau und Jägerndorf konnte sie bewahren. Die Abtretung von Glatz war umso gefährlicher, als sie die Nordostgrenze des Königreiches Böhmen entblößte und es von nun an verwundbar machte, was die folgenden Kriege zur Genüge bewiesen haben. Schließlich blieb die Königin unnachgiebig hinsichtlich der Bedingungen, die sie zugunsten der Katholiken Schlesiens verlangen wollte. Sie hätte sich entehrt geglaubt, wenn sie ihren ehemaligen Untertanen, die ihre Glaubensgenossen waren, nicht das Recht auf Bewahrung ihres Glaubens, ihrer Kirchen und ihrer Güter garantiert hätte. Der Vertrag wurde in Breslau unterzeichnet und in Berlin (Juli 1742) bestätigt. Indem sie diesen Frieden annahm, der ihr das Herz zerriß (sie würde keinen Schlesier mehr sehen können, ohne zu weinen), hatte sie das Bündnis — sagen wir nicht die Freundschaft — mit England gerettet. Weniger als je konnte sie an die Aufrichtigkeit Friedrichs II. glauben, und von der Kaiserkrone war kein Rede mehr. Immerhin wurde die Rückeroberung Böhmens, besonders mit der Hilfe Ungarns, wieder möglich.

Bereits im Juni schritten die Österreicher zur Einschließung Prags. Die Steuerforderungen des neuen Regimes hatten die anfängliche Begeisterung schon erheblich gedämpft. Der Reichstag hatte widerwillig einem außerordentlichen Beitrag von sechs Millionen Gulden zugestimmt, der die Leistungsfähigkeit des Landes bei weitem zu übersteigen schien. Requisitionen wurden bei allen Gesellschaftsklassen durchgeführt. Die Franzosen, die ihren Truppen eine strenge Disziplin abverlangten, trafen scharfe Maßnahmen zur Aufrechterhaltung der Ordnung bei der Bevölkerung von Prag und in den Bezirken, wo bereits Bauernaufstände ausbrachen. Aus Frankfurt übermittelte Karl VII. Belle-Isle die Beschwerden derer, „die mir anhangen und die alles für mich geopfert haben: die Fürsten von Fürstenberg und von Mansfeld, die Gräfin Kinsky, von denen die meisten in schrecklichste Verarmung geraten sind“. Wahrscheinlich übertrieb er ein wenig. Übrigens erstreckte sich die in seinem Namen ausgeübte Macht lediglich auf das zentrale Gebiet Böhmens, nur 23.570 Herdstellen waren ihm erreichbar von 53.550 im gesamten Königreich gezählten. Nicht nur hatte der böhmische Hofkanzler in seiner Treue zur Königin nicht gewankt, auch der Oberstburggraf Schaffgotsch war, nach einigen Gefälligkeiten gegenüber den Bayern, zu ihr zurückgekehrt, und es war nicht ungeschickt, wenn man einen Tschechen, den Feldmarschall Fürst Lobkowitz, an die Spitze der im Lande operierenden österreichischen Armee gestellt hatte. Der niedere Adel lieferte manchmal entschiedene Beispiele der Treue, so dasjenige des Kreishauptmanns von Kaurim, Mladota. Er war ein Widerstandskämpfer, der die Armee der Königin mit Nachrichten versorgte. Im Augenblick, als die Franzosen ihn zu verhaften beschlossen, wechselte er einige Worte auf tschechisch mit seiner Frau. Sie wollten ihn auf der Stelle erschießen, aber sie beschlossen, ihn nach Prag mitzunehmen, um ihn vor Gericht zu stellen. Seine Landsleute schritten ein, um ein Todesurteil von ihm abzuwenden, aber er erlag schon bald einer Krankheit. An seiner Stelle wurde ein ehemaliger Sekretär des Grafen Bubna ernannt, Karl David, ein Metzgersohn von der Kleinseite, ein intelligenter, anstelliger Mensch, der einer der aktivsten Agenten des neuen Regimes wurde. Der General Séchelles, der die Verwaltung des Königreichs in die Hand nahm, kümmerte sich um die Verpflegungszuteilung, aber es war kaum möglich, gleichzeitig eine Streitmacht von etwa 20.000 Mann zu unterhalten und der Prager Bevölkerung eine genügende Lebensmittelversorgung zu sichern. Bald kam die Hungersnot, und der französische Befehlshaber zog die Räumung Böhmens in Betracht.[13]

Anfang Juli erwirkte Marschall de Belle-Isle eine Zusammenkunft mit dem österreichischen General Königsegg: Er ersuchte ihn um freien Abzug für seine Armee, um sie nach den Grenzen zurückzuführen. Die Belagerer bestanden darauf, daß die Truppen sich gefangen gäben. Belle-Isle weigerte sich, der Ehre wegen. Ein von Marschall de Maillebois angeführtes Entsatzheer drang über Eger ein und erreichte unbemerkt die nördliche Straße, in der Absicht, nach Prag vorzustoßen; von den ungarischen Husaren überrannt, mußte es sich jedoch zurückziehen. Es schien nichts übrigzubleiben, als zu kapitulieren. Da vollbrachte Marschall de Belle-Isle eine Gewaltleistung: Er zog 15.000 Mann zusammen, die Artillerie dazu, verließ Prag und entging der Blockade, von den Belagerern unbemerkt. Erkauft mit vielen am Wegrand hingesunkenen Toten und Kranken, rettete der Rückzug aus Böhmen das Gros der französischen Armee und erregte die Bewunderung der europäischen Öffentlichkeit. Oberst Chevert, ein Offizier, der von der Pike auf gedient hatte, war mit einigen tausend Mann (6000?), davon ein Drittel Verwundete oder Kranke, die die Spitäler überfüllten, in Prag geblieben. Er erklärte Lobkowitz, daß er sich nur unter ehrenhaften Bedingungen zurückziehen würde; sollten ihm diese verweigert werden, so würde er die Stadt anzünden und den Hradschin sprengen. Lobkowitz versprach ihm, die Prager, die dem Kaiser und seinen Verbündeten gedient hatten, weder aufzuspüren noch von ihnen Rechenschaft zu verlangen, und gewährte ihm ehrenvollen Abzug. Sechs Stunden nach dem Abmarsch der letzten französischen Truppen, am 2. Jänner 1743, nahmen Maria Theresias Soldaten wieder Besitz von der böhmischen Hauptstadt, die durch die Beschießungen schwer beschädigt worden war und deren Einwohner, nach mehrmonatiger Belagerung, am Ende ihrer Kräfte schienen.

Es ist angebracht, hier etwas aufzugreifen, wovon die Historiker viel geredet haben, manche mit der Auffassung, das Los der Bauern hätte dadurch verwandelt werden können. Gemeint ist die Aufhebung der Leibeigenschaft.[14]

Es ist bereits erwähnt worden, daß die westböhmischen Bauern sich zu Bayern bekannt hatten, weil die Abgesandten des Kurfürsten ihnen von einer baldigen Besserung ihrer Lage gesprochen hatten. Karl David, der aus Erfahrung ein guter Kenner der Situation war, versicherte, daß die Abschaffung des Grundherrschaftswesens den Zustrom des gesamten Landvolkes zum neuen König bewirken würde. Dazu aber war man auf die Deputation angewiesen, die von Adeligen beherrscht und umso weniger geneigt war, ihre Rechte und die Fron aufzugeben, als von den Grundherren enorme Abgaben an Geld und Naturalien gefordert wurden. Dennoch veröffentlichte Belle-Isle im Juli, aus eigenem Entschluß, obwohl im Namen des Kaisers und Königs, ein Patent, das allen Bauern, die gegen die Österreicher die Waffen ergreifen würden, die Freiheit gewährte. Daraufhin war Karl David bemüht, ein freiwilliges Bauernheer aufzustellen.

Dieselbe Frage war aber auch in Wien aufgeworfen worden. Schon im

Februar 1742 hatte die Konferenz einen langen Bericht des Hofkanzlers Kinsky über die bäuerlichen Verhältnisse in Böhmen angehört. Obwohl er das Prinzip der grundherrlichen Rechte gelten ließ, gab er zu, daß Leibeigenschaft und Fron auf den Herrschaftsgütern oftmals in abscheulicher Weise praktiziert würden. Demzufolge könnte man jenen Bauern, die bereit wären, drei Jahre beim Heer zu dienen, wesentliche Vorteile gewähren. Ein Patent der Königin vom 29. April 1742 forderte alle waffenfähigen Männer auf, sich bei den Kriegskommissaren zu melden: Man würde ihnen die Steuerrückstände nachlassen und sie von der Einquartierung verschonen. Angesichts des geringen Erfolgs dieses Appells bot ein neues Patent vom 20. Mai all jenen Bauern, die sich freiwillig, ohne Druck von seiten ihres Grundherrn, zum Militär gemeldet und dort drei Jahre gedient hätten, die Freiheit an. Es wird auffallen, daß weder die eine noch die andere der beiden gegnerischen Regierungen — und zwar aus demselben Zwang zum Bündnis mit den Nutznießern des Grundherrschaftswesens heraus — eine allgemeine Maßnahme oder gar eine echte Reform ins Auge gefaßt hatte und daß jede von ihnen die Befreiung auf den Einzelfall der Freiwilligmeldung und eines ziemlich langen Militärdienstes beschränkt hatte. Auf beiden Seiten wurden Männer für das Heer benötigt, und man ging nur auf Umwegen an ein großes wirtschaftlich-soziales Problem heran. Es ist nicht belanglos, daran zu erinnern, daß der Großherzog, der zur Zeit der Veröffentlichung des Patentes Karls VII. in Böhmen beim Heer stand, die vorgefundenen Exemplare von Henkershand verbrennen lassen wollte. Maria Theresia widersetzte sich dem: „Gekrönte Häupter müssen einander stets Achtung entgegenbringen", schrieb sie; „man verbrenne sie, aber nicht durch diese unwürdigen Hände." Das war die monarchische Ethik.

Welche Haltung würde die Königin ihrem wiedergewonnenen Reich gegenüber einnehmen? Würde sie mit Strenge vorgehen und diejenigen, die sie im Stich gelassen und verraten hatten, exemplarisch bestrafen? Hundertzwanzig Jahre zuvor hatte ihr Vorfahre Ferdinand II. die rebellische Nation unter entsetzliche Strafe gebeugt, durch die er eine Umwälzung der politischen, religiösen und wirtschaftlichen Verhältnisse des Staates herbeiführte, und die Erinnerung an das Unheil hatte dauerhaften Groll genährt. Wohl war von Feldmarschall Lobkowitz bei der Kapitulation Cheverts ein Amnestieversprechen gegeben worden. Man konnte es aber auch so auslegen, daß dieses Versprechen, zwar gültig für die Einwohner von Prag, keinen allgemeinen Gnadenerlaß verbürgte. Eine Untersuchungskommission wurde gebildet, deren Vorsitz zu führen der Oberstburggraf Schaffgotsch nach Prag kam, er selber von Sünde nicht frei. Prager Bürger wurden verhaftet, die am stärksten kompromittierten Adeligen aufgefordert, sich auf ihre Güter zu begeben und sie nicht mehr zu verlassen. Insgesamt wurden sechs Todesurteile ausgesprochen, gegen Kolowrat, den Grafen Kaiserstein, Karl Alberts Kanzler, den

Grafen Paradis, der die harten Durchführungsbestimmungen angewandt hatte, den Grafen Michna und zwei junge Bubna, aber keines wurde vollstreckt. Drei Jahre danach hatten etliche von ihnen ihre ehemaligen Ämter und Würden wiedererlangt. Verdiente Ungnade traf den Erzbischof, der übrigens in der Öffentlichkeit Skandal erregt hatte, indem er sich beeilte, im St.-Veits-Dom ein Tedeum zu singen und die Königin akklamieren zu lassen. Karl David, der gefangen wurde, als er aus Prag zu flüchten versuchte, wurde zu schimpflichem Tod durch Abhacken der Hand und Vierteilung verurteilt. Im Augenblick aber, da er auf dem Schafott niedergekniet war und dem Henker die Rechte hinhielt, überbrachte eine Stafette seine Begnadigung. Er wurde nach Ungarn in die Festung Buda überführt, wo er sein Leben beschloß. Er war am strengsten bestraft worden.[15]

Ende April machte sich die Königin auf den Weg nach Prag, um dort gekrönt zu werden. Sie reiste in kurzen Etappen, begleitet von ihrem Gemahl und ihrem Sohn. Österreichische und ungarische Würdenträger und die Gesandten der ausländischen Mächte bildeten ihr Gefolge. Eine Delegation der Stände kam zur Begrüßung nach Alt-Pfauendorf, unweit von Iglau, wo sie die Grenze überschritt. Sie machte halt in Alt-Bunzlau, wo der hl. Wenzel den Martertod erlitten hatte, und brachte dem Gründer Böhmens ihre Huldigung dar. Am 29. April zog sie über den Roßmarkt (den jetzigen Wenzelsplatz) feierlich in Prag ein. Drei Wappenherolde, ein Tscheche, ein Österreicher, ein Ungar — deren Gegenwart dasselbe bedeutet, was bis heute die Dekoration der Pestsäule in Wien bezeugt: die fundamentale gleichberechtigte Verbindung der drei Länder —, ritten vor der Galakutsche her, in der die Königin saß, ihren Gemahl zur Linken. Die Schlüssel der Stadt wurden ihr vom Bürgermeister der Altstadt überreicht, der sie auf deutsch begrüßte, worauf die Königin in derselben Sprache antwortete. Vor dem Carolinum, der altehrwürdigen Universität, hielten der Rektor und die Königin wechselseitige lateinische Ansprachen, dann fuhr der Zug zwischen den berühmten Statuen über die Brücke und gelangte zum Dom. Auf dem Vorhof brachte der Oberstburggraf Schaffgotsch im Namen der böhmischen Stände der Königin in tschechischer Sprache seine Huldigung dar, worauf die Königin einige Worte auf deutsch sagte. Sie trat unter das hohe Gewölbe ein und hörte das Te Deum, bevor sie auf die Burg geführt wurde, wo sie sich über einen Monat aufhalten sollte. Bedeutungslos oder rein formal ist keine der Gebärden dieser Zeremonie, die der Wiederinbesitznahme des Königreiches durch den rechtmäßigen Herrscher, der Bestätigung der Privilegien, der Verknüpfung des neuen Regiments mit den alten, Böhmen eigenen historischen Erinnerungen ihren Stempel aufprägen sollte. Daß Maria Theresia sich der deutschen Sprache bedient hatte statt der böhmischen, will keineswegs heißen, daß sie diese letztere verachtet hätte, wie heutige Historiker gemeint haben, oder daß sie den Vorrang der einen Sprache vor der andern hätte bekunden wollen. Sie konnte einfach kein

Tschechisch, was freilich eine Bildungslücke war. Von ihrer Hochachtung vor dem alten Königreich hatte sie andere, bessere Beweise geliefert. Daß ein gewisses Unbehagen sich auf ihrer Seite in die ersten Begegnungen mit der Aristokratie und der Bevölkerung eingeschlichen hatte, das zeigten ein paar kleine Zwischenfälle.[16]

Es fiel das unglückliche Wort von der böhmischen Krone, die eben von Wien herbeigebracht worden war: „Sie ist angekommen, ich habe sie hochgehoben, sie ist schwer und gleicht einer Narrenkappe." Hat man es ihr doch genug vorgeworfen in der Geschichte! In Wirklichkeit war die Äußerung an ihren treuen Philipp Graf Kinsky gerichtet, den Kanzler, dessen Ergebenheit sie schätzte, der sie aber öfters hochbrachte durch seine Tüpfeligkeit, und im Grunde war es mehr Neckerei als Übelwollen. Sie stritt sich mit dem Kanzler um das Datum der Zeremonie, die zunächst auf den Sonntag, 5. Mai, festgesetzt war und deren Verschiebung auf den 12. sie hinnehmen mußte, nicht ohne zu bemerken, daß in Preßburg alles viel schneller gegangen sei, wobei doch dem Landtag „in Prag keineswegs dieselbe Bedeutung zukomme wie in Ungarn".[17] Besonders im Umgang mit den Damen der Aristokratie schien sie sich nicht recht behaglich zu fühlen, wohl weil ihr vieles erzählt worden war und sie nicht mehr so recht wußte, ob sie nun loyale Untertaninnen vor sich hatte oder solche, die mit dem Afterkönig intrigiert hatten. Es wären das alles winzige Einzelheiten, die man unbeachtet lassen könnte, ginge es nicht darum, die Lage, in der sich die Königin gegenüber einem Königreich befand, das weiterhin ein Eckstein ihrer Monarchie blieb, in aller Gerechtigkeit zu erfassen.

Am 11. Mai nahm sie im Ladislaussaal, wo das Publikum so zahlreich war, daß es sich in die angrenzenden Säle und über die Treppen ergoß, die Huldigung der böhmischen Stände entgegen. Sie hörte den tschechischen Reden Philipp Kinskys und Schaffgotschs zu und antwortete auf deutsch, daß das von Böhmen erlittene Unglück sie zutiefst betrübt hätte und daß sie fortan alles tun würde, nicht nur des Landes Wunden zu heilen, sondern dessen Ruhm zu heben. Etwa das, was sie unlängst auch zu den Ständen Ungarns gesagt hatte: Überall sprach sie als Landesmutter. Am 12. wurde die Krönungszeremonie um zwei Stunden verschoben, weil zuvor anläßlich des von Karl von Lothringen bei Simbach über die Bayern erfochtenen Sieges, wovon die Nachricht am Vorabend eingetroffen war, ein Te Deum gesungen werden sollte. Maria Theresia empfing die Krone aus den Händen des Erzbischofs von Olmütz, Jakob Graf Liechtenstein, und sie sprach vor Gott, der Unbefleckten Jungfrau und allen Heiligen den Eid auf das Evangelium. Sie war skrupelhaft, aber subtil. In diesem Eid verbarg sich ein Widerspruch, da die Königin Schlesien, ein böhmisches Lehen, abgetreten hatte, aber auch die Rechtfertigung, daß sie stets, mit den ihr zu Gebote stehenden Mitteln, die Rückeroberung der verlorenen Provinz betreiben würde.[18]

Der Hofkanzler verkündete auf tschechisch „die Treue zu unserer vielgeliebten erblichen Souveränin und gekrönten Königin!...". Gekrönt! Karl Albert war es nicht gewesen: Maria Theresia hatte ihm die religiöse Bestätigung voraus. Sie zog ihren Aufenthalt in Prag bis in den Juni hinaus und nahm am 16. Mai an den gewohnten Festlichkeiten zu Ehren des hl. Johannes von Pomuk teil. Sie fuhr mit dem Schiff unter der lichtergeschmückten Brücke hindurch, an der Stelle, wo, der Überlieferung nach, der Heilige in den Fluß geworfen wurde. Schließlich machte sie sich wieder auf den Weg nach Wien über Tabor und Budweis, wo sie ganz besonders bewundert und umjubelt wurde. Sie mischte sich unter die Volksmenge und sprach ganz ungekünstelt zu ihr. Sie zeigte ihnen den kleinen Erzherzog: „Schaut", sagte sie, „das ist, wenn es Gott gefällt, euer künftiger König und Herr."

Trotz der Erschöpfung des Landes hatte der am 29. März versammelte Landtag einer Sondersteuer von 700.000 Gulden und einer ordentlichen Steuer von 500.000 Gulden für die Armee zugestimmt, wobei er lediglich um befristete Zahlung bis zum Herbst bat, und außerdem ein Geschenk von 100.000 Gulden für die Reise und die Krönung bewilligt. Es mußten Darlehensgeber gefunden werden, die aber verlangten Wucherzinsen wegen der vorausgegangenen Schulden des Königreiches und wegen des Wertverlustes der Pfänder. Daraufhin stellte Böhmen, kostete es, was es wollte, 7521 Rekruten und 2000 Pferde. Die Geschichte mit der Thronfolge war das tschechische Volk teuer zu stehen gekommen.[19]

Seine Leiden waren indessen noch nicht am Ende. Im folgenden Jahr, 1744, eröffnete Friedrich II. erneut die Feindseligkeiten; er fiel in das damals von Truppen entblößte Böhmen ein und besetzte vom September bis Dezember Prag. Er brandschatzte und plünderte noch unbarmherziger, als Franzosen und Bayern es getan hatten. Er versuchte, in Richtung Linz zu marschieren, aber er fand bei den erbitterten Einwohnern eine Feindseligkeit, die er gnädiglich „der Religion dieses beschränkten, abergläubigen Volkes"[20] zuschrieb. Die Gegenoffensive der Armeen Karls von Lothringen und Feldmarschalls Traun zwang ihn bald zum Rückzug. Nachdem der Sturm vorbei und der König von Preußen endlich abgezogen war, sollte Böhmen für ein Dutzend Jahre seine Ruhe wiederfinden und das Volk sich erneut an die Arbeit begeben.

Im Frühjahr 1743 schien also die Lage zugunsten Maria Theresias wieder gefestigt. Die junge Königin konnte einen guten Teil des Verdienstes an diesem Ergebnis für sich beanspruchen; unterstützt von Bartenstein und vom Kanzler Uhlfeld, widerstandsfähig gegen defätistische Ratschläge, darauf brennend, das väterliche Erbe wiederherzustellen, Kraft schöpfend aus der Überzeugung von ihrem guten Recht, hatte sie einen politischen und militärischen Wiederaufstieg bewirkt, der eindrucksvoll genug war, die beiden großen Schlappen, Kaiserkrönung und Verlust Schlesiens, auszugleichen. Ihre Armee verfügte noch über Prestige, zu Recht oder zu Unrecht. Strategie war zwar keine

Frauenangelegenheit, dennoch prüfte Maria Theresia die Pläne, die ihr vorgelegt wurden, und traf wichtige Entscheidungen. Oft versuchte sie, durch Botschaften die Stimmung bei den Offizieren und der Truppe zu beeinflussen. Sie griff auch ein, um die Generale zu Entschlossenheit und Schnelligkeit anzutreiben. Ein Khevenhüller, ein Traun waren keine Stümper, bei diesen bejahrten Männern jedoch waren das Draufgängertum und die Raschheit des Handelns erlahmt. Dem Großherzog unterstellte niemand mehr eine militärische Begabung, während sein Bruder, Prinz Karl, der Maria Theresia und den Ministern lange allzuviel Vertrauen einflößte, zwar sicher sehr tapfer war, gegenüber Friedrich II. aber sich als unfähig erwies. Bewaffnung, Artillerie, Nachschub, Dienstvorschriften und Truppenübungen entsprachen einer überholten Entwicklungsstufe der Kriegskunst, während die preußische Armee als eine junge, geschmeidige, gut eingeübte Streitmacht dastand, die ein König befehligte, der ein hervorragender Heerführer war.

Als Aktivposten verblieb indessen das Menschenreservoir, das gestattete, die Verluste ziemlich rasch auszugleichen, und besonders die ungarische Kavallerie mit ihrer Ausdauer, ihrer Beweglichkeit, ihrer Angriffsbereitschaft, die den Gegner erschreckte und aus der Fassung brachte. Eine Streitmacht, deren Ansehen durch die aufeinanderfolgenden Niederlagen angeschlagen werden sollte, die aber von 1740 bis 1743 unter sozusagen verzweifelten Umständen sich so gut gehalten hatte, daß sie auch jetzt noch für mächtig und schlagkräftig angesehen wurde. Deshalb auch hatten in England Lord Carteret und König Georg II. (dem hauptsächlich das Kurfürstentum Hannover am Herzen lag) die österreichische Armee nötig. Wie Friedrich II. in seinen Memoiren treffend gesagt hat, mußten die Franzosen entweder in Deutschland oder in Flandern geschlagen werden, um zur See eine Überlegenheit zu erringen, die dem Handel Englands einen wirklichen Vorteil einzubringen vermochte. Es war also keine Rede davon, zuzulassen, daß Maria Theresia sich auf ihre Erblande zurückzog, um dort Ordnung und Wohlstand wiederherzustellen. Übrigens dachte sie selbst noch nicht daran, sich zurückzuziehen, denn Eroberungen konnten ihr als Tauschobjekt für Schlesien dienen.

Im Reich hatte sie Karl VII. nicht anerkannt; sie fuhr fort, ihn den Kurfürsten zu nennen und hatte weiterhin ein waches Auge auf die deutschen Angelegenheiten, stark, wie sie sich fühlte, mit einem Teil von Bayern als Pfand in ihren Händen. Schließlich darf man auch nie außer acht lassen, daß sie, als Herrscherin in den Niederlanden, in Mailand, in Parma, als Gemahlin des Großherzogs von Toskana, in die nordwesteuropäischen sowohl wie in die italienischen Angelegenheiten einbezogen blieb.

In Frankreich war Kardinal Fleury gestorben, den sie wegen seiner Schurkerei verachtete. Doch hatte seine schwankende Politik die Aussichten auf Versöhnung nicht verdrängt, während von nun an die Entscheidungen von Ludwig XV. selber abhingen, der sich der Kriegspartei angeschlossen hatte.[21]

Der Krieg auf dem Kontinent war viel mehr als eine Entlastung für den Seekrieg. Dieser jedoch war die Haupttriebfeder der internationalen Politik. Die englische Handelsmacht breitete sich über die ganze Welt aus; auf allen Meeren, dem Atlantik, dem Pazifik, dem Indischen Ozean stieß sie auf die Konkurrenz Spaniens und Frankreichs, und die Rivalität mit diesen beiden Ländern stand, mehr zwangsläufig als gewollt, am Ursprung aller englischen Unternehmungen. An die Nordsee grenzend und verhältnismäßig nahe bei der Ostsee, mußte England, wenigstens hinsichtlich seiner Beziehungen mit Deutschland, mehr und mehr auf Rußland achten, dessen Fortschritte anhielten und das gleichzeitig Schweden und Polen bedrohte. Wollte es seine Gegner in Schranken halten, konnte England gegenüber dem, was auf dem Kontinent geschah, nicht gleichgültig bleiben. Es hielt die Vereinigten Niederlande in seinem Kielwasser. Obwohl es mit Frankreich noch nicht im erklärten Krieg stand, sah es seinen Vorteil darin, demselben in Europa Schwierigkeiten zu bereiten und eine Koalition gegen die Bourbonen zustande zu bringen. Deshalb hatte es einen Ausgleich zwischen Österreich und Preußen erzwungen. In bezug auf die Niederlande und mehr noch auf Italien konnte Maria Theresia auf das englische Bündnis nicht verzichten, und statt daß nach ihren Erfolgen in Ungarn und Böhmen der Friede für sie gesichert war, sollte sie in einen neuen allgemeinen Krieg hineingezogen werden. Georg II., der persönliche Ambitionen hatte und nach Waffenruhm strebte, hatte mit hannoveranischen, hessischen und österreichischen Kontingenten eine Armee aufzustellen vermocht, die als „Pragmatische" bezeichnet wurde (weil sie die Pragmatische Sanktion zu verteidigen schien) und die er selber am 27. Juni 1743 in die Schlacht von Dettingen geführt hatte. Er hatte die französische Armee des Marschalls de Noailles geschlagen, worauf Deutschland geräumt worden war. Auch die englische Diplomatie triumphierte: Um den inneren Frieden unter den Deutschen wiederherzustellen, machte Carteret einen Versuch, den Kaiser und Maria Theresia zu versöhnen. Diese sollte das erneut eroberte Bayern zurückerstatten und Karl VII. auf jede Forderung hinsichtlich Böhmens verzichten. Wenn der Krieg mit Frankreich ausbrach, sollten die Habsburg-Lothringer Kompensationen jenseits von Rhein und Vogesen finden. Das hieß aber das Fell des Bären zu früh verschenken. London folgte dem Minister und dem König nicht; Maria Theresia wollte ihre Pfänder nicht aus der Hand geben ohne ein Versprechen hinsichtlich Schlesiens. In bezug auf Italien machte sich Carteret erbötig, den König von Sardinien, der bisher Frankreich zugetan war, auf seine Seite herüberzuziehen. Um ihn aber zum Eintritt in das System zu bestimmen, mußten ihm einige Gebietsabrundungen geboten werden, die allein Maria Theresia beschaffen konnte: Die Besitzungen westlich des Tessin, Teile von Pavia und Piacenza. Die Königin war empört wegen der dauernden Opfer, die man ihr abverlangte. Ihr Kanzler Uhlfeld fand sie ganz in Tränen aufgelöst und wütend, wie er sie noch nie gesehen hatte, weil sie gezwungen war, auf die englischen Forderungen einzugehen. Sie bereute, nicht früher das Einverständnis mit Frankreich angestrebt zu haben, das ihr vielleicht zur Aussöhnung mit dem Kaiser verholfen hätte. Konnte sie aber, mit ihren allzu schwachen Einnahmequellen, Mailand ohne die englischen Hilfsgelder vor den spanischen Angriffen bewahren? So fügte sie sich denn und trat dem Wormser Traktat (13. September 1743) bei — einem Bündnis zwischen England, Österreich und Sardinien —, denn der Besitz von Mailand und Parma wurde ihr garantiert, abgesehen von den Teilen dieser zwei Herzogtümer, die sie an Sardinien abgetreten hatte. Der internationale Konflikt war also aufs neue entfacht, umso mehr als Ludwig XV. sein Bündnis mit Spanien enger knüpfte und sich am Krieg gegen den König von Sardinien beteiligte. Da dieser in das englisch-österreichische Fahrwasser eingeschwenkt war, wurde es möglich, auf seine Kosten den Ehrgeiz Philipps V. von Spanien und der Elisabeth Farnese zu befriedigen, die darauf versessen waren, ihre Söhne in Italien zu versorgen. War der älteste, Don Carlos, König in Neapel, so besaß der jüngste, Philipp, noch nichts auf der Halbinsel, und die beiden Prinzen schienen von der Nachfolge in Spanien ausgeschlossen, wo der Thron, nach dem Tode Philipps V., an den Infanten Ferdinand, ihren älteren Halbbruder, übergehen sollte. Philipp war der Schwiegersohn Ludwigs XV., weil er Louise Elisabeth geheiratet hatte, die einzige von den sechs französischen Prinzessinnen, die eine Ehe eingegangen war. Dynastischer Stolz und Eitelkeit spielten auch weiterhin eine enorme Rolle in den internationalen Angelegenheiten. An der Spitze einer spanischen Armee eroberte Philipp Savoyen und besetzte Chambéry. An sich eine untergeordnete Episode, der aber einige Jahre später im Rückblick neue Bedeutung zukommen sollte.

Indessen erwog Frankreich, als Antwort auf Carterets diplomatische Offensive, große Pläne. Frankreich, das will heißen Ludwig XV., sein Minister Marquis d'Argenson, Moritz von Sachsen und die Dienststellen des Außenministeriums. Man stellte sich vor, durch eine Landung England auf seiner Insel anzugreifen und einen Feldzug gegen die österreichischen Niederlande zu eröffnen, auf das Risiko hin, im Falle des Gelingens diese Eroberung nicht zu behalten. Frankreich erklärte also England sowie der Königin von Böhmen und Ungarn den Krieg.

Nun stieß die Armee des Prinzen Karl von Lothringen kühn gegen das Elsaß vor und überschritt die Zaberner Steige. Von England genährt, war in Wien die Hoffnung erwacht, das Elsaß, ehemaliges Habsburgerland, zurückzuerobern und die Lothringer wieder in ihr Herzogtum einzusetzen. „Endlich sind wir im Elsaß", schrieb Prinz Karl seinem Bruder. Ludwig XV., aus Flandern hergerufen, eilte nach Metz, wo er schwer krank wurde. Nie war er in seinem Reich, dessen Grenzen er jetzt verteidigte, beim Volk beliebter gewesen, und der alte Haß Frankreichs gegen das Haus Österreich war neu erwacht. Friedrich II. begriff, daß allzu glänzende Siege Österreichs seinen Besitz

Schlesiens in Gefahr bringen würden. Lothringen und Schlesien, sagte er, wären zwei Schwestern, von denen die eine den König von Frankreich, die andere den König von Preußen geheiratet hätte, wodurch ein dauerhaftes Bündnis zweier Fürsten, die derselbe Feind bedrohe, errichtet worden sei.

Der Bruch zwischen Frankreich und Österreich ging auf das Frühjahr zurück. Im Juli unterzeichnete Friedrich ein neues Abkommen mit Frankreich und Bayern. Im August begann, was die Historiker Mitteleuropas den Zweiten Schlesischen Krieg nennen und von dem wir oben gehört haben, daß er eine kurze, für die Bevölkerung aber schreckliche Besetzung Böhmens mit sich brachte.

Was man auch immer davon halten möge, der Zufall spielt eine Rolle bei den großen Ereignissen. Karl VII., der einmal mehr in München eingerückt war, starb dort plötzlich im Jänner 1745. Er war übrigens sehr ernüchtert, denn das kaiserliche Abenteuer hatte ihm nichts als Verdruß und die Zerrüttung seiner eigenen Gesundheit eingebracht. Weder seine Witwe noch sein Sohn, der junge Kurfürst Maximilian Josef, wollten sich auf ein neues einlassen: Sie suchten sich mit Maria Theresia zu versöhnen, die sie geschickt die Drohung einer neuen Invasion fühlen ließ mit 30.000 Kroaten in Innsbruck (immer wieder diese kühne ungarische Reiterei, das letzte Rettungsmittel der Königin). Der Friede wurde im April in Füssen geschlossen. Der Erbfolgestreit war mit Bayern endgültig beigelegt: Keiner der Kontrahenten würde mehr Anspruch auf Gebiete des andern erheben. Der junge Kurfürst versprach seine Stimme und die seines Onkels, des Erzbischofs-Kurfürsten von Köln, dem Großherzog von Toskana. Im Grunde, obwohl sie eine Zeitlang Rivalinnen und Feindinnen gewesen waren, verband sie der Familienzusammenhalt mit ihrer Base, der Kaiserin Maria Amalia, und mit deren Tochter Maria Antonia, die später Kronprinzessin von Sachsen wurde und Maria Theresias eifrige Korrespondentin und politische Verbündete war.

Übrigens war mit Sachsen, das von England in die österreichische Allianz zurückgeführt worden war, längst Friede geschlossen.

Dieses Jahr 1745 war in der internationalen Konjunktur wirklich ein erstaunliches Jahr. Der englischen Regierung ist es darum zu tun, mit Hilfe der österreichischen Heere eine Niederlage Frankreichs herbeizuführen. Vom Parlament jedoch und einem großen Teil der Öffentlichkeit werden die zu zahlenden Hilfsgelder als zu große Last empfunden, und die Eroberung wichtiger Stützpunkte in den Kolonien bleibt das Hauptziel. Im Osten Europas bildet Schlesien weiterhin den Einsatz. Friedrich befürchtet, darauf verzichten zu müssen. Am meisten bangt ihm vor einer Einmischung Rußlands, dessen Zarin Elisabeth und ihr Kanzler Bestuschew zu Österreich hinneigen. Vergebens fordert er von Frankreich militärische Unterstützung, denn die Erinnerung an die böhmische Expedition ermutigt nicht dazu. Insgeheim verhandelt er mit England, bereit, dem Großherzog seine Kurstimme zu versprechen, wenn ihm der Besitz Schlesiens garantiert wird. Eine solche Lösung sahen König Georg II. und seine Minister, Carteret und Harrington, nicht ungern, es galt aber, von Maria Theresia, die nun durch die Freundschaft Sachsens und Rußlands bestärkt war, auch noch die Versöhnung mit Preußen zu erreichen. Sie weigerte sich hartnäckig.

Im Frühjahr (11. Mai 1745) kam es in Belgien, bei Fontenoy, zum Treffen zwischen den englisch-österreichischen Streitkräften unter dem Herzog von Cumberland, Bruder des Königs, und dem Feldmarschall Königsegg einerseits und der Armee Ludwigs XV. und des Marschalls Moritz von Sachsen andererseits. Es wurde ein glänzender Sieg der Franzosen, der letzte große militärische Erfolg der Monarchie. Die Gallispans (d. h. die französisch-spanischen Heere) in Italien siegten gleichfalls und nahmen dem König von Sardinien feste Plätze weg.

Diese Ereignisse änderten nichts an Maria Theresias Entschluß: Im Osten war es, wo sie ihre Revanche erwartete. Die Niederlage ihres Schwagers bei Hohenfriedberg im Juni erschütterte sie nicht, war sie auch noch so reich an Lehren über den ungleichen Wert mehr noch der Heerführer als der Heere. Und sonderbar: Wohl wünschte sie, daß ihr Gemahl zum Kaiser gewählt werde, gab jedoch zu, daß ein Sieg über Friedrich ihr viel wichtiger schien. In ihren Gesprächen mit dem Gesandten Robinson, im Laufe des Sommers, erlaubte sie sich, England ziemlich kaltblütig die Meinung zu sagen: Daß man sich um ihre wirklichen Interessen nicht kümmere, daß man, unter dem Vorwand, ihr Hilfsgelder zu beschaffen, die übrigens unzureichend seien und oft mit Verspätung ausbezahlt würden, sie zwingen wolle, mit Friedrich Frieden zu schließen, um ihre Soldaten in den Kampf gegen den König von Frankreich in den Niederlanden und in Italien zu schicken, und daß ... na ja, wenn sich England durch den Krieg im Westen belästigt fühle, weshalb schließe es dann nicht selber Frieden? War es denn schwieriger, ihn vom König von Frankreich zu erhalten als vom König von Preußen? Sie würde kämpfen bis zum Schluß: „Selbst wenn ich morgen mit dem König (von Preußen) sollte Frieden schließen, würde ich ihm noch heute abend eine Schlacht liefern." Dann dieser erstaunliche Satz: „Ist denn die Kaiserkrone mit dem Verlust Schlesiens zu vergleichen?"[22] Im Herbst soll sie in Frankfurt öffentlich erklärt haben: „Eher gäbe ich mein Hemd und meinen Unterrock her als Schlesien."

Sie wagte aber noch nicht, dem englischen Bündnis zu entsagen, und begehrte nur eine Frist bis zum Oktober. So gewann sie die nötige Zeit für die Kaiserwahl. Trotz der französischen Intrigen, mit denen versucht worden war, die Kandidatur des Kurfürsten von Sachsen und Königs von Polen zu bewirken, wurde Franz am 13. September vom Kurfürstenkollegium, bei dem lediglich der König von Preußen und der Pfälzische Kurfürst fehlten, gewählt. Man vermutete, daß Maria Theresia als Kaiserin-Gemahlin gekrönt würde, wie einst ihre Tante, die Kaiserin Wilhelmine Amalia. Sie weigerte sich, trotz der Bitten ihres Gemahls und der Ratschläge ihres Kanzlers Uhlfeld. Die vorgebrachte Ausrede von ihrer Schwangerschaft überzeugte niemanden. Sie hatte ihre Gründe, die der Einsicht schwer zugänglich sind. Ob sie vielleicht andeuten wollte, daß ihre Kronen von Ungarn und Böhmen größere Wirklichkeit behielten als die Kaiserkrone, die ja schließlich nur „eine leere Würde“ war? Gefiel es ihr nicht, neben ihrem Mann, infolge einer merkwürdigen Umkehrung der Rollen, den zweiten Platz einzunehmen, oder wollte sie, im Gegenteil, ihm die ganze Ehre lassen? Jedenfalls willigte sie ein, nach Frankfurt zu kommen, sie wohnte der Krönung bei, wurde aber nicht gekrönt. Fortan war sie die Kaiserin und blieb mitbeteiligt an dem vielleicht leeren, aber immer noch achtunggebietenden Titel. Römische Kaiserin, Apostolische Königin von Ungarn und von Böhmen, nicht aber Kaiserin von Österreich, wie es, infolge einer seltsamen Verwechslung, selbst in gebildeten Kreisen heißt. Kaiserin-Gemahlin oder Kaiserin-Mutter (nach der Thronbesteigung Josefs II.), nie Kaiserin von sich aus. Ganz Europa aber sollte sie fortan bei diesem Titel nennen, und so muß ein Historiker von diesem Datum an von ihr reden. Sie war nun die Augustissima neben dem Augustissimus. Die wirkliche Macht des Ehepaares aber beruhte auf den Ländern der Gemahlin, auf ihren Königreichen und deren Hilfsmitteln, auf ihren Armeen, auf der in Wien geführten Politik. Dort nahm der Augustissimus, sogar in der Konferenz, zur linken Hand seiner Frau wieder seinen Platz als Mitregent oder Prinzgemahl ein.

Mittlerweile wurde Karl von Lothringen, der den König von Preußen nach Böhmen gelockt hatte, in Soor ein weiteres Mal geschlagen. „Gott ist gegen uns“, seufzte die Kaiserin. Die Nachrichten aus Italien waren schlecht: Feldmarschall Liechtenstein hatte den siegreichen Vormarsch der Gallispans, die Philipp in Mailand als Herzog eingesetzt hatten, nicht aufhalten können. „Ich glaube, Italien ist verloren“, erklärte Maria Theresia. Trotzdem hoffte sie weiter. Sie gedachte, den ganzen Winter hindurch, ja sogar über den Winter hinaus, weiterzukämpfen. Sie setzte ihre Hoffnung auf eine gegen Brandenburg gerichtete Offensive, die von den durch russische, von Norden heranmarschierende Kontingente unterstützten vereinigten Streitkräften Sachsens und Österreichs eingeleitet werden sollte. Sie spürte aber, daß, sollte die Sache schiefgehen, man sich darein schicken und mit dem König von Preußen den beharrlich verweigerten Frieden schließen müsse. In der Tat hatte sie, zufällig zwar, aber mit Gewißheit, erfahren, daß im Juli der König von England und der König von Preußen sich gegenseitig ihre Besitzungen garantiert hatten, das heißt, daß England die Abtretung Schlesiens bestätigt hatte. So schickte sie den böhmischen Hofkanzler Friedrich Graf Harrach nach Dresden, sich Auskunft zu holen und seine Politik mit derjenigen Sachsens abzustimmen. Denn sie hatte wohl begriffen, daß im Falle des Mißlingens Sachsen selber abtrünnig würde. Harrach war beauftragt, durch Vermittlung des sächsischen Ministers

Brühl, sich mit dem französischen Vertreter ins Einvernehmen zu setzen. Denn Frankreich stand nicht im Krieg mit Sachsen. Noch besser: Als der Dauphin in zweiter Ehe die Tochter Augusts III. heiratete, gab Ludwig XV., der lange eine geheime Politik verfolgt hatte, mit dem Ziel, im Falle einer Vakanz einen französischen Prinzen auf den polnischen Thron zu setzen, seine Opposition gegen die Interessen des Hauses Sachsen auf und nahm fürderhin Rücksicht auf sie.[23] Harrach sollte Parma und Piacenza zur Versorgung Philipps in Italien anbieten. Allein, Friedrich II. wartete nicht ab, bis man ihm zuvorkam: Er ließ seine Soldaten in Sachsen einfallen und marschierte auf Dresden. Damit war das erhoffte große Manöver vereitelt; was würde nun geschehen? Morgen würde sich Sachsen vom Kampf zurückziehen, übermorgen Böhmen überfallen werden.

Plötzlich begriff Maria Theresia, daß Schlesien noch einmal geopfert oder mindestens dessen Rückeroberung vertagt werden müsse. Sie gab Befehl, den Krieg mit Friedrich II. einzustellen. Der Friede wurde demnach auf der Grundlage der alten Verträge von Breslau und Berlin wiederhergestellt; der Zweite Schlesische Krieg war beendet, aber die kostbare Provinz, samt der Grafschaft Glatz, verblieb bei Preußen. Doch die Kaiserin glaubte nicht an die Aufrichtigkeit dieser Versöhnung. Für sie war der Preußenkönig unersättlich und dachte er nur an Zerstückelung ihrer Monarchie. Durch den Frieden von Dresden hatte sie Böhmen gerettet, aber sie würde keine Ruhe finden, solange der König von Preußen mächtig blieb. Nichts Aufschlußreicheres als das im folgenden Jahr (1746) mit Zarin Elisabeth von Rußland geschlossene Bündnis ereignete sich, womit das zwanzig Jahre zuvor zwischen Karl VI. und der Zarin Katharina I. unterzeichnete Abkommen erneuert wurde. Die beiden Herrscherinnen versprachen sich eine gegenseitige Hilfe von 30.000 Mann, falls eine oder die andere von ihnen angegriffen werden sollte. Einer der Geheimartikel ging allerdings weiter: Maria Theresia beteuerte, daß sie den Friedensvertrag von Dresden vom 25. Dezember 1745 gewissenhaft einhalten und nicht als erste den Verzicht auf ihre Rechte auf den abgetretenen Teil Schlesiens und auf Glatz kündigen würde. „Sollte aber, entgegen jeder Erwartung (diplomatischer Euphemismus), der König von Preußen entweder Ihre Majestät die Kaiserin-Königin oder ihre Erben oder die Kaiserin von Rußland oder Polen ... feindselig angreifen, dann würden die Rechte der Kaiserin-Königin auf die abgetretenen Gebiete wieder bestehen und erneut in Kraft treten." Somit war eine nördliche Allianz als Reserve angelegt, wodurch, im Falle eines erneuten Krieges, seitens und durch Verschulden Preußens, Rußland den wieder möglichen Anspruch Maria Theresias auf Schlesien unterstützen würde.[24]

Der militärische Schwerpunkt mußte nunmehr nach Westen verlagert werden. In den Niederlanden sollten die Franzosen noch drei Jahre lang in ihren Erfolgen fortfahren, ganz Belgien besetzen und Holland bedrohen. In Italien gewannen die Austro-Sarden wieder die Oberhand, Philipp wurde aus

Mailand verjagt, Genua von den Österreichern besetzt. Die Kaiserin bat darauf England, Schiffe zu entsenden und Neapel zu bombardieren, da sie hoffte, daß ihre Truppen, einmal dort gelandet, dieses von ihrem Vater abgetretene Königreich zurückerobern würden.[25] Die Engländer aber nötigten sie, ihr Heer auf Nizza und in die Provence marschieren zu lassen, wo ihr General Browne sich der Stadt Antîbes bemächtigte. Die englische Politik — die von Newcastle nach derjenigen von Carteret — fuhr fort, entsprechend ihrer alleinigen Prioritäten, Österreich zu diktieren, was es zu tun habe.

Von den kontinentalen Operationen kann man nicht sagen, daß sie lediglich beiläufiger Art gewesen wären, da sie das Kräfteverhältnis zwischen den europäischen Mächten erschütterten. Die Armeen Ludwigs XV. hatten Belgien annähernd ganz erobert und waren in Holland eingebrochen. In den Kolonien aber hatten die Franzosen Cap Breton, die Engländer Madras verloren. Die Kriegshandlungen in Amerika und Indien erschienen der Öffentlichkeit beider Länder als die Hauptsache. Newcastles Politik hatte den Konflikt, aus dem alle herauszukommen trachteten, in die Länge gezogen. Die Verhandlungen wurden 1747 in Breda eröffnet und 1748 nach Aachen verlegt. Man konnte der Meinung sein, daß Frankreichs militärische Vorteile ihm gestatten würden, ein Schiedsrichteramt auszuüben. Würde es Belgien behalten? Moritz von Sachsen hoffte es. In Versailles aber war man überzeugt, daß England dies nie zugeben würde, daß ihm eine Politik gegenseitiger Rückerstattungen lieber wäre, wodurch Cap Breton an Frankreich zurückkäme und die österreichische Souveränität in den Niederlanden bestehen bliebe. Schließlich fielen Überlegungen hinsichtlich des dynastischen Einflusses ins Gewicht: Ludwig XV. wünschte seinen Schwiegersohn Philipp gut versorgt zu sehen, wodurch auch das Bündnis mit Spanien enger gestaltet würde. Ferdinand VI., auf dessen Mäßigung die Engländer vergeblich gehofft hatten, fuhr fort, die Rückgabe von Menorca und Gibraltar zu fordern, und er unterstützte stärker als erwartet die Ansprüche Philipps. Zu diesem Zweck wäre Maria Theresia gerne bereit gewesen, in Belgien etwas abzutreten. Ihr Bevollmächtigter in Aachen, Fürst Kaunitz-Rietberg, versuchte mit seinen französischen Kollegen, dem Grafen Saint-Séverin und La Porte du Theil, ins Gespräch zu kommen. Um jeden Preis hätte sie vermeiden wollen, daß aus der internationalen Versammlung eine neue Garantie für die Besitzungen des Königs von Preußen hervorging. Aber England schonte Preußen: Die englischen Minister blieben für die Schlußfolgerungen Maria Theresias ebenso unzugänglich wie für ihre territoriale Anhänglichkeit. Sie wollten nichts wissen von einem französischen Einfluß in Belgien. Daher rieten sie Maria Theresia, da sie doch die Niederlande wiederbekäme, sich mit dem Verzicht auf Parma und Piacenza abzufinden.

Maria Theresia und ihre Minister in Wien hegten, entgegen Kaunitzens Ansicht, die Überzeugung, daß es am besten war, wenn der allgemeine Friede so bald wie möglich wiederhergestellt wurde. Als dann, ziemlich unvermittelt, aus Versailles der Befehl an die französischen Gesandten eintraf, die Präliminarien, so wie England im April 1748 sie anzunehmen bereit war, zu unterzeichnen, da konnte das erzielte Resultat als endgültig betrachtet werden. Es verblieben nur noch Detailsachen zu regeln bis zum Abschluß des Friedens von Aachen am 18. November 1748.

Acht europäische Staaten bekundeten ihr Einvernehmen, nämlich England, Frankreich, die Kaiserin, der König von Spanien, der König von Sardinien, Holland, der Herzog von Modena, dessen Gebiet die Österreicher aus strategischen Gründen besetzt hatten,[26] und die Republik Genua, die, anläßlich der Operationen in Richtung auf Mailand und die Provence zu, ebenfalls in den Konflikt hineingezogen worden war. Die angenommene Grundlage war die Wiederherstellung der vor dem Krieg bestehenden Ordnung durch gegenseitige Rückerstattungen. Deswegen war der König von Preußen, obwohl er die Abmachungen nicht mitunterzeichnet hatte, durch die Artikel 21 und 22 doch davon betroffen. In Artikel 21 garantieren die vertragschließenden Mächte erneut die Pragmatische Sanktion Karls VI., „jedoch mit Ausnahme der entweder durch Kaiser Karl VI. oder durch die Kaiserin getätigten Abtretungen sowie derjenigen, die im vorliegenden Vertrag vorgesehen sind". Und Artikel 22 besagte folgerichtig: „Das Herzogtum Schlesien und die Grafschaft Glatz, so wie sie Seine Preußische Majestät heute in Besitz hat, werden diesem Fürsten von allen an diesem Vertrag beteiligten Mächten garantiert." Das war eben unvermeidbar gewesen.[27]

Dagegen erlangte Maria Theresia die Niederlande wieder, Frankreich Cap Breton, England Madras, der König von Spanien den Assiento. Die territorialen Veränderungen betrafen Italien. Der König von Sardinien bekam Savoyen und Nizza zurück, er behielt aber auch die von Maria Theresia in Worms abgetretenen Gebiete. Hingegen verzichtete er auf Piacenza. Aus den Herzogtümern Parma, Guastalla und Piacenza wurde für Philipp ein Fürstentum errichtet. Kaunitz überreichte einen platonischen Protest: Seine Herrin hatte im Wormser Traktat Gebietsabtretungen an den König von Sardinien nur zugestanden, um die Ansiedlung in Italien eines weiteren Zweiges des Hauses Bourbon zu verhindern, und nicht anders; jetzt tat man das genaue Gegenteil.

Was läßt sich abschließend sagen? Fünf Jahre lang, von der Invasion Schlesiens im Dezember 1740 bis zum Frieden von Dresden 1745, hatte Maria Theresia allein mit ihren Streitkräften und den englischen Hilfsgeldern gegen den Raub eines Teils ihrer Länder gekämpft, und zu zweien Malen im Lauf dieses Zeitabschnitts hatte England sie gezwungen, mit dem König von Preußen Verträge zu unterzeichnen, die sie beraubten. Wohl war England nicht verantwortlich für die österreichischen Niederlagen auf den Schlachtfeldern. Anschließend aber hatte England sie zwei Jahre lang (1745—1747) an einem internationalen Konflikt beteiligt gehalten, der sie nur indirekt betraf, und so die alte Feindschaft zwischen Frankreich und dem Hause Österreich neu entfacht. Und das Ende von allem waren Gebietsverluste in Italien, war die Gefährdung des österreichischen Einflusses auf der Halbinsel und besonders das Verbot, Schlesien zurückzuerobern, das heißt, das Königreich Böhmen, wie es jahrhundertelang bestand, wiederherzustellen.

Weil man Belgien nicht bekommen hatte, sagte man in Paris: „Dumm wie der Friedensvertrag." Was sollte man da erst in Wien sagen?

## *Der Wiederaufbau*
## *Innenpolitische Reformen*

Bis zum Frieden von Dresden waren, wie Maria Theresia selber sagte, alle Kräfte aufgeboten worden, um die armen Erbländer vor dem Schlimmsten zu bewahren, das ihnen widerfahren konnte, nämlich in die Hände des Königs von Preußen zu fallen.[1] Dann unterzeichnete sie den Frieden von Dresden, um wenigstens die größere Hälfte ihres Erbes zu retten, und stimmte auch noch dem Aachener Frieden zu, weil sie es nicht mehr für vertretbar hielt, endlos weiter Krieg zu führen. Zur Stunde zeichnete sich eine ganz andere Aufgabe ab: Man mußte die Monarchie von innen her reformieren und die Sicherheit und Prosperität der Länder wiederherstellen, welche sich nach wie vor zwei gefährlichen Feinden gegenüber sahen: Preußen und der Türkei.

Jetzt, nach acht schwierigen Regierungsjahren, treten der Charakter und die Persönlichkeit der Kaiserin bereits deutlich hervor. Sie ist nun Anfang dreißig: Von dem Schweizer Maler Liotard stammt das Porträt (von dem zahlreiche Stiche angefertigt wurden) einer schönen jungen Frau. Die Hoftoilette läßt den schlanken Hals, die wohlgeformten Schultern und die stolze Haltung, die aber nichts Dünkelhaftes an sich hat, voll zur Geltung kommen. Das von einer gepuderten Perücke umrahmte Gesicht zeigt regelmäßige Züge und den leichten Ansatz eines Doppelkinns. Der freundliche Ausdruck und der klare Blick erwecken sofort Sympathie. Die allzu schlanke junge Erzherzogin von einst hat sich in eine stattliche junge Frau verwandelt. Ein gewisser Ansatz zur Fülle macht sich schon bemerkbar. Vielleicht weniger schön als ihre Mutter, ist sie doch voller Liebreiz und sehr verführerisch, ohne im entferntesten kokett zu sein. Hinter der Allüre einer große Dame erkennt man die durch und durch ehrenhafte Frau. Maria Theresia ist tugendhaft, ohne daß ihr das besonders schwerfällt. Beruf und Familie füllen sie vollständig aus. Sie glaubt übrigens, daß ehrbare Sitten die Apanage einer guten Deutschen sind, und sie schätzt am deutschen Charakter besonders den Ernst und den Fleiß. Sie versucht nicht, besonders geistreich zu sein, und verabscheut den Spott. Der Spöttische verletzt, anstatt seinen Nächsten zu lieben und ihn durch Güte zu überzeugen.

Sie sprüht vor Gesundheit und Aktivität, reitet, jagt und besitzt eine hübsche Stimme. Der Kaiser ist stolz auf ihr musikalisches Talent und sieht es gerne, wenn sie sich ans Klavier setzt und singt, besonders wenn Gäste da sind.[2] Sie liebt die italienische Musik, die seit einem Jahrhundert in Böhmen, Mähren und Österreich die beherrschende Rolle spielt. Hofkapellmeister ist bis zu seinem Tod 1741 der hochangesehene Johann Josef Fux, der viele Messen, Oratorien und Opern komponiert hat. Seine Oper „Constanza e Fortezza“ wurde anläßlich der Krönung Karls VI. 1723 in Prag aufgeführt. Er ist so beliebt, daß sich der junge Bach mit seinen für die protestantischen norddeutschen Höfe geschriebenen Kompositionen im katholischen Wien nicht durchzusetzen vermag.

Das Jahr 1748, das Jahr des Aachener Friedens, ist auch das Jahr der Geburt des zehnten Kindes von Maria Theresia. Die kleine Erzherzogin stirbt aber schon am Tag ihrer Geburt und wird in der Kapuzinergruft bestattet. Kurz vor ihrer Niederkunft schreibt Maria Theresia an ihre Kusine, die Prinzessin von Sachsen: „Ich fürchte, ich werde noch mehr bekommen, und wenn der liebe Gott mir die Kinder, welche ich habe, erhalten möchte, wäre ich recht zufrieden, mit zehn Schluß zu machen; denn ich fühle, daß es mich schwächt und recht altern läßt und für alle Kopfarbeit weniger fähig macht.“[3]

Das ist die Stimme der berufstätigen Frau, der Regierungschefin. Es hält sie nicht lange im Wochenbett, kurz nach der Geburt geht sie schon wieder ihren Geschäften nach. Ihre Schwangerschaften haben sie vermutlich davon abgehalten, längere Reisen ins Ausland und in die Provinz zu machen. Sie hat das bedauert; denn sie hat den Wert persönlicher Beziehungen stets richtig eingeschätzt.

Von den erstgeborenen drei kleinen Mädchen ist nur eines älter geworden: Maria Anna, die 1738 als zweite geboren wurde und die erste Äbtissin des Prager Domkapitels werden sollte.

Während des Krieges kam die Kaiserin fast jedes Jahr nieder. Nach dem 1741 geborenen Erzherzog Josef folgten 1742 Marie Christine (Mimi), die zukünftige Frau des Herzogs Albert von Sachsen-Teschen, 1743 Maria Elisabeth, Anfang 1745 Erzherzog Karl Josef, der mit sechzehn an Pocken starb, 1746 Maria Amalia, die spätere Herzogin von Parma, und 1747 Erzherzog Leopold, der nach dem Tod des Kaisers die Toskana regierte und später Nachfolger seines Bruders Josef auf dem Kaiserthron wurde.

Und trotz ihres 1748 geäußerten Unbehagens bekam Maria Theresia noch sechs weitere Kinder: 1750 und 1751 wurden die Erzherzoginnen Johanna Gabriela und Josefa geboren, die im Alter von zwölf und sechzehn schon wieder starben und von denen man nichts wüßte, wenn nicht der Maler Liotard ihre anmutigen Gestalten im Bilde festgehalten hätte, 1752 schließlich wieder eine Tochter, die Erzherzogin Maria Karolina, die Ludwig XV. und Maria Leszczyńska als Paten hatte, den König von Neapel heiratete und als Flüchtling in Sizilien die unversöhnliche Feindin von Napoleon werden sollte. Maria Karolina war aber auch die Großmutter von Marie Luise und die Urgroßmutter des Herzogs von Reichstadt. Und 1808 verheiratete sie in Palermo ihre Tochter Maria Amalia mit dem Herzog von Orléans, dem späteren König Louis Philipp.

Als die drei jüngsten wurden schließlich 1754 Erzherzog Ferdinand, der durch seine Ehe mit der letzten Erbin von Modena, Maria Beatrix von Este, den Zweig Habsburg-Este gründete, geboren, 1755 Marie Antoinette, deren Name für immer mit der Französischen Revolution verbunden sein sollte, und schließlich 1756 Maximilian Franz, Kurfürst und Erzbischof von Köln, den uns Max Braubach in einem fesselnden Buch vorgestellt hat.[4]

Maria Theresia war eine exzellente Mutter, die, obwohl sie nicht viel Zeit für jedes Kind erübrigen konnte, dennoch aufmerksam über die Entwicklung ihrer Charaktere wachte und selber den Tagesablauf schriftlich festlegte, auf dessen Durchführung dann freilich die Erzieher und Erzieherinnen zu achten hatten. Das Familienleben nahm bei ihr jedoch immer den zweiten Platz ein, an erster Stelle standen der Staat und die Politik. Vielleicht klingt es für manchen seltsam überraschend, wenn ich sage, daß mir diese Kaiserin, die sich so sehr von den Regenten ihrer Zeit unterschied, wie eine Bäuerin oder sagen wir wie eine Gutsherrin vorkommt. Sie liebt die Natur, sie lebt gerne im Freien, in ihren Schlössern rund um Wien, in Schönbrunn, in Laxenburg und in Schloßhof, und ist eine begeisterte Jägerin. Bäuerlich ist auch die Treue zu ihren Erbländern und Ungarn, ihre Ehrbarkeit und die Verehrung der Vorfahren, die Strenge, mit der sie die Religion praktiziert, und die Freude, mit der sie an Wallfahrten und am Reliquienkult teilnimmt. Bäuerlich sind vor allem ihr gesunder Menschenverstand und die Selbstverständlichkeit, mit der sie von den großen Staatsbanketten auf das häusliche Familienleben umsteigt, die Diamanten und Perlen ablegt und den Ihren Schokolade und Milchkaffee serviert. Die Vorsehung hat aber dieses bäuerliche Wesen zur Herrscherin eines Staates bestimmt und zu einer der größten politischen Figuren der mitteleuropäischen Geschichte.

So klar das Ziel war, das sie vor Augen hatte, nämlich der Monarchie Unabhängigkeit und Stabilität zu verschaffen, so schwierig war die Durchführung, waren doch die Instanzen hoffnungslos ineinander verfilzt und die einzelnen Länder nicht bereit, ihre Interessen dem Gemeinwohl unterzuordnen. In die Konferenz berief die Kaiserin die Männer, deren Ansicht sie am meisten schätzte, und beriet sich mit ihnen vor schwerwiegenden Entscheidungen. Der Sekretär der Konferenz, Bartenstein, fertigte von den Sitzungen Protokolle an oder sammelte bei besonders schwierigen Fragen die schriftlichen Stellungnahmen der Minister ein. Am Ende wurde der Kaiserin ein Rapport vorgelegt, den sie mit einem „placet“ und ihren Anfangsbuchstaben oder mit vollem Namen unterzeichnete.[5]

Wenn man diese Dokumente im Wiener Staatsarchiv studiert, fällt einem zunächst der geschraubte Stil auf, der bei den Sitzungen „coram Augustissima“ und „coram Augustissimo“, das heißt, in Anwesenheit der beiden Staatsoberhäupter, herrschte. Wenn es sich um die Erbländer der Kaiserin handelte, nahm der Kaiser aber nur als Beistand der Kaiserin teil. Die

Konferenzminister waren fast alle große Herren mit wichtigen Ämtern im Reich (wie der Reichsvizekanzler Fürst Colloredo), in den Königreichen (wie der Kanzler von Böhmen, Friedrich August Graf Harrach), am Hof (wie der Großmeister des Hofes, Fürst Khevenhüller) und in der Politik und Verwaltung (wie Graf Uhlfeld, der praktisch Außenminister war). Alle diese Persönlichkeiten durften in der Konferenz ihre Meinung frei äußern, aber nicht alle nahmen diese Möglichkeit in Anspruch. Mit der Vorsicht des echten Höflings schlossen sie sich häufig der Ansicht des Vorredners an oder bezogen die Stellung, die vermutlich den Intentionen der Kaiserin entsprach. Es kam jedoch auch vor, daß es schwierig war, sich zu einigen. In einem solchen Fall ging Maria Theresia sehr geschickt vor. Sie schlug vor, die Entscheidung zu vertagen, damit jeder Zeit hat, um über die Einwände der anderen nachzudenken, und traf zu gegebener Zeit die Entscheidung, der sich dann alle zu beugen hatten. Übereilung war ihr in jedem Fall verhaßt, und es kam vor, daß sie zögerte, eine bereits unterschriebene Urkunde aus der Hand zu geben, bevor nicht der Kaiser Zeit gefunden hatte, ein Auge darauf zu werfen. Denn schließlich war er ja Mitregent. Die Kaiserin wollte ihn informieren, und sie wollte auch seinen Rat. Ihre wichtigsten Ratgeber aber waren zu jener Zeit, wie sie selber festgestellt hat, Bartenstein, Graf Haugwitz, Ignaz Koch und Emanuel Graf Silva-Tarouca. Der Rechtsgelehrte Bartenstein stammte aus Straßburg, war ursprünglich Protestant und trat 1714 zum Katholizismus über. Auf die Bedeutung von Haugwitz kommen wir später zu sprechen, Ignaz Koch war ihr Privatsekretär, ein treuer und aufrichtiger Mann, und Silva-Tarouca schließlich, der einzige Adelige in diesem Kreis, war als Schüler des Prinzen Eugen ihr Experte in militärischen und innenpolitischen Fragen der verschiedenen Länder. Man denkt an die Günstlinge, die in Rußland über so viel Einfluß bei den drei hintereinander regierenden Zarinnen verfügten. Aber nichts verbindet diese mit jenen. Es sind Fachleute, deren Rat die Kaiserin einholt, und es sind gute Diener, denen sie ihre Dankbarkeit bezeigt, indem sie bereit ist, auch für ihre Kinder und Kindeskinder zu sorgen: de progenie in progenis, das ist ihre Vorstellung von Solidarität. Das Individuum zählt nicht nur für sich selbst, Verpflichtungen erstrecken sich auf mehrere Generationen derselben Familie.

Der Wiederaufbau war eine immense Aufgabe, denn die Verwaltung war noch immer mittelalterlich strukturiert, und dic Kompetenzen der verschiedenen Instanzen waren nicht klar definiert.

Während der Kriegsjahre sind mehrere Reformen ausprobiert worden, aber ohne erkennbares System.[6]

Die österreichische Kanzlei war bereits geteilt worden, in eine Sektion für Außenpolitik und das Kaiserhaus und eine für Innenpolitik und Justiz. Die erste wurde 1742 die sogenannte Haus-, Hof- und Staatskanzlei. Ihr Leiter war Graf Uhlfeld. Dieser Kanzlei, die praktisch ein Außenministerium war, wurden auch die Beziehungen mit Rußland, welche bisher Sache der militärischen Instanzen waren, unterstellt. Die innenpolitische Sektion, die immer mehr zur österreichischen Kanzlei wurde, bekam zunehmenden Vorrang vor den anderen Kanzleien, selbst Böhmens und Ungarns. Hier deutete sich bereits eine Art Zentralisation an, und die Länder stiegen auf den Rang von Provinzen ab. Der Ausdruck „provincialia" wird in der Bürosprache gebräuchlich.

Maria Theresia war keine Freundin der Kanzleien, auch wenn sie persönlich die Kanzlisten wertschätzte. Aber sie fand, daß ihre Arbeit eigentlich überall die Ausübung der königlichen Autorität behinderte.

Die ersten Reformen bestanden nun darin, einige Instanzen mit neuen Kommissionen aufzuputzen, die ihrerseits den Hofstellen, dem Geheimen Rat und der Konferenz, unterstanden. Damit war aber der Kompetenzenstreit zwischen den Instanzen keineswegs beendet.

Ab 1745 gab es einen Gerichtshof „cum derogatione omnium instantiarium", auf Wunsch der Kaiserin die oberste Instanz in allen Prozeßangelegenheiten. Aufgrund der Ernennungen für diese Behörde — es handelte sich um Beamte aus den österreichischen und böhmischen Kanzleien, aus der Hofkammer und dem Reichshofrat — ist anzunehmen, daß sie für alle österreichischen Länder und Böhmen außer der Steiermark, den Vorländern, Tirol, Ungarn, den italienischen und belgischen Provinzen zuständig war. Die Bewohner dieser Länder aber konnten theoretisch direkt bei der Kaiserin Berufung einlegen. Am heftigsten protestierte gegen diese neue Instanz die österreichische Hofkanzlei.

Warum? Bisher war sie die oberste Instanz für alle Rechtsangelegenheiten gewesen. Die letzte Entscheidung durch den Geheimen Rat war nur eine reine Formalität gewesen. Es gab kaum einen Fall, wo dieser sich nicht mehrheitlich für die Entscheidung der Hofkanzlei ausgesprochen hätte. Die Schaffung eines neuen Gerichtshofs in einem Land, wo es schon viel zu viele gäbe, sei, behauptete die Hofkanzlei, kein probates Mittel, um die Rechtsprechung zu verbessern. Daran war etwas Wahres. Aber andererseits wurde durch diese neue Instanz die Justiz von der Verwaltung getrennt und die Voraussetzung für die Gründung der *Obersten Justizstelle* im Jahr 1749 geschaffen.[7]

Ähnliches galt für eine andere Hofstelle, die gegründet wurde, um dem ewigen Kompetenzstreit zwischen Hofkriegsrat und Hofkammer über die Militärgrenzen ein Ende zu bereiten. Nach dem Sieg über die Türken hatte man die zurückeroberten Gebiete im Süden Kroatiens und Ungarns zu einer Art neutralen Zone zusammengefaßt, in der es keine lehensherrlichen Rechte mehr gab. Man hatte das Land an Kleinbauern vergeben, die dafür allerdings einen Militärdienst zu leisten hatten. Sie erwiesen sich als besonders mutige Soldaten, die vom Feind sehr gefürchtet waren. Unter diesen Siedlern hatten die aus dem Osmanischen Reich geflüchteten Serben das Recht erhalten, ihre orthodoxe Religion mit ihrem eigenen Klerus auszuüben. Der Hofkriegsrat unterstützte ihre Selbständigkeit, während die Hofkammer gerne mehr Einfluß auf die Wirtschaft genommen hätte, um mehr Steuern einziehen zu können.

Das war aber noch nicht alles. Der ungarische Reichstag hatte es gar nicht eilig, die Privilegien der Serben in die Rechte des Königreichs zu inkorporieren und sie sozusagen als Staat im Staat anzuerkennen. Und schließlich verlangte der Adel der Steiermark und Kärntens, der für die Unterhaltung der Militärgrenzen Steuern zu zahlen hatte, als Gegenleistung für seine Söhne gutbezahlte militärische Posten. In all dies mußte Ordnung gebracht werden.[8]

1745 wurde daher eine Hofstelle für das Verwaltungs- und Finanzwesen des Banats geschaffen, der 1747 auch Siebenbürgen unterstellt wurde, die *Hofdeputation in Banatiis, Transsylvanis et Illirycis*. Durch diese unabhängige, nur der Kaiserin unterstellte Instanz wurden der Hofkriegsrat, die Hofkammer und die Landtage fast aller ihrer Rechte über die Militärgrenzen entkleidet. Die Trennung der Kompetenzen ließ sich jedoch nicht so rigoros durchführen, wie es wünschenswert gewesen wäre. Die Konflikte waren demnach nicht von einem Tag auf den anderen aus dem Wege geräumt. Aber das Beispiel war richtungweisend. Denn die Intervention der Kaiserin drückte sich immer durch die Schaffung einer neuen Hofstelle mit genau definierten Kompetenzen aus, die ihr direkt unterstand. Dies waren die ersten Schritte zu einer durchgreifenden Regierungsreform.

Friedrich Wilhelm Graf Haugwitz war 1700 als Sohn des sächsischen Offiziers Georg Haugwitz geboren worden. Er trat zum Katholizismus über und bekam 1733 den Grafentitel verliehen. Von seinen Kollegen mit vornehmerem Stammbaum unterschied er sich bald durch seinen Arbeitseifer und sein Fachwissen. Denn er begnügte sich nicht wie die meisten, seine Unterschrift unter die Akten zu setzen, sondern pflegte sie sorgfältig zu studieren. Er wurde der Kaiserin durch Ignaz Koch vorgestellt und von der Frau des Generals Daun empfohlen.

Durch die Verträge von 1742 und 1745 waren Österreich nur noch einige Teile Schlesiens verblieben, in denen es jetzt galt, Ordnung zu machen. Mit dieser Aufgabe wurde Haugwitz betraut. Das allgemeine Chaos berechtigte ihn, ziemlich autoritär mit den bestehenden Instanzen umzugehen, die seiner Ansicht nach alle zu reformieren waren. Er stand nicht nur unter dem Einfluß der Wirtschaftstheoretiker, die seit dem letzten Drittel des 17. Jahrhunderts für eine Erneuerung des Systems eintraten, er hatte auch aufmerksam verfolgt, wie effektiv die Beamten des Königs von Preußen vorgegangen waren.

Haugwitz' wesentliches Prinzip war die Zentralisation des Verwaltungs- und Finanzsystems. Bisher hatten die Länder die königliche Steuer bewilligt und eingetrieben, und ihre Kammern hatten die Geldbeträge an die Hofkammer weitergeleitet. Haugwitz wollte nun durchaus nicht den Ländern ihr Bewilligungsrecht entziehen — es wurde dabei ja auch über die Höhe mit dem

König verhandelt —, er wollte nur klarstellen, daß es sich bei der Steuer, sobald sie einmal bewilligt war, nicht mehr um das Eigentum der Länder, sondern um das des Königs handelte. Auf diese Weise wurde den Ländern ein Teil ihrer Verwaltungsarbeit abgenommen. Nachdem er sich in Schlesien bewährt hatte, wurde Haugwitz Anfang 1747 mit einer Kommission in Krain betraut. Sein Titel war der eines landesfürstlichen Untersuchungskommissärs, sein Aufgabenbereich war Politik, Justiz und Verwaltung. Kurz, seine Stellung erinnert an die der Verwalter Richelieus und Ludwigs XIV. Auch sie waren Kommissäre mit dem Recht, alle lokalen Beamten kontrollieren zu dürfen.

Was fand er nun in Krain vor? Die finanzielle Situation war erschreckend; denn das Land, dessen Steuerbeitrag ungefähr 100.000 Gulden beträgt, war mit 2,800.000 Gulden tief verschuldet. Zwei Monate später fuhr Haugwitz nach Klagenfurt in Kärnten und fand hier ein noch größeres Chaos vor: Das Land hat 4,000.000 Gulden Schulden. Und die Ursache dieser Verschuldung? Haugwitz glaubte, daß sie in der unglaublichen Höhe der Gratifikationen und Landübertragungen lag, welche sich die Mitglieder der Stände erlaubten. Dabei gab es in verschiedenen Ländern bereits Landeshauptleute, die der Landesfürst ernannte und die ihn vertraten. Ja, aber der Kärntner Landeshauptmann bezog zum Beispiel ein doppeltes Gehalt, vom Landesfürsten und von den Landständen. Dazu kam das seltsamerweise immer noch existente System der Freistellung des Adels von der Steuer. In beiden Ländern konstituierte Haugwitz eine neue Instanz des Landesfürsten, welche sich mit allen finanziellen, kommerziellen und politischen Angelegenheiten zu beschäftigen und darüber nach Wien zu berichten hat.

Nach den Erfahrungen in Krain und Kärnten war Haugwitz fest davon überzeugt, daß Verwaltung und Finanzen nicht länger den Ständen und ihren Beamten anvertraut werden dürfen. Mehrere Monate lang versuchte er als Mitglied des Geheimen Rats die Kaiserin und ihre Räte für diese Ansicht zu gewinnen.

Aber es ist nur recht und billig, auch einmal die andere Seite zu Wort kommen zu lassen. Ein Mitglied des Kärntner Adels beklagte sich etwas später: „Unsere Provinz, die aufgrund einer Bodenschätzung zu einer fixen Steuerzahlung veranlagt worden ist, wäre nie gezwungen gewesen, so viele Schulden zu machen, wenn sie nicht Ihrer Majestät diese riesigen und unser Einkommen weit übersteigenden Summen hätte zahlen müssen, die von Ihrer Majestät mit Gewalt und Drohungen wider alles Recht, ohne Rücksicht auf unsere Privilegien und auf die demütigen Vorstellungen der Stände, welche den Ruin unseres Landes bereits voraussahen, eingetrieben worden sind, Summen, die Ihre Majestät jedes Jahr so erhöht hat, daß wir sie ihr nicht zahlen konnten, ohne Schulden zu machen, die auf vier Millionen Gulden gestiegen sind und doppelt so viel ausmachen, wie die Provinz wert ist."[9]

Die Höhe der Verschuldung wurde also nicht bestritten, aber es fiel kein

Wort über die Mißwirtschaft der Stände: Alles Übel wurde allein der Steuer in die Schuhe geschoben. Zu diesem Partikularismus kam noch die Eifersucht auf die anderen Länder: „Ihre Majestät darf uns nicht aufgrund der Situation anderer Länder beurteilen, deren wirtschaftliche Möglichkeiten, der Überfluß an Getreide und anderen Nahrungsmitteln und der Handel mit den Nachbarn sie jeden Tag in die Lage versetzen, zu Geld zu kommen ... Klagenfurt ist weit von dem Überfluß, den Zerstreuungen und dem guten Leben entfernt, das in den anderen Provinzhauptstädten herrscht. Man hört überall die gerechtfertigten Klagen der Bürger, die sich aus Eifer für Ihre Majestät aller Geldmittel entblößt haben."[10]

In der Mitte des 18. Jahrhunderts ging es noch nicht um den Streit der Nationalitäten. Man lebte noch im Zeitalter der Staaten und des Staatsrechts, eines traditionsbewußten Ideals von großer Würde. Aber es gab schon die Eifersucht von einem Land aufs andere mit der Tendenz, sich für das unglücklichste, das am meisten ausgebeutete und treueste Land zu halten. Es waren im Grunde immer dieselben Schwierigkeiten, die die Monarchie daran hinderten, ein kohärentes und starkes „Totum" zu werden.

Anfang 1748 legte Haugwitz einen präzisen Plan vor: Da die Monarchie auch im Frieden aus Sicherheitsgründen ein ständiges Heer von 108.000 Mann unterhalten sollte, mußte jährlich eine Summe von 15 Millionen Gulden aufgetrieben werden. Eine gründliche Verwaltungsreform war demnach unumgänglich geworden. Die Leitung der Verwaltung durfte nicht länger Sache der Länder sein, sondern mußte der Zentralregierung unterstellt werden: Verwaltung und Finanzen sollten in ein zentrales Organ zusammengelegt werden. Ein solches Projekt konnte jedoch nicht widerspruchslos akzeptiert werden. Die heftigste Kritik kam von seiten des böhmischen Kanzlers, des Grafen Friedrich Harrach. Harrach mangelte es nicht an Erfahrung. Er hatte lange Jahre der Erzherzogin Elisabeth, Statthalterin der Niederlande, als Obersthofmeister gedient und nach ihrem Tod selber die Statthalterschaft interimistisch geleitet. Über die Politik Karls VI. in dessen letzten Jahren äußerte er sich höchst kritisch in seiner Korrespondenz mit seinem Schwager, dem Grafen Liechtenstein, damals Botschafter in Paris. Während der Schlesischen Kriege trat er als Diplomat hervor und verhandelte mit Friedrich II. persönlich über gewisse Klauseln des Friedensvertrags. Danach wurde er Mitglied der Konferenz, erhielt den Orden des Goldenen Vlieses und wurde zum Kanzler von Böhmen ernannt. Interimistisch übernahm er die Funktionen eines Landmarschalls von Niederösterreich, während der eigentliche Inhaber dieses Postens, sein Bruder Ferdinand, mit der Statthalterschaft in der Lombardei beschäftigt war. Die Probleme der Provinzverwaltung waren ihm also nicht unbekannt, und er machte sich keine Illusionen über die Schwächen des Systems in der praktischen Durchführung. Aber als Feind der Wiener Bürokratie bezog er hier einen ganz anderen

Standpunkt als Haugwitz. Er trat daher für eine größere Verantwortung der Stände und nicht für eine Beschneidung ihrer Kompetenzen ein. Sie sollten ihre Mißwirtschaft selber sanieren und eine Bilanz ihrer Einnahmen, Ausgaben und Schulden vorlegen. Daraufhin müßten ihnen die indirekten Steuern übertragen werden (Getränke-, Fleisch- und Tabaksteuer), Steuern, die bisher von der Hofkammer verwaltet wurden und als Pfand für die Kredite der Wiener Stadtbank gedient hatten. Diese Verwaltungsprinzipien der Hofkammer griff Harrach scharf an; denn sie führten dazu, daß Tausende von Beamten in die Länder entsendet wurden, um das Letzte aus der Bevölkerung herauszupressen. Sobald aber die Länder wieder selber ihre Steuern verwalten dürften, könnten sie die Zölle im Landesinnern senken und Handel und Industrie stärken.

Harrach bezweifelte nicht, daß man eine starke Armee brauchte. Er war jedoch der Meinung, daß die Länder bereitwillig die dafür erforderlichen Summen aufbringen würden, wenn man ihnen gewisse Freiheiten zugestehen würde. Zwischen dem Standpunkt des Feudalherrn, Gouverneurs und Landtagsmitglieds Graf Harrach und dem des Beamten Graf Haugwitz — auch wenn er ebenfalls Landtagsmitglied war — schien es keine Übereinstimmung zu geben, es sei denn, daß es beiden Politikern um das Wohl der Monarchie und um ihre Unabhängigkeit in Europa ging. Gebt den Ländern ihre Verantwortung zurück und beschneidet die Kompetenzen der Hofkammer und Stadtbank, sagte der eine. Wenn ihr den Untergang der Monarchie anstrebt, dann laßt die Länder sich selbst verwalten, sagte der andere. Man kann ruhig sagen, es ging hier um Föderalismus und Zentralismus. Es war der Kampf zwischen dem Absolutismus und den Rechten des Adels, den Richelieu, Ludwig XIV. und Friedrich II. bereits zugunsten des Herrschers entschieden hatten. Friedrich Walter schreibt, wenn sich damals die königliche Autorität untergeordnet hätte, dann hätte sie damit die Früchte des vor dreihundert Jahren am Weißen Berg errungenen und mit ihrem Blut teuer bezahlten Sieges verschenkt.[11] Dies ist ein harter Satz, der dem Freiheitsprinzip der Länder nicht gerecht wird und die Kritik der tschechischen Geschichtsschreibung des 19. Jahrhunderts an der Politik Maria Theresias zu diesem Zeitpunkt berechtigt erscheinen läßt. Es war nämlich nicht die Absicht der Kaiserin, die Freiheiten als solche zu zerstören, sie wollte nur das Verwaltungssystem der Monarchie straffer organisieren, um die Voraussetzungen für eine starke Armee zu schaffen. Man muß sich fragen, ob Harrach in der Lage gewesen wäre, den Wiederaufbau mit den damit verbundenen Reformen auf Landesebene durchzuführen. Er verteidigte hier ein Prinzip, ohne zu beweisen, daß es auch anwendbar war.

Haugwitz hatte also die Kaiserin davon überzeugen können, daß ein stehendes Heer von 108.000 Mann für die Sicherheit der Monarchie und vor allem Böhmens unerläßlich war und daß man dafür von den Ländern eine

Kontribution von 14 Millionen Gulden benötigte. Diese Summe müßte außerdem für die nächsten zehn Jahre garantiert werden. Über diesen Punkt ließ sich laut Haugwitz nicht mehr verhandeln. Die Regierung mußte über ein sicheres Einkommen verfügen und dieses selbst verwalten können.

Am 29. Jänner 1748 fand in der Hofburg unter dem Vorsitz der Kaiserin und des Kaisers eine Konferenz zu dem Thema Armee statt. Die anwesenden Minister waren die Grafen Uhlfeld (Hofkanzler), Harrach (böhmischer Kanzler), Kinsky (Präsident der Ministerialbancodeputation), Colloredo (Reichsvizekanzler), Haugwitz, Obersthofmeister Khevenhüller und Bartenstein als Sekretär.

Alle wußten, daß es hier um zwei widersprüchliche Standpunkte ging und daß von ihrer Entscheidung die Kaiserin ihren Entschluß abhängig machen würde. Jeder hatte sich darauf vorbereitet, in der Sitzung ein Referat zu verlesen. Die Kaiserin eröffnete die Debatte, indem sie daran erinnerte, daß es um das Wohl der Monarchie und des Hauses Österreich ginge. Niemand bezweifelte die Notwendigkeit von Reformen, aber die Minister waren sich einig, daß das neue System die Privilegien der Länder zu schützen habe.

Harrach war wie immer der Präziseste: Niemand, erklärte er, könne von den Ländern die exorbitanten Summen erhalten, der ihnen nicht ihre Rechte garantierte und die Befreiung von den schweren Lasten und „länderverderblichen" Praktiken der Hofkammer. Khevenhüller, der die Sitzung verlassen mußte, gab Uhlfeld seine Stimme; dieser war der einzige, der sich dem Standpunkt von Haugwitz anschloß, aber eigentlich aufgrund eines Irrtums, er glaubte nämlich, Haugwitz ginge es nicht wie Harrach um das System an sich, sondern lediglich um die Mittel zur Wiederherstellung der militärischen Stärke. Nach Abschluß des Krieges würde das Geld wieder in die Länder zurückfließen, Herr und Untertan kämen beide auf ihre Kosten.

Haugwitz entwickelte nun vor seinen Kollegen, die sich alle vor einer grundlegenden Änderung der traditionellen Praktiken fürchteten, seine Reformideen. Er versicherte, er könne es vor seinem Gewissen unmöglich vertreten, den Ländern die Verwaltung der Steuergelder zu überlassen; denn die Erfahrung hätte gezeigt, wie unfähig sie dazu seien. Wenn man ein Land ruinieren wolle, brauche man bloß der Ständeregierung freie Hand lassen. Gewiß seien die Privilegien und Freiheiten zu respektieren, aber nicht ihr Mißbrauch..

Er brachte nun eine Reihe von Programmpunkten vor. Der erste war die Forderung von 14 Millionen Gulden für den Unterhalt der Armee. Diese Summe sei allein von den Ländern und nicht etwa von der Stadtbank und der Hofkammer zu erbringen. Sicher hätten die Hofkammer und die militärischen Stellen auch Fehler gemacht, aber die Mißwirtschaft der Ständeregierungen sei beispiellos und irreparabel.

Die Kaiserin fragte nun den Kanzler von Böhmen, ob er einverstanden sei, den Ständen das System des Grafen Haugwitz vorzulegen und keine Gelder mehr von der Stadtbank und der Hofkammer zu entlehnen. Der Kanzler antwortete, er könne das nicht tun, und er glaube nicht, daß es ein anderer tun könne. Maria Theresia richtete dieselbe Frage an Graf Kinsky, aber dieser entschuldigte sich mit seinen gegenwärtigen Funktionen. Die Kaiserin erklärte daraufhin ihren Entschluß: Graf Haugwitz wird sich nach Böhmen und Mähren begeben, um dort sein System vorzustellen. Bei diesem handle es sich um ein Projekt, zu dem alle Mitglieder der Stände ihre Meinung schriftlich mitteilen könnten. Der Herzog von Lothringen und der Präsident des Hofkriegsrats würden dies prüfen, und über alle Dispositionen der Regierung bezüglich der öffentlichen Gelder und der Schulden würde Graf Harrach informiert werden. Nun ergriff der Kaiser das Wort und erklärte, die Kaiserin habe so klar ihre Absicht erklärt, daß jeder es als seine Pflicht und Ehre ansehen solle, ihr kein Hindernis in den Weg zu stellen, weder direkt noch indirekt, geheim oder öffentlich, und über die in dieser Sitzung geführte Diskussion absolutes Stillschweigen zu bewahren.

Das Protokoll Bartensteins versah Maria Theresia mit folgender Anmerkung: „Placet. Es ist nur zu wahr, daß sich alles so abgespielt hat. In fünfzig Jahren wird man nicht glauben, daß dies meine Minister waren, die von mir allein ernannt worden sind."[12]

Dies war nun die berühmte Sitzung, deren Bedeutung von den Historikern verschieden eingeschätzt wird. Kretschmayr sagt mit Recht, daß das Sitzungsprotokoll eines der wichtigsten Dokumente der Verwaltungsgeschichte des alten Österreich darstelle und daß an diesem Tag Maria Theresia ohne direkte absolutistisch-aufklärerische Absichten dennoch die Basis für einen Staat der Aufklärung gelegt habe. Sie sanktionierte damit die Staatsräson, aber mit so viel Pflichtgefühl als Mutter ihrer Völker, daß man fast zögert, diesen Terminus hier zu verwenden.[13] Wie auch immer, es war der Sieg des „ius regium" über das Recht der Stände.

Maria Theresia mußte sich damit begnügen, ohne die Zustimmung ihrer Minister den Grafen Haugwitz mit der Durchführung seines Projekts zu beauftragen. Dabei hatte sie allein, wie sie selber sagt, diese Minister berufen; denn die Konferenz war ja ihr Geheimer Rat, der in keinem Land der Dynastie irgendwelche Kompetenzen besaß. Umso mehr kränkte es sie, keine gelehrigeren Ratgeber gefunden zu haben.

Es war aber nicht nur der Konflikt zwischen den Rechten des Landesfürsten und denen der privilegierten Stände, wie er in den meisten Staaten des modernen Europa aufgetreten und meist zugunsten des Fürsten entschieden worden war. Natürlich bestand auch hier dieser Konflikt und zeigte sich deutlich in der Opposition des Kanzlers von Böhmen. Aber aufgrund der besonderen Natur der habsburgischen Monarchie lag das Problem noch tiefer. Existierte Österreich als ein politisches System oder war es nur ein Staatenbündel? Wer entschied im ersten Fall über das Allgemeinwohl, wenn nicht der Herrscher, als Herr über die Außenpolitik und die Armee?

Zentralismus? Ja, aber nicht mit der Absicht, die traditionellen Freiheiten despotisch zu unterdrücken, sondern um mit einem gesamtpolitischen Konzept die Länder vor der Invasion fremder Mächte zu schützen.

Hier von Nivellierung und Demütigung und vom maßlosen Stolz einer Herrscherfamilie zu sprechen, wie es eine Richtung der Geschichtsschreibung tat, ist ein Irrtum und ein Anachronismus.[14]

Maria Theresia verlangte von ihren Untertanen Gehorsam, ja, aber weniger für sich selbst als aus Respekt vor dem Ruhm ihrer Vorfahren. Ihr war die Aufgabe zugefallen, dieses Erbe zu verwalten und möglichst unzerstört weiterzugeben, und Haugwitz hatte keine andere Absicht, als die Voraussetzungen dafür zu schaffen. Der Protest des Grafen Harrach hatte sie dagegen nicht überzeugen können; sein Reformprogramm erforderte so viel guten Willen auf seiten der Stände, daß das Ergebnis höchst fraglich war, während die Mißwirtschaft der letzten Jahre eine deutliche Sprache sprach. Indem sie sich für Haugwitz gegen Harrach entschied, sprach sie sich zweifellos für die Konsolidierung der landesfürstlichen Macht aus. Ohne sich auf die neuen politischen Prinzipien zu berufen, entschied sie sich für den Weg, der ihr für das Wohl der Monarchie der sicherste erschien.

Zwei Wochen später schon traf Haugwitz in Böhmen ein und unterbreitete die Forderungen der Königin einem außerordentlich zusammengetretenen Landtag.[15] Die Abgeordneten waren wider Erwarten äußerst entgegenkommend und genehmigten eine jährliche Kontribution von 1,538.778 Gulden für die nächsten zehn Jahre.

Auch einer neuerlichen Forderung von 317.711 Gulden zur Bezahlung der Zinsen der Kriegsschulden stimmte eine nach Wien entsendete Abordnung zu. Sie erhielt ihrerseits das Versprechen, daß die Rechte und Privilegien Mährens respektiert würden und die Provinz einen Teil der Verbrauchssteuer selbst erheben könne (den Fleischkreuzer, die Wein-, Bier- und Tabaksteuer) und davon nur eine gewisse Abschlagszahlung an die Hofkammer zu zahlen habe.

Anfang März beriet sich Haugwitz in Prag mit einem Landtagsausschuß, um im Anschluß daran dem Landtag selbst seine Forderungen vorzulegen. Zwischen den verschiedenen Ländern der Monarchie unterschied man nach Größe und Einwohnerzahl und verteilte dementsprechend die außerordentlichen Steuern. Ungarn und Tirol bildeten hier eine Ausnahme. Mähren zum Beispiel zahlte nur ein Drittel der Steuer, die Böhmen aufzubringen hatte. Haugwitz ging nun von der Summe aus, die mit dem mährischen Landtag vereinbart worden war, und veranlagte das Königreich Böhmen zu der jährlichen Zahlung von 4,616.156 Gulden, und zwar zehn Jahre lang. Die Forderung hatte nichts Willkürliches an sich, jeder Punkt war proportionell berechnet worden: Da war einmal die militärische Kontribution an sich, dann gewisse Summen für die Besoldung, Unterbringung und Verpflegung der Armee, Dienstleistungen, welche bisher die Länder selbst aufbrachten, jetzt aber von der Regierung übernommen wurden. Die Zivilbevölkerung hatte nur noch für Quartiere zu sorgen.

Aber der böhmische Landtag war bei weitem nicht so entgegenkommend wie der mährische. Er versuchte, die Zahlung auf 4,200.000 Gulden hinunterzudrücken, von denen der Adel ein Viertel übernehmen würde, und verlangte die Einhebung der Getränkesteuer (die es nur in Böhmen gab) und verschiedener anderer Gebrauchssteuern, indem man wie in Mähren bereit war, eine bestimmte Summe an die Hofkammer abzuführen. Außerdem forderte der Landtag die Aufhebung der Festungssteuer. Haugwitz stellte seinerseits den Antrag auf einen zusätzlichen Kredit für die Kriegsschulden, forderte die böhmischen Stände auf, dem guten Beispiel der Nachbarstaaten zu folgen, und erinnerte sie daran, wie nachsichtig sich die Kaiserin ihnen gegenüber gezeigt habe, indem sie so schnell die Ereignisse von 1741 und das Verhalten einiger Herren vergessen habe. Trotzdem zogen sich die Debatten mehrere Monate hin, bis man am 30. Juli die neuen Bedingungen unterschrieb. Ab 1749 hatten die Böhmen zehn Jahre lang einen Betrag von 5,270.488 Gulden zu zahlen, und zwar 4,200.000 Gulden für die Armee und 1,070.488 Gulden für die Hofkammer; zu dieser Summe kam noch eine Vergütung für die Verbrauchssteuer und die Judensteuer, welche an Böhmen abgetreten worden war, und die Summe von 393.163 Gulden zur Löschung der Kriegsschulden. Dafür verpflichtete sich die Königin, während der nächsten zehn Jahre nicht mehr um freiwillige Spenden für ihre Reisen, Hochzeiten und andere Hofangelegenheiten anzusuchen, zu denen der Souverän bisher berechtigt war.

Das Abschlußprotokoll wurde von Maria Theresia unterzeichnet und vom Kanzler von Böhmen gegengezeichnet. Diesem wurde von tschechischen Historikern Mangel an Courage vorgeworfen, und J. Pekař war der Ansicht, er hätte damals zurücktreten sollen. Er konnte aber noch gerade sein Gesicht retten, da die Urkunde bestätigte, daß die Stände freiwillig dieses Opfer brächten und ihre Rechte, Freiheiten und Privilegien sowie die alten Gesetze des Königreichs Böhmen nicht angetastet würden.

Haugwitz kannte Böhmen nicht. Er mußte feststellen, daß die Mißstände in der Verwaltung nicht im entferntesten den Grad der Unordnung erreichten, den er in anderen Ländern vorgefunden hatte. Der Adel beteiligte sich an den allgemeinen Abgaben mit einer besonderen Steuer, dem „extraordinarium“, und man war gerade dabei, eine Überarbeitung des Katasters abzuschließen, über die wir an späterer Stelle sprechen wollen. Vielleicht hätte hier in Böhmen die Möglichkeit bestanden, das Reformprogramm Harrachs mit eigenen Kräften durchzuführen, aber Haugwitz war viel zu sehr auf unmittelbare Ergebnisse angewiesen, um hierfür die Geduld aufzubringen.

Haugwitz hatte in Prag noch ein weiteres Problem zu lösen: Das war der

Status der Juden. Vor dem Österreichischen Erbfolgekrieg hatte es eine mächtige jüdische Kolonie gegeben, die sich weitreichender, von den Herrschern anerkannter Privilegien erfreute. Während des Krieges nun wurden die Juden beschuldigt, den französischen und preußischen Besatzungsoffizieren Geheiminformationen, Geld und Waren geliefert zu haben. Trotz der Interventionen der englischen Botschaft und einer persönlichen Note Georgs II. entschloß sich Maria Theresia im Dezember 1744 zur Vertreibung der Juden aus allen Ländern der böhmischen Krone. 1746 wurde der Befehl erneuert, obwohl sogar die Autoritäten des Königreichs selbst auf die allgemeinen Menschenrechte hinwiesen: „Denn die Juden sind genauso Menschen wie die Christen." Die Regierung hielt aber das unbarmherzige Edikt aufrecht, und die Resultate ließen nicht auf sich warten. Die böhmische Kammer mußte bald feststellen, daß sich die Einnahmen durch die Zölle spürbar senkten und viele Berufszweige in Schwierigkeiten gerieten, die einen direkt durch den Verlust ihrer Kunden, die anderen indirekt, wie der Tuchhandel, dessen Export zurückging. Die Preise sanken. Der Gemeindekasse der Altstadt, in der das Getto lag, gingen die Steuern der Juden verloren. Kurz, der Volkszorn, der sich in antijüdischen Liedern und in oftmals abscheulicher Behandlung der jüdischen Mitbürger laut manifestiert hatte, beruhigte sich und machte der Enttäuschung Platz und auch der Scham. So erlaubte Maria Theresia im Sommer 1748 die Rückkehr ins Königreich Böhmen unter der Bedingung einer jährlichen Steuer von 300.000 Gulden. Die Prager Juden bekamen wieder ihre alten Privilegien, zu denen bald das Handelsrecht im ganzen Königreich kam. Die alte Synagoge öffnete wieder ihre Tore, und obwohl viele Juden bei der Vertreibung ihr Leben gelassen hatten, war dieses Martyrium keineswegs mit dem der Nazizeit zu vergleichen. In den Verträgen von 1749 mit den Landtagen von Böhmen und Mähren bekamen nun die Stände die Erlaubnis, den größeren Teil der jüdischen Steuer einzubehalten.[16]

Diese Verträge stellten einen großen Erfolg der Haugwitzschen Politik dar. Haugwitz war nun der Ansicht, daß es jetzt darum ging, die Regierungsmethoden zu reformieren und vor allem eine Trennung der Justiz von der Politik und dem Finanzwesen herbeizuführen. Auch Maria Theresia hoffte, daß damit die Justiz schneller und unparteiischer werden würde. Während des Jahres 1748 arbeitete eine Sonderkommission unter dem Vorsitz von Haugwitz in Wien ein Reformprogramm aus, und schon am 1. Mai 1749 wurde dieses durch einen Erlaß genehmigt.

Verwaltung und Finanzen, „publica, provincialia et cameralia", wurden von der Justiz getrennt. Sie unterstanden von nun an einer neuen Instanz, dem *Directorium in Publicis et Cameralibus.* Obersthofmeister Khevenhüller schildert in seinem Tagebuch die Überraschung der einflußreichen Kreise, als sie zur Kenntnis nehmen müssen, daß die Kanzleien Böhmens und Österreichs zusammengelegt worden waren und daß es ab nun zwei Regierungsgewalten gab: die politische und die richterliche, das alte System „in judicalibus et publicis“ also abgeschafft war.[17] Diese Teilung der Gewalten mußte tatsächlich schockierend wirken, nachdem man jahrhundertelang der Rechtsprechung in allen Regierungen Europas den ersten Platz zuerkannt hatte. Aber der Wechsel hatte sich ja schon in den verschiedenen Königreichen durch den Sieg der landesfürstlichen Rechte über die der Feudalherren und durch die wachsende Bedeutung der Verwaltung innerhalb der absolutistischen Monarchien vollzogen. Die Reformen Ludwigs XIV. und Colberts hielt man damals für „revolutionär“. Und auch Khevenhüller nennt das, was Maria Theresia 1749 durchsetzte, eine Revolution. Ganz abwegig ist das nicht; denn es handelte sich um eine ganz entscheidende Änderung. Die Kaiserin inspirierte sich aber nicht nur am französischen Beispiel; als Modell diente ihr vielmehr das, was Friedrich II. in seinen Ländern an Neuerungen eingeführt hatte, wobei er sich freilich leichter tat als sie, da er es mit einem weit weniger aufmüpfigen Adel zu tun hatte als sie.

Das neue Direktorium war der Inneren Konferenz untergeordnet, dessen Vorsitz dem böhmischen Kanzler Harrach übertragen wurde. Trotzdem war nicht er der eigentliche Premierminister, sondern das war in Wirklichkeit Haugwitz. Als Präsident des Direktoriums bereitete er die Gesetzesvorlagen vor, gab sie der Kaiserin zur Unterschrift weiter und sorgte nach der — rein formellen — Zustimmung der Konferenz für ihre Durchführung.[18] Das Direktorium war in sieben Sektionen unterteilt, die von Referenten und Geheimräten geleitet wurden. Jede Sektion war für Politik und Finanz eines oder mehrerer Länder der Monarchie zuständig: Böhmen, Mähren, Schlesien mit Niederösterreich, Oberösterreich, Kärnten, Krain und Steiermark, Tirol und Vorderösterreich, die sogenannten Vorländer. Hier wird ein anderer Aspekt der Zentralisierung sichtbar: der Versuch, unter dem Namen „deutsche Erbländer“ jene Länder zusammenzufassen, die zum Deutschen Reich gehörten und geographisch gesehen bereits eine Einheit bildeten. Das moderne Österreich wird erkennbar. Und da Ungarn seine alte Verfassung behielt, kann man sagen, daß der österreichisch-ungarische Dualismus auf diese Frühzeit zurückzuführen ist.

Ganz exakt ist das jedoch nicht; denn auch die Niederlande und die Lombardei behielten ihre alte Verfassung. Dennoch war die Gruppierung der böhmischen Kronländer und der österreichischen Besitzungen an der Donau, in den Alpen und in Deutschland unter dieselben Institutionen ein Vorgang von entscheidender Bedeutung.

Die Justiz wurde durch die Schaffung einer *Obersten Justizstelle* umorganisiert. Ihr erster Präsident war der österreichische Kanzler Christoph August Graf Seilern, der Sohn des Verfassers der Pragmatischen Sanktion.

Auf diese Weise sowohl ihrer judiziären als auch ihrer administrativen und finanziellen Aufgaben entkleidet — letztere wurden ja, wie erwähnt, vom Direktorium übernommen —, verloren die Kanzleien Böhmens und Österreichs ihre Daseinsberechtigung. Die Kanzler behielten zwar ihre Titel, aber nur noch ehrenhalber, ihre wahren Funktionen erfüllten sie in den neuen Dienststellen: Seilern als Präsident der Obersten Justizstelle, Harrach als Präsident der Inneren Konferenz. Die Landtage bestanden selbstverständlich weiter. Ihr Stimmrecht war immer noch das wichtigste Zeichen der Freiheit der Nation, auch wenn es nur noch darum ging, den Steuern zuzustimmen, welche die Regierung beschlossen hatte. Ähnlich verhielt es sich in Frankreich, wenn der König den Ländern seines Staates seine Steuerforderung vorlegte oder den Klerus zu einer Spende aufforderte. Man kann also nicht sagen, daß Maria Theresia mit ihrem Akt die böhmische Verfassung von 1627 außer Kraft gesetzt hätte, sie hat nur deren Durchführung verändert. Die böhmische Kanzlei war ja nie mehr als ein ausführendes Organ gewesen, insofern war es keine Institution, an die nicht zu rühren war. Allerdings hatte sie im Laufe der Zeit einige Symbolkraft gewonnen. Das spürt man noch heute, wenn man in Wien vor dem imposanten Gebäude steht, welches zu Anfang des 18. Jahrhunderts auf Geheiß des böhmischen Kanzlers Wratislaw von Mitrovitz errichtet worden war. Dies war das Ministerium oder die Botschaft eines mächtigen Landes, darüber besteht kein Zweifel, das wollte sein Erbauer zum Ausdruck bringen. Wer weiß, vielleicht hätte Böhmen seine Autonomie bewahren können, wenn es sich 1741 für die Pragmatische Sanktion erklärt hätte. Wie auch immer, die neue administrative Struktur, welche sich auf alle Staaten des Hauses Österreich außer Ungarn, den Niederlanden und Mailand erstreckte, drückte das Königreich Böhmen auf den Rang einer Provinz hinunter. So muß man die späteren nostalgischen Reaktionen der Tschechen verstehen, welche die theresianische Reform im Hinblick auf die eigene Geschichte nur als Verrat und Unterdrückungsmaßnahme betrachteten.[19]

Man irrt aber, wenn man glaubt, daß die Wiener die von Haugwitz inspirierten Änderungen mit mehr Begeisterung aufnahmen. Die Auflösung der österreichischen Kanzlei erfüllte auch hier die Geister mit Sorge, und Khevenhüller schreibt in seinem Tagebuch, daß man allgemein fürchtete, diese ersten Maßnahmen seien nur der Anfang viel tiefgreifenderer Veränderungen. Viele Menschen zitterten um ihre Funktionen und Positionen. Der französische Geschäftsträger Blondel schrieb im Frühling 1749 an seine Regierung: „Die Anwendung der neuen Reglements des Herrn Haugwitz, die zur Aufbesserung der kaiserlich-königlichen Finanzen dienen sollen, bringt hier groß und klein zum Murren: Einige Unzufriedene waren sogar so kühn, im inneren Burghof unter den Augen der Schweizer Garden folgenden Anschlag anzubringen: ‚Dieses Schloß ist zu verkaufen, die Kaiserin wird mit 14.000 Gulden jährlich in Pension geschickt. Wegen näherer Auskünfte wende man sich an den Hausherrn Haugwitz.‘ Die Kaiserin zahlt nämlich Herrn Haugwitz ein jährliches Gehalt von 14.000 Gulden, wozu noch zahllose Vergütungen kommen, die angeblich doppelt so viel ausmachen sollen. Er riskiert täglich sein Leben, denn er wird von allen gehaßt."[20]

Anscheinend verstanden nur wenige, daß die Reformen vor allem dazu dienen sollten, die österreichischen Länder mittels einer starken Armee vor weiteren Invasionen des Feindes zu beschützen. Die Soldaten Friedrichs II. konnten nur deshalb 1740 so leicht in Schlesien eindringen, weil die Garnisonen in dieser Provinz in einem äußerst schwachen Zustand waren. Und auch seine erneute Offensive in Mähren und Böhmen 1744 war nur möglich, weil die Truppen der Kaiserin in Deutschland und an den französischen Grenzen standen. Nur genügend starke Truppeneinheiten in Böhmen und Mähren würden Friedrich II. davon abhalten können, bei der ersten sich bietenden Gelegenheit aufs neue in diese Provinzen einzufallen; denn es gab keinen Grund, warum ihn deren Besitz weniger als früher reizen sollte. Die Armee der Kaiserin mußte aber nicht nur verstärkt, sie mußte auch generalüberholt werden.

Wir haben bereits erwähnt, daß Haugwitz bei den Verhandlungen mit den Landtagen erklärt hatte, den Einwohnern würden alle Leistungen für die Armee bis auf die Unterbringung erlassen. Die Methoden der Rekrutierung und Unterbringung der königlichen Truppen waren, gelinde gesagt, total überholt.[21] Vom Prinzip her mußten die Dorfgemeinschaften eine bestimmte Anzahl von Soldaten stellen. Aber die Rekrutierer der Armee versuchten erst gar nicht, mit den Ortsvorständen regulär zu verhandeln. Sie zogen es vor, des Nachts in die wohlhabenderen Bauernhäuser einzudringen und die Söhne mit Gewalt zu entführen, um sie gegebenenfalls gegen teures Geld wieder freizulassen. Und die Militärärzte, welche den Gesundheitszustand der Rekruten überprüfen sollten, erklärten häufig die Gesunden für untauglich, wenn sie nur in der Lage waren, sich freizukaufen. Statt dessen mußten die Schwachen und Armen in die Armee eintreten, und es dauerte nicht lange, da waren sie krank. Andere verstümmelten sich eigenhändig, um dem Militärdienst zu entgehen. Die seriösen Offiziere waren über diese Zustände empört; nur ein allgemeiner Wehrdienst hätte hier Abhilfe schaffen können. Bei Erdarbeiten versuchten die Offiziere manchmal, die zur Robot verpflichteten Bauern heranzuziehen, aber diese waren außerdem verpflichtet, die Soldaten zu logieren, zu ernähren und ihnen Stoff für ihre Uniformen zu liefern, die teilweise nur noch Flickwerk waren. Sie bekamen jedoch dafür eine Art Vergütung, die sich durch die Reduzierung ihrer Steuerabgaben ausdrückte. Wenn die Soldaten auch nicht mehr so plünderten wie im Dreißigjährigen Krieg, so stahlen und marodierten sie noch immer, und ihre Nachbarschaft brachte den umliegenden Dörfern Unruhe und Sorge. Andererseits bedeutete die Anwesenheit eines Regiments in einer Stadt einen größeren Absatzmarkt für die Kaufleute. Die böhmischen Stände beklagten sich gar in der langen

Friedensperiode zwischen dem Frieden von Rastatt und dem Polnischen Erbfolgekrieg über die Abwesenheit von Truppen (im ganzen Königreich gab es nur zwei Regimenter) und darüber, daß die Kriegssteuer außer Landes gebracht werde, um damit den Handel in anderen Ländern zu beleben. Daher beschloß die Konferenz vom 29. Jänner 1748, daß das Geld im Land selbst zu verbleiben habe und die Regierung von nun an für den Unterhalt der Truppen aufzukommen habe. Im Dezember 1749 baten die böhmischen Stände um drei Regimenter Kürassiere und andere Truppen, „um ihr Getreide und Futter verkaufen zu können, denn die Kaiserin zahlt alles".[22] Zwar gab es auch vorher Vergütungen, aber es war wesentlich angenehmer, einem zahlungskräftigen Kunden etwas zu verkaufen, als sich die Ausgaben im nachhinein von den Bezirkshauptmännern rückerstatten zu lassen.

Die Disziplinlosigkeit der Armee war unglaublich. Die Schlacht von Soor war zum großen Teil deshalb verloren worden, weil die Panduren — das waren die Soldaten von der Militärgrenze, welche wegen ihrer Angriffslust und der Angst, die sie der Zivilbevölkerung einflößten, berüchtigt waren — sich auf das Gepäck des Feindes gestürzt hatten, anstatt ihn zu verfolgen, und in blinder Plünderungswut die ganze Gegend verwüstet hatten, mitten in Böhmen.[23] Daraufhin waren so viele Klagen geäußert worden, auch von hochstehenden Persönlichkeiten, daß die Kaiserin sich gezwungen sah, ihren Kommandanten Oberst Trenck zu bestrafen. Dieser war gerade vor ein paar Jahren zum Obersten befördert worden. Maria Theresia, die zu dieser Beförderung besonders lobende Worte gefunden hatte, sah sich nun in einer peinlichen Lage; denn Trenck war ein berühmter Held, und seine Verdienste waren mindestens so eklatant wie seine Fehler. Das Verfahren endete mit seiner Degradierung, der Konfiszierung aller seiner Güter und seinem Todesurteil. Maria Theresia wandelte es in lebenslange Haft in der Festung Spielberg um und schrieb an Doblhoff, einen ihrer besten Mitarbeiter: „Ich hoffe, Sie glauben nicht, ich sei ihm gegenüber zu nachsichtig. Das ist erzfalsch, aber es erschiene mir grausam, einen Mann zu strafen, der mir so große Dienste erwiesen hat." Die Kaiserin definierte auch in diesem Brief ihr persönliches Verhältnis zur Armee: „Solange sich ein Offizier oder Soldat an die Grenzen seiner Pflicht und der Disziplin hält, gibt es nichts Respektableres als ihn, weil er für die Sicherheit und den Schutz seines Herrschers und seines Landes sorgt. Aber wenn er sich durch Exzesse entehrt, verdient er keinen Respekt mehr und soll noch strenger bestraft werden als alle anderen. Man kann mir nicht vorwerfen, ich hätte kein Herz für die Soldaten, aber wenn sie ihre Pflicht vernachlässigen, bin ich die erste, die sie bestraft."[24]

Um Kompetenzstreitigkeiten möglichst zu vermeiden, versuchte die Kaiserin, die Aufgaben des Hofkriegsrats und des allgemeinen Kriegskommissärs, der für die Besoldung, die Disziplin und den Unterhalt der Truppen zuständig war, zu trennen. Aber die Verfilzung der Statuten war ihr überall im Wege. So erklärte sie dem französischen Geschäftsträger Blondel, daß sie in Paris um schriftliche Verfügungen angefragt habe, um sie hinsichtlich ihrer Brauchbarkeit für die österreichische Armee zu studieren. Sie zweifle aber, ob sie anzuwenden seien, denn: „Die Verfassung der Erbländer ist eine ganz andere als die Frankreichs und anderer Länder... Der König wäre sicher erstaunt, wenn er erführe, daß jedes österreichische Regiment einen eigenen Kommandanten und eigene Exerzierübungen besitzt, was schon zu großen Unglücksfällen in der Armee geführt hat."

Und sie zitiert das Unglück, das General Merej zugestoßen war. Während einer Exerzierübung, die von jedem Regiment anders ausgeführt worden war, hatten die Truppen Merejs ihren eigenen General getötet.[25]

Man träumte von riesigen Reformen, aber es fehlten dazu die Mittel. Man konnte nur hier und da kleine Retuschen anbringen, und schon das war mühsam genug. Die erforderlichen 110.000 Soldaten traten keineswegs in voller Rüstung auf den Plan, denn man hatte ja den Ständen die Mittel weggenommen, mit denen sie früher für die Ausrüstung gesorgt hatten. Für die alten Soldaten gab es zuwenig Spitäler und Invalidenheime. So wurden sie zu Bettlern und Vagabunden,[26] und Maria Theresia schämte sich ihretwegen und versuchte, bessere Asyle zu schaffen. Ein anderes Problem war die Rekrutierung. Sollte man sich mit den Ständen auf bestimmte Kontingente einigen? Die böhmischen Stände waren bereit, 3000 Mann zu stellen, aber nur unter der Bedingung einer Steuersenkung. Das Direktorium riet der Kaiserin daraufhin dringend davon ab, die Stände zu sehr mit den Angelegenheiten der Armee zu betrauen. Die Kaiserin sollte lieber an den Patriotismus ihrer Untertanen appellieren, die Solde anheben und für eine regelmäßige Auszahlung sorgen.

Der Herzog von Lothringen wurde nun beauftragt, für die drei Gattungen neue Reglements aufzustellen. Dabei half ihm General Daun, der sich in den Niederlanden ausgezeichnet hatte und auf dem Wege war, einer der besten Generale der neuen Armee zu werden. Maria Theresia war über das uneinheitliche und zerlumpte Aussehen ihrer Truppen entsetzt und verlangte, daß die Soldaten eines Regiments dieselbe Uniform zu tragen hätten; diese sollte möglichst von dezentem Schick sein. Maria Theresia wollte mit all diesen Maßnahmen das Prestige des Soldaten erhöhen, indem sie den Offizier für hoffähig erklärte, das hieß, daß er in Uniform bei Hof erscheinen durfte und vom Tragen des spanischen Mantels befreit war, den sonst die Etikette den Gästen vorschrieb. Sie beschäftigte sich mit dem individuellen Schicksal der Soldaten und wollte nicht, daß sie sich als Parias und Sklaven der Gesellschaft fühlten. Durch eine menschlichere Behandlung hoffte sie, sie fester an sich binden zu können. Die Dienstzeit auf ein erträgliches Maß hinunterzuschrauben und Urlaube zu genehmigen, das war ihr Programm. Sie begab sich höchst persönlich auf Inspektionsreisen, sprach selber mit den Leuten, gab der Garde ein Goldstück und inspizierte die Feldbäckereien. Diese Gesten trugen natürlich zu ihrer Popularität bei: Neu geprägte Medaillen zeigten sie als „Mater castrorum". Auf ihre Anregung ging es zurück, daß die Offiziere Adjutanten erhielten und die unteren Offiziersränge nach Beendigung ihrer Soldatenzeit einen Notgroschen, den sie selbst mit einem kleinen Teil ihres Soldes angespart hatten.

Sie dachte auch daran, eine Miliz von 24.000 Mann aufzustellen, indem eine gewisse Anzahl von verheirateten Männern an Sonn- und Feiertagen von April bis Juni und im November zu militärischen Übungen eingezogen worden wäre. Aber dieses Projekt wurde nie realisiert, weil sie hier wie so oft auf den Widerstand der Feudalherren und der lokalen Autoritäten stieß.

Ein weiteres Problem war die Ausbildung der Offiziere. Bisher kannten sie lediglich die Ausbildung innerhalb der Regimenter. Jedes Regiment aber hatte sein eigenes Reglement. Was nottat, waren Militärschulen nach dem Vorbild Frankreichs und Preußens. Hier ließ sie sich von General Daun beraten und gründete 1752 die Militärakademie von Wiener Neustadt, in der Strategie und Taktik nach neuestem Stand unterrichtet wurden. Die Schüler bekamen Bücher in die Hand, die eigens zu diesem Zweck gedruckt worden waren und viele Stiche enthielten. Außerdem gründete Maria Theresia eine Ingenieursschule und baute eine neue Artillerie auf. 1746 übergab die Hofkammer dem Ordensprovinzial der Jesuiten das Schloß Favorita mit allen Nebengebäuden und Gärten mit der Auflage, hier eine öffentliche Schule für den jungen Adel, aber auch für die Söhne der Bürger einzurichten. Das war das sogenannte Theresianum, in dem die zukünftigen Schüler von Wiener Neustadt ihre Grundausbildung erhielten, ebenso wie die zukünftigen Verwaltungsbeamten. Auf diese Weise hoffte die Kaiserin, sich eine Elite von Fachleuten heranzubilden. Das war für das Routinedenken und die Selbstgenügsamkeit des Adels schwer zu verkraften; denn das hieß zugeben, daß die Geburt allein nicht mehr alle Rechte verbürgte und allein das Verdienst ausschlaggebend war.

An den Militärgrenzen bildete Herzog Josef Friedrich von Sachsen-Hildburghausen, der Mann der Nichte des Prinzen Eugen, gegen den Widerstand des steirischen Adels die Milizsoldaten zu regulären Truppen aus, teilte sie in Regimenter ein und sorgte für Disziplin und einheitliche Uniformen.[27]

Acht lange Friedensjahre, von 1748 bis 1756, begünstigten das schwierige Reformwerk, und es gelang in diesen acht Jahren, aus den Truppen der Feudalherren eine österreichische Armee zu machen, die nicht nur durch ihre Größe, sondern auch durch ihre Qualität beeindruckend war. Eine weit bessere Ausrüstung und Ausbildung der Soldaten und der Offiziere sorgte dafür, daß diese Armee sich in einem modernen Krieg ohne Furcht den großen stehenden Heeren Europas stellen konnte.

## *Auf neuen Wegen: Politik und Wirtschaft*

Im Verlauf des Krieges hatten sich die wahren Absichten Friedrichs II. immer deutlicher gezeigt. Durch die Eroberung Schlesiens rundete er sein Reich im Westen harmonisch ab, und mit dem Besitz der Grafschaft Glatz schwächte er die Verteidigungsstrategie Böhmens. Es war nun ein leichtes für ihn, ins Königreich Böhmen einzufallen und sich dort endgültig festzusetzen, und es sah nicht so aus, als würde es der österreichischen Armee gelingen, ihn davon abzuhalten. Anders als die Habsburger und Wittelsbacher, reizte ihn Böhmen nicht aus Prestigegründen, die Kurwürde und gar die Kaiserkrone waren für ihn kein Ziel. Aber mit Böhmen im Rücken würde er der mächtigste Fürst in Deutschland und im ganzen Reich sein. In Wien war man sich darüber vollkommen klar, in London sah man darin keine Gefahr, und in Paris freute man sich über das bevorstehende und sehnlichst herbeigewünschte Ende des Hauses Österreich. Der Verlust Böhmens würde dieses Ende beschleunigen. Um aber Böhmen verteidigen zu können, brauchte Maria Theresia eine solide Armee und die notwendigen Steuereinkünfte, um sie unterhalten zu können. Und sie mußte danach trachten, früher oder später wieder in den Besitz der verlorenen Provinz Schlesien zu kommen; denn wer Schlesien besaß, besaß praktisch auch Böhmen. Unter dem Anschein der Versöhnung bestand der Antagonismus zwischen dem preußischen König und der Kaiserin unerbittlich weiter.

Auf welche Verbündete konnte Maria Theresia nun zählen, wenn es darum ging, den preußischen König von einer weiteren Offensive abzuhalten oder einer solchen erfolgreich entgegenzutreten? Die Allianz mit England erwies sich als unzuverlässig. Allem Anschein nach empfand die Kaiserin zudem eine persönliche Abneigung gegen die Regierung in London. Ihre von Uhlfeld unterzeichneten, aber sicher von Bartenstein inspirierten und wahrscheinlich redigierten Depeschen — und Bartenstein war ausgesprochen englandfeindlich — klingen leicht verbittert.

England war jedoch mit Frankreich verfeindet, nicht mit Preußen, obwohl die Tatsache, daß der König von England zugleich Kurfürst von Hannover war, Anlaß für Streit gab.

Ganz anders verhielt es sich mit Rußland, besonders nach dem Vertrag von 1746. Im Falle eines Krieges Österreichs mit Preußen war mit Sicherheit zu erwarten, daß die Zarin Elisabeth und ihr Kanzler Bestuschew Preußen von hinten in den Rücken fallen würden. Nur war die Allianz mit Rußland nicht ganz ungefährlich; denn auch Rußland hatte gewisse Ambitionen. Obwohl es keineswegs über die finanziellen Mittel zu einer größeren militärischen Unternehmung verfügte — seine hauptsächliche Stärke lag in den immensen Menschenmassen, die es zu mobilisieren vermochte —, wollte es bereits seinen Einfluß bei zwei Nachbarstaaten geltend machen und Schweden und Polen als „Satelliten", wenn nicht als Vasallen behandeln. Die Verfassung dieser beiden Länder, die dem Adel viel Macht einräumte, machte es fremden Regierungen recht leicht, Einfluß zu nehmen. Zu beiden Ländern unterhielt aber Frankreich eine traditionelle Freundschaft, zumindest auf dem Papier.

In Schweden unterstützte Frankreich die Partei der „Hüte", während hinter der anderen großen Partei, den „Mützen", Rußland stand. Der schwedische Adel war zwar politisch und persönlich schwer zerstritten, hatte sich aber bisher trotz großer wirtschaftlicher und sozialer Schwierigkeiten an der Macht halten können, also trotz Teuerung, Rückgang der Kupferproduktion und trotz der Bauernaufstände. Seit dem Vertrag von Abo, in dem Schweden an Rußland die südfinnischen Gebiete abtreten mußte, die jetzt den Schutzwall für Petersburg bildeten, war die schwedische Öffentlichkeit Rußland gegenüber feindselig eingestellt. Und überall in Europa erklärten die mit Schweden befreundeten Regierungen, die schwedische Unabhängigkeit müsse respektiert werden. Aber nur ein starker schwedischer König oder ein in seinem Namen agierender Minister hätte die Chance gehabt, in Schweden eine nationale und unabhängige Politik zu betreiben. Der regierende König war jedoch schwach und sein designierter Nachfolger charakterlos. Allerdings war er der Schwager des preußischen Königs. Es war so gut wie sicher, daß Rußland nie zulassen würde, daß sich in Schweden ein rußlandfeindliches Regime etablierte, und sofort eingreifen würde. Die Gefahr eines neuen nordischen Krieges war somit jederzeit gegeben.[1]

Preußen würde auf der Stelle in diesen Krieg eintreten. Und auch Österreich würde sich der Allianz mit Rußland nicht entziehen können und womöglich diesen Konflikt zum Anlaß nehmen, Schlesien wieder in seinen Besitz zu bringen. Gaben dazu nicht die Geheimklauseln des Vertrags von 1746 berechtigte Hoffnung? Auch Polen war im Hinblick auf Rußland in keiner wesentlich anderen Lage als Schweden. Es gab eine von Petersburg aus unterstützte Partei, und das Land sah sich der ständigen Gefahr konfrontiert, von Rußland am Gängelband geführt zu werden. Als der Wahlkönig August III., Kurfürst von Sachsen, starb, erhob sich die Frage, ob nun zum dritten Mal der König aus der sächsischen Kurfürstenfamilie gewählt werden würde. Ludwig XV. hoffte, daß sich wieder eine französische Partei bilden würde, die den Prinzen Conti auf den Thron heben würde, einen Verwandten, den er sehr schätzte. Damit wäre das Prestige Frankreichs in Osteuropa wiederhergestellt worden: So ist jedenfalls das „Geheimnis des Königs" zu verstehen.[2] Aber die Heirat des Dauphins mit der Tochter Augusts III. leistete diesen Plänen nicht gerade Vorschub. Maria Theresia hatte sich, wie wir gesehen haben, mit Sachsen ausgesöhnt und benutzte diese Freundschaft, wo immer sie damit Preußen schaden konnte.

Die internationale Lage war demnach äußerst konfliktreich. Sollte sich der Friede von Aachen lediglich als Waffenstillstand entpuppen? Tatsächlich hing alles vom Verhalten Englands und Frankreichs ab. Der Handelswettstreit dieser beiden Länder war nach wie vor die Haupttriebfeder der europäischen Politik, alles andere waren nur Folgen.

Dabei waren weder Preußen noch Österreich auf einen offenen Krieg vorbereitet und wünschten ihn keineswegs herbei. Aber jede Regierung befürchtete, der Gegner könne etwas gegen sie im Schilde führen, und dieses gegenseitige Mißtrauen führte in der Geheimen Konferenz zu einem Umschwung des Denkens, der genauso einschneidende Folgen haben sollte wie die Umgestaltung der verschiedenen Institutionen.

Anfang März 1749 erfuhr der Kanzler Uhlfeld über die sächsische Diplomatie, daß der französische Hof der Überzeugung sei, es bilde sich angesichts der schwierigen Lage Schwedens eine Koalition gegen Friedrich II. Es war allerdings durchaus möglich, daß der machiavellische König von Preußen dieses Gerücht selber erfunden hatte. Jedenfalls schlug Uhlfeld, kaum daß er davon wußte, der Konferenz vor, in Paris sogleich zu dementieren, und dies wurde zum Anlaß einer erregten Auseinandersetzung über die Politik im allgemeinen. Maria Theresia bat die Minister, ihre Ansichten schriftlich zu formulieren und vierzehn Tage später bei der Sitzung am 18. März vorzulegen.[3] Der Konferenz gehörten damals die Grafen bzw. Fürsten Königsegg, Uhlfeld, Colloredo, Harrach, Khevenhüller und Kaunitz an. Kaunitz, Bevollmächtigter Maria Theresias in Aachen, war erst vor kurzem an die Stelle des verstorbenen Grafen Kinsky getreten. Die Funktion des Konferenzsekretärs übernahm gewöhnlich Bartenstein.

Graf Harrach betonte, daß keine Macht, und sei sie auch noch so stark, ohne Bundesgenossen auskommen könne und daß Frankreichs wichtigste politische Maxime in dem Bemühen bestände, seine natürlichen Allianzen aufrechtzuerhalten und die der Gegner zu zerstören. Das Haus Österreich besaß drei mächtige Feinde: die Pforte, Frankreich und Preußen. Zur Verteidigung der Erbländer unterhielt Österreich daher eine 108.000 Mann starke Armee, und dennoch lebte man in ständiger Gefahr. Es sei daher unbedingt nötig, meinte Harrach, den Frieden zu Verhandlungen zu nützen und zur Festigung der alten Bündnisse. Das sicherste war das mit Rußland, allerdings beschützten es nur „vier Augen", nämlich die Zarin und Bestuschew. Und sowohl die Gesundheit des Ministers als auch die in Rußland so häufigen politischen Unruhen gaben Anlaß zur Sorge. Mußte man nicht außerdem befürchten, daß Frankreich und Preußen alles unternehmen würden, um dieses Bündnis zu zerstören? Und dabei verfügte Rußland nicht einmal über die Mittel, seine eigene Armee zu unterhalten, und mußte sich im Ausland Geld leihen.

Mit Holland, das Harrach als Gouverneur der Niederlande besser als jeder andere kannte, gab es eine Menge Schwierigkeiten wegen der Festungen, aber Holland war immerhin mit England verbündet. Und nun war Harrach bei England angekommen. Harrach leugnete nicht, daß England einiges vorzuwerfen sei, aber die Art, in der diese Vorwürfe geäußert würden, könnten eine so stolze Nation nur beleidigen, eine Nation, deren Hilfe man dringend benötige und in der es immerhin Stimmen gäbe, die aus religiösen und anderen Gründen dafür seien, daß die Rolle Preußens in Europa lieber vom Erzhaus übernommen werde. Es sei daher unerläßlich, sich mit größter Sorgfalt und Delikatesse darauf zu konzentrieren, England von einer eventuellen Allianz mit Preußen abzuhalten und das alte Bündnis aufrechtzuerhalten.

Auch der Kaiser, Königsegg und Colloredo waren der Ansicht, man solle sich an das alte Bündnissystem halten, das sei wahrscheinlich das einzige Mittel, um den König von Preußen davon abzuhalten, Unruhe zu stiften. Auch der Besitz einer „schönen und zahlreichen Armee" verschaffe einem Staat Achtung bei seinen Feinden und Vertrauen bei seinen Freunden. Die innere Stärke der Monarchie sei die Basis des neuen Systems, und ihr müsse man die größte Aufmerksamkeit widmen. Es genüge aber nicht, mit Preußen nur gute Nachbarschaft zu halten, man müsse sie pflegen, soweit sie nicht die Interessen der Monarchie verletze, man dürfe den berechtigten Haß nicht mehr offen zeigen und nicht bei allen Gelegenheiten den Leuten vorwerfen, sie seien „preußisch" eingestellt.

Fürst Kaunitz hielt bei weitem den längsten Vortrag. Er ging von dem Prinzip aus, daß der gefährlichste Feind der Monarchie der König von Preußen sei und daß man ihm nicht vertrauen dürfe. Man würde aber auch niemals vergessen, daß Frankreich grundlos zu den Waffen gegriffen habe, um der Kaiserin Krone und Zepter zu entreißen, für diesen Überfall gäbe es nur wenige Beispiele in der Geschichte. Andererseits müsse man bedenken, daß England sicher nicht Österreich helfen würde, wenn es nur die Absicht habe, Schlesien wieder zu erobern. Und solange der König von Preußen mit Frankreich verbündet sei, könne man unmöglich Krieg gegen ihn führen. Vielleicht gelänge es jedoch, Frankreich von Preußen zu lösen und es dazu zu bringen, neutral zu bleiben, wenn Österreich etwas unternähme, um Schlesien wiederzugewinnen. Vielleicht könne man sich die Sympathie zunutze machen, die der König von Frankreich für seinen Schwiegersohn und Neffen, Philipp von Parma, empfindet. Er, Kaunitz, habe in Aachen bemerkt, daß die spanischen und französischen Bourbonen Philipp wesentlich lieber in Savoyen als in Parma gesehen hätten. Wenn man nun den König von Sardinien dafür gewinnen könnte, Savoyen an den Infanten abzutreten, könnte man Frankreich mit der Klausel locken, daß im Falle einer Thronbesteigung des Infanten in Neapel oder in Madrid Savoyen an Frankreich fiele. Der König von Sardinien würde natürlich eine Kompensation verlangen: Dabei könne es sich nur um Mailand handeln. Aber im Austausch für Mailand würde Österreich Parma und Piacenza zurückgewinnen. Als Herrscher über Mantua, Parma und Piacenza würde Österreich über eine solide Macht auf der Halbinsel verfügen. Wolle man aber lieber den König von Sardinien aus dem Spiele lassen, dann könne man eventuell Luxemburg dem Infanten versprechen, mit der gleichen Rückfallsklausel an Frankreich.

Um diese Kombination von Kaunitz verstehen zu können, muß daran erinnert werden, daß im Falle des Todes des regierenden Königs von Spanien, des kinderlosen Ferdinand, sein Halbbruder Don Carlos mit seinen Kindern von Neapel nach Madrid kommen würde. In diesem Fall würde Philipp ihn in Neapel ersetzen. Manche dachten sogar noch weiter: Die französische Dynastie besaß nur mehr zwei Prinzen: den König und den Dauphin. Wenn der letztere vor der Zeit und kinderlos stürbe, könnte die Thronfolge Philipp, als dem Neffen des Königs, angetragen werden, allerdings müßten zuerst seine älteren Brüder ihren Verzicht erklärt haben. Kurzum, Kaunitz ging von der Voraussetzung aus, daß Philipps Etablierung in den Frankreich benachbarten Provinzen die Regierung in Versailles für ein neues europäisches Allianzsystem günstig stimmen würde, das letzten Endes Maria Theresia die Rückgewinnung Schlesiens ermöglichen würde. Selbstverständlich erwähnte Kaunitz auch die Allianz mit Rußland und Sachsen und betonte, daß man versuchen müsse, gewisse Ambitionen der deutschen Fürsten zu befriedigen, zum Beispiel den Wunsch des Kurfürsten von der Pfalz, das preußische Kleve zu bekommen, während der Kurfürst von Bayern sein Gebiet gerne mit Sulzbach und Neuburg abgerundet hätte.

Das System von Kaunitz zeugte von Scharfsinn und Mut. Vor allem hatte er klar erkannt, daß die Allianz zwischen Frankreich und Preußen und die Solidarität der beiden Königreiche angesichts aller europäischen Konflikte es dem Haus Österreich unmöglich machen würde, seine Revanche zu nehmen und Schlesien wieder in seinen Besitz zu bringen. Dabei war die Enttäuschung des französischen Volkes nicht zu unterschätzen, das sich nach einem langen und kostspieligen Krieg darüber entrüstete, nur „für den König von Preußen gearbeitet zu haben". In Regierungskreisen und bei den Intellektuellen dagegen erfreute sich Friedrich II. eines großen Prestiges. Wenn es jedoch schon einen kleinen Riß in der Allianz gab, so konnte man diesen vielleicht vergrößern. Kaunitz war nicht so naiv, zu denken, daß die Köder Savoyen und Luxemburg die in Frankreich tief wurzelnde Antipathie gegen das Haus Österreich auslöschen könnten, aber wer den Geist kennt, der damals in den europäischen Ministerien herrschte, weiß, daß die Köder, die Kaunitz auswerfen wollte, keine Chimären waren. Unter dem Vorwand, das europäische Gleichgewicht sichern zu müssen, war der Tausch von Territorien bei den

Regierungen des 18. Jahrhunderts gang und gäbe geworden. Es war also gar keine so unsinnige Idee, den Infanten Philipp von Parma nach Chambéry oder nach Luxemburg zu versetzen, vorausgesetzt, die Großmächte versprachen sich davon irgendeinen Gewinn.[4]

Maria Theresia beauftragte daraufhin Bartenstein mit der Herstellung eines zusammenfassenden Berichtes über die Referate vom 18. März, der allen Ministern der Konferenz vorzulegen sei, worauf diese zu erklären hätten, ob sie bei ihrer Ansicht blieben oder bereit seien, sie zu ändern. Bartenstein entledigte sich dieser Aufgabe im April.

Welcher Ansicht war nun eigentlich Maria Theresia? Deutsche und österreichische Historiker haben viel und vergeblich darüber diskutiert, ob und wie Maria Theresia versucht hat, die Stimmenmehrheit zu ihren Gunsten zu bestimmen.[5]

Fest steht nur: Der Vorschlag von Kaunitz wurde selbst von denen gutgeheißen, die eine andere Meinung vertreten hatten, so von Uhlfeld und Khevenhüller. Und auch Harrach empfahl zwar, den alten Allianzen treu zu bleiben, hielt es aber für möglich, das neue System bei aller Schwierigkeit zu versuchen. Auch Kaunitz erwies sich als flexibel, als er nicht darauf bestand, die alten Allianzen zu opfern. Er empfahl sogar, möglichst nicht den Verdacht einer politischen Kursänderung aufkommen zu lassen und vor allem jeden Anschein einer Verschwörung gegen Preußen zu vermeiden. Colloredo dagegen mißtraute Frankreich zu sehr, um sich nur einen Schritt von seiner ersten Erklärung zu entfernen.

Nach dem Tod Harrachs im Juni wurde Graf Batthyány zu seinem Nachfolger in der Konferenz bestimmt. Maria Theresia ließ ihm die Berichte vorlegen und bat ihn, seine Ansicht schriftlich zu formulieren. Batthyány war ein Kenner Englands. Er hielt es für möglich, daß man dort eine Partei gegen die andere ausspielen könnte, der König verfüge aber über viele Mittel, um das Parlament auf seine Seite zu bringen. Auch er lehnte den Vorschlag von Kaunitz nicht ab.

In den Wiener Archiven befindet sich eine Resolution der Kaiserin aus der zweiten Maiwoche, in der sie erklärt, man müsse sich an die Mehrheit halten und diese in Theorie und Praxis als Prinzip anerkennen. Dieser zweideutige Satz wird von dem Historiker Guglia als eine direkte Erklärung für Kaunitz interpretiert.[6] Die Sorgfalt, mit der Bartenstein die Erklärungen vom 18. März, einschließlich seiner Zusammenfassung, und der späteren Bemerkungen der Minister abgeschrieben und gebunden hat, zeugen von dem Ernst, mit dem man an die neue Außenpolitik heranging.

Vom Verhalten der Kaiserin während der nächsten Monate des Jahres 1749 läßt sich nicht gerade eine Umkehrung der Außenpolitik, aber doch ein Richtungswechsel ablesen. Unverändert sind die Abneigung gegen Friedrich und das Festhalten an der russischen Allianz. Aber zugleich spürt man den

Wunsch, mit Frankreich neue Beziehungen anzuknüpfen. Maria Theresia hatte nämlich in wenigen Jahren die Kunst der Diplomatie erlernt[7] und manövrierte so geschickt, daß es ihr stets gelang, sich die Bewegungsfreiheit für die Zukunft zu bewahren. Vor allem anderen lag ihr daran, ihren Ruf zu festigen und jegliches Mißtrauen gegenüber ihrer Politik zu zerstreuen. So erklärte sie dem französischen Geschäftsträger Blondel[8] bei seiner ersten Audienz: „Ich werde die Freundschaft mit Seiner Majestät sorgfältig pflegen. Seine Majestät wird feststellen, daß meine Gefühle aufrichtig sind. Dafür werden Sie mein Zeuge sein, wenn Sie einige Wochen mit uns verbracht haben und vorurteilslos und unabhängig beurteilen können, daß mir nichts so sehr am Herzen liegt wie die Ruhe in Europa, die Ordnung meiner eigenen Angelegenheiten und die Erleichterung des Loses meiner Untertanen."

Übrigens machte Blondel seinen ersten Antrittsbesuch beim Kaiser. Die Kaiserin selbst bestand auf diesem Protokoll, einmal um der Ehre des Kaisers willen, zum zweiten weil ihre Würde nur von ihm abhinge, was insofern zu bestreiten ist, als Ungarn keineswegs ein Vasall des Reiches war.

Auch Uhlfeld betonte Blondel gegenüber: „Jedem, der weiß, unter welch schrecklicher Not die Untertanen Ihrer Majestät der Kaiserin-Königin gelitten haben, wird der Gedanke seltsam erscheinen, sie könne als liebevolle Mutter, die sie ihnen ist, sie neuen Notlagen aussetzen."

Die Kaiserin und ihr Minister betonten, an der verworrenen Lage im Norden keine Schuld zu haben, wie man in Paris argwöhnte. Sie versicherten, sie hätten keineswegs Rußland gegen Schweden aufgehetzt, sondern im Gegenteil versucht, Rußland zu beruhigen. So hätten sie Rußland zugeredet, den Versicherungen des schwedischen Königs Glauben zu schenken, daß er nicht vorhabe, die Verfassung seines Landes zu ändern. Bei einem Empfang in Schönbrunn kam Maria Theresia dem französischen Geschäftsträger noch einen Schritt weiter entgegen, indem sie sich positiv über ihre alten Gegner äußerte, wie zum Beispiel über Belle-Isle. Sie sagte, daß „sein Auszug aus Prag sie mit Hochachtung erfülle, obwohl er ihr vorher viel Schlimmes zugefügt habe, aber sie wolle all das vergessen, das zu ihrem Unglück beigetragen habe, und erinnere sich nur an gewisse Leistungen, die ihre Bewunderung erregt hätten". Und dann wandte sie sich noch einmal an Blondel und sagte ihm, die Ursache ihres Unglücks seien die an den beiden Höfen herrschenden Mißverständnisse gewesen, und sie habe großes Vertrauen zum König, dessen Großzügigkeit beim Friedensschluß alle ihre Erwartungen übertroffen habe, da sie doch von allen Verbündeten verlassen gewesen sei. (Blondel notierte, daß sie wohl England und Holland meinte.) Schließlich betonte sie, daß der französische Außenminister, Puysieulx, ihr ganzes Vertrauen besitze.

Kaunitz war übrigens der Ansicht, daß dieser Puysieulx Österreich weit positiver als seine Vorgänger gegenüberstand. Es wäre wohl richtiger gewesen, „weniger negativ" zu sagen; denn die Vorurteile in Paris waren nicht so schnell zu beseitigen. Man war dort nach wie vor der Überzeugung, daß Maria Theresia mit England und Rußland konspirierte und es auf einen allgemeinen Krieg abgesehen hatte. Mit welchen Mitteln sie einen solchen finanzieren wollte, diese Frage stellte sich niemand in Paris, weil man zu borniert war, einen Blick auf die innere Lage der Monarchie zu werfen. Wie dringend Maria Theresia ihrer Umgebung empfahl, sich um das Vertrauen der Franzosen zu bemühen, läßt sich an der Haltung ihrer Mutter und ihres Gemahls gegenüber dem französischen Geschäftsträger ablesen. Ende Juni 1749 besuchte Blondel die Kaiserin-Mutter in Hetzendorf. In fließendem Französisch, „dem man nicht anmerkte, daß dies nicht ihre Muttersprache war“, erklärte die Kaiserin-Mutter, wie glücklich sie über die Versöhnung ihrer Tochter mit dem König von Frankreich sei. Sie erwähnte die Schwierigkeiten, die das Haus Österreich durchgemacht habe, weil es keinen männlichen Erben hatte, und wünschte Ludwig XV. eine reiche Nachkommenschaft. Die sei nun einmal nötig zur Satisfaktion des Königs und für die Ruhe Europas.

Maria Theresia war zum elften Mal schwanger und erwartete die Geburt für Anfang 1750. Als sie nun die Absicht äußerte, Ludwig XV. zum Paten ihres Kindes zu machen, meinten ihre Minister skeptisch, daß sie seit Bestehen ihrer Allianz mit England und während des ganzen Krieges, wo sie jedes Jahr entbunden habe, dem König von England niemals eine solche Einladung habe zukommen lassen, was London mißfallen und mißtrauisch machen könnte. Daraufhin ließ die Kaiserin den Plan fallen.

Einige Monate später gab der Kaiser während einer Audienz Blondel sein Ehrenwort, daß er den Frieden und das gute Einvernehmen mit Ludwig XV. fortzusetzen wünsche und bei allen Gelegenheiten betonen würde, daß er sich ihm durch die Bande des Blutes und der Freundschaft verbunden fühle.

„Ich weiß“, fügte er hinzu, „daß man dem König eingegeben hat, meine Gefühle entsprächen nicht meinen Worten: Das ist eine Unverschämtheit und Lüge, die der Aufrichtigkeit meines Herzens ganz zuwider ist; denn mein Herz fühlt sich dem König echt und ehrlich verbunden... Man flüstert Seiner Majestät ein, wir seien die Triebkräfte für die Manöver Rußlands. Seine Majestät möge bitte prüfen, wie falsch diese Unterstellungen sind.“[9]

Mehr als alles andere bewies jedoch die Ernennung von Kaunitz zum Botschafter am Hof Ludwigs XV., wie ernst es Maria Theresia mit der Annäherung an Frankreich war. Warum denn sonst schickte sie ausgerechnet den Mann nach Versailles, der als erster dafür eingetreten war? Aus rein privaten Gründen zögerte Kaunitz jedoch, den Posten anzunehmen. Frankreich stand nämlich in Wien im Ruf, ein teures Land zu sein. Der ehemalige Botschafter Liechtenstein behauptete, während seines Aufenthaltes in Paris 2,500.000 Gulden aus eigener Tasche verbraucht zu haben. Außerdem starb am 4. Juni Harrach an den Pocken, und Maria Theresia, die sehr wohl zu schätzen gewußt hatte, daß er bei all seinem böhmischen Patriotismus und

Widerstandsgeist ein unbeirrbarer Anhänger der Dynastie war, empfand seinen Tod als unersetzlichen Verlust. Khevenhüller schlug vor, Kaunitz zum Präsidenten der Geheimen Konferenz zu machen. Aber die Kaiserin antwortete, mit seiner Erfahrung in allen Fragen der Außenpolitik gehöre er unbedingt auf den Botschafterposten in Paris. So entschied sich nun auch Kaunitz, „als Weltbürger", wie er zu Blondel bemerkt, „an der Wiederherstellung des Vertrauens zu arbeiten und den beiden Höfen klarzumachen, daß ihr Interesse darin läge, sich engstens zu verbinden". Ein Mitglied der Geheimen Konferenz zum Botschafter zu ernennen bedeutete für den Hof, wohin er entsendet wurde, eine große Ehre. Frankreich antwortete jedoch, indem es den Marquis Hautefort vorschlug, der als einfacher Feldmarschall durchaus nicht gleichrangig war. Das österreichische Ministerium unterstrich zwar den Unterschied, war aber mit Hautefort einverstanden.[10]

Wenn man schließlich wissen will, bis zu welchem Grad Maria Theresia wirklich hinter ihren Annäherungsversuchen stand, die Frankreich im übrigen kaum erwiderte, so ist dafür das Gespräch, das sie mit dem holländischen Botschafter Bentinck im Oktober 1749 führte, sehr aufschlußreich, da es hier um die gesamteuropäische Lage ging.[11] Deutschland stand ihrer Meinung nach fast zur Gänze unter französischem Einfluß, die Fürsten waren nur auf ihren persönlichen Vorteil bedacht, und sie selbst besaß nicht die finanziellen Mittel, um sie auf ihre Seite zu ziehen. In England glaubten viele, sie sei bereit, einen neuen Krieg zur Rückeroberung Schlesiens zu führen. Sie erklärte unter Eid, davon sei sie weit entfernt. Dies sei eine Angelegenheit, die sie auf später verschoben habe und der Regierung ihres Sohnes überlasse. Sie wünsche nichts sehnlicher, als nie wieder gegen den König von Preußen Krieg führen zu müssen. Sie befände sich in einer viel gefährlicheren Situation als ihre beiden Vorgänger, die sich nur zwei Feinden gegenübergesehen hätten: der Türkei und Frankreich. Sie habe drei Feinde, und von ihnen sei der König von Preußen der gefährlichste, weil er seine großen Charakterschwächen mit ebenso großen Fähigkeiten verbände. Sicher könne Rußland, wenn es seine Truppen an der Grenze zu Preußen zusammenziehe, Friedrich dazu zwingen, Ruhe zu geben. Aber selbst dafür benötige Rußland Hilfe, die nur England imstande sei zu leisten. Die Kaiserin bat nun Bentinck, ob er sich nicht beim König von England dafür verwenden könne, dieses Opfer zu bringen. Denn wenn Rußland Preußen in Schach hielte, hätte Europa seinen Frieden und Österreich die Möglichkeit, Reformen durchzuführen.

Alles Geld, über das sie verfüge, stecke sie in ihre Armee. So sei sie sehr indigniert, daß man in England behauptet hätte, sie habe die englischen Gelder während des Krieges dazu benützt, um Schönbrunn zu verschönern. Sie sei bereit, die Rechnungen vorzulegen, um zu beweisen, daß sie keinen Heller mißbraucht habe. Ganz Europa sehne sich nach Frieden. Ihre Verbündeten müßten ihr glauben, daß sie sich nicht zu Verhandlungen mit Frankreich treiben lassen würde, sie hoffe es zumindest, denn wenn sie von den Türken angegriffen würde, dann „fällt der König von Preußen in mein Land ein, und ich muß tun, was Frankreich von mir will".

Zweifellos wurden auch noch andere Probleme berührt: die Festungsfrage in den Niederlanden, die sie mit Holland zu regeln haben würde, und die Wahl ihres Sohnes zum römischen König. Das zarte Alter des Kindes und der gute Gesundheitszustand des Kaisers ließen dieses Problem glücklicherweise nicht allzu dringend erscheinen. Dagegen betonte sie immer wieder, wie notwendig sie jetzt einen Frieden von vier bis fünf Jahren benötige, um ihre Reformen durchzuführen.

Die Absichten Maria Theresias zu jener Zeit treten damit klar hervor: Ein neuerlicher Angriff des Königs von Preußen ist unbedingt zu vermeiden, am besten mit Hilfe Rußlands, wenn England sich bereit erklärt, einen Beitrag zum Unterhalt der russischen Armee zu leisten. Daher sind die Bündnisse mit Rußland und den Seemächten (ohne allzu großes Vertrauen in England zu setzen) unbedingt aufrechtzuerhalten. Andererseits ist es dringend nötig, das Wohlwollen Frankreichs zu gewinnen, daher die Entsendung Kaunitz' nach Versailles. So wird man sich, wenn man sich klug verhält und auf das Gleichgewicht zwischen alten Verbündeten und alten Feinden achtet, bald dem wichtigsten Projekt widmen können, von dessen Realisierung alles abhängt: der Reorganisation der Monarchie.

Es begann damit, daß es unendlich schwierig war, den Primat des Staates über die regionalen Instanzen durchzusetzen. Denn das feudale Denken beherrschte nicht nur die Lehnsherren, sondern die gesamte Gesetzgebung des öffentlichen und privaten Lebens. An einen Umsturz dieses Systems war gar nicht zu denken. Schon die Vorgänger Maria Theresias waren, wenn sie den direkten Kontakt zu ihren Untertanen suchten (so Karl VI. und mehr noch Josef I.), auf eine enorme Barriere aus Gesetzen und Gewohnheiten gestoßen, die den Herrscher von seinen Untertanen trennte und die er unmöglich beseitigen konnte, ohne zu riskieren, daß das ganze Gesellschaftssystem gefährlich ins Wanken geriet.

Für Maria Theresia bedeuteten die notwendigen Reformen der Verwaltung, der Finanzen und der Gesetzgebung nichts anderes als die Schaffung neuer Hofstellen, deren Kompetenz in der Ausübung „cum derogatione aliarum instantiarium" bestand. Das Personal entstammte allerdings den alten Körperschaften. Die Neuerung lag in der Anstellung durch eine Zentralregierung, nämlich dem *Directorium in publicis et cameralibus*, das sich zu einer Art Großministerium für alle Teile der Monarchie außer Ungarn entwickelte. In einigen Jahren schon hatte sich das Direktorium praktisch alle Sparten untergeordnet und ging so weit, der Hofkammer ihre wichtigsten Einnahmen zu entziehen. Diese existierte dennoch weiter, hatte aber nur noch die „cameralia" des Reiches und Ungarns zu verwalten.[12] Auch die Angelegenheiten der

Polizei und der Wohlfahrt wurden von einer neu gebildeten Hofstelle verwaltet, die ihrerseits dem Direktorium unterstellt war.

Die alte Statthalterschaft von Böhmen und die Regierungen von Mähren und Österreich wurden durch die *Repräsentation und Kammer* ersetzt, die sich mit Verwaltungsfragen und Finanzen beschäftigte und ebenfalls dem Direktorium untergeordnet war.

Ihre Mitglieder waren von nun an von der Kaiserin bestellte Beamte, und die Landesfürstin regierte nun ihre Königreiche, Erzherzogtümer und Länder durch dieselbe zentrale Institution, das Direktorium.

Indem auf diese Weise neue administrative Strukturen durchgesetzt wurden, wurde in Böhmen auch eine andere, zu Beginn des Jahrhunderts begonnene Aktion zu Ende geführt. Dies war die Neuregistrierung des steuerpflichtigen Bodens, die sogenannten theresianischen Kataster. Der Boden war ja in zwei Kategorien aufgeteilt: in das steuerfreie Dominikalland und in das steuerpflichtige Rustikalland. Wie in anderen europäischen Staaten galt der Grundsatz, daß mit den Einnahmen aus den königlichen Gütern, zu denen die Einnahmen aus Zöllen, Minen und Salzbergwerken gehörten, die ständigen Ausgaben des Herrschers zu decken seien und daß die Kriegssteuer nur auf begrenzte Zeit zu erheben sei. Sie sollte ein „extraordinarium" bleiben, war aber schon lange als von den Landtagen genehmigte Militärsteuer ein „ordinarium" geworden. Der Begriff „extraordinarium" bezog sich seit 1706 auf die Steuer, die der Adel Böhmens zu genehmigen hatte und auf die wir noch zurückkommen werden. Das „ordinarium" lastete auf dem Rustikalboden, der außerdem noch alle möglichen Abgaben und die Fron für den Gutsherrn zu leisten hatte. Da aber im Verlauf der Zeit immer mehr Rustikalboden dem Dominikalboden einverleibt wurde, gingen nach dem Grundsatz, daß der Boden und nicht der Mensch besteuert wurde, dem Staat immer mehr Steuereinnahmen verloren. Nach dem Dreißigjährigen Krieg hatte man zwar das Gesetz erlassen, daß Rustikal- und Dominikalboden klar zu unterscheiden seien und daß der erstere, auch wenn er praktisch Dominikalboden geworden war, keineswegs steuerfrei sei. Aber dieses Gesetz wurde immer wieder überschritten.

Die Steuerordnung von 1654 bezog sich lediglich auf das bebaute Land, wobei selbstverständlich die Dreifelderwirtschaft berücksichtigt wurde, bei der ein Landstück jedes dritte Jahr Brachland zu sein hatte. Der Steuererlaß bezog sich demnach nicht auf Weiden und Wälder. Außerdem war er aufgrund der Erklärungen seitens der Besitzer angelegt worden, aufgrund von Augenschätzungen und ungefähren Angaben über die Fruchtbarkeit. Das Ergebnis war so unvollkommen, daß man fünfzig Jahre später beschloß, eine neue und genauere Berechnung durchzuführen. Die Erklärungen der Besitzer wurden von Kommissären gesammelt und Dorf für Dorf der Rustikalboden auf seine Qualität hin überprüft und in acht Kategorien eingeteilt. Zugleich zählte man die Anzahl der Felder, Wälder, Weiden und Tiere. Das alte hierarchische System behielt man bei, nach dem die Bauern entsprechend der Menge ihrer Ländereien eingeteilt wurden, gleichgültig, ob sie den Boden als Erbrecht besaßen oder gepachtet hatten. Auf der höchsten Stufe dieser Pyramide befanden sich die Bauern (sedláci), die 30 bis 60 Morgen Land beackerten. Sie besaßen Gespanne und mußten ihrem Gutsherrn die Robot mit Wagen und Zugtieren leisten. Nach ihnen kamen die „hospodari", die über 15 bis 30 Morgen verfügten, die Strohhüttenbewohner mit 5,1 bis 15 Morgen, die Leute, die um ihre Hütte nur einen kleinen Garten hatten, und schließlich die, die nur eine Schlafstätte ihr eigen nannten, und zuletzt das herumziehende Proletariat. Die ersten beiden Kategorien bildete die durch Genossenschaften verwaltete Dorfgemeinschaft, welche alle Bodenveränderungen durch Verkauf und Erbschaft in Register eintrug. Man hat es hier also keineswegs mit einer indifferenzierten und zur Sklaverei verurteilten Masse zu tun, auch wenn ihre materielle Lage meistens mehr als prekär oder gar miserabel war. Alle den neuen Kataster betreffenden Angaben wurden in verschiedene Rubriken eines von der böhmischen Kammer herausgegebenen Formulars eingetragen, das für uns eine Quelle reicher Dokumentation darstellt.

Wir wollen nun untersuchen, welche Folgen die neue Steuerordnung für die Bauern hatte.[13]

Da das Königreich Böhmen in Kreise eingeteilt war (die an die Komitate Ungarns erinnern), nahm man sich bei der Erhebung Kreis für Kreis und hier wieder Gut für Gut vor. Von den Kreishauptmännern (von denen einer zum hohen Adel, der andere zum Ritterstand gehörte) wurden die Resultate der Befragung an die böhmische Kammer weitergegeben, welche sie ihrerseits nach Wien weiterleitete. Die Berechnung des Steueranteils war ziemlich kompliziert: In der Theorie entsprach eine Steuereinheit, die sogenannte „Ansässigkeit", der Landwirtschaft, von der sich eine Familie ernähren konnte.

Die Größe des Betriebes variierte von Gegend zu Gegend, denn man stellte dabei die verschiedene Rentabilität des Bodens in Rechnung. Man gab zum Beispiel zu, daß, wenn in fruchtbaren Landstrichen 40 Morgen eine Steuereinheit bildeten, es in ärmeren Landstrichen etwa 90 sein mußten.[14] Die festgesetzte „Ansässigkeit" entsprach aber in Wirklichkeit nicht immer der Nutzfläche einer Familie. Es konnte eine Familie auch von mehreren kleineren Wirtschaften leben, und in der Stadt bildeten manchmal mehrere Häuser eine Steuereinheit. Die Summe dieser Einheiten bildete jedenfalls die Steuergrundlage für den Staat. Im Laufe der Zeit war sie Korrekturen unterworfen, aber zur Zeit Maria Theresias zählte man ungefähr 53.000 Einheiten im Königreich Böhmen. Wenn man aus Bequemlichkeit die „Ansässigkeit" mit Haus und Herd gleichsetzt, ist es unerläßlich zu wissen, worum es sich handelt.

Theoretisch unterstanden die Steuerangelegenheiten der Kammer des Königreichs Böhmen, aber da das Gut innerhalb des Kreises eine bedeutende

Stelle einnahm und sich selbst verwaltete, fiel die Aufgabe, die Steuerlast aufzuteilen und einzutreiben, doch an den Gutsherrn. Er, der an der Ausarbeitung des Systems nur in der Funktion eines Mitglieds des Landtags oder Kammerrats beteiligt gewesen war, war nun auch für die Eintreibung zuständig, wenn auch nicht verantwortlich: ein Status, der sich mit dem unserer Steuerbeamten vergleichen läßt. Der Beauftragte des Gutsherrn hatte aber nicht nur die staatlichen Steuern einzutreiben, sondern auch den Zins und alle anderen Abgaben für den Gutsherrn.

Selbstverständlich gingen diese Abgaben vor, und der Bauer war meist mittellos, wenn es an die Bezahlung der staatlichen Steuern, des „ordinarium", ging. Man sieht also, wie sehr sich hier die Interessen des Landesfürsten und die des Lehnsherrn in die Quere kamen, und man fragte sich in Wien, auf welche Weise man die übertriebenen Forderungen der Gutsherren einschränken könnte. Nun, die Gutsherren waren auf ihren Gütern die Herren. Obwohl sie theoretisch der Kontrolle durch die Hauptmänner (die aber selber dem Adel angehörten) unterworfen waren, dachten sie nur an ihren Vorteil und tauschten in Mißachtung der in Urkunden und Grundbüchern verankerten Rechte willkürlich Land aus und konfiszierten, wo sie nur konnten.

Noch viel unbefriedigender verlief die Erhebung des „extraordinarium" beim Adel. In Übereinstimmung mit dem Gesetz, daß das Dominikalland von der Steuer befreit war, wurde der Beitrag des Gutsherrn aufgrund der Größe seines Rustikallandes berechnet. Infolgedessen stand der Besitzer eines ausgedehnten Dominikallandes und eines nur beschränkten Rustikalbodens wesentlich besser da als der Besitzer ausgedehnten Rustikallandes mit nur wenigem Dominikalland. Es bürgerte sich also die gefährliche Praxis ein, Rustikalparzellen einfach dem Dominikalland einzugliedern, und es war sehr schwer, hier ein generelles Verbot auszusprechen, da sich manchmal die Eingliederung aus ökonomischen Gründen (bei weit auseinanderliegenden Parzellen) empfahl. Ein Erlaß von 1748 verfügte, daß von nun an keine Eingliederung mehr ohne vorherigen Antrag beim Kreishauptmann vorgenommen werden durfte, daß für das eingegliederte Landstück weiter Steuern zu bezahlen waren und daß bei einem Landtausch den Bauern die gleiche Größe und Qualität garantiert werden mußte. Aber dabei konnte man unmöglich stehenbleiben. Es war unerläßlich, nun auch das Dominikalland steuerlich zu erfassen. Selbstverständlich war der Adel damit nicht einverstanden, aber Wien machte ihm die Konzession, für die Steuer des Dominikallandes einen eigenen Namen zu erfinden, nämlich „exaequatio dominicalis" oder „exaequatiorum dominicale", und begann 1750 mit den ersten Erhebungen. So konnte man hoffen, daß die Steuerzahlungen der Feudalherren, die bisher, da sie auf freiwilliger Basis beruhten, völlig unkontrollierbar waren, nun geregelter hereinfließen würden. Die Basis bildete das geschätzte Einkommen des Gutesherrn, bei dem auch die Frondienste als Einnahmequelle berechnet wurden.[15]

1748 traf der Kataster für das Rustikalland in den Wiener Büros ein. Maria Theresia bekundete sogleich ihr Interesse. Friedrich II. hatte behauptet, daß keiner seiner Untertanen mehr als ein Drittel seiner Einkünfte an den Staat zu zahlen habe, und die Kaiserin wollte keinesfalls, daß ihre Untertanen schlechter behandelt würden. Da die Experten ihr versicherten, das mittlere Einkommen einer „Ansässigkeit" betrage in Böhmen ungefähr 180 Gulden im Jahr, wünschte sie, daß die Steuer nicht mehr als 60 Gulden betrage. Da schon viele Klagen über die Schätzungen des Katasters zu ihr gedrungen waren, gestand sie zu, daß dieser noch einmal überarbeitet wurde, und gewährte dafür eine Frist von drei Jahren. 1750 begann man mit der Revision, und zugleich liefen die ersten Erhebungen für den Dominikalkataster an. 1757 konnten die beiden sogenannten „theresianischen Kataster" vorgelegt werden. Der Kataster von 1748 war weitgehend von mündlichen Erklärungen und dem Augenmaß ausgegangen, der Kataster von 1757 korrigierte nun einige dieser Schätzungen und weitete die Erhebung auf Einnahmequellen aus, die man bis dato nicht berücksichtigt hatte, nämlich die „adminicula", das waren Einnahmen durch Textilien, Handel und Transport u. a. Der Kataster von 1757 gab nun ein ziemlich genaues Bild über die Agrarwirtschaft und das Gesamteinkommen des Königreichs Böhmen. Nun ging es um die gerechte Verteilung der Abgaben.

Nach langen Diskussionen zwischen den Ständen und dem Direktorium einigte man sich schließlich auf eine Berechnungsmethode, die ihrerseits nur wieder einen Kompromiß darstellte, aber der Regierung immerhin die erwarteten Mittel versprach, ohne die Steuerpflichtigen allzu sehr zu belasten. Man ging von der Voraussetzung aus, daß in Böhmen 52.092 „Ansässigkeiten" existierten, und wählte die Zahl 142 als Divisor. Mit dem Bruch $^{1}/_{64}$ drückte man den individuellen Anteil des gesamten Steuersummenaufkommens aus.

Auf einem Gut, auf dem der Kataster 59 Bauern registrierte, berechnete man $11^{52}/_{64}$ Steuereinheiten oder Ansässigkeiten. Diese verteilten sich auf die einzelnen und lagen zwischen $3^{37}/_{64}$ und $3^{62}/_{64}$.[16] Zwar versuchte man jedem möglichst gerecht zu werden, dennoch verringerte und vergrößerte sich die Steuerlast erheblich, je nachdem, ob die Ernte gut oder schlecht war.

Über die Konsequenzen, die dieses neue System in das Leben der bäuerlichen Bevölkerung brachte, ist viel diskutiert worden. J. Pekař versichert, daß das neue System dem Steuerpflichtigen in der Regel 45 Prozent seines Einkommens abnahm und daß die Staatssteuer dem Bauern weit mehr Opfer abverlangte, als es bis dahin die Abgaben und die Robot für den Feudalherrn getan hatten. Die allgemeine Lage hatte sich demnach verschärft. Von nun an gab es für den Bauern die Doppelbelastung einer zwar besser organisierten, aber immer noch zu theoretisch festgesetzten Steuerzahlung für den Staat und der Abgabenverpflichtung dem Gutsherrn gegenüber, welche immer härter zu werden drohte.

Die unbeliebteste aller Pflichten blieb nach wie vor der Frondienst; denn dieser hing trotz aller Reglements und Patente praktisch ganz vom jeweiligen Gutsverwalter ab.

Indem man einen Dominikalkataster hatte aufstellen lassen, hatte man versucht, auch den Feudalherrn einer gerechteren Besteuerung zuzuführen, aber Pekař vertritt die Auffassung, daß man dem Adel jetzt weniger als vorher abverlangte.[17]

Maria Theresia hat sich während ihrer ganzen Regierungszeit stets um das Los der Bauern gekümmert, und zwar in allen Ländern ihrer Monarchie. In erster Linie folgte sie da wohl ihrem Glauben und ihrer monarchischen Pflichtauffassung: Schließlich handelte es sich bei den Bauern um die Mehrheit ihrer Untertanen, also ihrer Kinder, und sie fühlte sich für sie vor Gott verantwortlich. Außerdem bildete die Arbeit des Bauern die Grundlage für den Wohlstand des Staates, und mittels seiner Steuerabgaben konnte sie die für die Sicherheit ihrer Königreiche unentbehrliche Armee unterhalten. Und noch etwas: Die Armee rekrutierte sich aus der Landbevölkerung. Daher versuchte sie immer wieder, sich über die wahre Situation auf dem Lande zu informieren, und ließ ständig neue Erhebungen durchführen. Umso bestürzender war es für sie, daß diese im Abstand von Jahren immer wieder dieselben Mißbräuche und Übelstände meldeten.

Ein Memorandum von 1748, welches sich auf die Kreise von Pilsen, Saaz und Königgrätz bezog, erklärte die Gründe für die fehlerhafte Steuereintreibung. Es kam zum Beispiel vor, daß die Feudalherren sich Geld aus den Kassen entliehen, die die Dorfgemeinschaften für die Steuerzahlungen angelegt hatten. Selbst wenn diese Summen zurückgegeben wurden, geschah das häufig so spät, daß die Zahlungstermine von den Bauern nicht eingehalten werden konnten, und das hatte Strafen und Konfiszierungen zur Folge. Allgemein gesehen führte die Eingliederung von Rustikalland in Dominikalland (es schien sich hier um eine Epidemie zu handeln) zu einer Überbelastung der Dorfbewohner auf verkleinertem Rustikalland. Zudem wurden sie noch von den indirekten Steuern schwer belastet, wie von dem Fleischkreuzer und der Tabak- und Salzsteuer. Die schlimmsten Ausmaße nahm jedoch die Robot an: Ohne sich im geringsten um die Bedürfnisse ihrer Untertanen zu kümmern, verlangten auch die Feudalherren häufig Frondienste auf weit entfernten Domänen, was die ganze Organisation und das Familienleben durcheinanderbrachte. Zweifellos wehrten sich die Bauern, indem sie ihre schlechtesten Arbeiter, schlechtesten Tiere und schlechtesten Werkzeuge zur Robot schickten. So kam man aus dem Teufelskreis nicht heraus.

Die Feudalherren zwangen die Bauern, auf ihren Feldern das Jungvieh weiden zu lassen, und verkauften ihnen für teures Geld die alten Tiere. Für das Saatkorn und das Brot, welches sie an die Bauern in schlechten Zeiten ausgaben, verlangten sie einen Zins von 25 Prozent. Und dabei handelte es sich nicht um außergewöhnliche Härten in Krisenzeiten, es war der normale Geschäftsverkehr zwischen Feudalherrn und Untertan.[18]

Das Memorandum von 1748 vermerkte besonders die Nichtbefolgung verschiedener Gesetze, wie zum Beispiel das von Kaiser Karl VI. 1738 erlassene Patent über die Robot, das niemand ernst nahm. Die Kreishauptmänner konnten anscheinend auch beim besten Willen nichts dagegen ausrichten. Zwei Jahre später, im Sommer 1750, wurde Graf Larisch mit einer neuen Untersuchung betraut, für die er ziemlich viele Domänen in Mittelböhmen besichtigte: allein achtzehn im Kreis Tschiaschel, ebenfalls achtzehn im Kreis Königgrätz und zwanzig im Kreis Kaurim. Die Rapporte schickte er nach Wien ans Direktorium. Auch er wies auf den Mißbrauch der Eingliederung von Rustikalland in Dominikalland hin, deckte Exzesse im Fronwesen auf und kritisierte die Angewohnheit der Verwalter, vor den staatlichen die Feudalsteuern einzuziehen, sobald nämlich die Ernte eingebracht war und der Bauer noch über Geld verfügte. Aber er vermerkte auch noch andere Mißstände: Zum Beispiel, daß viele Äcker brachlagen und viele verschuldete Bauern das Familienerbe oder den Nießbrauch ihrer Felder und des Viehs ihren Gläubigern überlassen mußten. Diese Mißstände waren aber durchaus nicht auf die Länder Maria Theresias beschränkt. Man stößt auch im Westen auf sie. Die Kreishauptmänner waren auch deshalb so wenig erfolgreich, weil sie sich in der Gesetzgebung nicht auskannten und keinen Überblick über die wirtschaftliche Lage ihres Bezirks hatten: Die Verwaltung der Domänen blieb Uneingeweihten immer verschlossen. Daher empfahl Graf Larisch, so bald wie möglich den Hauptmännern Auszüge aus den Katastern ihres Kreises zukommen zu lassen, damit sie sich in schwierigen Situationen zu helfen wußten. Das Direktorium beeilte sich, diesem Rat zu folgen, aber wenig später schon wiesen neue Untersuchungen auf dieselben Mißstände hin.[19]

Ein neuer Versuch, mit diesen fertig zu werden, war die Berufung Graf Hatzfelds, eines Mitglieds der Repräsentation und Kammer Böhmens, zum Vorsitzenden eines Tribunals, das sich mit den Klagen der Bauern gegen ihre Gutsherren und besonders in Steuerangelegenheiten beschäftigen sollte. In dem Ausschuß saßen auch zwei Mitglieder des Ritterstandes und zwei Räte. Die Bauern sollten sich zuerst mit ihren Klagen an den Kreishauptmann wenden, und erst, wenn dieser ihnen nicht zu ihrem Recht verhelfen konnte, an das Prager Tribunal. Die Beschlüsse des Tribunals gelangten jedoch kaum zur Rechtsgültigkeit, da das Tribunal 1755 schon wieder aufgelöst wurde. Es ist fraglich, ob die Bauern genügend Zutrauen zu dieser offiziellen Prozedur gehabt haben, welche möglicherweise ihre Beziehungen zum Grundherrn negativ beeinflußte. Eine ausweglose Situation also?

Die dunkle Geschichte der Landbevölkerung hat sich in den letzten Jahren für uns ein wenig aufgeklärt. Niemand zweifelt an der Härte der Verhältnisse, die, von heute aus gesehen, unerträglich erscheinen müssen. Die Klagen, die seitens der Bauern erhoben wurden, waren sicher berechtigt: Die Unsicherheit des täglichen Lebens, die Krankheiten, die kurze Lebenserwartung, die Kindersterblichkeit, die Epidemien, die doppelte Steuerlast, die dem Bauern den Erlös aus seiner Arbeit zum Großteil wieder abnahm, all das ist nicht zu bestreiten, und ebensowenig die enorme soziale Distanz, die ihn von den Mächtigen und Glücklichen trennte.

Aber trotz allem, der Bauer hat überlebt. Wie ist das zu erklären? Auf Grund einer Mentalität, die unsere Industriegesellschaft immer weniger begreifen kann. Es war eine Mischung aus Weisheit und List, es war das Geschick, sich dem Druck, wo es nur ging, zu widersetzen. So verstand es der Bauer, dem Fiskus einen Teil seines Einkommens zu verheimlichen, was früher leichter als heute war. Und zweifellos wirkte die Religion mit ihrem Zeremoniell und ihrem Jahresrhythmus, mit ihren strengen Geboten und ihren Festen tröstend und ausgleichend auf sein hartes Los.

Zwei Kräfte drohten ihn jedoch vollständig zu zerstören: Das waren Mißernten und Kriege. Zu Mißernten kommt es noch heute in vielen Teilen der Welt, aber der Krieg ist ein Produkt des menschlichen Willens und demnach zu vermeiden. Maria Theresia hat niemals die Lehre vergessen, die ihr der Siebenjährige Krieg verpaßt hatte. Seitdem war sie immer bemüht, ihren Ländern den Frieden zu bewahren; denn sie wußte, daß nur eine lange Friedenszeit ihren Reformen zum Erfolg verhelfen konnte.

Aus den heutigen demographischen Studien geht hervor, daß Böhmen zwischen 1754 und 1761 einen starken Geburtenzuwachs zu verzeichnen hatte, zweifellos eine Folge besserer Ernten und des wirtschaftlichen Aufschwungs nach 1750. Denn trotz der preußischen Invasion im Jahre 1757 machte Böhmen eine Periode der Ruhe durch. Erst die Steuererhöhungen nach dem Siebenjährigen Krieg machten sich wieder als drückende Last bemerkbar.[20]

Zumindest in manchen Gegenden Böhmens — angesichts der Größe und Unterschiedlichkeit der Monarchie ist es nicht anders möglich, als zu differenzieren — machte sich ein gewisser bäuerlicher Wohlstand bemerkbar, dessen Spuren noch heute erkennbar sind. Die Bauernhäuser aus Holz bekamen ein gemauertes Fundament und geschnitzte Balkone. Man denke nur an das schöne Bauernhaus in Markvatitz, Kreis Bunzlau, das in der 2. Auflage von Pekařs „Knika o Kosti" abgebildet ist. Und hier handelt es sich nur um eine einfache „chalupa" (kleines Strohhaus), dessen Besitzer gemäß dem theresianischen Kataster über 13 Morgen, also ungefähr drei Hektar, verfügte, was nur *ein* Element einer Steuereinheit darstellte. Daher war er auch nur zur händischen Robot verpflichtet. Dieses Haus hatte sich von der Zeit Maria Theresias bis 1848 innerhalb derselben Familie vom Vater auf den Sohn vererbt. Weit davon entfernt, daraus verallgemeinernde Schlüsse zu ziehen, muß man immerhin feststellen, daß auch so etwas möglich war und keine Ausnahme bildete.[21]

Obwohl der Großteil der Bevölkerung von der Landwirtschaft lebte, erwartete man sich nicht von ihr, sondern vom Handel den Aufschwung, der zum wachsenden Wohlstand des Staates beitragen würde. Die Ideen der Merkantilisten bildeten nach wie vor das Rückgrat der Wirtschaftspolitik, von der man sich Großes erhoffte.[22] Klang nicht alles ungeheuer logisch und einfach? Soviel wie möglich produzieren, um sowenig wie möglich auszuführen! Einzug aller Luxuswaren an der Grenze! Das war der Sinn des Septemberedikts von 1749, das, um Gold und Silber zu sparen, die Einfuhr von Stoffen, Gold- und Silbertressen sowie von goldenem Zierat für Kutschen verbot und dagegen die heimischen Markenartikel empfahl, mit dem Ziel, „unsere eigenen Manufakturen anzukurbeln und somit die Lage unserer Provinzen und Steuerpflichtigen zu bessern".[23]

Die Stützung der heimischen Manufaktur wurde zum Dogma, nur so sind die Subventionen zu verstehen, die man der Porzellanmanufaktur von Wien und den Fabriken Böhmens zukommen ließ. Der Verlust Schlesiens war ja nicht nur ein Land- und Leuteverlust. In Schlesien wurden Textilien hergestellt, und die Schlesier waren dankbare Abnehmer der Konsumgüter aus Böhmen, Österreich und besonders aus Ungarn. Nun will der König von Preußen die Grenzen schließen, wenn Maria Theresia nicht zustimmt, daß die in ihrem Besitz verbliebenen Provinzen sich den Handelsinteressen Preußens unterordnen. Kaum ist der Friede wiederhergestellt, geht der Tarifkampf los.[24] Die Rückeroberung Schlesiens war also nicht nur eine Ehrensache, und Maria Theresia handelte nicht nur aus dynastischem Stolz und aus Treue zu ihrem väterlichen Erbe. Zu diesen noblen Motiven gesellte sich ein klarer Blick für die wirtschaftlichen Erfordernisse ihrer Monarchie. Da die schlesische Textilindustrie vorläufig verloren war, mußte man gleich daneben in Nordböhmen eine neue aufbauen. Das war eine der Ursachen für den industriellen Aufschwung Nordböhmens.[25]

Das Ideal war, nach den Grundsätzen Hörnigks die Monarchie zu einem wirtschaftlichen „Totum" umzuformen. Daher mußten so weit wie möglich die Zölle innerhalb des Landes abgebaut werden. Aber das war ein schwieriges Unterfangen, zu dem viel Halsstarrigkeit gehörte, denn man konnte sich ja nicht unmittelbare Erfolge versprechen. Die Schaffung eines in Verbindung mit dem Direktorium stehenden *Universalkommerzkollegiums* war die Krönung der Arbeit der *Kommissionen für die Manufakturen und den Handel,* die in den verschiedenen Ländern Hand in Hand mit der Repräsentation und Kammer arbeitete.

Aber die Hindernisse waren immens. Die verschiedenen Provinzen waren weit davon entfernt, begeistert auf den Appell zu reagieren. So blieben Tirol und Vorarlberg ihren alten Produktionsmethoden treu und widersetzten sich den merkantilistischen Prinzipien. Die Arbeitskraft wird weiter durch den Feudalherrn in den gewaltigen Jagdgebieten, durch Ackerbau, Viehzucht,

Pferdehaltung und Bienenzucht gebunden. Ebenso die Kapitalien. Es war ja auch nicht die Absicht gewesen, die Manufaktur zum einzigen wirtschaftlichen Faktor zu machen, aber ihre Weiterentwicklung ist ein Gebot der Zeit. Es ist übrigens sehr interessant zu verfolgen, wie viel schneller der Aufstieg in Wien als in den zahlreichen kleinen Provinzstädten vor sich geht. Wien war eine Stadt mit mehr als 170.000 Einwohnern, wo die Stadtbank ihren Teil zur Belebung der Geschäfte beitragen konnte, wo die Voraussetzungen für den Erfolg, sprich Absatz, der neuen Betriebe schon gegeben waren, wo sich langsam eine wirtschaftliche Zentralisierung abzeichnete, über die sich die anderen Länder schon beschwerten. In den kleinen Städten hielten sich dagegen das Handwerk und der traditionelle Rhythmus viel hartnäckiger am Leben. Man hat den Eindruck, die Provinz war von der Hauptstadt nicht nur durch eine gewisse räumliche Distanz, sondern durch einen Zeitabstand von mehreren Generationen getrennt.

Es war also nicht weiter verwunderlich, daß von der Leipziger Messe berichtet wird, die österreichischen Kaufleute seien da weniger als Verkäufer denn als Käufer aufgetreten. Sie hatten eben noch zuwenig Artikel im Angebot.[26]

Die maria-theresianische Monarchie war in der Mitte des 18. Jahrhunderts aufgrund ihrer schwachen Produktion noch kein vollwertiges Mitglied der Weltwirtschaft und steht trotz der Größe ihres Territoriums und ihrer hohen Bevölkerungszahl weit hinter England, Frankreich und Spanien. Umso energischer ging die Kaiserin daran, diesen Rückstand zu beseitigen.

Die Unordnung im Geldwesen war zu jener Zeit eine Krankheit, an der ganz Mitteleuropa litt. Bei geschäftlichen Transaktionen hatte man es mit den verschiedensten Währungen zu tun, und die Silberstücke wiesen meist nicht den erforderlichen Feingehalt auf. In Süddeutschland und Österreich rechnete man mit dem Gulden, der 60 Kreuzer wert war, in Norddeutschland war hauptsächlich der Taler im Werte von zwei Gulden im Umlauf. Nach Beendigung des Siebenjährigen Krieges beschloß die Regierung der Kaiserin, in allen Erbländern ein einheitliches Währungssystem herzustellen (Ordonnanz vom 7. November 1750). Drei Jahre später konnte man auch den Kurfürsten von Bayern für ein gemeinsames Währungssystem gewinnen: 10 Taler sollten eine Kölner Mark von 233,81 Gramm wert sein. Andere Währungen wurden verboten und bei Entdeckung eingezogen. Das sogenannte Konventionsgeld zeigte das Porträt der Kaiserin mit einem Perlendiadem (ab 1765 war es ein Witwenschleier) und einem auf der Schulter zusammengerafften Hofmantel, auf der Rückseite den Doppeladler mit den Wappen der verschiedenen Länder. Dies war der sogenannte Mariatheresientaler. Seine schöne Prägung und die Zuverlässigkeit seines Gewichts (die Inschrift Justitia und Clementia auf dem Rand des Talers sollten für seine Echtheit bürgen) machen verständlich, daß man ihn schon bald den älteren Geldstücken weitaus vorzog.

Im Laufe der Friedensjahre von 1750 bis 1756 setzte sich ihr Gebrauch unter dem Schutz einer Reihe von Regelungen in den Erbländern vollständig durch. Bald waren sie auch im Reich, in Italien und am Mittelmeer im Umlauf. In den Mittelmeerländern stellten sie eine ernsthafte Konkurrenz für den spanischen Piaster und den holländischen Taler dar.[27] Die Marseiller Kaufleute machten ein gutes Geschäft, indem sie Mariatheresientaler zu leicht erhöhtem Preis in Augsburg einkauften, um sie im Orient gegen Gold zu tauschen und für dieses Gold wieder neue Taler zu kaufen. Die Taler wurden nämlich großteils in der Nähe von Augsburg, in Günzburg, geprägt, einem Städtchen an der oberen Donau, das den Habsburgern gehörte. Die Beliebtheit des Talers ermöglichte die Wiederaufnahme des Handels mit den östlichen Mittelmeerländern, der schon einmal unter der Regierung Karls VI. eine Blütezeit erlebt hatte. Nun erwachte auch Triest wieder aus seinem Schlaf: Es bekam einen neuen Kai, den die Kaiserin zu Ehren ihres Vaters den „Molo San-Carlino" nannte. Hier in Triest fanden nun auch die österreichisch-böhmischen Textilien und das ungarische Korn einen neuen Absatzmarkt. Und bald erstreckten sich die Handelsbeziehungen auch auf Livorno und das Großherzogtum Toskana.

1754 gründete Maria Theresia in Wien eine Konsularakademie nach dem Vorbild der Sprachenschule Colberts im vorigen Jahrhundert, wo man fähige Beamte für den Osthandel ausbilden wollte.[28]

Der Mariatheresientaler blieb in vielen Ländern lange Zeit die offizielle Währung, in Äthiopien sogar bis 1945. Seine Solidität trug maßgeblich zur Entwicklung des Kapitalismus in der Monarchie bei. Maria Theresia war durchaus keine Wirtschaftstheoretikerin, aber sie hatte ein praktisches Interesse an diesen Fragen. Und sosehr sie auch Sinn für Prestige hatte, für glanzvolle Feste und schöne Bauwerke, so sehr achtete sie darauf, daß diese Ausgaben immer im Rahmen des Möglichen blieben. Glücklicherweise stand ihr in ihrem Mann ein exzellenter Berater zur Seite: Als guter Verwalter seiner Einkünfte aus der Toskana und aus Lothringen verstand es der Kaiser, seine Gelder vorzüglich anzulegen. So unterhielt er Geschäftsbeziehungen mit deutschen Bankiers, besaß Anteile bei allen möglichen Manufakturen, gründete auch eigene und erwarb in verschiedenen Ländern der Monarchie bedeutenden Landbesitz. So baute er sich ein solides Privatvermögen auf, das durch mehrere Generationen seiner Familie erhalten blieb.[29] Als die Kaiserin ihn mit den Angelegenheiten der böhmischen Kammer betraute, war er in der Lage, dieser in schwierigen Zeiten Geld zu leihen.

So bildeten die Jahre des Friedens zwischen dem Österreichischen Erbfolgekrieg und dem kostspieligen Siebenjährigen Krieg eine Periode der allgemeinen Gesundung und der fruchtbaren Initiativen, auch wenn nicht alle zu spektakulären Erfolgen führten. Es diente wirklich nicht dem Interesse der Monarchie, den erhofften Gewinn aufs Spiel zu setzen, indem sie einen neuen Krieg entfesselte.

Wie der tschechische Historiker Arnošt Klima richtig bemerkt, ist die Geburt der modernen Industrie im Donaubecken und die Entwicklung des Bürgertums und Proletariats im 19. Jahrhundert nur im Zusammenhang mit der frühen Anwendung der merkantilistischen Ideen unter Maria Theresia zu verstehen. Und auch der Historiker H. Kretschmayr betont, daß ohne die Vorbereitungsarbeit und das zielbewußte Vorgehen Maria Theresias der spätere Wohlstand undenkbar ist.[30]

# *Bündnis mit Frankreich und Siebenjähriger Krieg*

Kaunitz übernahm seinen Botschafterposten am Hof Ludwigs XV. Ende Oktober 1750. Er war über Brüssel gereist und hatte sich sehr genau über die Situation in den Niederlanden informiert. Er hatte sich dabei umso mehr Zeit gelassen, als er erst nach der Abreise des Marquis Hautefort nach Wien in Paris einzutreffen wünschte. Der französische Hof hielt sich momentan in Fontainebleau auf, wo Kaunitz dem König und seinen Ministern vorgestellt wurde. Ihm schien, als sei es hier leichter als in Versailles, persönliche Beziehungen zu knüpfen. Jedenfalls empfing ihn Ludwig XV. sehr freundlich und stellte ihm zahllose Fragen über die kaiserliche Familie, die Minister und „die kleinsten Besonderheiten unseres Hofes und unserer Stadt Wien".

Auch sonst gefiel ihm der König gut: „Er besitzt alle Eigenschaften, die für einen Ehrenmann und einen liebenswürdigen Privatmann erforderlich sind."[1] Aber abgesehen von diesen ersten freundlichen Eindrücken, gab sich Kaunitz keinen Illusionen über die Schwierigkeiten hin, die sich der Annäherung Österreichs an Frankreich in den Weg stellten. So war ihm das Außenministerium gar nicht wohl gesinnt; denn hier pflegte man die Allianz mit Preußen und hielt an der Ansicht fest, der österreichische Hof ließe sich von England und Rußland manövrieren und sei Frankreich nach wie vor feindlich gesinnt. Die versöhnlichen Worte der Kaiserin konnten ihr demnach nur von England zum Zwecke der Ablenkung und Zeitgewinnung eingegeben worden sein. Rußland hingegen versuchte nach Ansicht des französischen Außenministeriums, Österreich in einen Krieg gegen Schweden und Preußen zu ziehen, indem es ihm Hoffnung auf Schlesien machte. Gerade Rußland gegenüber empfand man in französischen Regierungskreisen tiefes Mißtrauen. „Rußland ist die einzige Macht Europas, die sich einbildet, sich in die inneren Angelegenheiten eines Staates einmischen zu dürfen, der nicht weniger souverän und unabhängig ist als sie selbst."[2] Deshalb, sagte man, sei es die Pflicht Frankreichs, Schweden und Polen gegen alle russischen Unterdrückungsversuche zu schützen und zu diesem Zweck die alten Allianzen, unter anderem mit der Türkei, aufrechtzuerhalten und die Freundschaft mit Preußen zu pflegen. Im geheimen bereitete der König allerdings schon für den Fall einer Vakanz auf dem polnischen Thron die Wahl des Prinzen Conti vor. Die Feindseligkeit dem Haus Österreich gegenüber war so stark, das jeder Diplomat, der aus Wien positiv berichtete, einen Verweis erhielt und der Dummheit beschuldigt wurde.

So erging es auch dem französischen Geschäftsträger Blondel, den man bei seiner Rückkehr 1751 fast in die Bastille geworfen hätte, und schließlich auch dem Marquis Hautefort. Dieser war von Blondel in Wien in seine Arbeit eingewiesen worden und hielt wie sein Vorgänger an der Meinung fest, Österreich sei friedlich gesinnt und aufrichtig an guten Beziehungen mit Frankreich interessiert.

„Die Art und Weise, wie die Kaiserin über Schlesien denkt", schrieb er an Puysieulx, den Minister für Auswärtiges, „ist so einfach und natürlich, daß man es leicht verstehen würde, auch wenn sie nicht die Güte gehabt hätte, es zu erklären. Das heißt nicht, daß sie auf immer auf Schlesien verzichtet hat, aber es heißt auch nicht, daß sie es jetzt zurückerobern will und daß sie dazu in der Lage wäre."

Hautefort geht sogar noch weiter: „Ein wenig Vertrauen zu Wien und vielleicht ein bißchen weniger Vertrauen zu Berlin könnte die Angelegenheiten erleichtern."[3]

Aber die Instruktionen aus Versailles hatten ganz im Gegenteil nur das Ziel, Händel mit Österreich anzufangen. So ging zum Beispiel das Gerücht um, der Kaiser wolle seinen ältesten Sohn zum römischen König wählen lassen. Das war wahr und auch nicht wahr; denn sicher entsprach eine solche Absicht dem legitimen Ehrgeiz des Kaiserpaars, aber andererseits hatten sie es damit gar nicht eilig, da der Kaiser bei bester Gesundheit und Erzherzog Josef erst elf Jahre alt war. Es war vielmehr die Idee Londons gewesen. Aber Frankreich ergriff die Gelegenheit, um in dieser Frage die Ansprüche eines seiner Alliierten, des Kurfürsten von der Pfalz, zu unterstützen, der nun seinerseits versuchte, seine Stimme teuer zu verkaufen. So verlangte er von Maria Theresia Schadenersatz für die im letzten Krieg verwüsteten Gebiete, und Puysieulx verlangte nicht weniger als die Grafschaft Falkenstein für ihn, das war der einzige Teil Lothringens, der sich noch im Besitz des Kaisers befand. Aber gerade davon wollte sich Franz Stephan nur ungern trennen, einmal hing er gefühlsmäßig an dieser letzten Parzelle seines verlorenen Erbes, zum andern reagierte er politisch: die Grafschaft besaß eine Stimme im Reichstag. Nicht zuletzt aber hielt er das Ganze für einen ungleichen Handel, denn es war ja die Kaiserin, mit der der Kurfürst sich vergleichen wollte, und er sah nicht ein, warum er dafür zu zahlen hatte. Auch diese Haltung war von Hautefort richtig eingeschätzt worden, aber in Versailles wollte man mit seltsamer Verbohrtheit nicht zur Kenntnis nehmen, was in Wien wirklich vorging: „Ich kann nur immer wiederholen", insistierte Hautefort, „daß man hier keinen Krieg wünscht und genau wie Sie fürchtet, Rußland könnte einen beginnen."[4]

Seit der Abreise Kaunitz' nach Frankreich blieb die Kaiserin der Konferenz häufig fern, so daß die Außenpolitik weitgehend Uhlfeld und Bartenstein überlassen war. Auch sie hatten keinen Zweifel über die bösen Absichten Puysieulxs; denn man verfügte in Wien über ein ausgezeichnetes Spitzelsystem. Keine Depesche des französischen Außenministers erreichte Hautefort, ohne abgefangen und dechiffriert worden zu sein. Und das gleiche galt für den umgekehrten Weg, sofern die normale Post benutzt wurde. Daher hatte Puysieulx sicher recht, wenn er Hautefort Nachlässigkeiten bei der Geheimchiffrierung vorwarf.[5] Aber immerhin war das kein Grund, seine Informationen als solche nicht ernst zu nehmen.

Nun muß man zur Verteidigung Frankreichs sagen, daß, wenn auch der gute Wille des Kaiserpaares Frankreich gegenüber über jeden Zweifel erhaben war, die österreichische Politik nichtsdestoweniger recht widersprüchlich wirkte. Frankreich verlangte daher eine offizielle Erklärung der Kaiserin, daß sie keinesfalls ihren russischen Alliierten bei einem Angriff auf ein anderes Land (gemeint war Schweden) unterstützen wolle und sogar gemeinsame Sache mit der angegriffenen Macht machen wolle. Maria Theresia seufzte und antwortete Hautefort: „Der König von Frankreich hat gut reden, man müßte sich in seiner Lage befinden."[6] Sie wußte nur allzu gut, daß sie Rußland brauchte, um Preußen einzuschüchtern, und daß Rußland ohne englische Hilfe keine Truppen unterhalten konnte. Daher war es günstig für sie, wenn England der Dritte im Bunde mit Rußland wurde, obgleich ihr klar war, daß dieser Schritt Frankreich irritieren würde und ihren guten Absichten hohnzusprechen schien. Dazu kam, daß England sich alle Mühe gab, die Disharmonie zwischen Frankreich und Österreich aufrechtzuerhalten.

„Zwei gewisse Mächte", schrieb Hautefort, „sind sehr daran interessiert, uns mißtrauisch gegen diesen Hof zu machen: England, weil es weiß, daß, je mehr dieser Hof sich von unserem entfernt, er umso nötiger auf London angewiesen ist, ... und der König von Preußen, weil dadurch seine Allianz mit uns im Werte steigt."

Nun bestand England nicht nur aus einer Regierung von relativ vernünftigen Politikern, wie zum Beispiel Newcastle; England bestand auch aus einer sehr selbstbewußten Nation. 1749 definierte der französische Botschafter in London es so:

„Der Handel ist nicht nur das Hauptproblem der englischen Regierung, er ist auch das Hauptproblem jedes einzelnen in den verschiedenen Ländern, aus denen sich die Nation zusammensetzt ... Nicht der Hof wird die Nation dazu bringen, sich an neuen Konflikten in Europa zu beteiligen, sondern die Nation wird das Ministerium zu bestimmten Verhaltensweisen zwingen."[7]

England, zu zwei Seiten vom Atlantik umgeben, besaß mit Gibraltar auch den Schlüssel zum Mittelmeer. Es hatte Portugal und das spanische Reich unter seine Kontrolle gezwungen und betrieb eine Weltpolitik so großen Stils, daß die europäischen Angelegenheiten nebensächlich erschienen. Es konnte, wenn wir wieder Hautefort zitieren, „alle Hebel in Bewegung setzen, weil es so viel Geld zur Verfügung hatte und niemals Gefahr lief, selber angegriffen zu werden". „Niemals ist ein Wort, das man niemals sagen sollte", hat einmal

Ernest Lavisse geschrieben, und in der Tat wurde die Ansicht Hauteforts von vielen Militärs und französischen Seeleuten nicht geteilt, die im Falle eines Krieges durchaus die Landung in England erwogen. England war zwar stark, aber nicht unverwundbar. Daher mußte es dafür sorgen, daß Frankreich so sehr mit innereuropäischen Angelegenheiten beschäftigt war, daß ihm keine Kraft blieb, um sich in den Seekampf mit England zu stürzen. Solange Frankreich und Österreich nicht durch eine Allianz verbündet waren, so lange konnte England sicher sein, das gespaltene Europa nach seinem Willen lenken zu können.

Aber auch Spanien war Englands Konkurrent auf den Meeren und in Amerika, und es gab viele Gründe für eine Annäherung Spaniens an Frankreich. Der spanische König Ferdinand VI., ein zweifacher Vetter ersten Grades von Ludwig XV., rühmte sich gerne, in seinen Adern flösse kein Blutstropfen, den er nicht mit dem König von Frankreich teile. Die spanischen Minister Carvajal und Ensenada gingen daher mit aller Energie daran, die spanischen Finanzen und Seestreitkräfte wieder aufzubauen mit dem Ziel, England herauszufordern und sich dabei mit Frankreich zu verbünden. Allerdings stießen sie mit dieser Politik sowohl bei Hof — die Königin selbst war mehr für England — als auch in der spanischen Öffentlichkeit auf wenig Gegenliebe. Denn hier versprach man sich von einer Allianz mit England weit mehr, besonders hinsichtlich der Wiedererlangung Gibraltars und Menorcas, beides in englischem Besitz. In politischen Kreisen wünschte man zudem, endlich zu einer Einigung mit Österreich in Italien zu kommen, und schloß 1752 mit Österreich den Vertrag von Aranjuez, in dem die Einflußsphären der Habsburg-Lothringer in Mailand und in der Toskana und die der Bourbonen in Neapel und Parma, wo die jüngeren Brüder des Königs, Don Carlos und Philipp, herrschten, noch einmal bestätigt wurden.[8] Auch der König von Sardinien neigte, weil er französische Ansprüche auf Savoyen befürchtete, zur Entente mit England und Österreich. Wie sollte es unter diesen Umständen zu einer Annäherung zwischen Österreich und Frankreich kommen?

Kaum in Paris angelangt, wurde Kaunitz von einer schweren Krankheit befallen, die ihn physisch sehr mitnahm. Dazu kam durch den Tod seines Sohnes bald darauf eine starke psychische Belastung, die ihn ebenfalls an seiner politischen Aktivität hinderte. Maria Theresia schickte ihm durch Ignaz Koch tröstende und aufmunternde Worte: „Er möge bedenken, daß ihm noch andere Söhne geblieben sind, die nicht minder vielversprechend sind wie der Verstorbene, und seiner Erhaltung bedürfen, und daß er nicht nur sich, sondern vielmehr der Öffentlichkeit gehöre und sich für den Dienst der Kaiserin gesund zu halten habe, und ihr Interesse solle ihn darin bestärken."[9]

Kaunitz überwand seine Depression und wandte sich wieder seinen Aufgaben zu. Bald schon hatte er sich über Versailles und Paris, über die Regierung und die Spaltung zwischen Parlament und Klerus, die Jansenisten betreffend, über gesellschaftliche Zustände und die philosophischen Zirkel eine ebenso feste wie nuancierte Meinung gebildet, die er in seinem berühmten Memorandum über den französischen Hof darlegen sollte. Ganz besonders alarmierend waren für ihn die steigenden Lebenskosten und die außerordentliche Verschwendungssucht, die sich im Staatshaushalt und in fast allen adeligen Häusern breitgemacht hatte. „Welch ein Unterschied besteht doch", schrieb er an Ignaz Koch, „zwischen dieser Unordnung und der Ordnung bei uns, die wir der Weisheit und Kühnheit Ihrer Majestät verdanken... Das ist umso befriedigender für sie, als man das hier genau weiß und die Qualitäten Ihrer Majestät bewundert. Man sagt hier ganz laut, daß man das Haus Österreich nicht mehr wiedererkenne."[10]

Wenn das wirklich stimmte, dann war der Stimmungsumschwung wohl größtenteils ihm zu verdanken. Aber dennoch erwartete sich der Botschafter der Kaiserin nicht viel von den Ministern, am wenigsten von Puysieulx und seinem Nachfolger Saint-Contest im Frühling 1751. Auch dem Adel stand er skeptisch gegenüber, der seiner Meinung nach von Natur aus streit- und vor allem karrieresüchtig sei und daher gänzlich ungeeignet für eine allgemeine Entspannung. Im Frühling 1751 schien er die letzte Hoffnung auf Erfolg aufgegeben zu haben und riet Maria Theresia, sich an die alten Allianzen zu halten und sich definitiv mit Preußen zu verbünden. Unter Schlesien müsse man einen Schlußstrich ziehen, aber aus dem, was einem geblieben sei, ein solides Staatswesen machen. Je weniger er vom Adel hielt, umso mehr Interesse entwickelte Kaunitz nun für die französische Hochfinanz. Der Marquis d'Argenson schrieb bissig in seinen Memoiren, Kaunitz verkehre nur noch mit „unseren Finanzleuten (financiers et financières)". Kaunitz war nämlich nicht entgangen, daß Madame Pompadour starke Beziehungen zu diesem Milieu unterhielt, das im Gegensatz zur Aristokratie gar kein Interesse am Krieg hatte. Gut, daß der König keine standesgemäße Mätresse habe, schrieb Kaunitz; denn eine solche müßte sich an den Kriegsminister halten, um das Glück ihrer Familie zu machen. Das Herkommen und die Denkungsart der Mätressen seien in diesem Land von großer Bedeutung. Solange Madame de Pompadour diesen Posten bekleide, brauche er weder den Marquis d'Argenson noch Belle-Isle oder sonst jemanden von dieser Partei zu fürchten.

Er versuchte daher, die Favoritin für seine Politik zu gewinnen, und schrieb am 23. August 1751, es gäbe keinen Anlaß zu der Annahme, sie würde Österreich einen schlechten Dienst erweisen. Sie zeige sich ihm gegenüber sehr gütig und vertrauensvoll.

Gerade in dieser Zeit war übrigens die Marquise dabei, ihre Stellung als Geliebte in die einer Freundin und politischen Beraterin des Königs umzuwandeln, aus dem einfachen Grunde, weil die Leidenschaft des Königs für sie nachgelassen hatte. In dieser neuen Rolle sah sie nun die Rettung ihrer Machtposition. Der Marquis d'Argenson schrieb in sein Tagebuch, sie habe die

Memoiren Torcys über den Frieden von Utrecht studiert und erwähne das vor allen Freunden, um „mit aller Gewalt den Eindruck einer erfahrenen Politikerin" zu machen. „Die Ausländer", fährt der Marquis fort, „überhäuft sie mit Gunstbezeigungen, besonders Herrn von Kaunitz, den Botschafter Wiens."[11]

Im November 1751 teilt Maria Theresia Kaunitz über Ignaz Koch ihre Ansicht über seinen im Juni geäußerten Vorschlag mit: „Schreiben Sie dem Grafen Kaunitz, daß er ja besser als irgend jemand meine Absichten kennt, daß ich gewiß keine Vorliebe für Frankreich habe, aber daß mir nichts mehr kosten würde, als mich mit dem König von Preußen zu verbinden, wie er es mir am Schluß seines Berichtes nahegelegt hat, und damit auf immer auf die Hoffnung zu verzichten, eines Tages Schlesien wieder zu haben, was ich gewiß nicht aus Ehrgeiz oder aus Vergrößerungssucht wünsche, sondern weil ich immer mehr und mehr überzeugt davon werde, daß das Wohl meines Hauses davon abhängt und daß dieser Verlust die Quelle aller Verlegenheiten ist, die wir sowohl im Reich wie im Norden haben; daß ich mir zwar nicht schmeichle, Schlesien bei meinen Lebzeiten wiederzugewinnen, und die Fortdauer des Friedens mehr als irgend jemand wünsche, aber daß ich durch Annahme dieses (von Kaunitz vorgeschlagenen) Systems meinen Nachfolgern den Weg dazu nicht versperren möchte."[12]

Also keine Versöhnung mit dem alten Feind, aber die Aufrechterhaltung des Friedens in aller Wachsamkeit. Man arbeitet an der Verbesserung der Armee und interessiert sich außerordentlich für die Militärschule von Paris, die unter dem Schutz der Madame de Pompadour steht und als Modell für die Militärakademie in Wiener Neustadt dienen soll. Kaunitz weiß also, woran er sich halten soll, und setzt 1752 seine Bemühungen um die Gunst der Favoritin eifrig fort. Im Juni 1752 sagt er ihr einige Dinge in der Hoffnung, daß sie sie dem König weitersagen möge: „Sie war der gleichen Ansicht wie ich, daß, wenn der König und Ihre Majestät die Kaiserin sich kennenlernen könnten ... dann würde zwischen ihnen das vollkommenste freundschaftliche Vertrauen herrschen."[13]

Vielleicht war er hier ein wenig zu optimistisch. Aber sicher ist, daß er die Sympathie der einflußreichsten Person bei Hof gewonnen hatte. Nun entschloß er sich auch, nachdem er lange gezweifelt hatte, ob der ganze Aufwand berechtigt sei, seinen feierlichen Einzug in Paris zu halten. Die feierliche Kavalkade der Karossen reichte von der Rue de Picpus bis zum Faubourg Saint-Germain, wo sich die Botschaft befand. Viele Schaulustige bewunderten die Pracht und applaudierten dem Botschafter, und zumindest einen Tag lang stand das Haus Österreich beim Pariser Volk in hohem Ansehen.[14] Einige Wochen vorher hatten der König und die Königin auch die Einladung angenommen, die Patenschaft für die kleine Erzherzogin Maria Karolina zu übernehmen. So war es zwar zu keiner Unterzeichnung eines

Vertrages gekommen, als er Anfang 1753 nach Wien zurückgerufen wurde, aber man kann auch nicht sagen, daß die Mission von Kaunitz fehlgeschlagen war.[15] Als seinen Nachfolger in Paris führte er den jungen Grafen Starhemberg mehrere Monate in sein Amt ein.[16]

Maria Theresia war nicht undankbar: Sie wußte die treuen Dienste von Uhlfeld und Bartenstein sehr wohl zu schätzen, aber sie wußte auch, daß Alter, Krankheit und vielleicht auch finanzielle Sorgen, über die zumindest Uhlfeld klagte, ihre Energie beeinträchtigten. So rief sie möglicherweise auf den Rat ihres Mannes oder Silva-Taroucas Kaunitz nach Wien zurück und ernannte ihn 1753 zum Staatskanzler beziehungsweise Außenminister, während Uhlfeld weiter den Vorsitz in der Konferenz führte.[17] Dies war ein weiterer Wendepunkt in der Geschichte ihrer Regierung. Von nun an stand an der Spitze der österreichischen Regierung ein Weltbürger, wie er sich selber gerne bezeichnete, ein profunder Kenner Europas und der Geistesströmungen seiner Zeit, ein in jeder Hinsicht großer Herr. Für ihn ist der Adel noch die Elite der Nation, unter der Voraussetzung, daß er dieser zu dienen bereit ist und sich nicht auf überholte Privilegien versteift. Da sind auch kleinliche Züge in diesem Charakter, gewiß, wie die übertriebene Sorge um sein Aussehen und die panische Angst vor Krankheit und Tod, über den man in seiner Gegenwart nicht sprechen darf. Seine raffinierten Umgangsformen verbergen nur schlecht seine abgrundtiefe Menschenverachtung. Und diese Arroganz steht eigentlich im krassen Gegensatz zu der gefühlsbetonten Wiener Atmosphäre und der Herzlichkeit der kaiserlichen Familie.

Kaunitz konnte in Maria Theresia nie die freundschaftlichen Gefühle erwecken, die sie Silva-Tarouca entgegenbrachte, und die herzliche Achtung, die sie vor Haugwitz oder vor so treuen Soldaten wie Daun empfand. Aber sie bewunderte seine Fähigkeiten und seine Vorstellungskraft. Als eine Frau von gesundem Menschenverstand und starker Religiosität, die dazu neigte, alles nach den Regeln des Anstands und der Tradition zu beurteilen, schätzte sie bei ihrem Kanzler sehr wohl eine ihr fehlende Kühnheit des Denkens. Und sie wußte, daß das Glück ihrer Völker von der Würde und Größe des Staates abhing, in dem sie lebten. Nun, Kaunitz war der Mann, der ihrem Staat Würde und Größe verleihen konnte. Maria Theresia schenkte ihm in diesem Punkt ihr ganzes Vertrauen.

Zwei Dinge lagen der Kaiserin gleichermaßen am Herzen: der Friede, um die begonnenen Reformen zu verwirklichen, und die Rückgewinnung Schlesiens. Aber Kaunitz war sich wohl als einziger klar darüber, daß man sich zu gewissen Stunden entscheiden muß, welchem Anliegen man nun den Vorrang geben will, und daß bei dieser Entscheidung oftmals Opfer gebracht werden müssen. Im Gegensatz zu vielen anderen Botschaftern hat sich Kaunitz niemals sentimentale Gefühle dem Land gegenüber erlaubt, in dem er sein Vaterland repräsentiert hat. So wenig er also irgendein Gefühl für Frankreich zeigte, so deutlich gab er seiner Antipathie England gegenüber Ausdruck. Dabei ging es gar nicht um eine kommerzielle Rivalität oder um einen so unversöhnlichen Interessenkonflikt wie mit Preußen. Aber Kaunitz konnte die demütigende Vormundschaft nicht ertragen, mit der England auf die Politik des Hauses Österreich Einfluß nahm. Er wollte Unabhängigkeit, und diese glaubte er nicht durch das Bündnis mit England zu erreichen. Daher kam er bald wieder auf seine Pläne von 1749, auf die Umbildung des bestehenden Allianzsystems, zurück.

Dazu kam, daß der maritime und koloniale Wettstreit zwischen Frankreich und England ohnehin zur Entscheidung drängte. Anfang 1755 lag der Krieg in der Luft, und man mußte befürchten, daß er sich in ganz Europa ausbreiten würde. Frankreich würde wahrscheinlich sofort in Belgien einfallen, um England zu drohen und seinen Verbündeten in die Knie zu zwingen. Die Regierung in London bat daher die Kaiserin, ihre Garnisonen in Belgien zu verstärken. Aber das war nur möglich, wenn Maria Theresia Truppen aus Böhmen abzog, womit sie das Land aufs neue der Gefahr einer preußischen Invasion aussetzen würde, es sei denn, England verbäte sich eine solche in aller Form und nicht nur dadurch, daß es Preußen indirekt mit Rußland drohte. Als nun der englische Minister Lord Holderness durch Keith, seinen Botschafter in Wien, an die Kaiserin die Aufforderung stellte, 25.000 bis 30.000 Mann in die Niederlande zu schicken, antwortete Kaunitz betont scharf, England täusche sich, wenn es glaube, man verstünde in Wien nicht den großen Unterschied zwischen 60.000 Russen auf dem Papier und in weit auseinanderliegenden Quartieren und 80.000 Preußen, die in vierzehn Tagen gesammelt in die Länder der Kaiserin einfallen können. Mit diesen Ausführungen hoffe er, dem englischen Minister klarzumachen, daß man in Wien genau merke, wie er den Österreichern mit seinen Vorschlägen die Augen vor den wirklichen Gefahren verschließen wolle.[18]

In den folgenden Wochen wuchs die Kriegsgefahr. Im Juni bemächtigte sich der englische Admiral Boscawen vor Neufundland zweier französischer Schiffe, die auf dem Weg nach Kanada waren. Diese Dreistigkeit mitten im Frieden führte allerdings noch nicht unmittelbar zum Ausbruch des Krieges; man versuchte, sich weiter auf dem Verhandlungswege zu einigen, aber wie lange noch?

Am 19. und 21. August beschäftigte sich Kaunitz in der Konferenz in Anwesenheit der „Augustissimes“ sowie Uhlfelds, Colloredos, Khevenhüllers und Batthyánys mit dem „heikelsten Problem seit zehn Jahren“ und erklärte, jetzt sei die Stunde gekommen, um sich über die allgemeine Situation in Europa ein klares Bild zu machen. In nicht allzu ferner Zukunft würde es zum Krieg kommen.[19] Wie sollte Österreich reagieren? Sollte es die Forderungen der Seemächte akzeptieren und am Krieg teilnehmen? Sollte es um neue Garantien für den Frieden von Aachen bitten? Sollte es Belgien während des französischenglischen Kriegs für neutral erklären? Oder sollte es abwarten und die Dinge ihren Lauf gehen lassen? Kaunitz wußte, daß diese Haltung dem Kaiser die liebste wäre, aber sie würde die Franzosen nicht davon abhalten können, Belgien anzugreifen, abgesehen davon, daß sie nicht gerade zum Ruhm der Monarchie beitrug. Außerdem riskierte man mit einer solchen Haltung, daß Österreich nach Abschluß des Friedens von seinen Gegnern gezwungen werden würde, die Provinz herzugeben, die es nicht bereit war zu verteidigen.

Es gab aber auch noch einen fünften Weg: „Wäre es nicht wesentlich geschickter, wenn man sich heimlich mit der französischen Krone ins Einvernehmen setzte, mit dem Plan, dem König von Preußen Schlesien wieder abzunehmen und ihn aller Mittel zur Revanche zu berauben?“ Am Schluß seines Referates führte Kaunitz seine Argumente genauer aus. Man müßte erreichen, daß Frankreich die Allianz mit Preußen aufgäbe, um Österreich in einem Krieg zur Rückeroberung Schlesiens zu unterstützen. Daß England an einem solchen Krieg überhaupt kein Interesse hatte, war klar. Und Frankreich? Frankreich mußte die Sache schmackhaft gemacht werden, indem man ihm zum Beispiel die Herrschaft Philipps in Belgien in Aussicht stellte. Im Austausch gegen die drei italienischen Herzogtümer Parma, Piacenza und Guastalla würde man dem Infanten Luxemburg (den östlichen Teil Belgiens) in supremo dominio überlassen.

Der Besitz Luxemburgs erwies sich für das Haus Österreich ohnedies als eine immer größere Belastung, erstens wegen der großen Entfernung, zweitens weil die Alliierten (England und Holland) nicht bereit waren, das Geringste zu seinem Schutz zu tun. Und Lothringen würde man nie wieder von Frankreich zurückbekommen, es sei denn, es gelänge, Preußen zu vernichten.[20] Für den französischen König aber wäre die Anwesenheit eines natürlichen Alliierten, nämlich des Neffen und Schwiegersohns, in Luxemburg eine Sicherheitsgarantie für Lothringen und die französische Nordostgrenze, die ohne Luxemburg in gefährlicher Nähe zur Hauptstadt verläuft. Im Falle eines Krieges befände sich Paris in einer wesentlich geschützteren Lage. Man könnte Paris aber noch mehr bieten: Zum Beispiel würde man die Kandidatur des Prinzen Conti für den polnischen Thron unterstützen. (Offenbar kannte Kaunitz diesen Geheimplan des Königs.) Man würde eine Allianz zwischen Frankreich, Österreich, Spanien, Neapel und Rußland aufbauen, und man würde den Schützlingen Frankreichs gewisse Vorteile zukommen lassen: Schweden, Pfalz und Sachsen. Schließlich würde man sich im Falle eines Krieges mit England nicht mehr einer provisorischen Besetzung gewisser belgischer Häfen durch die Franzosen widersetzen. Alle diese Vorteile konnte nur das Haus Österreich Frankreich verschaffen. Es zeigte sich hier plötzlich eine Interessengemeinschaft, die man zwischen den bisherigen Rivalen gar nicht vermutet hätte.

Denn wenn Österreichs Hauptziel wirklich die Rückgewinnung Schlesiens war, dann zählte es nicht allzu viel, wenn es einen Teil Belgiens opferte, für den es zudem noch die drei italienischen Herzogtümer eintauschen könnte. Es wäre nicht nur die stärkste Macht innerhalb des Reiches, es wäre außerdem innerhalb eines befriedeten Europas der Verbündete Frankreichs.

Einige Monate später setzten der Kaiser und die Kaiserin ihr Placet unter den Rapport von Kaunitz. Daß beide unterschrieben, war ungewöhnlich, gab aber der Entscheidung mehr Gewicht. Die dann einsetzenden Verhandlungen mit Frankreich wurden allerdings im Namen der Kaiserin allein geführt, da es sich um ihre Länder handelte.

Vorher mußte Kaunitz allerdings noch sein Projekt von dem Vorwurf reinigen, es sei unrealistisch, abgesehen davon, daß es schwierig sein würde, zwei so eng liierte Mächte wie Frankreich und Preußen auseinanderzubringen.

Für Österreich sei das aber eine Existenzfrage, betonte der Kanzler: Wenn das Erzhaus nicht untergehen wolle, dann müsse „Preußen übern Häufen geworffen werden".

Auf das Bündnis mit Frankreich war also nicht zu verzichten. Es gab noch ein weiteres Argument, das Kaunitz sehr wichtig erschien, den französischen Partnern allerdings weniger. Kaunitz zitierte gerne die Gefahr einer protestantischen Koalition der lutherischen Länder Norddeutschlands, nämlich Englands, Hannovers und Preußens. Das neue Allianzsystem würde dagegen einen starken katholischen Block darstellen: Frankreich, Österreich, Spanien, Neapel, Parma, Toskana. Hatte Kaunitz nun recht mit seiner Beschwörung einer protestantischen Allianz? Die Regierung Maria Theresias war zu jener Zeit überzeugt, daß Friedrich II. in verschiedenen Ländern der Monarchie sehr geschickte protestantische Propaganda betrieb. Auch die unfreundliche Haltung Londons Wien gegenüber beruhte sicher zum Teil auf der mit Argwohn beobachteten Identifizierung des Hauses Österreich mit der katholischen Sache; insofern war die Kaunitzsche Beschwörung einer protestantischen Gefahr nicht ganz aus der Luft gegriffen.

Der Plan Kaunitz' wies allerdings auch schwache Punkte auf.[21] Der Staatsmann, dem es vor allem um den Nimbus der Macht ging, schien großzügig über die schwierige innere Lage der Monarchie und ihre beschränkten Mittel wegzusehen. Die Reformen innerhalb der Verwaltung und der Finanzen waren noch gar nicht voll zum Tragen gekommen. Ein Krieg würde die Resultate verzögern, wenn nicht vernichten. Und die Armee hatte sicher innerhalb der letzten sieben Jahre (1748—1755) gewaltige Fortschritte gemacht, aber war es nicht zu früh, sie jetzt schon zu erproben? Schließlich war es angesichts der schwachen Mittel der Monarchie ausgeschlossen, einen längeren Krieg zu führen. Wenn er nicht schnell und siegreich zu Ende geführt werden konnte, dann wäre man wieder da, wo man vorher war: in der Abhängigkeit von einer ausländischen Macht. Nur wäre es jetzt Frankreich und nicht mehr England.

Würde das neue System den Bruch mit London herbeiführen? Kaunitz behauptete, nein. Sagte er das nur, um den Kaiser zu beruhigen, der viel englandfreundlicher als die Kaiserin war?[22] Wie auch immer, Österreich hat in den folgenden Jahren die Beziehungen zu England nie abgebrochen. Denn das Konzept des Kanzlers war vollkommen logisch: Der unausweichliche Konflikt zwischen England und Frankreich wird Österreich die Gelegenheit bieten, sich einzumischen und Schlesien zurückzugewinnen. Da England sicher dazu keinen Beistand leisten wird, muß man versuchen, sich der Hilfe Frankreichs zu vergewissern, indem man sein Interesse weckt.

Aber wie? Kaunitz wußte aus persönlicher Erfahrung, daß die Minister Ludwigs XV. und die französische Öffentlichkeit entschieden österreichfeindlich eingestellt waren. Es empfahl sich daher, sich direkt an den König zu wenden und mit ihm beziehungsweise mit einem von ihm ernannten Vertreter in geheime Verhandlungen einzutreten. Auf österreichischer Seite sollte die Mission Starhemberg anvertraut werden.[23] Aber an wen sollte man sich aber nun wenden, um den ersten Kontakt zu Ludwig XV. herzustellen? Kaunitz dachte an zwei Personen, an den Prinzen Conti und an Madame Pompadour. Er überließ Starhemberg die Wahl und schickte ihm zwei Briefe, einen an ihn selbst, den anderen an die noch zu bestimmende Person. Starhemberg entschloß sich auf der Stelle für die Favoritin.[24] Er hatte die Instruktion am 30. August erhalten und konnte schon am 1. September Kaunitz mitteilen, seine Demarche bei Madame Pompadour sei gut aufgenommen worden. Ludwig XV. bestimmte als seinen Vertreter bei Geheimverhandlungen mit Starhemberg den Abbé de Bernis, früher Botschafter in Venedig, wo er, nach seinen Depeschen zu urteilen, sich nicht gerade als Freund Österreichs gezeigt hatte. Bernis befand sich gerade auf Durchreise in Paris, um seinen neuen Posten in Madrid anzutreten, und Madame Pompadour bot den beiden Unterhändlern für ihr erstes Gespräch einen kleinen Pavillon auf ihrem Besitz Bellevue an.

Viel ist über dieses Treffen in Babiole schon geschrieben worden, meistens stark romantisiert. Starhemberg zeigte zunächst ein Billett der Kaiserin vor, um sich zu legitimieren, versprach bei der Ehre seiner Kaiserin und Königin, absolutes Schweigen über ihre Gespräche zu bewahren, und begann mit seinen Ausführungen. Es braucht wohl nicht extra betont werden, daß er sich dabei eng an die Instruktionen von Kaunitz hielt. Die Kaiserin gab ihrer Empörung über den Überfall Boscawens Ausdruck. Sie befürchtete das Schlimmste und würde bedauern, „wenn sie durch ihre Allianz gezwungen wäre, an einem Krieg gegen Frankreich teilzunehmen". Bevor die Dinge sich verschlimmerten, wollte sie daher den König darüber informieren, daß sie England und Preußen im Verdacht habe, eine geheime Allianz abgeschlossen zu haben. Sie dagegen sei bereit, ihre Interessen auf die Frankreichs abzustimmen. Es seien ja nur „blinde Animosität und alte Vorurteile, die sich bisher vor das für die Ruhe in Europa und die katholische Religion so wünschenswerte Opus gestellt hätten". Sie schlug vor, einen allgemeinen Plan für ein Bündnis ins Auge zu fassen. Voraussetzung sei, daß der König von Frankreich auf seine Allianz mit dem König von Preußen verzichte; dieser sei ja ebenfalls bereit, ihn zu opfern und ein neues Bündnis mit den protestantischen Mächten abzuschließen.

Ludwig XV. muß ziemlich überrascht gewesen sein. Schon am 9. September aber überbrachte Bernis eine Antwort des Königs. Sie war sehr würdevoll und vorsichtig[25] und bedeutete in keiner Weise eine definitive Ablehnung. Der König erklärte, er könne ohne stärkere Beweise nicht nur nicht mit seinen Alliierten brechen, er könne sie noch nicht einmal eines solchen Verrats verdächtigen. Die Kaiserin möge ihm also die Beweise zukommen lassen, er sei überzeugt, sie teile seine Grundsätze. Bevor er näher auf den Plan eingehe, der ihm vorgelegt worden sei, schlug er vor, sich in einem Vorvertrag gegenseitigen Frieden zu garantieren und ihn weder direkt noch indirekt aus welchen Gründen auch immer zu brechen.

Die Verhandlungen wurden unterbrochen. Sie wurden erst nach einigen Wochen im November wieder aufgegriffen, als man sich gegenseitig zu zwei Geburten gratulierte, der Geburt einer kleinen Erzherzogin in Wien und der Geburt des dritten königlichen Enkels in Versailles: Marie Antoinette und Ludwig XVIII. Der französische König war zu der Ansicht gelangt, daß der Krieg mit England nicht mehr zu vermeiden war. Er wollte sich aber die Freiheit bewahren, ihn dort zu führen, wo es ihn gut dünkte, und sah sich daher nicht mehr in der Lage, die Neutralität Hannovers zu respektieren.[26] Im Jänner zog Ludwig XV. zu den Geheimverhandlungen seinen Außenminister Rouillé und Séchelles zu. Die Gesprächsleitung blieb weiter bei Bernis. Starhemberg führte mit Kaunitz eine doppelte Korrespondenz, eine offizielle — in deutsch, chiffriert und mit der Post — und eine geheime, die in französisch abgefaßt war und durch besondere Kuriere nach Wien gebracht wurde.[27] Seiner Ansicht nach gefährdeten zwei Dinge den Kaunitzplan: gewisse Skrupel, Preußen im Stich zu lassen (die Allianz dauerte ja noch bis 1756) und nach dem Bruch einer Teilung Preußens zustimmen zu müssen.

Aber Ende Jänner erfuhr Starhemberg durch den Botschafter Spaniens, daß „die Höfe von London und Berlin ein Übereinkommen über etwas geschlossen hätten. Gott gebe, daß sich das bestätigt!" Die Nachricht wurde tatsächlich bestätigt. Am 16. Jänner war in Westminster zwischen England und Preußen ein Vertrag unterzeichnet worden, in dem sich Friedrich II. verpflichtete, Hannover nicht anzugreifen, und England versprach, sich nicht Rußlands (mit dem es im September 1755 einen Vertrag über den Unterhalt von 55.000 Mann abgeschlossen hatte) gegen Preußen zu bedienen.

So dachte jeder nur an sich. England hatte Rußland finanzielle Hilfe versprochen, weil das den Vorwand hergab, Österreich in seiner Furcht vor Preußen zu beschwichtigen und ihm Truppen für die Niederlande abzuverlangen. Wir haben gesehen, daß Kaunitz auf dieses Spiel nicht eingegangen war.

Aber Friedrich II. hatte begriffen, daß Hannover dem König von England besonders am Herzen lag, und hatte angeboten, Hannover zu respektieren, unter der Bedingung, vor einem Angriff Rußlands sicher sein zu können. England ging also darauf ein, Friedrich II. die Garantie gegen Rußland zu verschaffen, die es Maria Theresia gegen Preußen nicht geben wollte. Trotz dieser Nebenvereinbarungen hatte auch Friedrich sicher nicht die Absicht gehabt, mit Frankreich zu brechen. Aber er mußte wissen, daß die Konsequenzen der Allianz nicht mehr einzuhalten waren; denn im Falle eines Krieges mit England konnte Frankreich nun nicht mehr von Preußen verlangen, als Ablenkungsmanöver Hannover anzugreifen. Die Franzosen gaben sich betont lässig: „Obwohl man allen Grund hat, unzufrieden zu sein, braucht man sich dennoch keine allzu großen Sorgen zu machen", sagte Bernis. Friedrich II. versuchte sogar, den französischen Botschafter L. J. Nivernais davon zu überzeugen, daß sein Vertrag mit England nur eine weitere Garantie darstelle und dem Bündnis mit Frankreich nicht zum Schaden gereiche. Er machte sogar den Vorschlag, dieses zu erneuern, wenn es demnächst abliefe.

Das ging Starhemberg entschieden zu weit. Bernis gegenüber zeigte er sich erstaunt, „daß man mit so viel Gleichgültigkeit den Verhandlungen zweier Mächte zusieht, von denen die eine bisher als der schlimmste Feind und die andere als der beste Verbündete Frankreichs angesehen wurde, ohne daß man sich an diesen Verhandlungen beteiligt, ja ohne daß man weiß, worum es geht". Tatsächlich konnten die Franzosen nur schlecht verhehlen, daß der Vertrag von Westminster ihnen höchst unangenehm war und sie nun gezwungen waren, dem österreichischen Angebot mehr Aufmerksamkeit zu schenken. Zwar waren sie nicht bereit, der Teilung Preußens zuzustimmen, aber gegen die Wiedergewinnung Schlesiens hatten sie nichts einzuwenden. Die Aussicht auf Luxemburg schien sie sehr zu reizen. Aber sie schienen sich nicht nur mit Luxemburg für Philipp begnügen zu wollen, sie wollten auch den Rest Belgiens haben. Starhemberg stellte an Bernis die Frage, welches in diesem Fall die Entschädigung für die Kaiserin sein würde, und bekam die Antwort: „Schlesien, Glatz, Parma, Piacenza und Bargeld." Das hieß, die Franzosen wollten sich den Besitz ganz Belgiens schlicht erkaufen. Starhemberg entgegnete, das könnte sie teuer zu stehen kommen, aber Bernis meinte, man verkaufe schließlich Provinzen nicht, wie man Stoff verkauft, es müßten schließlich auch politische Erwägungen in Rechnung gestellt werden, und danach entschädige Schlesien mehr als genug für den Verlust Belgiens. Das war ziemlich kühn. Die Gleichung lautete nun grob gesagt: Schlesien gegen Belgien. Das wichtigste Ergebnis dieser Vorgespräche aber war, daß die beiden Mächte feststellten, wie eng ihre Interessen gekoppelt waren, so wie Kaunitz es gehofft hatte. Auch wenn die Allianz noch nicht sofort verwirklicht werden konnte, so dachte doch keine Seite daran, die Beziehung abzubrechen. Im Gegenteil: Am 1. Mai 1756 wurde in Jouy, dem Besitz Rouillés (offiziell in

Versailles), zwischen Österreich und Frankreich ein Vertrag abgeschlossen, in dem drei Vereinbarungen getroffen wurden. Die ersten beiden garantierten die Neutralität Belgiens und die jeweiligen Besitzungen der Vertragspartner, die dritte war geheim und versprach die Bereitstellung von 24.000 Mann oder einer entsprechenden Geldsumme für den Fall, daß einer der Vertragspartner durch eine dritte Macht angegriffen würde.

Die Annäherung der beiden Mächte war übrigens ganz Europa bekannt. Man wußte allerdings nicht genau, wie weit sie ging. Friedrich II. empfahl Knyphausen, seinem Botschafter in Paris, sich an Madame de Pompadour zu halten: „Versuchen Sie, der Pompadour zu schmeicheln; vielleicht läßt sie sich gehen und plaudert aus, was die Minister aus Klugheit verschweigen. Vielleicht ist sie es, die wieder alles in Ordnung bringt.“[28] Später sollte er noch weiter gehen und vorschlagen, ihr ein souveränes Fürstentum, nämlich Neuenburg (Neuchâtel), anzubieten, wie man es schon für Madame des Ursins im Sinn gehabt hatte.

Kaunitz hatte keinen Anlaß dafür gesehen, der Regierung in London seine Versuche, sich mit Frankreich ins Einvernehmen zu bringen, zu verheimlichen. Der englische Botschafter in Wien, Keith, warf daraufhin Maria Theresia vor, an ihren alten Bündnissen Verrat üben zu wollen. Maria Theresia antwortete ihm darauf klipp und klar, nicht sie, sondern der englische Hof habe das Bündnis gebrochen, indem er mit dem König von Preußen einen Vertrag abgeschlossen habe. Der König von Preußen und sie aber seien so unversöhnliche Gegner, daß sie niemals Partner einer Allianz sein könne.

Keith hatte daraufhin um die Erlaubnis gebeten, ihr einige Worte ganz privat sagen zu dürfen. Er sei empört, beobachten zu müssen, wie sie sich in die Arme Frankreichs, ihres Erbfeindes, würfe. Aber die Kaiserin, die bei derartigen Gesprächen mit ausländischen Ministern niemals die Ruhe verlor, antwortete kühl: „Ich werfe mich nicht in die Arme Frankreichs, ich stelle mich nur an seine Seite.“ Sie habe bisher keine Abmachung mit Frankreich unterschrieben. Und das war buchstäblich wahr; denn das Gespräch mit Keith fand am 19. Mai statt, und der am 1. Mai abgefaßte Vertrag war noch nicht ratifiziert und wartete auf ihrem Schreibtisch auf die Unterschrift. Was aber auch kommen möge, sie verspräche ihm, daß sie nichts unterschreiben werde, was gegen das Interesse seines königlichen Herrn sein könne. Und damit sprach sie keine Lüge aus; denn sie hatte tatsächlich nicht vor, England zu schaden, auch wenn sie ihm immer weniger freundlich gesinnt war. Sie gab sich später große Mühe, die französischen Truppen von einem Angriff gegen Hannover abzubringen. Aber durch die Versöhnung mit Frankreich, sagte sie zum Abschluß des Gesprächs, habe sie es nur mehr mit zwei Feinden zu tun: mit Preußen und der Pforte.[29]

Einige Stunden später unterschrieb sie den Vertrag und sagte, noch nie habe ihr eine Unterschrift so viel Vergnügen bereitet.

Kurz darauf begann man in Böhmen, die Regimenter zusammenzuziehen. Friedrich II. schloß daraus, daß er demnächst angegriffen würde, und verlangte Aufklärung von der Kaiserin. Diese wurde ihm verweigert: Sie habe niemandem Rechenschaft über das zu geben, was sie in ihren Königreichen für richtig hielte. Friedrich II. ging daraufhin in die Offensive, übernahm das Kommando seiner Armee und ließ am 29. August seine Truppen in Sachsen einfallen. Damit brach er ohne Kriegserklärung in ein fremdes Land ein, weil es ihm den Weg nach Böhmen versperrte. Unter dem Vorwand, einem Angriff zuvorkommen zu müssen, hatte er sich selbst zum Angreifer gemacht. Über diesen Entschluß ist viel diskutiert worden. Wie konnte er, der Autor des „Antimachiavel", behaupten, er habe kein anderes Mittel gehabt, die gegen ihn gerichtete Offensive abzuwenden? Zweifellos beging er damit eine Handlung, die das alte deutsche Recht, zum Beispiel die „Constitutio Westfalica" von 1648, deutlich verletzte, und setzte seine Untertanen nicht nur dem Krieg mit Österreich, sondern auch mit Frankreich und Schweden, den Garantiemächten für den Westfälischen Frieden, aus. Insofern hatte er recht: In Wien wurde tatsächlich seine Vernichtung geplant. Aber die Details der gegen ihn geschmiedeten Allianz waren ihm noch unbekannt, und im übrigen gab es ja vorläufig nur einen Neutralitätsvertrag mit einer Defensivklausel. So stürzte er sich selbst kopfüber in diesen Krieg, der sieben Jahre dauern sollte, und zog ganz Europa mit hinein. Dabei hatte es gerade so ausgesehen, als bräche eine Epoche der Prosperität und kulturellen Blüte an. Gerade er, der einer der intelligentesten und kulturvollsten Monarchen seiner Zeit war, mußte den Schaden doch klar erkennen, den ein Krieg den Völkern Europas zufügen würde.[30]

Nach dem überraschenden Einfall in Sachsen gelang es Friedrich II., Dresden zu besetzen. Der Kurfürst und König von Polen, August III., konnte gerade noch rechtzeitig mit seinen Söhnen die Flucht ergreifen und verbarrikadierte sich mit 18.000 Mann in einem Lager bei Pirna. Hier wartete er auf Hilfe aus Böhmen. Der österreichische General Browne, der mit 30.000 Soldaten — und nicht mit 70.000, wie man in Wien behauptete — bei Kolin stand, wollte ihm denn auch sofort zur Hilfe kommen. Aber er erhielt den Befehl, keine Schlacht zu riskieren, bevor er nicht Verstärkung in Form von Artillerie und von ungarischen Reiterregimentern bekommen habe. Auf diese Art zum langsamen Manövrieren gezwungen, wurde er am 1. Oktober im Elbtal bei Lobositz von einer preußischen Armee unter dem Befehl Friedrichs II. überrascht. Der Kampf dauerte von sieben Uhr früh bis drei Uhr nachmittag und endete mit der Flucht der österreichischen Truppen. Die preußischen Verluste waren jedoch höher als die der Österreicher. Dieses Desaster verzögerte nun wieder die Hilfsaktion in Sachsen, und die in Pirna Eingeschlossenen kapitulierten am 14. Oktober. August III. hatte sich vor der Übergabe mit seinen Söhnen befreien können und war auf dem Weg nach Polen.

Inzwischen waren auch noch andere preußische Einheiten über Glatz nach Böhmen einmarschiert und hatten Nachod besetzt. Sie konnten sich aber nicht halten und mußten vor den Angriffen der ungarischen Kavallerie weichen. Am 28. Oktober war das Königreich Böhmen wieder frei. Nun galt es, sich auf die Kampagne im Frühjahr vorzubereiten.

Die Defensivklausel des französisch-österreichischen Vertrags vom 1. Mai zwang nun die französische Regierung, ihrem Verbündeten beizustehen. Maria Theresia durfte zwischen Soldaten oder Geld wählen und entschied sich aus Prestigegründen für Soldaten. Aber wo sollte man sie nun einsetzen? Um das zu entscheiden, kam im Winter Marschall Estrées nach Wien und versuchte einen Operationsplan aufzustellen.

Die Franzosen befanden sich seit dem 9. Juni im Krieg mit England. Vorher hatten sie mit der Besetzung Menorcas einen großen Erfolg errungen und wollten nun im Frühjahr Hannover angreifen, während die österreichischen Truppen mit ihren Offensiven in Sachsen und Schlesien beginnen sollten. Aber dieses Projekt stieß beim Hofkriegsrat auf energischen Widerstand. Der Kaiser hatte nämlich auf dem Reichstag zu Regensburg erreicht, daß Friedrich des ungerechtfertigten Einfalls in einen Staat des Reiches für schuldig erklärt wurde. Wenn nun die Franzosen in Hannover einfielen, hätten sie sofort die deutsche Öffentlichkeit gegen sich gehabt, und Hessen und Braunschweig würden ihnen zirka 20.000 Mann entgegenstellen. Es war besser, die französischen Truppen durch Deutschland und das Vogtland nach Sachsen marschieren zu lassen, um hier die österreichische Offensive zu unterstützen. Dem setzte Estrées entgegen, daß das Vogtland und Sachsen arm an Nahrungsmitteln seien und man daher gezwungen sein werde, die von den Preußen besetzten Städte zu belagern. Schließlich einigte man sich darauf, eine französische Armee in Richtung Düsseldorf und die westlichen preußischen Besitzungen zu schicken, die andere in Richtung Elbtal und Magdeburg. Das Problem der Entfernung, das sich schon in der Vergangenheit als äußerst schwierig gezeigt hatte, als die Franzosen als Feinde die österreichischen Länder heimsuchten, stellte sich nun wieder aufs neue, als es darum ging, die Feinde von einst zu unterstützen.

In Versailles stellte man hingegen Überlegungen an, wie man sich noch enger mit Österreich alliieren könnte. Gegen den Rat seiner Minister war Ludwig XV. jetzt bereit, die Teilung Preußens vorzusehen. Aber nur, wenn Österreich zustimmte, Englands Macht auf dem Kontinent zu beschneiden. „Es war ganz Europa bewußt“, schreibt die französische Regierung, „daß der König von Preußen niemals zu einer so offenkundigen Aggression ohne das Einverständnis Englands geschritten wäre ... so daß der Londoner Hof mit Recht als eine der wichtigsten Ursachen dieses Krieges angesehen werden darf ...“[31]

Aber der Wiener Hof wollte dennoch nicht mit England brechen. Kaunitz strebte an, mit Frankreich über den Defensivvertrag hinaus einen Offensivvertrag abzuschließen, der es ermöglichen würde, mit Preußen in einem Feldzug fertig zu werden. Außerdem war man gerade dabei, mit Schweden eine Koalition zu bilden, das bereit war, Pommern anzugreifen, um es wieder in seinen Besitz zu bringen. Noch wichtiger war, daß nun auch Rußland in die Schranken trat. Mit den Vereinbarungen vom 11. Jänner und 2. Feber 1757 beteiligte es sich am Verteidigungsvertrag von Versailles und versprach Österreich im Krieg gegen Preußen beizustehen, 80.000 Infanteristen, 15 bis 20 Linienschiffe und Galeeren zu liefern und keinen Frieden zu schließen, bevor sich nicht Schlesien und Glatz wieder im Besitz der Kaiserin befänden. Dazu benötigte Rußland allerdings nicht unerhebliche Subsidien von Frankreich und Österreich. Wenn Frankreich wirklich nun auch dieser kontinentalen Allianz beiträte, dann war anzunehmen, daß der König unter dem erdrückenden Übergewicht der Feinde bald zusammenbrechen müßte.

Aber Frankreich hatte bereits die Last des Seekriegs mit England zu tragen und mußte Truppen nach Indien und Nordamerika entsenden, so daß die Parlamente, welche bereits wegen religiöser Fragen mit der Regierung im Streit lagen, die neuen Steuerforderungen verweigerten und natürlich damit beim Volk auf Unterstützung rechnen konnten.

Die Pariser ärgerten sich ohnedies schon über den Luxus der Reichen, über die Favoritin des Königs und die nicht abreißenden Feste in Versailles, die angesichts der schweren Lasten, die dem Volk aufgebürdet wurden, ein Skandal waren. Am 5. Jänner 1757 wurde auf Ludwig XV. ein Attentat verübt. Er wurde zwar nur leicht verletzt, glaubte aber fest daran, sterben zu müssen. Das sonst so rebellische französische Volk erwies sich in dieser Stunde als loyal: Der König gewann sein Ansehen wieder, versöhnte sich mit dem Parlament und wechselte einige Minister aus. Und gerade die Minister, die gehen mußten, d'Argenson und Machault d'Arnouville, waren die Gegner des neuen Allianzsystems gewesen. Bernis, der seit dem 2. Jänner die Außenpolitik leitete, blieb im Amt. Auch die Marquise verlor nichts an Einfluß, so daß die österreichische Allianz, um die sich Starhemberg bereits Sorgen gemacht hatte, sogar mehr Chancen als vorher hatte. So wurde am 1. Mai 1757 der zweite Vertrag von Versailles unterzeichnet. Frankreich versprach, Österreich gute 130.000 Mann zu stellen oder auf seine Kosten zu unterhalten, sicherte Österreich eine jährliche finanzielle Unterstützung von 12 Millionen Gulden zu und versprach, den Krieg nicht zu beenden, bevor die Kaiserin-Königin Schlesien und Glatz zurückerobert hätte. Dann, aber erst dann hatte das Haus Österreich seine Gegenleistungen zu erbringen, nämlich die Herrschaft über mehrere Städte in Belgien. Der Rest der Provinz sollte an Philipp abgetreten werden im Austausch gegen seine italienischen Herzogtümer. Frankreich versprach außerdem, sich für die Wahl des Erzherzogs Josef zum römischen König und für die Heirat des Erzherzogs Leopold mit der Erbin Modenas einzusetzen.

Jugendbildnis Maria Theresias (ca. 15jährig), Ölgemälde von A. Möller (um 1727).

Maria Theresia mit dem jungen Erzherzog Josef am Arm vor ungarischen Magnaten. 11. September 1741. Stich von Aquilin Schad.

Franz Stephan von Lothringen, Gemahl Maria Theresias. Als Kaiser Franz I., als Herzog von Lothringen Franz III. Stich von F. L. Schmutzer nach einem Gemälde von Martin van Meytens.

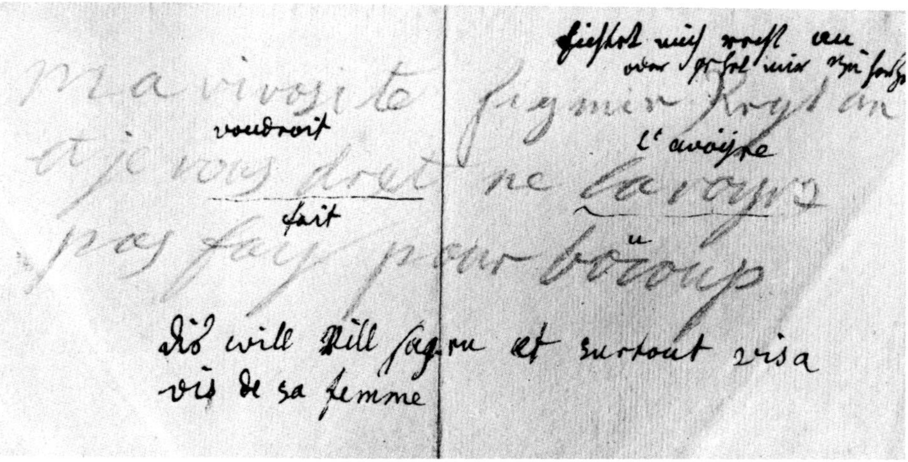
ma vivosite voudroit a je vous doit fait pas fay pour bōoup
l'avoixe ne lavoys
dos will still sagen et surtout visa vis de sa femme

Billet Kaiser Franz' I. an Maria Theresia.

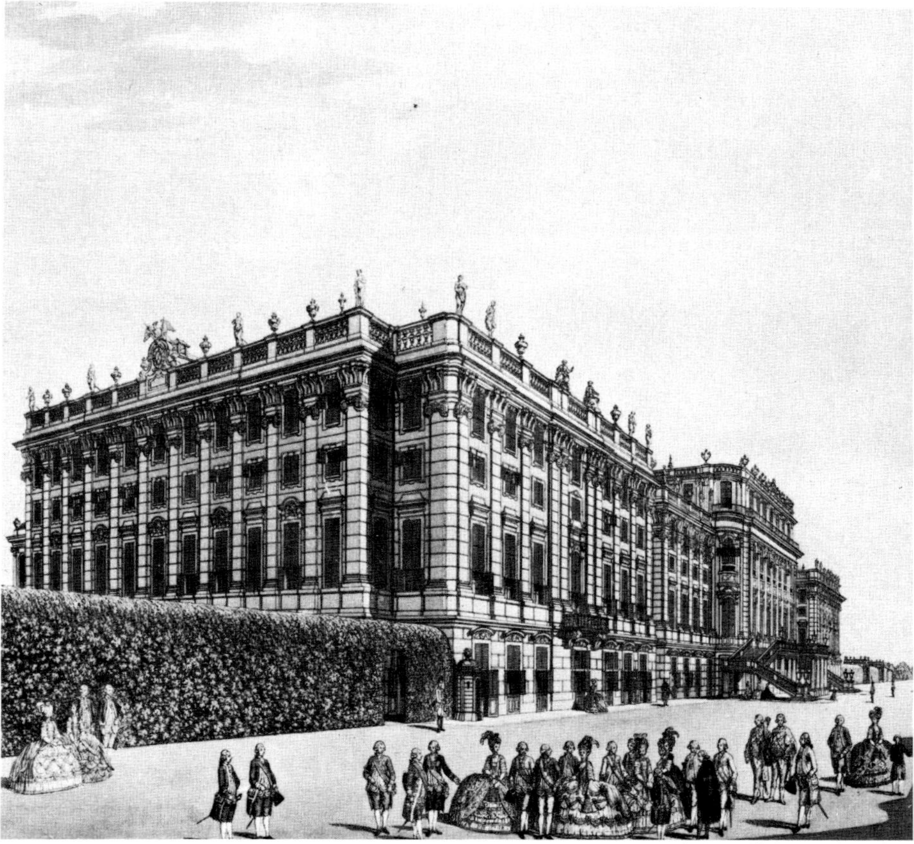

Die Sommerresidenz der österreichischen Herrscher: Schönbrunn. Stich von K. Schmitz.

Erbhuldigungsfestzug für Maria Theresia am 22. Juni 1740.

Festlicher Einzug Maria Theresias in Prag am 29. April 1743. Stich nach einer Zeichnung von Josef Dietzler.

Maria Theresias Gegenspieler König Friedrich II. von Preußen in der für ihn vernichtenden Schlacht bei Kunersdorf am 12. August 1759. Stich von Johann Samuel Ringck.

Wolfgang Amadeus Mozart als Sechsjähriger in Schönbrunn vor dem Kaiserpaar und Erzherzog Josef. Gemälde von Eduard Ender.

Maria Theresia schreibt an ihre Tochter Erzherzogin Maria Karolina.

Das Kaiserpaar mit den drei jüngsten Kindern (Ferdinand, Maximilian und Marie Antoinette) bei der Nikolo-Bescherung. Gemälde von Erzherzogin Marie Christine.

Maria Theresia in Witwentracht, die sie bis zu ihrem Tod getragen hat. Aquarell von Karl Russ.

Dies war ein immenser Erfolg für Kaunitz und Starhemberg. Und Kaunitz äußerte seine Genugtuung, indem er Starhemberg aufs herzlichste gratulierte. „Sie müssen aber zugeben", schrieb er, „daß Ihnen das Glück treuer war als mir und Ihnen die Männer zugeführt hat, die Sie brauchten. Was hätten Sie ohne die Herren Belle-Isle und Bernis gemacht?" Um einiger belgischer Städte willen und eines allerdings großen Fürstentums für Philipp erklärte sich Frankreich zu enormen Opfern an Menschen und Geldmitteln bereit, zu einer Zeit, da es selber für seinen See- und Kolonialkrieg beides bitter nötig hatte. Der neue Botschafter in Wien, Graf Choiseul, hielt denn auch nicht mit seiner Kritik zurück. Der Vertrag sei für Frankreich verheerend, äußerte er, Frankreich hätte sich Belgien übereignen lassen müssen, ohne daß daran die Bedingung der Zurückeroberung Schlesiens geknüpft sei. Ohne Zweifel nahm Ludwig XV. an, daß die Koalition den König von Preußen bald in die Knie gezwungen haben würde. Alles hing demnach von einem schnellen Sieg ab. Aber gerade der wollte sich nicht einstellen. Frankreich hatte jahrelang zwei Kriege zu führen, den Kontinentalkrieg an Österreichs Seite gegen Preußen und den Seekrieg gegen England. Es war dies der erste große Weltkrieg der Neuzeit.

In der westeuropäischen Geschichtsschreibung wird die irrtümliche Ansicht vertreten, Österreich hätte keine guten Soldaten und Offiziere in den Krieg gegen Preußen geschickt, so daß das militärische Genie Friedrich II. leichtes Spiel gehabt hätte.

Aber die österreichischen Generale, die zum Teil irischer Abstammung waren (Lacy, Laudon, O'Donnell), haben sich durchaus als gute Taktiker bewiesen; im König von Preußen trafen sie jedoch auf einen ungewöhnlich fähigen Gegner, der aus den verzweifeltsten Lagen noch etwas herauszuholen verstand. Immer wieder überraschte er die noch einer traditionellen Kriegsführung verhafteten Generale mit neu erfundenen Methoden, die ihrerseits bald Schule machen sollten. Was nun die Soldaten anging, so kamen sie aus allen Teilen der Monarchie: Ungarn, Kroaten und Soldaten von der Militärgrenze stellten die Kavallerie, Böhmen und Österreicher die Infanterie. Sie zeigten ebenso viel Ausdauer wie Mut. Nur so ist zu verstehen, daß die Kämpfe, wenn die Entscheidung nicht gleich am Anfang fiel, sich oft lange hinzogen und daß die Schlachten nie mit der totalen Vernichtung des Gegners endeten, sondern nur mit der Auflösung und Flucht eines der beiden Heere. Es war ein harter Krieg, der sich besonders in Schlesien und Sachsen abspielte, aber auch in Böhmen und Nordmähren zu spüren war, während Ungarn, Mailand und Belgien ganz verschont blieben. Allerdings fehlte der Koalition des Hauses Österreich, der deutschen Fürsten, der französischen Hilfsarmee und Rußlands ein gemeinsamer Oberbefehl oder wenigstens die Gabe, die unter Alliierten unvermeidlichen Rivalitäten zu begraben. Maria Theresia beging zudem den großen Fehler, den Oberbefehl über die österreichischen Truppen

Karl von Lothringen anzuvertrauen und die Mißerfolge seiner letzten Kriegführung den unglücklichen Umständen zuzuschreiben. Familiensolidarität und persönliche Sympathie hatten sie anscheinend für die militärische Schwäche dieses Hofmannes blind gemacht, dessen einzige Qualifikation darin bestand, der Bruder des Kaisers und (schnell getrösteten) Witwers der Erzherzogin Maria Anna, der Lieblingsschwester der Kaiserin, zu sein.

So nahm Karl von Lothringen den Aufmarsch der preußischen Truppen entlang der Nordgrenzen Böhmens nicht ernst und hielt sie für Täuschungsmanöver. Mitte April drangen die Preußen auf vier Straßen ins Land, plünderten die für die Offensive in Schlesien vollgestopften Magazine, zwangen die österreichische Armee zum Rückmarsch und brachten ihr vor den Toren Prags, in Stěrboholy, eine schwere Niederlage bei. Vollkommen fassungslos flüchtete Karl von Lothringen, anstatt dem Rat des tödlich verwundeten Generals Browne zu folgen, sich mit der noch intakten Armee Dauns zu vereinigen, mit 50.000 Mann in die Stadt Prag und bereitete sich am 6. Mai unter dem heftigen Beschuß der preußischen Artillerie auf die Belagerung vor. Maria Theresia traf die Nachricht schwer. Sie richtete die dringendsten Durchhalteappelle an die Besatzung und beschwor die Belagerten, sich dem Beispiel würdig zu erweisen, das vor sechzehn Jahren die Franzosen gegeben hatten. Aber dabei ließ sie es nicht bewenden. Sie brachte Feldmarschall Daun dazu, daß er am 18. Juni Friedrich II. im Osten Prags zur Schlacht von Kolin herausforderte und einen brillanten Sieg über ihn erfocht. Der König von Preußen mußte die Belagerung von Prag aufheben und sich schließlich ganz aus Böhmen zurückziehen. Um dem Ereignis Unsterblichkeit zu verleihen, gründete Maria Theresia den Maria-Theresien-Orden und verlieh ihn zum ersten Mal dem Feldmarschall Daun. Der Orden blieb bis zum Ende der Monarchie die höchste Auszeichnung für die Offiziere und besten Soldaten der zahlreichen österreichischen Kriege. Am 1. Jahrestag der Schlacht von Kolin sandte die Kaiserin dem Sieger die berühmte Botschaft, in der sie ihn halb mittelalterlich, halb romantisch als ihren persönlichen Ritter ansprach und beglückwünschte: „Dem 18ten, Geburtstag d. Monarchie. Lieber Graf Daun, unmöglich könnte ich den heutigen großen Tag vorbeigehen lassen, ohne ihme meinen gewissen herzlichsten und erkenntlichen Glückwunsch zu machen. Die Monarchie ist ihm seine Erhaltung schuldig und ich meine existence meiner schönen und lieben Armee und mein einzigen liebsten Schwagern. Dies wird mir gewiß so lang als ich lebe, niemalens aus meinem Herzen und Gedächtnis kommen, au contraire, mir scheint, daß es jährlich mir frischer und sensibler ist, und daß niemalens selbes genug an ihme und denen Seinigen werde erkennen können. Dies ist der Tag auch, wo mein Namen auch vor das militaire sollte verewigt werden, auch seiner Händ Werke und ist er wohl billig leider mit seinem Blut mein erster chevalier worden. Gott erhalte ihme mir noch lange Jahr zum Nutzen des Staates, des militaire und meiner Person als meinen besten, wahrsten, guten Freund, ich bin gewiß, so lang als ich lebe, seine gnädigste Frau Maria Theresia."[32]

Noch heute nimmt die Statue Dauns beim Denkmal der Kaiserin in Wien, wo sie sich umringt von den Dienern ihrer Regierung zeigt, den Ehrenplatz ein. Daun war fortan der Mann des 18. Juni 1757, und das war für den Fortgang des Krieges gar nicht so günstig; denn der Held war unberührbar geworden. Nach vielem Hin und Her, und weil sie schließlich nicht mehr anders konnte, setzte die Kaiserin Karl von Lothringen ab und ernannte Daun zum Oberbefehlshaber der Armee. Aber nun zeigte er sich plötzlich als langsam und entscheidungsschwach, während sich an seiner Seite Lacy und Laudon als hervorragende Taktiker entpuppten. Maria Theresia konnte sich aber nicht entschließen, ihnen das Kommando zu übertragen. Vielleicht, weil sie beide Ausländer waren, sicher, weil es ihr unmöglich erschien, den, der in schwerer Stunde alles gerettet hatte, in Ungnade fallen zu lassen.

Im Oktober 1757 startete Maria Theresia eine neue Offensive in Schlesien: Sie wollte Schweidnitz und das „häßliche Breslau" erobern, einmal um Winterquartiere zur Verfügung zu haben, zum andern, um in zukünftigen Verhandlungen besser dazustehen.[33]

Zur selben Zeit trieb General Andreas Graf Hadik mit seinen Reitern einen Keil nach Berlin. Er drang in die Stadt ein, verbot zu plündern und forderte statt dessen eine Kriegskontribution. Dann beeilte er sich, die Stadt wieder zu verlassen, weil er fürchtete, von dem heranrückenden König von Preußen von seinen Stützpunkten abgeschnitten zu werden.

Wie sah es nun an den anderen Fronten des Krieges aus? In Westdeutschland hatten die Franzosen unter Marschall Richelieu Hannover erobert und nahmen im September im Kloster Seven die Kapitulation der Armee des Herzogs von Cumberland entgegen. Cumberland, der Sohn des Königs von England, verpflichtete sich, an diesem Krieg nicht mehr teilzunehmen. In Westpreußen hatten die Russen unter Marschall Apraxin in Groß Jägerndorf eine preußische Armee geschlagen. Aber der Sieg blieb so ungenutzt, daß man von Verrat sprach; denn der Thronfolger, Großfürst Peter, war ein Bewunderer Friedrichs II. Die Schweden schienen zunächst in ihrer Offensive in Pommern den Erfolg auf ihrer Seite zu haben, aber wegen mangelnder Koordination mit der Armee Richelieus mußten sie sich bis nach Stralsund zurückziehen.

Anfang November gelang es Friedrich II., in Roßbach in Sachsen die kaiserliche Armee unter dem unfähigen Herzog von Sachsen-Hildburghausen und die französischen Truppen unter Marschall Soubise zu schlagen.

Diese Niederlage erregte in ganz Europa Aufsehen und blieb nicht ohne Wirkung auf die Stimmung in Frankreich. Hier fragte man sich, sofern man sich nicht offen für den König von Preußen deklarierte, welchen Sinn dieser Krieg und dieses Bündnis haben sollten. Für Maria Theresia wurde die französische Niederlage durch die Einnahme von Schweidnitz und von Breslau wieder ausgeglichen, die ihr sehr am Herzen gelegen war. Aber das Schlimmste kam erst noch: Im Dezember traf Friedrich auf seinem Marsch nach Breslau zwischen Leuthen und Lissa auf die österreichische Armee unter Karl von Lothringen und Daun. Wieder wußte er seine Gegner über seine Absichten zu täuschen und überraschte die Kavallerie des ungarischen Generals Nádasdy in einer schwachen Position. In der von ihm erfundenen und später so berühmten schrägen Schlachtordnung zwangen seine Truppen die ungarische Kavallerie zum Rückzug und warfen sich in voller Wucht auf die österreichischen Regimenter, die bald in Panik flüchteten. Auf österreichischer Seite belief sich die Verlustziffer auf 20.000 Mann, davon waren 7000 tot und verwundet. Außerdem hatte man 116 Kanonen und 51 Fahnen verloren. Die Preußen hatten dagegen nur 6000 Mann verloren. Für die Kaiserin war das ein schwerer Schlag.

Das gemeinsame Ziel der Alliierten, Friedrich II. mit einem Schlag zu vernichten, war also nicht erreicht worden. Der preußische König hatte, wenn auch mit gewaltigen Opfern, der ganzen Welt die Stirn geboten, das Jahr mit zwei glänzenden Siegen abgeschlossen und sich als genialer Feldherr bewährt. Entweder mußte ein neuer Feldzug vorbereitet oder Friede geschlossen werden. Das erstere erforderte immense Anstrengungen: Man mußte die Regimenter reformieren, Rekruten ausheben und ausrüsten und die Munitions- und Nahrungsmittellager auffüllen. Woher das Geld nehmen?

Zu Beginn des Krieges hatte Maria Theresia Kredite bei Genueser Bankleuten aufgenommen und von ihren Untertanen Steuervorauszahlungen für mehrere Jahre erhalten. Mehr denn je war sie jetzt dennoch auf französische Hilfe angewiesen. Aber auch Friedrich II. befand sich in Geldnöten. Da ihm nur England helfen konnte, unterschrieb er jetzt einen neuen Vertrag mit England.

Die beiden Seemächte England und Frankreich kämpften erbittert um ihre Kolonien in Kanada und Indien und um die als Zuckerlieferanten begehrten Antillen. Daneben noch aktiv einen Krieg auf dem Kontinent zu unterstützen, in dem es um das Schicksal zweier fremder Staaten und um die Vorherrschaft des einen oder des anderen im Reich ging, überstieg langsam auch ihre Kräfte.

In Frankreich versicherte Bernis zwar, es würde weiter Krieg geführt, aber unter der Hand suchte er schon nach einem geeigneten Ausweg aus dem Krieg. Seinen Botschafter in Wien, Choiseul, konnte er weder mit seinen öffentlichen Erklärungen noch über seine geheimen Absichten täuschen. Choiseul selbst hatte auch seine Zweifel an der österreichisch-französischen Allianz, andererseits bewunderte er den Kaiser, Kaunitz und besonders die Kaiserin wegen ihres Mutes und ihrer ungewöhnlichen Kraft. Er hielt es für notwendig, den Kampf fortzusetzen, umso mehr weil er glaubte, daß England über kurz oder lang friedenswillig sein würde. Davon war man freilich noch weit entfernt;

denn Pitt, der sich im Juni 1757 im Kabinett behaupten konnte, trat für die Weiterführung des Krieges ein und war von heftigster Animosität gegen Frankreich beseelt.

Die Kaiserin begann an ihrem Alliierten zu zweifeln. „Man behandelt uns wie die Kinder“, schrieb sie ärgerlich im März 1758. Sie war überzeugt, daß die Franzosen, „extrem und unzuverlässig“, wie sie nun einmal waren, nur daran dachten, ihre Truppen hinter den Rhein zurückzuziehen. Sollte Deutschland doch allein mit dem König von Preußen fertig werden! Umso unsinniger erschienen ihr die Pläne der Franzosen, in Richtung Elbe vorzustoßen; denn sie war sicher, daß niemand ihr zu Hilfe kommen würde. Die Einnahme von Schweidnitz sei, wie sie ausdrücklich betonte, zum Schutz Böhmens und Mährens notwendig gewesen. Die Wiedereroberung Schlesiens war also sichtlich in den Hintergrund getreten, das vordringliche Ziel war nur noch die Verteidigung Böhmens.

Wenn sie noch einen weiteren Teil Böhmens verlöre, schrieb Maria Theresia, dann ginge ihr nicht nur ihr bestes Menschenmaterial und Lebensmittelreservoir verloren, dann würde auch die Desertion schrecklich sein, da die Armee zu zwei Dritteln aus Böhmen bestände. Wenn Prag fiele, würden alle davonlaufen. Daher läge Österreichs Heil einzig in Rußland. Man müsse darauf dringen, daß sich die russischen Truppen in Richtung Österreich in Bewegung setzen, je schwächer Frankreich sei, umso mehr müsse man sich mit Rußland verbinden.

Worauf Kaunitz antwortete: Mit der Änderung der Bündnisse liefere man sich ja wieder den Engländern aus; denn die unglücklichste aller Situationen sei die, allein, isoliert und ohne Bündnis zu sein. „Aber waren wir nicht immer die Betrogenen und die Opfer dieses Bündnisses mit England? England hat uns im Krieg, den es nur für seine eigenen Interessen geführt hat, immer wie Söldner behandelt und hat uns sogar beim Friedensschluß betrogen, indem es diesen ohne uns und auf unsere Kosten abgeschlossen hat. Ähnliches ist uns von französischer Seite noch nicht widerfahren.“[34]

Dank Kaunitz' und in gewissem Sinn auch Choiseuls hielt man sich also weiter an die Allianz mit den Franzosen. Und die französische Regierung steckte vorläufig ihre Friedensgelüste wieder zurück, stellte aber ausdrücklich fest, lange könne sie sich nicht mehr an die Abmachungen von 1757 halten. Als Friedrich II. in Mähren einmarschierte und Olmütz zu belagern begann, versprach Versailles, 30.000 Mann zu Hilfe zu schicken. Mittlerweile aber hatte die französische Armee bei Krefeld am Niederrhein eine Niederlage einstecken müssen, und nun kreuzte die englische Flotte vor St. Malo auf. Darauf entband Maria Theresia ihren Verbündeten seiner Versprechen. Sie selbst weigerte sich, Wien zu verlassen, bevor die Gefahr nicht noch größer würde, und verkündete nicht ohne Ironie, sie würde sich gegebenenfalls dem König von Preußen zum Zweikampf stellen.

Aber Daun gelang es, Olmütz zu befreien. Friedrich zog mit seinen Truppen quer durch Böhmen nordwärts ab; denn inzwischen waren die Russen in Westpreußen eingefallen. Da Daun zögerte, ihn bei seinem Rückzug anzugreifen, erreichte Friedrich die russische Armee bei Zorndorf und konnte ihr eine schwere Niederlage beibringen. Dann wendete er sich wieder nach Sachsen, wo inzwischen Daun eingedrungen war, und hier war es nun an Friedrich, eine Niederlage einzustecken: Daun schlug ihn am 14. Oktober bei Hochkirch. Der österreichische Feldmarschall hatte sich entschlossen, die Preußen vor der Morgendämmerung anzugreifen, und konnte nach heftigen Kämpfen die Preußen zum Rückzug zwingen. Friedrich II. hatte einige seiner besten Offiziere verloren, etwa 9000 Soldaten, eine Menge Kanonen und einen Teil seiner Verpflegung. Aber nach Augenzeugenberichten gelang ihm „der schönste Rückzug der Welt", und schon nach vier Tagen zwang er Daun, der ihn nicht verfolgt hatte, wieder in die Defensive.[35] Der Versuch der Österreicher, Dresden zu umzingeln und zu erobern, mißlang, da der preußische General Schmettau, welcher die Stadt besetzt hielt, die Vorstädte anzünden ließ.

So konnte trotz der heftigsten Anstrengungen auf beiden Seiten kein entscheidendes Resultat erreicht werden.

Aber Maria Theresia bestand hartnäckig darauf, den Kampf fortzusetzen. Zu jenem Datum hoffte sie noch, daß die Vereinigung ihrer Armeen mit den russischen den König von Preußen endgültig in die Knie zwingen würde, und sie fürchtete nichts so sehr, wie von den Franzosen in Friedensverhandlungen gezogen zu werden. Bernis gab sich denn auch alle Mühe. Als man ihm aber den so heiß begehrten Kardinalshut anbot, räumte er seinen Ministerstuhl seinem designierten Nachfolger Choiseul, dem jetzigen Herzog von Stainville. In Wien hatte er versucht, die Allianz zu retten, jedoch zu weniger belastenden Bedingungen für sein Land. Einer der ersten Akte als Minister war nun Ende 1758 und Anfang 1759 die Ausarbeitung eines neuen Vertrages, der praktisch alle Vereinbarungen des Vertrages von 1757 annullierte.

Der König von Frankreich versprach der Kaiserin Hilfstruppen in der Stärke von 24.000 Mann oder Geldmittel in der Höhe von dreieinhalb Millionen Gulden anstatt der ursprünglichen sieben Millionen. Er versprach auch, Schweden und Sachsen finanziell zu unterstützen. Außerdem verpflichtete er sich, 100.000 Mann in Deutschland zum Schutz der Kaiserin und der anderen Staaten des Reiches zu stationieren und sein Bestes zu tun, damit Schlesien und Glatz wieder in den Besitz Österreichs kämen. Dagegen war von Belgien und der Etablierung Philipps nicht mehr die Rede: Es genügte, daß Österreich seine Rechte auf Parma und Piacenza den Bourbonen überschrieb. Schließlich verpflichteten sich noch beide Mächte, keinen Frieden und Waffenstillstand ohne vorherige Absprache zu unterzeichnen. Wenn also Frankreich mit England Frieden schließen wollte, dann müßte es sich vergewissern, daß der

König von Preußen bereit wäre, der Kaiserin entgegenzukommen, oder daß zumindest England ihm kein Geld mehr zur Verfügung stellen würde.

Was bedeutete nun der neue Vertrag für beide Seiten? Choiseul bot er den Vorteil, daß Frankreich weniger zu zahlen hatte und dennoch der Krieg auf dem europäischen Kontinent weiterging als der englischen Politik hinderlicher Abszeß. Frankreich konnte nun voll in den Krieg gegen England einsteigen: Für 1759 plante Choiseul die Landung französischer Schiffe in englischen Häfen parallel zu einem jakobitischen Aufstand in Schottland zugunsten des Stuart-Thronprätendenten Karl Eduard. Und natürlich wollte er England in Nordamerika, in den Antillen und in Indien besiegen. Die Verwirklichung dieser Projekte war es seiner Meinung wert, auf Belgien zu verzichten.

Die 1757 getroffenen Vereinbarungen über Ostende und Nieuwport galten für die Dauer des Krieges weiter.

Auf österreichischer Seite hoffte man dagegen, den König von Preußen mit Hilfe der russischen Armeen schlagen zu können. Die Franzosen sollten die rheinischen Besitzungen des preußischen Königs erobern, die Schweden in Pommern einmarschieren, die Russen in Westpreußen und die Österreicher Sachsen besetzen und Schlesien erobern. Das war durchaus kein unrealisierbarer Plan, und außerdem kam der Vertrag auch dem dynastischen Ehrgeiz der Kaiserin entgegen: Frankreich versprach, die Wahl des Erzherzogs Josef zum römischen König und die Heirat des Erzherzogs Leopold mit der Erbin Modenas zu unterstützen, unter der Bedingung freilich, daß dieses Herzogtum niemals ein österreichisches Erbe würde.

Beide Partner garantierten die Freiheit Polens, sich seinen König selber zu wählen. Sollte jedoch die Wahl auf Sachsen fallen, dann würden sowohl Frankreich als auch Österreich ihn nach bestem Können unterstützen. Alle diese Vereinbarungen ergaben für die Kaiserin und Kaunitz ein sehr zufriedenstellendes Vertragswerk. Da Starhemberg das Verdienst zum großen Teil Madame de Pompadour zuschrieb, beschloß man, daß Maria Theresia ihr ihre Dankbarkeit durch ein kostbares Geschenk bezeigen solle. Die Wahl fiel auf ein Schreibpult aus lackiertem Holz mit Goldverzierungen, ein Meisterwerk Pariser Handwerkskunst. Es wurde eigens nach Wien geschafft, damit man ein Miniaturporträt der Kaiserin einarbeiten konnte. Die Favoritin bedankte sich für dieses aufwendige Geschenk durch einen persönlichen, vollendet formulierten Brief, der nichts mit dem lächerlichen Text gemeinsam hatte, den ihre Feinde angefertigt und unter ihrem Namen herumgezeigt hatten.[36]

Aber die schönen Pläne Choiseuls ließen sich 1759 nicht verwirklichen: In Kanada, Indien und an den französischen Küsten häuften sich die Niederlagen. Die österreichischen Armeen hatten dagegen mehr Glück. Daun und Laudon gelang es, sich mit den Truppen des russischen Generals Soltikow zu vereinen, der mit 50.000 Mann auf die Oder zumarschierte. Nicht weit von Frankfurt an der Oder trafen sie bei Kunersdorf auf die Truppen Friedrichs und fügten ihnen am 12. August eine katastrophale Niederlage zu. Als der Kurier General Dauns, Graf Kinsky, mit der Nachricht nach Schönbrunn kam, brach am Hof und in der Stadt großer Jubel aus, und im Stephansdom wurde das Te Deum gefeiert.[37] Allerdings nutzten die Sieger ihren Sieg wieder nicht so, wie sie hätten sollen, und Soltikow weigerte sich, mit Daun zusammen eine zweite Schlacht zu schlagen. So konnte der König von Preußen, der schon einen Augenblick lang alles für verloren gehalten hatte, seine Kräfte wieder ordnen und schon wenige Wochen später mit einigen Truppen in Nordböhmen einfallen und eine Reihe von Nachschublagern zerstören. Er konnte aber nicht verhindern, daß einer seiner Generale bei Maxen kapitulierte und daß die Reichsarmee Dresden wiedereroberte.

Die russische Allianz funktionierte so gut, daß die beiden Kaiserinnen nichts von Friedensgesprächen hören wollten, während Frankreich und England bereits in Holland am Verhandlungstisch saßen. Beiden Kaiserinnen ging es um gewisse Gebietserweiterungen. Zuerst war die Rede davon gewesen, daß Rußland Kurland und Semgallen bekommen sollte, aber nun verlangte Elisabeth Ostpreußen, im Falle, daß Maria Theresia wieder in den Besitz Schlesiens käme. Jetzt wurden aber die Mächte rundherum doch mißtrauisch: Die Ausweitung Rußlands nach Westen beunruhigte Dänemark so sehr, daß es sich wieder an die Seite Englands stellte. Choiseul, der anfangs die Annäherung an Rußland sehr begrüßt und Rußland als dritten Partner zum Vertrag von 1759 zugezogen hatte, fragte sich nun abermals, ob nicht Österreich, wenn Preußen einmal geschlagen war, eine zu starke Macht im Reich werden würde. Davon war Österreich jedoch noch weit entfernt. Die Situation innerhalb der Monarchie und besonders die Finanzen waren in einem so katastrophalen Zustand, daß Kaunitz durch die Gründung eines Staatsrats die Ordnung wiederherzustellen versuchte. Wir werden später darauf zurückkommen. Außerdem versuchte man durch Einsparungen dem Bankrott zu entgehen: Man schränkte die Zahl der Generale ein und strich die Gratifikationen, die ihnen als eine Art Belohnung zuzufließen pflegten.

Bei der Herstellung eines Operationsplans für das Frühjahr 1760 stellte sich heraus, daß Daun die errungenen Positionen halten und in Sachsen auf das Eintreffen der russischen Verstärkungen warten wollte, während Laudon eine Offensive in Schlesien vorschlug. Er begründete seinen Vorschlag damit, daß die Preußen schwere Verluste erlitten hatten (40.000 Mann mehr als die Österreicher) und daß die neuen Rekruten von minderer Qualität seien, während die Armeen der Kaiserin soeben ihre Ausdauer und Stärke bewiesen hätten. Laudons Argumentation überzeugte Kaunitz, und dieser überzeugte die Kaiserin.

Im Laufe des nächsten Frühjahrs gelang es Laudon, die Preußen aufs neue bei Landshut zu schlagen und die Grafschaft Glatz zu besetzen. Wenn Friedrich nicht eilends herbeigeeilt wäre, hätte er auch Breslau wieder zurückerobert. Die drei österreichischen Generale vereinigten sich nun etwas mehr nördlich und wurden bald darauf von Friedrich bei Liegnitz angegriffen. Diesmal konnte Friedrich den Sieg davontragen, und Laudon, der stolz auf seine Soldaten war, warf Daun und Lacy vor, alles verdorben zu haben, weil sie zu spät zu seiner Hilfe gekommen seien. Inzwischen aber marschierten die Russen unter General Tottleben auf Berlin zu, und Daun schickte Lacy zu ihrer Unterstützung. Friedrichs Hauptstadt wurde eingenommen und vier Tage lang (Oktober 1760) geplündert. Lacy ließ es sich angelegen sein, die Waffenfabriken von Potsdam systematisch zu zerstören, und er beklagte sich über die Russen, die ohne jede Methode die königlichen Schlösser verwüsteten und Uniformen und Tuche aus den Lagern zu einem Schleuderpreis an die Bürger verkauften.[38]

Während sich so in Sachsen und Schlesien Siege und Niederlagen abwechselten, sehnte man sich in Versailles immer mehr nach Frieden. „Was soll ich machen?" sagte Choiseul seufzend zu Starhemberg, „wir haben weder Geld, Ressourcen und eine Flotte noch Soldaten, Generale und Minister. Ich bezweifle, daß man den Krieg in dieser Art weiter fortsetzen kann, und Sie können sich darauf verlassen, daß ich mit allen mir zur Verfügung stehenden Mitteln versuchen werde, Frieden zu schließen, und zwar so bald wie möglich."[39] Maria Theresia erklärte dem französischen Botschafter in Wien, Choiseul-Praslin (Kusin und Nachfolger des Ministers), daß sie mit einem Nachbarn wie Friedrich niemals in Frieden leben könne, es sei denn, sie verbünde sich mit ihm.

Dazu habe sie nicht die geringste Lust, erklärte sie, aber wenn man sie dazu zwänge, bliebe ihr wohl nichts anderes übrig. Als ihr Choiseul-Praslin bei dieser Drohung ins Gedächtnis rief, daß die Allianz mit Frankreich für alle Ewigkeit gelte, sagte sie: „Davon ist mir nichts bekannt. Ich sehe nur, daß man in Frankreich sehr leichtfertig ist und der Dinge schnell überdrüssig." Als schließlich der Botschafter die enormen Ausgaben für die Armee Brogliés in Deutschland erwähnte, meinte sie kühl: „Ich verstehe nicht, daß Ihre Armee Sie 150.000 Millionen kostet, unabhängig von all dem, was Sie im Reich auf Kredit bekommen: Anscheinend läßt Ihr König sich bestehlen."[40]

Trotz ihrer Notlage wollte die Kaiserin die Hochzeit Erzherzog Josefs besonders glanzvoll feiern, besiegelte sie doch die erneuerte Freundschaft zwischen den Habsburgern und den Bourbonen. Die Verlobte war Isabella von Parma, die älteste Tochter der Infantin, der Ludwig XV. sehr zugetan war. Auf den großen Gemälden von Meytens in Schönbrunn kann man noch heute die prunkvolle Kavalkade der Kutschen, die Messe in der Augustinerkirche, das Bankett und die Bälle bewundern, und man denkt nicht, daß man sich damals im sechsten Jahr eines zermürbenden Krieges befand. Auch damals mochten es die Menschen für kurze Zeit vergessen haben. Umso grausamer war die Rückkehr in die Realität.

Am 3. November traf im Elbtal bei Torgau die Armee Friedrichs, die auf Dresden zumarschierte, auf die Armeen Launs und Lacys, die auf den Höhen eine recht solide Position einnahmen. Würde es jetzt endlich zur Entscheidungsschlacht kommen? Der Kampf dauerte mehrere Stunden und wurde auf beiden Seiten mit unerhörter Heftigkeit geführt. Friedrichs Pferd brach tot unter ihm zusammen, und Daun wurde so verwundet, daß er das Kommando an General O'Donnell abgeben mußte, der schon dreißig Jahre lang seine Tapferkeit der österreichischen Armee verschrieben hatte. Obwohl sein linker Flügel schwer geschwächt war, schickte Daun folgende Botschaft nach Wien: „Es geht alles nach Wunsch, wir werden siegen." Aber seine Regimenter, die die Höhen verlassen hatten, wurden in der Ebene aufgerieben, und der Abend senkte sich auf eine der schwersten Niederlagen, die Österreich in diesem Krieg einstecken mußte.

Die Kaiserin forderte Rechenschaft von Daun. Warum waren die Höhen verlassen worden? Wer trug dafür die Verantwortung? Daun antwortete ziemlich kleinlaut: „Solange ich auf dem Schlachtfeld war, haben wir die Höhen gehalten. Was dann passiert ist, weiß man nicht, man kann niemandem die Schuld geben." „Es ist nun einmal geschehen", fügte er hinzu, „Gott hat es gewollt."[41] Der Kaiserin blieb nichts anderes übrig, als ihm das Kommando zu entziehen.

Nach der Torgauer Katastrophe begann Maria Theresia daran zu zweifeln, ob dieser Krieg je zu einem siegreichen Ende führen würde. Sie kämpfte weiter, weil sie bei dem zu erwartenden Friedenskongreß eine möglichst starke Position einnehmen wollte.

1761 verlor Friedrich II. die Festung Kolberg in Pommern an die Russen. Eine andere russische Armee war auf dem Marsch nach Schlesien, um sich mit Laudon zu vereinigen. Friedrich wurde davon durch den Geheimdienst des Großfürsten Peter informiert und begab sich ebenfalls nach Schlesien, wo er sich abwartend in einem Lager verschanzte. Aber auch auf der anderen Seite rührte sich nichts, da Laudon seinen russischen Kollegen Buturlin nicht dazu bringen konnte, die Preußen anzugreifen.

Erst das Ende dieses sonst unfruchtbaren Jahres brachte Laudon noch einen Erfolg: Es gelang ihm, die Festungen von Schweidnitz zurückzuerobern, die nun ein Jahr in österreichischen Händen blieben. Ansonsten ging man Anfang 1762 bereits daran, die Regimenter zu verkleinern, weil man nicht mehr in der Lage war, für ihren Unterhalt aufzukommen. Lacy behauptete zwar, „jeder Offizier, jeder Soldat würde die Hälfte seines Soldes für die Ehre opfern, weiter dienen zu dürfen", darauf wollte man es aber nicht ankommen lassen.

So kam es zwar zu keiner großen Schlacht mehr, aber weder Österreich noch Preußen waren bereit, den Kampf aufzugeben.

Choiseul dagegen meinte, die Aussichten, mit England zu einer Verständigung zu kommen, seien nicht schlecht, und zwar aus zwei Gründen: Seit dem

Tode des spanischen Königs Ferdinand VI. regierte sein Halbbruder Don Carlos in Madrid, und dieser tendierte dazu, sich wieder mit den Franzosen zu verbünden. Er bot sich als Friedensvermittler an und war bereit, falls der Kampf weiterging, England den Krieg zu erklären.

In England war inzwischen Georg II. gestorben. Sein Nachfolger, sein Enkel Georg III., interessierte sich nur wenig für die deutschen Angelegenheiten. Er nahm Bute, seinen Erzieher aus Schottland, ins Kabinett auf, und dieser war für Frieden. Pitts Einfluß nahm immer mehr ab, und auch die Öffentlichkeit war ausgesprochen kriegsmüde. So trat zunächst einmal ein allgemeiner Friedenskongreß in Augsburg zusammen, für den Kaunitz sich eingesetzt und schließlich auch Choiseul, der lieber separate Verhandlungen wollte, dafür gewonnen hatte. Der Kaiser hoffte, hier sein Ansehen in Deutschland verbessern zu können, und die Kaiserin sah sich als Vertreterin der kleinen deutschen Fürsten, die ihr geholfen hatten und ihrer Meinung nach Belohnung verdienten. Aber der Kongreß führte zu keinen Ergebnissen. Zur gleichen Zeit aber wurde bereits in London und Versailles separat verhandelt. Die Kampfhandlungen gingen weiter. Choiseul äußerte sich dem englischen Partner gegenüber nicht gerade liebenswürdig über Österreich. Und als der Engländer sich über die Summen beklagte, die England schon für Österreich ausgegeben habe, meinte Choiseul lachend, sicher habe die Allianz mit Österreich Frankreich in noch weit größere Unkosten gestürzt. In den Instruktionen für den französischen Gesandten in London erklärte er schonungslos: „Der Wiener Hof muß begreifen, daß die finanzschwachen Mächte sich beim Friedensschluß dem Einfluß der zahlenden Alliierten zu beugen haben."[42]

Aber plötzlich trat eine Wendung ein, die so günstig für den König von Preußen war, daß er von einem brandenburgischen Wunder sprach.

Anfang 1762 starb die Zarin Elisabeth, und ihr Neffe, der Großfürst Peter, folgte ihr auf den Thron. Als Bewunderer Friedrichs II. setzte er nun alles daran, Preußen zu helfen. Nicht nur, daß er Frieden schloß und Preußen die besetzten Provinzen wieder zurückgab, er war auch bereit, die bestehenden Allianzen aufzulösen und ein Verbündeter Preußens zu werden. Daraufhin zog sich Schweden fluchtartig aus Pommern zurück. Aber die Regierung Peters III. sollte nicht lange dauern. Schon nach einigen Monaten fegte ihn eine Revolte der Garde vom Thron. Nachfolgerin wurde seine Frau, Katharina II. Sie stand Friedrich II. ganz anders gegenüber, auch wenn sie mit ihm alte familiäre und freundschaftliche Beziehungen unterhielt. Der Kelch war an Österreich vorübergegangen, es war jedoch zu erschöpft, um nicht den Frieden herbeizusehnen. Ähnlich ging es dem König von Preußen.

Während Frankreich und England ihren eigenen Frieden aushandelten, setzten sich im Schloß Hubertusburg in Sachsen die unerbittlichen Gegner zu Verhandlungen zusammen. Man war auf beiden Seiten so fest entschlossen, es nicht zu einem neuen Feldzug kommen zu lassen (Daun versicherte, ein solcher sei unmöglich), daß die Rückkehr zum Status quo beiden Seiten die beste oder zumindest die vernünftigste Lösung erschien. Die österreichischen Truppen mußten also aus den von ihnen besetzten Gebieten des Königs von Preußen abgezogen werden: So wurde die Grafschaft Glatz wieder geräumt. Was nun Schlesien anging, so mußte Österreich aufs neue seinen Verzicht auf diese Provinz erklären, die es fast wiedergewonnen hätte und jetzt nach menschlicher Sicht auf immer verlor.

Sachsen, das Friedrich II. in mancher Phase des Krieges schon in seinem Besitz gesehen hatte, wurde August III. zurückgegeben. Schließlich versprach Friedrich II., mit seiner Stimme die Wahl des Erzherzogs Josef zum römischen König zu unterstützen, so daß die habsburg-lothringische Dynastie wenigstens den Fortbestand des Kaisertitels innerhalb der Familie erreicht hatte.

Am 13. Februar 1763 wurde der Friede unterzeichnet, drei Tage nach dem Friedensschluß von Paris, der den Krieg zwischen England und Frankreich beendete, an dem sich in letzter Minute auch noch Spanien beteiligt hatte, um in wenigen Monaten Kuba und Manila zu verlieren.

Frankreich bekam die Antillen und die Insel Gorea wieder zugesprochen, verlor aber Kanada und behielt in Indien nur einige Geschäftsstellen.

Nach Ansicht Choiseuls, der seit kurzem das Marineministerium übernommen und das Außenministerium an Praslin abgegeben hatte, war dieser katastrophale Friedensschluß nicht viel mehr als ein Waffenstillstand. Die Ursachen der Feindseligkeit zwischen den beiden Kolonialmächten waren ja nicht beseitigt worden, und ebensowenig war Frankreich die Möglichkeit genommen, seine Flotte wieder aufzubauen.

Ganz anders der Friede von Hubertusburg.

Wozu war dieser Krieg gut gewesen, den Kaunitz gewollt und dem die Kaiserin zugestimmt hatte? Angesichts seiner Folgen auf internationaler Ebene haben viele Historiker den unbestreitbaren Erfolg Preußens betont und die Bildung eines Gleichgewichts zwischen Preußen und Österreich innerhalb des Reiches, den Beginn eines Prozesses, der unweigerlich zur Schwächung Österreichs und zum Aufstieg Preußens führen sollte. 1871 kulminierte diese Entwicklung in der Bildung eines zweiten Reiches unter preußischer Führung.

Schön und gut, aber so zwingend war dieser Prozeß nicht. Denn die Position der Monarchie Maria Theresias war innerhalb Europas weiterhin stark. Sie hatte erreicht, daß die Kaiserkrone weiter bei ihrer Familie blieb, sie hatte die französische Allianz retten können und war durch den Familienpakt zwischen Frankreich und Spanien mit allen Bourbonen von Madrid, Neapel und Parma verbündet. Daher muß man sich vielmehr mit der inneren Situation der Monarchie beschäftigen, um die Folgen und den Sinn des Siebenjährigen Krieges richtig beurteilen zu können.

## *Die Situation nach dem Siebenjährigen Krieg*

Wir haben gesehen, wie verlustreich die Schlacht von Torgau am 3. November 1760 gewesen war und welchen Eindruck sie in Wien hinterließ. Man nahm sie sofort zum Anlaß zu weiteren Reformen, ohne den Frieden abzuwarten; denn die Umstände trieben zur Eile: Ein neuer Feldzug mußte vorbereitet werden, ohne daß die Mittel dafür vorhanden waren. Die normalen Ausgaben der Monarchie gingen bereits weit über die sechs Millionen Steuereinnahmen hinaus, und seit Beginn der Feindseligkeiten mußte man unablässig auf Anleihen und Vorschüsse zurückgreifen, ohne daß ein Ende abzusehen war. Auf die französischen Zahlungen war nicht immer Verlaß, und man mußte damit noch Rußland unterstützen. Wenn man aber bei den militärischen Ausgaben zu sparen versuchte, verdarb man sich nicht damit die letzten Chancen auf einen möglichen Erfolg?

Kaunitz beurteilte die Situation aus der Sicht des Staatsmanns und Politikers, dem der Regierungsapparat für sein politisches Werk nicht genügend Mittel bereitstellte. Die Reformen von 1749 hatten nicht die erhofften Resultate gebracht. Die gegenwärtigen Organisationsstrukturen der Monarchie machten es unmöglich, daß Beschlüsse schnell und klar durchgeführt wurden. Selbst die Konferenz, die seine Politik unterstützt hatte, befriedigte ihn nicht mehr. Weit davon entfernt, sich nostalgisch der Vergangenheit zuzuwenden, wie die Befürworter der alten Ordnung, unter anderen der Obersthofmeister Khevenhüller-Metsch, ging es ihm um Vereinfachung und Rationalisierung: um einen neuen, sehr klein gehaltenen Rat, der sich allein mit dem Wohl der Monarchie zu befassen hätte und alle regionalen Erwägungen beiseite lassen müßte.

Hat er dabei den französischen Kronrat als Modell vor Augen gehabt? Es ist eher zu vermuten, daß ihm so etwas wie ein „Komitee für das öffentliche Wohl" vorschwebte, eine kleine Runde von Fachleuten, deren Aufgabe allein darin bestünde, die Kaiserin zu beraten. Denn das war der entscheidende Punkt: Es gab genug kompetente Leute in den verschiedenen Organen, aber es arbeitete jeder für sich. Die Mitglieder des neuen Rats müßten auf alle anderen Funktionen verzichten und sich ganz der Durchleuchtung der innenpolitischen Lage und ihrer Verbesserung widmen. Da ihnen keine exekutive Rolle zukäme, würden sie also kein Ministerium und keine Instanz der Regierung und der Verwaltung bilden.[1] Kaunitz trug sein Projekt der Kaiserin vor, die sich überzeugen ließ und den Kaiser informierte. Denn, sagte Maria Theresia, „unsere gegenwärtige Lage ist furchtbar kritisch. Mit Hilfe dieses Staatsrats und dessen, der ihn mir vorgeschlagen, schmeichle ich mir, dem Untergang des Staates die Stirn zu bieten."[2] Deshalb entzog sie jedoch keineswegs Haugwitz ihre Achtung, der ihr so gut gedient und die ersten nützlichen Reformen durchgezogen hatte. Nun aber, in einer so kritischen Lage wie der ihren, hatte sie das Gefühl, noch weiter gehen zu müssen.

Die Gerüchte einer Regierungsumbildung riefen sofort Furcht und Mißtrauen hervor. Maria Theresia zog es deshalb vor, schnell zu handeln. Am 14. Dezember 1760 gründete sie den neuen Staatsrat, ernannte am 30. die Mitglieder und übernahm den Vorsitz bei der Eröffnungssitzung am 26. Jänner 1761.

Um den Charakter der Kaiserin richtig würdigen zu können, muß daran erinnert werden, daß sie in diesen Tagen von einem furchtbaren Schicksalsschlag getroffen wurde. Ihr zweiter Sohn, Erzherzog Karl, starb am 18. Jänner im Alter von fünfzehn Jahren an den Pocken, und dieser Tod brach die erste Bresche in die Familiengemeinschaft mit dreizehn Kindern, die Maria Theresia so stolz und glücklich machte.

Der *Staatsrat* umfaßte sechs Mitglieder, die einander gleichrangig waren, obgleich drei von ihnen, da sie zum Hochadel gehörten, den Titel Staatsminister tragen durften, während die drei anderen aus dem Ritterstand Staatsräte waren. Dazu kam noch Anton König von Kronburg, ein erprobter Mitarbeiter von Kaunitz. Nur der Kanzler erfüllte daneben auch noch seine anderen Funktionen, die er schon deshalb nicht aufgeben konnte, weil er in dieser Zeit der eigentliche Leiter der Außen- und Innenpolitik war. Ihm zur Seite stand Haugwitz, nun nicht mehr Präsident des Direktoriums, aber immer noch der bestinformierte Verwaltungsfachmann, und schließlich General Daun, den die Kaiserin wegen seiner militärischen Kompetenz in den Staatsrat berufen hatte, aber auch, um ihn, nachdem ihm der Oberbefehl entzogen worden war, mit einem interessanten Posten zu trösten. Die Staatsräte waren Graf Blümegen, der sich schon durch seine Verwaltungstätigkeit in Mähren ausgezeichnet hatte, Frhr. von Borié, Mitglied des Reichshofrats, und Anton M. Stupan von Ehrenstein, Hofrat und Referent des Direktoriums und der Ministerial-Banco-Deputation. Alle drei waren ausgezeichnete und erfahrene Beamte. Maria Theresia hatte sie unter mehreren von Kaunitz vorgeschlagenen Namen ausgesucht.

Es gab sie also, die kompetenten und loyalen Staatsdiener, auch in jenen schlimmen Zeiten der Monarchie, und sicher hatten sie seit Beginn der Regierung Maria Theresias einige wesentliche Verbesserungen in ihren Ressorts durchgesetzt. Trotzdem beklagte sich Kaunitz über den Mangel an genügend qualifiziertem Nachwuchs. 1763 beschrieb er der Kaiserin den Notstand in seinem Kanzleramt, wo die Posten der Räte zum Teil unbesetzt waren. Aus diesem Grund ließ er auch den Legationsrat Barré von Paris abberufen, damit er ihm in Wien zur Hand gehen konnte.[3] Wenn es nach ihm gegangen wäre, hätten die Räte ein Gehalt von 10.000 Gulden jährlich bekommen. Aber Maria Theresia, die in diesem Punkt sehr knausrig war, genehmigte nur 8800 Gulden. Und da bei höheren Gehältern eine Abgabe von 10 Prozent zur Tilgung der Staatsschulden zu leisten war, waren es praktisch nur 8000 Gulden.

Der Staatsrat sollte sich grundsätzlich nur um die „deutsch-inländischen Geschäfte" kümmern, also um die Angelegenheiten der österreichisch-böhmischen Erbländer, und die Staatsräte waren auch alle entweder Österreicher oder Deutschböhmen, es war kein Ungar, kein Siebenbürger, kein Belgier und kein Italiener unter ihnen. Kaunitz behielt jedoch seine Funktionen als Präsident des Niederländischen und des Mailänder Rates und belebte die Debatten des Staatsrates durch seine Kompetenz in allen Teilen der Monarchie. Was waren nun die Aufgaben des neuen Staatsrates? Bei der ersten Sitzung las Stupan anschließend an die Rede des Kanzlers ein Exposé über die verschiedenen Pflichten der Versammlung vor, die als ein Programm gelten kann. Diese Punkte waren: Die Religion zu schützen, die Rechte des Herrschers gegenüber seinen Untertanen und dem Ausland zu verteidigen, die Völker größer und wohlhabender zu machen und für Gerechtigkeit und innere Ordnung zu sorgen. Borié wandte sich daraufhin heftig gegen die Korruption und Intrige bei der Ernennung der Beamten und forderte schwere Strafen für Bestechungsgeschenke. Stupan empfahl die Gründung von Handelskammern und den Abschluß von Handelsverträgen mit ausländischen Mächten, so wie es schon einen mit der Pforte gab.

Noch vor Ende 1761 schritt man zu wichtigen Reformen: Das *Directorium in publicis et cameralibus* wurde aufgelöst. Obwohl Haugwitz und Blümegen Widerspruch erhoben, setzte sich das Prinzip der Gewaltenteilung durch, das von Kaunitz, Borié und Stupan unterstützt wurde. Die Fusion von Verwaltung und Finanzen wurde als die Ursache der katastrophalen finanziellen Schwierigkeiten angesehen, in denen man sich jetzt befand.

Sämtliche Verwaltungsangelegenheiten sollten von nun ab von einer gemeinsamen Kanzlei für Böhmen und Österreich erledigt werden. Damit wurde zugleich eine Aufwertung Böhmens und eine engere Bindung des Königreichs an die österreichischen Länder vollzogen.

In den einzelnen Ländern wurde die *Repräsentation und Kammer* durch eine Provinzialregierung ersetzt. Der Gouverneur von Böhmen bekam den Titel *Burggraf,* in Mähren, Kärnten, Krain und Oberösterreich wurden *Landeshauptleute* ernannt.

Der Adel hoffte, daß ihm nun wieder die effektive Leitung der Regierungsgeschäfte anvertraut würde, aber Kaunitz erteilte ihnen eine klare Absage: Er habe selber Besitz in Mähren, schrieb er am 1. Mai 1763 an die Kaiserin, und wenn es nur nach seinem persönlichen Interesse ginge, dann müßte er sich der Ansicht derer anschließen, die dem Adel wieder alle Verwaltungsrechte übertragen wollten. Wer aber seinen Eid und seine Pflicht dem Staat gegenüber ernst nähme, der denke an seinen Herrscher und an das öffentliche Wohl.[4]

So ersetzte Kaunitz, der als Mitglied des Hochadels sehr wohl Verständnis für die Privilegien seines Standes hatte, mit seiner Regierungsreform die feudalistische Administration durch eine zentral von Wien aus gesteuerte Verwaltung. Es handelte sich aber noch um einen beschränkten Zentralismus beziehungsweise Absolutismus, insofern, als die Gesellschaftsstrukturen vielfach die alten blieben, die Instanzen noch ihren kollegialen Charakter beibehielten und das Personal noch immer aus einer bestimmten Klasse, dem Adel, kam.

Am meisten aber hatte Kaunitz an der Finanzverwaltung auszusetzen. Er ging so weit, Haugwitz vorzuwerfen, er habe das ganze System blockiert. Er hielt zwar für richtig, daß die Justiz von den Finanzen getrennt worden war, er hatte auch vor, die *Oberste Justizstelle* beizubehalten, aber er bedauerte, daß man in der Gewaltenteilung auf halbem Weg stehengeblieben war, indem man die Finanzen nicht auch noch von der Politik getrennt hatte. Anton M. König von Kronburg, der Referent des Staatsrats, hatte sicher recht, wenn er meinte, daß das System Haugwitz wohl für Friedenszeiten ausreiche, keineswegs aber für den Krieg, besonders wenn er sich in den Erbländern selbst abspiele. Die Reform von Kaunitz bestand nun darin, die Rolle der Finanzbeamten zu präzisieren: Die neugestärkte Hofkammer mußte einen genauen Überblick über alle Einkommen der Monarchie haben und die Steuereinziehung und -verwertung genauestens überprüfen und verbessern. Die Verringerung und schließliche Löschung der Staatsschulden wurde der „Creditdeputation" anvertraut, die bald die Zentralkasse wurde, welche für die Einnahmen und Ausgaben des Staates zuständig war. Die Kontrolle aller finanziellen Instanzen wurde der *Hofrechnungskammer* überschrieben. Dieser wurden sogar die *Ministerial-Banco-Deputation* und die Wiener Stadtbank unterstellt. Dies war vielleicht die bedeutsamste Änderung, von der man sich eine echte Verbesserung erhoffen konnte. Hatte sich Kaunitz am französischen Modell inspiriert? Vergessen wir nicht, daß er sich während seiner Pariser Zeit gerne in den Milieus der Pariser Finanzleute aufgehalten und viel von ihnen gelernt hatte.

Während also Haugwitz die preußischen Methoden imitiert und die nachlässigen Adeligen durch gute, rechtschaffene Verwaltungsbeamte ersetzt hatte, deren einziges Ziel darin bestand, dem Staat zu dienen und der Verschwendung Herr zu werden, wollte Kaunitz aufgrund seiner Erfahrung mit den Systemen westeuropäischer Länder eine noch besser gegliederte und wirksamere Finanzverwaltung.

Zu Beginn des Jahres 1762 waren die Dienststellen fertig eingerichtet: An der Spitze der Hofkammer stand Graf Herberstein, an der Spitze der

Hofrechnungskammer (die der Kaiser in einem Brief an seinen Bruder ein „nouvos dicaster" nannte) Ludwig Graf Sinzendorf, ein noch junger, aber sehr intelligenter und einfallsreicher Mann, und an der Spitze der Bank Graf Hatzfeld.[5] Die Mannschaft war vielversprechend. Kaunitz hoffte wohl, wie F. Walter meint, mit dieser rapid durchgezogenen Reform seine politischen Ziele und auch, in letzter Minute, den Krieg gewinnen zu können.

Denn dies war sein Krieg, und obwohl die Reformen zu spät kamen, um ihn noch siegreich beenden zu können, konnte er nach dem Friedensschluß wenigstens sagen, die völlige Niederlage und die Katastrophe abgewandt zu haben. Das Haus Österreich besaß nun die notwendigen Mittel, um seinen Rang als Großmacht in Europa zu behaupten.

Im Laufe der nächsten Jahre wendete sich die Situation greifbar zum Besseren. Das hieß nicht, daß das neue System gleich reibungslos funktionierte. Mehrmals mußten 1764 kleine Verbesserungen durchgeführt werden. So wurde zum Beispiel der *Allgemeine Handelsrat,* der die Wirtschaft allgemein und im besonderen die staatlichen Manufakturen zu lenken hatte, eine unabhängige Hofstelle. Aber über alle Personal- und Kompetenzschwierigkeiten hinweg war die wichtigste Aufgabe, die zentrale Regierung zu stärken, alle verfügbaren Mittel zum Wohle des Staates zusammenzufassen und für das Funktionieren der Institutionen zu sorgen.

Durch die neuen Dienststellen besaß der Staat nun ganz andere Möglichkeiten, um seine finanzielle Misere zu meistern. Nur aus Geldmangel war ja Österreich gezwungen gewesen, den Krieg zu beenden. Nun mußten alle Mittel ausgeschöpft werden: Man rief 1764 den ungarischen Reichstag zusammen, und man bat auch Belgien und Mailand um Hilfe. Auch der Rückstand der Subsidien aus Frankreich mußte geregelt werden. Im März 1763 schrieb Starhemberg aus Paris, daß „die schwierigste Arbeit" der französischen Regierung die Ordnung der Finanzen und der Wirtschaft sei, umso mehr als der Hof schon wieder dabei sei, sehr verschwenderisch mit dem Geld umzugehen, ähnlich wie vor dem Krieg. Kaunitz antwortete: Der Minister des Königs müsse sicher seinen ganzen Scharfsinn aufbieten, um die Finanzen wieder in Ordnung zu bringen, in erster Linie natürlich, um die Bedürfnisse des eigenen Staates zu decken. Der Herzog von Praslin sei aber sicher seiner Ansicht, daß es für einen großen Staat nicht minder wichtig sei, auf seinen politischen Ruf zu achten und sich das Vertrauen seiner Freunde und Alliierten zu bewahren, wie ein Kaufmann sich das breite Vertrauen nur durch die größtmögliche Genauigkeit in der Erfüllung seiner Verpflichtungen erhalten kann ... Österreich könne sich auf den Vertrag von 1758 ... und auf die Exaktheit berufen, mit der es seine Verpflichtungen während des Krieges erfüllt habe. Seine Regierung befände sich momentan in dem Stadium eines Mannes, der hohes Fieber gehabt habe und erst jetzt merke, wie schwach er eigentlich sei. Gerade also in diesen ersten Augenblicken der Rekonvaleszenz habe man am meisten Hilfe und Stärkung nötig. Er habe ihm hiermit einen Eindruck von dem enormen Gewicht der österreichischen Schulden vermittelt: es sei ein erschreckendes Zukunftsbild.[6]

Das war es in der Tat: Bei einem jährlichen Einkommen von etwa 57 Millionen Gulden war die Staatsschuld seit 1756 von 118 auf 271 Millionen gestiegen.[7] Dabei waren die Kontributionen der Länder ständig gestiegen: von 5,957.066 Gulden im Jahr 1739 auf 9,806.182 Gulden im Jahr 1763. Schlesien hatte früher, 1739, noch 2,088.533 Gulden eingebracht, der jetzige der Monarchie verbliebene Rest produzierte nur mehr 200.342 Gulden. Der höchste Beitrag kam aus Böhmen. Er war von 3,132.800 auf 4,200.000 Gulden angestiegen. Von 9,8 Millionen kamen also 4,2 aus dem Königreich Böhmen. In Niederösterreich hatte sich der Steuerbeitrag sogar verdoppelt, nämlich von 900.000 Gulden auf 1,800.000, in Kärnten vervierfacht, von 120.000 auf 415.507, in Krain sogar verfünffacht, von 60.000 auf 260.457. Die Haugwitzschen Beamten hatten also gute Arbeit geleistet.[8] War nun der Punkt erreicht, der nicht mehr überschritten werden konnte?

Man muß sich einmal klarmachen, welche Belastung die ständig steigenden Abgaben für die Bevölkerung darstellten. Die Situation in den verschiedenen Provinzen war teilweise erschreckend. Zwar war dem größeren Teil der Monarchie die Invasion durch fremde Truppen erspart geblieben, nicht aber Böhmen. Besonders in Nordostböhmen waren zu wiederholten Malen die preußischen Truppen einmarschiert. Die darüber vorliegenden Informationen des tschechischen Historikers Svátek sind bisher kaum zur Kenntnis genommen worden:[9] Das Königreich Böhmen hatte der Armee Material im Wert von 10,709.867 Gulden geliefert, davon wurden 28 Prozent ersetzt, was einen Verlust von etwa 7 Millionen ausmachte. Die Kriegsschäden wurden auf 13 Millionen geschätzt (man könnte diese Summe ruhig verdoppeln), und da die Entschädigung nur 2,4 Prozent ausmachte, handelte es sich um einen Verlust von 12 Millionen Gulden. Die Stadt Nachod stand mit 24.000 Gulden in den roten Zahlen, die Bauern dieser Gegend waren bei ihrem Lehnsherrn mit 20.000 Gulden für Korn, Bier und Schnaps verschuldet. Aber auch den Großgrundbesitzern ging es nicht viel besser: Sie mußten in Prag den Schmuck ihres Majorats verpfänden.[10] Der Stadt Turnau wurde von Preußen 1756 eine Kriegskontribution in der Höhe von 1000 Dukaten abverlangt, die sie nur durch Anleihen zusammenbrachte, und der Grundherr Graf Desfours wurde zu einer Zahlung von 3000 Gulden gezwungen. Diese Zahlen sprechen für sich selbst. Und wenn man bedenkt, daß die katastrophalen Mißernten nach Kriegsende es den Menschen dieser Gegend unmöglich machten, ihre Geldknappheit zu überwinden, ja sie statt dessen in schlimme Hungersnöte stürzten, dann wird einem klar, daß die Bauernaufstände von 1770 nicht nur die Mißstände des feudalistischen Systems zur Ursache hatten, sondern auch die zahllosen Opfer des Siebenjährigen Krieges.

Die Ordnung der Finanzen blieb also die vordringliche Sorge des Staatsrats. Für die Abtragung der Staatsschuld, die Wiederherstellung der Kreditwürdigkeit und die notwendigen Steuererhöhungen, die wieder nur durch die Bildung höherer Einkommen zu erreichen war, waren die alten Methoden unzureichend. In allen Büros mußte zum Beispiel die Buchhaltung auf den neuesten Stand gebracht werden, und dabei orientierte man sich an dem Beispiel, welches die florierenden privaten Betriebe gaben.

Maria Theresia gab auch ihr Placet zu einer Neuregelung der Staatslotterie, für die man Pachtverträge mit privaten Finanzleuten abgeschlossen hatte, die sich als sehr vorteilhaft für die letzteren herausgestellt hatten. Somit waren viel zu lange private Betriebe gestützt worden, deren Mißwirtschaft sattsam bekannt war.[11] In anderen Ländern Westeuropas gab es genügend Beispiele gewinnbringender Methoden, die man nun auch in Österreich anwenden wollte. Ab 1761 gab die Wiener Stadtbank die sogenannten Bancozettel heraus: Geldscheine im Werte von 10, 25, 50, 100 und 500 Gulden, mit denen jeder Geldhandel auch unter Privatleuten zur Hälfte finanziert werden konnte.

Kaunitz schlug der Kaiserin vor, von einer Kommission des Staatsrats eine Idee prüfen zu lassen, die ein gewisser Caratto, einer der höheren Finanzbeamten, ausgearbeitet hatte: Die Regierung sollte die Gründung einer Handels- und Schiffahrtskompanie unterstützen, welche mit einer Bank zusammenarbeiten würde, die ihrerseits Geldscheine herausgeben würde. Die Kompanie wollte sich mit den verschiedensten Unternehmungen abgeben, von Armeelieferungen über Bergwerksförderung bis zu Reisen in die Levante und transatlantischen Expeditionen. Dieses Projekt war aber ohne eine umfassende Kenntnis des europäischen Bankwesens nicht zu beurteilen. Sinzendorf hatte deshalb eine Dokumentation zusammengestellt, die nicht nur Werke wie Savarys „Traité de Commerce" enthielt, sondern Gutachten der besten Fachleute.[12]

Wie sahen nun die Empfehlungen dieser Dokumentation aus, die der Staatsrat befürwortend an die Kaiserin weitergab? Den Wohlstand fördern durch Ankurbelung der Produktion; denn die Macht des Herrschers konnte sich nur auf die Zufriedenheit seiner Untertanen stützen. Der Herrscher ist schlecht beraten, der sein Einkommen auf Kosten des Volks vergrößert. Daher hat die Produktion absoluten Vorrang vor der Fiskalität. Die Kaiserin war umso leichter für diese Ideen zu gewinnen, als gerade ihr das Wohl und Glück ihrer Untertanen mehr als alles andere am Herzen lag. Ihre Mitarbeiter waren sich jedoch über die Vorgangsweise nicht immer ganz einig: Kaunitz und Sinzendorf waren anderer Meinung als Hatzfeld, der Präsident der Wiener Bank, und als Stupan. Eines Tages kam es auch zwischen dem Kaiser und Kaunitz fast zu einem Krach.

Schon vor dem Siebenjährigen Krieg waren in der Wirtschaft bedeutsame Veränderungen vor sich gegangen. Die Großgrundbesitzer hatten Manufakturen auf ihren Gütern gegründet, so daß, wie im 17. Jahrhundert die Fischzucht und die Brauerei, jetzt die Textilerzeugung als Verdienstmöglichkeit zum Feudalzins und zu den Erträgnissen der Landwirtschaft dazukam, ja in vielen Fällen diese überstieg. Bisher hatte sich die heimische Produktion auf Heimarbeit gestützt: Spinner und Weber gingen mit ihrer Ware auf den Markt und verkauften sie den Händlern. Sollte nun diese Art der Produktion und des Handels von den Manufakturen verdrängt werden? Die Händler waren noch aus einem anderen Grund gegen die Gründung von Manufakturen: Um die heimische Produktion zu fördern, würde man gezwungen sein, die Einfuhr von ausländischen Waren zu verbieten oder zu reglementieren. Damit aber würde man die Kunden verärgern; denn die inländische Ware würde niemals die Qualität der ausländischen, der holländischen, englischen und französischen, erreichen können. Dabei wurden in den österreichischen Werkstätten teilweise die neuesten Techniken angewandt. Die Tuche stellte man nach der Londoner Methode, das Leinen nach der bretonischen her. In Wien beschäftigten sich verschiedene Instanzen mit diesen Problemen: Wie konnte man die heimische Produktion steigern und fremde Absatzmärkte erobern? Die erste Neuerung bestand in der Abschaffung der Binnenzölle innerhalb der Erbländer. Die beiden Märkte Nordböhmens und Prags auf der einen und Wien, Linz und Mähren auf der anderen Seite wuchsen immer mehr zusammen.

Zu Maria Theresias Zeiten befanden sich die großen Betriebe im Besitz des Staates oder der Großgrundbesitzer: Der bürgerliche Unternehmer war noch eine Ausnahme. Die Zwischenhändler bildeten jedoch eine neue bürgerliche Schicht, deren Bedeutung ständig zunahm. Den Impuls zu dem neuen wirtschaftlichen Aufschwung hatten die Ideen des Merkantilismus geliefert, aber realisiert wurde er von Unternehmungen, die schon alle Züge des Kapitalismus aufzeigten. Die Archive des Adels und der Wiener Hofkammer bieten noch viel unentdecktes Material.

Der tschechische Historiker Arnošt Klima hat sich die Mühe gemacht, die Entwicklung zweier Betriebe genauer zu untersuchen: eine Tuchmanufaktur in Oberleutensdorf, Kreis Leitmeritz, und eine Wäschebleiche in Pottenstein, Westböhmen, nicht weit von Pardubitz.[13]

Die Tuchmanufaktur wurde 1715 auf dem Gut des Grafen Waldstein gegründet. Sie machte bis zum Ende des Jahrhunderts eine stete Aufwärtsentwicklung durch. Es gelang, die Produktion zu vergrößern und die Qualität zu verbessern. 1760 stellte man bereits fünf verschiedene Tuchqualitäten her, vom extrafeinen spanischen Wollstoff bis zum Normalstoff für den großen Kundenkreis. Am Anfang hatte man noch Weber aus Holland und auch aus Mähren kommen lassen, bis man die Technik erlernt hatte. Der Gründer konnte noch mit einigem Recht davon überzeugt sein, daß sein Unternehmen einen humanitären und christlichen Zweck erfüllte; denn die Untertanen des Gutsherrn konnten hier ihr Existenzminimum verdienen und brauchten nicht betteln zu gehen. Und die Zahl der Vagabunden und Bettler war groß zur damaligen Zeit. Hier fand manch einer eine bezahlte Arbeit, auch die Kinder. Es gab keine Behinderung durch Frondienste, und der Lohn wurde am Ende jeder Woche ausgezahlt.

In dieser vorindustriellen Epoche ist eine solche Manufaktur schon ein großes Unternehmen mit Arbeitsteilung und speziellen Werkstätten für die verschiedenen Stufen der Produktion. Das Unternehmen beschäftigt 442 Personen und läßt kleine Häuser für die Arbeiter bauen, wo die Frauen in Heimarbeit Wolle spinnen können. Der Rohstoff, die geschorene Wolle, kommt zum großen Teil aus den Nachbargütern, die nicht alle Waldstein, sondern Fürstenberg, Toscane und Martinitz gehörten. Auf diese Weise war man nicht mehr so auf die Einfuhr der spanischen Wolle angewiesen. 1734 kaufte die Manufaktur noch für 4201.46 Gulden spanische Wolle und für 10.519 Gulden Wolle aus Böhmen, aber 1761 waren es 9017.31 gegen 25.249.17 Gulden. Die Regierung unterstützt diesen privaten Betrieb finanziell, gewährt ihm 1764 nach dem Krieg einen Kredit von 10.000 Gulden und die Befreiung vom Einfuhrzoll für spanische Wolle.

Die Manufaktur von Pottenstein, in der Wäsche gebleicht wurde, war von dem schlesischen Geschäftsmann Habural Graf de Chamaré gegründet worden, der nach dem Zweiten Schlesischen Krieg nach Böhmen ausgewandert war. Hier kaufte er die Grundherrschaft Pottenstein, gründete auf ihr die Manufaktur und leitete sie als Direktor. Die Eigentümer waren einflußreiche Leute am Wiener Hof, möglicherweise sogar Kaiser Franz. Bis zur Firmengründung Chamarés war das böhmische Leinen nach Schlesien zur Bleiche geschickt worden. Nun wurde in Pottenstein gebleicht, gewalkt und appretiert. Und obwohl weiterhin in den Häusern des Dorfes gesponnen und gewebt wurde, gab es nun auch betriebseigene Spinnerinnen, die junge Bäuerinnen in diesem Handwerk unterrichteten und weiter ausbildeten. Für das ganz feine Leinen wurde der Faden zuerst gebleicht und dann gewebt.

Die Manufaktur bekam die staatliche Unterstützung zunächst über die Zollbeamten ausgezahlt, später wurde auf den Namen der Manufaktur ein spezielles Konto bei der Ministerial-Banco-Deputation in Wien eröffnet.

Habural Graf de Chamaré bezog ein Gehalt von 4000 Gulden jährlich, auch seine Angestellten und Arbeiter sollten gut bezahlt gewesen sein. Dafür spricht die Tatsache, daß der Pfarrer vom Nachbardorf den Pottensteinern vorwarf, sie gingen zuviel ins Wirtshaus und seien nur noch auf ihren Profit bedacht. Die Vorarbeiter beim Bleichen erhielten 156 Gulden im Jahr. Am besten ging es dem Betrieb in den Jahren vor dem Siebenjährigen Krieg. Damals war das Leinen von Pottenstein genauso begehrt wie das schlesische und ausländische und fand bei den Prager, Wiener und ungarischen Kaufleuten sowie bei der Firma Kennedy, welche nach Spanien verkaufte, reißenden Absatz. Chamaré behauptete, er könne gar nicht allen Bestellungen nachkommen.

Der Leinsamen kam zum Teil aus Rußland über Riga und Hamburg. Nun machten Chamarés Geschäftsfreunde ihm das Angebot, ihm billigen Leinsamen aus Pennsylvanien zu liefern, indem sie die Schiffe, die sein Leinen nach Amerika gebracht hatten, auf dem Rückweg damit beluden. Der Erfolg von Chamarés Manufaktur führte zur Gründung ähnlicher Betriebe in anderen Gebieten Böhmens: 1762 gab es trotz des Kriegs bereits 38 Manufakturen.

Chamaré stand nun als Organisator und erfolgreicher Geschäftsmann in so hohem Ansehen, daß man ihm die Oberaufsicht über die Leinenproduktion in Böhmen und Mähren anvertraute. Seine Beziehungen zum Präsidenten der Ministerial-Banco-Deputation und des Handelsrats, Graf Chotek, waren ausgezeichnet. So gelangte man in Wien zur Ansicht, daß, wenn ein Unternehmen seine Rentabilität bewiesen habe, man es ruhig zu einem Privatunternehmen umformen könne. Chamaré kaufte also die Manufaktur, und zwar zu äußerst günstigen Bedingungen.

Maria Theresia war aber nicht die Frau, die alles unterschrieb, was ihr von ihrem Minister vorgelegt wurde. Bevor sie zu der Sache Chamaré ihr Placet gab, hatte sie durch Anmerkungen auf dem Rand des Rapports um genaue Erklärungen gebeten und dann mit Chotek mehrere Briefe gewechselt. Aber als sie sich dann davon überzeugt hatte, daß Chamarés Betrieb nicht nur der Bevölkerung, sondern auch der Staatskasse gute Dienste geleistet hatte, stimmte sie zu, daß das Jahresgehalt von 4000 Gulden in Form einer Pension weiter ausgezahlt werden durfte. Chamaré starb 1765. Unter der Leitung seines Sohnes ging es jedoch mit der Manufaktur bergab.

Wie in anderen Ländern Europas stand die Textilproduktion an erster Stelle der gesamten Produktion. Durch die Baumwollproduktion öffnete sich der Handelsweg in die Levante und nach Indien. Selbst der Kaiser gründete eine Manufaktur auf seinem Gut Sassin.

Auch in den Bergwerksgebieten der Steiermark, Kärntens und Böhmens kam die verarbeitende Industrie in Schwung. Auf seinem Gut Graslitz in Böhmen gründete Graf Nostitz eine Kupferdrahtmanufaktur.

Ganz neue Industrien entstanden für Luxusgüter: Seidenstoffe, Gold- und Silberfäden, eine staatliche Porzellanmanufaktur in Wien und eine Zuckerraffinerie in Triest. Die Kristallmanufakturen Böhmens entwickelten sich im Wettstreit mit Venedig. Sehr lukrativ erwiesen sich auch die Produktion und der Schliff von Halbedelsteinen; in Böhmen war das vor allem der Granat, in Wien waren es die Halbedelsteine von Straß. Diese Luxusartikelindustrie besteht jedoch vorerst nur im Kleinformat. Überhaupt sind die industriellen Betriebe, wenn man sie proportional zur Größe des Gebiets und zur Einwohnerzahl betrachtet, dünn gesät. Eine Ausnahme bildet das Industriegebiet (Textil und Kristall) zu Füßen des Böhmerwaldes.[14] Österreich war somit noch weit davon entfernt, ein Industriestaat zu sein, aber die Grundlagen für die Industrialisierung waren gelegt.[15]

Man kann sogar von einem Erwachen des wirtschaftlichen Denkens sprechen. Die Zeit war nun vorbei, da im Ausland böhmische und österreichische Waren verkauft wurden, ohne daß man wußte, woher sie kamen. Dennoch blieb der Absatz auf ausländischen Märkten noch beschränkt, zu stark war die westliche Konkurrenz. Der Staat, der sich am meisten für österreichisch-böhmische Waren interessierte, war das Osmanische Reich. Hier waren alle Voraussetzungen für ein günstiges wirtschaftliches Klima geschaffen: ein starker Bevölkerungszuwachs, Aufblühen des Handels in Konstantinopel und in den Häfen der Levante und schließlich reiche Rohstoffvorkommen an Baumwolle.

Der wirtschaftliche Aufschwung machte sich auch an der Wiener Börse bemerkbar. Hier erreichten die meisten Obligationen von 4 Prozent und 3 Prozent, welche die Wiener Stadtbank oder die Regierungen Niederösterreichs, Böhmens, Mährens und Schlesiens herausgegeben hatten, den Parikurs.[16] Und das war nicht nur eine Folge der nun eingetretenen ruhigeren Zeiten, sondern vor allem das Resultat einer besseren Finanzverwaltung und des neuen wirtschaftlichen Systems, auch wenn die Mehrheit der Bevölkerung ihr Leben weiter nach den überlieferten Ordnungsprinzipien ausrichtete.

Das positivste Ergebnis des Hubertusburger Friedens war die nunmehr gesicherte Aussicht auf die Wahl Erzherzog Josefs zum römischen König. Der Erzherzog war nun zweiundzwanzig Jahre alt und wirkte intelligent, gebildet und fleißig. Auch interessierte er sich bereits lebhaft für die Regierungsgeschäfte. An der Seite seiner Eltern (und manchmal seines Onkels Karl von Lothringen) nahm er an den Sitzungen des Staatsrats teil, und seine Ansichten, die er mit Entschiedenheit zum Ausdruck brachte, zeugten bereits von einer starken Persönlichkeit. Aber vorläufig stand er noch ganz im Schatten seiner Eltern, die ihm noch nicht gestatteten, eine politische Rolle zu spielen.

Seine Heirat im Jahre 1760 war das Ergebnis einer politischen Entscheidung seiner Eltern. Die Verlobte, Isabella von Parma, war als die Tochter Philipps und als Enkelin Ludwigs XV. und Philipps V. von Spanien in erster Linie eine Bourbonin. Intelligent und künstlerisch begabt, besaß sie die Kenntnisse und Talente, die man sonst nur bei einem außerordentlich gut erzogenen und begabten jungen Mann vermutete.[17] Die kaiserliche Familie nahm sie mit offenen Armen auf, und Erzherzog Josef empfand für sie die einzige große Liebe seines Lebens. Aber die junge Frau neigte zur Melancholie und erwiderte nicht die Gefühle ihres Mannes. Sie war wie besessen von der Idee, daß sie bald sterben müsse, ebenso wie ihre kleine Tochter, die sie 1762 zur Welt gebracht hatte. Dagegen hing sie sehr an ihrer Schwiegermutter, warf ihr allerdings vor, sie sei mit ihren Kindern zu streng. Maria Theresia erwiderte nicht nur diese Zuneigung, sie hatte sie ganz in ihr Herz geschlossen. In einem Brief nach Parma empfahl sie den Kindern, das „bewundernswerte Original", das man in Wien besäße, zu imitieren. Es zu übertreffen sei wohl unmöglich.[18] Drei

Monate nach dem Tod der Erzherzogin schrieb die Kaiserin an Maria Antonia von Sachsen, der Verlust ihrer Schwiegertochter bedrücke sie alle Tage mehr durch das Gefühl der Leere, das sie nun empfände.[19]

Marie Christine, Mimi, hatte zu ihren Schwägerinnen, besonders zu Isabella, ein sehr gutes Verhältnis und führte mit ihnen eine herzliche, ja leidenschaftliche Korrespondenz. Als Erzherzogin Johanna Ende 1762 wie ein Jahr zuvor Erzherzog Karl ein Opfer der Pocken wurde, war sie tief erschüttert. Im November 1763 erkrankte sie dann selber an der entsetzlichen Seuche, kam im sechsten Monat einer neuen Schwangerschaft mit einem kleinen Mädchen nieder, das nur einige Stunden am Leben blieb, und starb in der Nacht vom 18. auf den 19. November 1763, bis zuletzt von ihrem Mann liebevoll umsorgt.

In diesem Klima der Trauer und des Unglücks fanden nun die Vorbereitungen zur Wahl des römischen Königs statt. Sie erweckte bei der Hauptperson, bei Erzherzog Josef, wenig Begeisterung. Seinem Schwiegervater, dem Herzog von Parma, machte der Erzherzog das Geständnis, daß die Idee, seine junge Frau zur Königin zu machen, das einzig Positive an dieser „unnützen und unangenehmen Funktion" sei.[20] Maria Theresia ihrerseits hatte nicht vor, für diese Wahl alle Bedingungen zu akzeptieren, die in einem solchen Fall dem Kandidaten gestellt wurden. Denn es war Sitte, daß der zukünftige König eine Kapitulation, das heißt einen Vertrag, zu unterschreiben hatte, der ihn zu einer Reihe von Verpflichtungen zwang. Seine Macht wurde dadurch stark eingeschränkt. Maria Theresia machte sich keineswegs große Hoffnungen, daß sie jetzt einen besseren Vertrag erreichen würde als 1745 Kaiser Franz I. „Aber", schrieb sie an ihren Botschafter Graf Pergen, „ich gestehe Ihnen, daß ich meinen Sohn lieber ohne Kaiserkrone sehe, als daß ich sie ihm nur zu solchen Bedingungen beschaffen kann, die, da sie zu harte Gesetze sind, die Würde auf ein Nichts, auf einen Schatten, reduzieren würden."[21]

Es war wünschenswert, daß die Wahl einstimmig vor sich ging. Am wenigsten konnte man auf die Stimme des Kurfürsten von der Pfalz zählen. Karl Theodor von Wittelsbach führte seit mehr als zehn Jahren einen kleinlichen Krieg mit dem Haus Österreich, indem er seine Ansprüche auf gewisse Territorien im Reich geltend machte. Und diese Zwistigkeiten waren ganz im Sinne des Königs von Frankreich. In dieser rein deutschen Angelegenheit aber, so nahm Maria Theresia mit Recht an, mußte der König von Preußen über mehr Einfluß verfügen als der König von Frankreich, und so wandte sie sich durch einen Mann ihres Vertrauens an ihren ehemaligen Feind und bat ihn um Beistand.[22] Friedrich II. antwortete ihr außerordentlich höflich, er wünsche nichts so sehr, als die Freundschaft zu festigen, die gerade geschlossen worden sei. Er habe sich mit seinem Wort für die Wahl Erzherzog Josefs zum römischen König verbürgt, und da er niemals halbe Sachen mache, werde er sein Wort ohne Einschränkung halten. Ihre Majestät die Kaiserin-Königin könne über ihn verfügen. Es werde ihm ein großes Vergnügen bereiten, ihr zu beweisen, wie sehr er sie achte. Dann schrieb er dem Kurfürsten von der Pfalz einen Brief, in dem er ihm keinen besseren Rat geben könne, als durch seine Stimme die Wahl des Erzherzogs sicherzustellen und damit den gerade in Europa wiederhergestellten Frieden zu konsolidieren.[23]

Karl Theodor ließ sich umso lieber überreden, als Maria Theresia ihm in einem Sondervertrag all das zugestand, was sie ihm bisher immer abgeschlagen hatte.

Seine Vermittlerdienste hinderten aber den König von Preußen keineswegs daran, wegen der Kapitulation heftig zu intrigieren. Er versuchte sich bei den protestantischen Fürsten beliebt zu machen und gefiel sich sehr in der Rolle des Schiedsrichters.

Die Wähler kamen nicht in persona nach Frankfurt, um die Kapitulationsurkunde abzufassen: Sie ließen sich durch einen oder mehrere Delegierte vertreten. Auch die Königin von Böhmen schickte in ihrer Eigenschaft als Kurfürstin eine kleine Abordnung, der Nikolaus Fürst Esterházy, Graf Pergen und Frhr. von Borié angehörten, ein Ungar also und zwei Deutsche. Kein Böhme. Hatte also J. Svátek recht, wenn er darin einen letzten Rest des alten kaiserlichen Zorns auf den tschechischen Adel sieht, „der immerhin seine Fehler von 1741 längst durch die Annahme des Rezesses von 1748 und mit unzähligen Opfern und Loyalitätsbeweisen gutgemacht hatte“?[24] Wie auch immer, die von der Kaiserin gewählte Abordnung leistete gute Dienste, und die Kapitulation war im wesentlichen die gleiche wie die von Kaiser Franz I. Am 27. März 1764 wurde der Erzherzog einstimmig zum römischen König gewählt.

Einige Tage danach hielt der neue römische König in Begleitung seines Vaters, des Kaisers, und seines Bruders, des Erzherzogs Leopold, seinen Einzug in Frankfurt am Main, wo am 3. April die feierliche Krönung stattfand. Unter den Zuschauern befand sich übrigens auch der junge Goethe. Der junge König konnte der steifen und altmodischen Zeremonie keinen Geschmack abgewinnen. Die Respektbezeigungen der alten Reichsfürsten irritierten ihn mehr, als daß sie ihn rührten. Warum sollte er an alle diese Loyalitätsbeteuerungen glauben? Er glaubte auch nicht, daß die Probleme des Reiches mit Hilfe dieser Riten und uralten Rechte zu lösen seien, und ihm waren seine Untertanen bei weitem näher als diese Vasallen, die sich zwischen das deutsche Volk und seinen höchsten Herrn stellten.

Maria Theresia hatte von Anfang erklärt, ihr Alter gestatte es ihr nicht, an der Krönungsfeierlichkeit teilzunehmen. Der Grund aber war weniger das Alter, sie war ja erst siebenundvierzig, als ihre Abneigung gegen weite Reisen. Franz I. war dagegen viel unternehmungslustiger und ließ keine Festlichkeit aus.

Die Erbländer der Kaiserin-Königin waren gemäß Sitte und Brauch zu einer

Extraspende aufgefordert worden, um die Reisekosten des Kaisers und des römischen Königs zu decken. Die voraussichtlichen Ausgaben waren von der Hofkammer auf zwei Millionen Gulden gesetzt worden. Aber dem Kaiser gelang es, nur die Hälfte auszugeben, so daß 1,125.002 Gulden übrigblieben, die er seiner Privatkasse einverleibte. Ein wenig rühmlicher Erfolg der kaiserlichen Familienpolitik.[25]

Dem römischen König war nicht verborgen geblieben, daß man ihn, um zu männlichem Nachwuchs zu kommen, wiederverheiraten wollte. Er beklagte sein Los, daß er nicht das Recht hatte, „treu bis ins Grab zu sein", gab aber schließlich als gehorsamer Sohn seine Einwilligung. Da man an den deutschen Fürstenhöfen auf einer Deutschen bestand,[26] die Kaiserin aber „aus mehreren Gründen gegen eine Protestantin war",[27] beschränkte sich die Wahl auf die Prinzessinnen von Sachsen oder Bayern, und Josef stimmte zu, die sanfte und tugendsame, aber reizlose Josefa von Bayern zu heiraten. Sie blieb ihm vollständig gleichgültig, und als sie nach zwei Jahren 1767 an den Blattern starb, gab er sich nicht die geringste Mühe, irgendeinen Schmerz vorzutäuschen.

Ein anderes Problem, das sich nach der Beendigung des Krieges stellte und für das Haus Österreich von großem Interesse war, war Polen. Dieses große Königreich umfaßte nicht nur die Länder der polnischen Krone, sondern auch das Herzogtum Litauen. Polen erstreckte sich also von den Karpaten bis zur Ostsee. Mit seinen drei großen an der Weichsel gelegenen Städten, Krakau, der alten Universitäts- und ehemaligen Hauptstadt, der neuen Hauptstadt Warschau und der Hafenstadt Danzig, nahm Polen seit der Renaissance einen herausragenden Platz innerhalb der europäischen Kultur ein. Es war das Land des Kopernikus, einer wichtigen Literatur in slawischer Sprache und des auf alte polnische Traditionen zurückgehenden „Sarmatismus". Polen war immer dem Katholizismus treu geblieben, obwohl die Reformation im Denken der Mächtigen ihre Spuren hinterlassen hatte. Man nannte es das „Spanien des Nordens". Zu Anfang des 17. Jahrhunderts war dieser Staat so mächtig gewesen, daß er versucht hatte, das damalige Großfürstentum Moskau zu beherrschen. Polnische Armeen hielten Moskau besetzt, belagerten das russische Heiligtum Sagorsk, eroberten Smolensk und Kiew, setzten den „Falschen Dimitrij" auf den russischen Thron und schlugen für die endgültige Wahl einen der Ihren, einen Wasa, vor. Damals war es nicht ausgeschlossen gewesen, daß Polen sich Rußland wie einst Litauen untertan gemacht hätte. Aber dann hatte sich das Glück gewendet: Im Vertrag von Andrusowo mußte Polen 1667 Smolensk und Kiew zurückgeben. Obwohl die Russen die Polen nie leiden konnten (der „Liak" blieb für sie immer der nationale Feind und für das Volk die Inkarnation des Teufels), hat die polnische Kultur auf höchste russische Kreise nachhaltig eingewirkt, auf Literaten, Sammler und Künstler, bis Peter der Große diesem Einfluß ein brüskes Ende bereitete und die zivilisatorischen Errungenschaften Schwedens und der westlichen Welt nach Rußland importierte. Ja, in seinen kühnen Träumen zog er schon eine totale Umkehrung der Situation ins Kalkül, nämlich Rußlands Annexion polnischer Gebiete.

Zu Ende des 17. Jahrhunderts spielte die polnische Kavallerie unter ihrem König Johann III. Sobieski noch einmal eine entscheidende Rolle bei einem wichtigen europäischen Ereignis: bei der Befreiung Wiens von den Türken 1683.

1763 aber war Polen ein geschwächtes Land, um dessen Zukunft sich die unmittelbaren Nachbarn Sorgen machen mußten: Rußland, Preußen, das ja auch einst ein Vasall Polens gewesen war, Österreich und die Türkei. Die Ursachen für den politischen Abstieg Polens lagen vor allem in seiner archaischen Verfassung begraben. Auf falsch verstandene Privilegien pochend, hatte sich der Adel allen notwendigen Reformen widersetzt und hatte vor allem versäumt, ein stehendes Heer zu schaffen. Anders Rußland, das sich mit Hilfe seiner Armee eine neue Machtposition bildete. Die wirtschaftliche Entwicklung des Agrarlandes Polen hatte die Bildung riesiger adeliger Landbesitzer auf Kosten der mittleren begünstigt, und die reiche Aristokratie nahm somit immer mehr Einfluß auf das politische Leben. Die der ungarischen sehr verwandte polnische Verfassung garantierte alle Macht dem Landtag, dem Sejm, der sich aus zwei Kammern zusammensetzte, der Abgeordnetenkammer, in der die Delegierten der einzelnen Provinzen, die Starosten, saßen, und der Kammer der Magnaten und hohen geistlichen und weltlichen Würdenträger.

Der Sejm wählte den König zum Oberhaupt der Republik, zum Chef der Exekutive und zum Kommandanten der Armee, aber die eigentliche Macht des Königs war sehr gering, da er sich wegen jedem wichtigeren Gesetz an den Sejm zu wenden hatte. Nach dem Prinzip des „liberum veto" genügte eine einzige Stimme, um die Arbeit der Versammlung zu stoppen. Den König suchte man sich entweder unter den ausländischen Fürsten (im 16. Jahrhundert regierte der Herzog von Anjou in Krakau als König von Polen, bevor er als Heinrich III. König von Frankreich wurde) oder unter den polnischen Adeligen. Michael Wysniowiecki, Johann III. Sobieski und Stanislaus I. Leszczyński waren solche Wahlkönige aus dem eigenen Adel, die in Erinnerung an die alte Dynastie Piasten genannt wurden. Im Europa der Erbmonarchien genoß der gewählte König einer Adelsrepublik zwar nicht dasselbe Ansehen wie der Erbkönig, trotzdem ging die leichte Verachtung nicht so weit, daß man nicht Bündnisse mit ihm und seinen Kindern schloß. In der Mitte des 18. Jahrhunderts wurde also das politische Leben Polens von den großen Adelsfamilien, der Schlachta, beherrscht. Das waren die Familien Branicki, Rzewuski, Tyszkiewicz, Zamoyski, Potocki, Radziwill, Czartoryski, Ostrorog und Mnischek. Jede dieser Familien hatte eine große Gefolgschaft von mittleren und niederen Adelsfamilien hinter sich. Die großen Herren besetzten die wichtigsten Ämter, und indem sie vorgaben, die polnischen Freiheiten zu schützen, beschäftigten sie sich hauptsächlich mit ihren eigenen Angelegenheiten. Da sie ständig miteinander rivalisierten, machten sie viel zu oft von ausländischer Hilfe Gebrauch und scheuten nicht davor zurück, Geschenke und Pensionen von ausländischen Mächten anzunehmen. So kam es, daß sich bei den Wahlen zunehmend das Ausland einmischte und sogar Truppen schickte, um in der Republik für Ordnung zu sorgen.[28]

Die polnische Geschichtsschreibung geht mit den letzten deutschen Königen sehr hart um und spricht von der „sächsischen Lethargie", die unter August dem Starken und August III. geherrscht habe. Diese Fürsten aber standen Österreich sehr nah. Während des Siebenjährigen Krieges hatte sich August III. nach Polen geflüchtet, und die Republik gestattete den russischen Truppen, die gegen Preußen marschierten, den Durchzug durch ihr Territorium. August III. aber hat nie verstanden, die Angelegenheiten seines Kurfürstentums Sachsen und seines Königreichs Polen auseinanderzuhalten: Sein allmächtiger Minister Brühl verheiratete zu allem Überfluß seine Tochter mit dem Grafen Mnischek; an Intrigen war kein Mangel.

Keine einzige Regierungstat der sächsischen Könige rechtfertigt die These der sächsischen Kurfürstin, das Heil Polens hinge von der Einrichtung einer sächsischen Erbmonarchie ab. Allerdings wäre es beim Tod Augusts III. nicht zu jenem unheilvollen Wettstreit zwischen den Kandidaten fremder Mächte gekommen.

Das Gerücht ging um, Friedrich II. und Katharina II. hätten sich über die polnischen Angelegenheiten geeinigt und bereiteten die Wahl eines Kandidaten vor, der nichts dagegen haben würde, daß die beiden Mächte sich jeweils ein großes Stück von Polen einverleiben würden.

Ein Vorwand für die Intervention Preußens und Rußlands waren die zahlreichen Dissidenten in Polen: in Litauen die Orthodoxen, in Danzig und Thorn die Protestanten, mit denen die katholische Regierung sehr hart verfuhr. So wahrten Friedrich und Katharina sogar den Anschein des Rechts, wenn sie sich für einen toleranteren Piastenkönig einsetzten. Die geplante Amputation Polens stand freilich ganz auf einem anderen Blatt! Die Kurfürstin von Sachsen beschwor Maria Theresia in mehreren Briefen, der drohenden Gefahr einer Teilung und dem damit verbundenen Machtzuwachs Preußens und Rußlands nicht tatenlos zuzusehen, sondern kundzutun, daß Österreich und seine Verbündeten (Frankreich und Spanien) den Einmarsch russischer und preußischer Truppen in Polen nicht dulden würden. Das würde die Nordmächte von ihren zwielichtigen Projekten abbringen, und die Wahl würde ohne Druck von außen vor sich gehen können. Zweifellos würde Prinz Xaver, der jüngste Sohn Augusts III., der von Österreich am meisten begünstigte Kandidat, als Sieger aus der Wahl hervorgehen. Bezeichnenderweise war aber die Kurfürstin unter Umständen sogar bereit, der Teilung zuzustimmen, wenn man der sächsischen Dynastie dafür den Königstitel verleihen und den Rest Polens überlassen würde.[29]

Diese zynische Betrachtungsweise, in der keine Rücksicht auf Nationen und Völker genommen wird, zeigt, bis zu welchem Grad die regierenden Familien des 18. Jahrhunderts das Gefühl für ihre monarchische Berufung verloren hatten. Die Gier auf die Königswürde täuscht nicht darüber weg, daß die Monarchie schon halb tot war; denn die, die sie verteidigen sollten, begriffen ihr Amt ja gar nicht mehr in seinem ursprünglichen Sinn: „Les rois s'ent vont." Maria Theresia allerdings war noch so tief durchdrungen von dem Gefühl der Legitimität, daß sie eine so skandalöse Teilung weit von sich wies: Niemals, erklärte sie, werde sie einer solchen Abmachung zustimmen.[30]

Die Kurfürstin beeilte sich, nach dieser Abfuhr zu versichern, sie sei falsch verstanden worden. Wie auch immer, Maria Theresia versuchte, ihrem anderen Rat zu folgen, der nicht unvernünftig war: Das polnische Problem gemeinsam mit Frankreich zu lösen, indem man für eine freie Wahl sorgte, aus der, so hoffte sie, Prinz Xaver hervorgehen würde. In Frankreich aber war alle Aufmerksamkeit auf den Wiederaufbau der Seestreitkräfte und auf die Rivalität mit England gerichtet. Ludwig XV. wollte in seinen letzten Jahren keinen Krieg mehr führen. Zu wiederholten Malen sagte er zum Grafen Broglié, dem Chef der Geheimdiplomatie, und zu seinen Ministern, er sei fest entschlossen, den Frieden um jeden Preis aufrechtzuerhalten.[31]

Was nun die Herren Choiseul anging, so waren sie erbitterte Gegner Rußlands und waren weit davon entfernt, anzunehmen, die guten Beziehungen zwischen Österreich und Rußland könnten für eine französische Politik in Polen benutzt werden. Sie glaubten im Gegenteil, daß Rußland Österreich in einen Krieg gegen die Türkei ziehen könnte, und die Annäherung Rußlands und Preußens brachte sie zu der Überzeugung, daß die Zarin die geschworene Feindin Frankreichs sei. Vergeblich bat Kaunitz Starhemberg, diese Vorurteile der französischen Regierung zu beseitigen, indem man klarlegte, daß Katharina II. nicht mehr die Politik Peters III. betrieb und bereit war, als gemeinsame Freundin der beiden Alliierten zu fungieren. Frankreich wollte nichts von einer Transaktion hören und gab vor, für die polnische Frage kein Interesse aufzubringen.

Im März 1763 erklärte Praslin Starhemberg, er sei noch immer bereit, gemeinsam mit Österreich die Kandidatur eines sächsischen Fürsten zu betreiben, aber Frankreich wolle und könne kein Geld mehr in die polnische Frage investieren. In diesem Sinn würde er seinen Botschafter in Warschau, den Grafen Paulmy, instruieren.[32]

Da ihm auch das Teplitzer Heilwasser nicht mehr helfen konnte, starb August III. im Oktober 1763. In Sachsen folgte ihm sein ältester Sohn Friedrich Christian auf den Thron, aber schon im Dezember starb auch dieser. Nun standen die Chancen schlechter denn je, daß Prinz Xaver den polnischen Thron besteigen würde.

Denn eine der mächtigsten polnischen Adelsfamilien, die Czartoryskis, war fest entschlossen, den sächsischen Kandidaten durchfallen zu lassen und dagegen aus den eigenen Reihen die Wahl eines Königs durchzuboxen. Dazu jedoch benötigte sie den Beistand der Russen. Sie würde also russische Truppen ins Land holen, unter dem Vorwand, die Sicherheit des Reichstags müsse gewährleistet werden. Für Österreich bedeutete das praktisch, daß Polen ein Protektorat Rußlands würde und die Macht der Zaren sich bis zu den Karpaten erstrecken würde.

Im April erschien eine Delegation polnischer Adeliger unter der Führung Großmarschall Branickis in Wien. Sie forderte die Kaiserin auf, den russischen Ambitionen die Stirn zu bieten. Aber Maria Theresia und Kaunitz wollten es auf keinen Fall zu einem Krieg mit ihrem Verbündeten kommen lassen. Da Frankreich sein Desinteresse deutlich genug zum Ausdruck gebracht hatte, konnte man sich nur noch an den König von Preußen wenden. Würde sich Friedrich mit der Herrschaft Rußlands über Polen abfinden oder würde er bereit sein, mit Petersburg und Wien einen Vertrag zu schließen, in dem die drei Mächte sich dafür verbürgten, daß während des Wahlvorganges keine fremden Truppen in Polen einmarschieren durften? Bei der Zerrissenheit der polnischen Parteien gab es allerdings wenig Chancen für einen ruhigen Ablauf der Wahl und für die Ausschaltung fremder Mächte.

Friedrich II. nahm die Vorschläge des österreichischen Botschafters mit der größten Höflichkeit entgegen und machte kein Geheimnis aus seinen mit Rußland getroffenen Vereinbarungen: Er versicherte, von einer Teilung sei nicht die Rede gewesen, Rußland habe jedoch vor, die Wahl seines Kandidaten durchzusetzen. Mit dieser Tatsache habe man sich abzufinden, er, Friedrich, halte diese auch nicht für gefährlich: „Soll ich Ihnen frei heraus sagen, was ich darüber denke? Lassen Sie Rußland einen König von Polen machen, wie Rußland Sie einen römischen König hat machen lassen, und Sie können sicher sein, daß wir uns still verhalten werden."

Die Wahl Josefs lag erst zwei Monate zurück. Und er fügte mit dem Zynismus, der ihm ermöglichte, die Wahrheit zu sagen, ohne seine machiavellistischen Absichten aufzudecken, hinzu: „Aber warum bestehen Sie darauf, daß diese Wahl freier sei als die drei vorherigen? Was sich zur Stunde in Polen abspielt, haben wir bei allen Zwischenregierungen erlebt. Sie selber haben dasselbe gemeinsam mit Rußland bei der letzten Wahl gemacht. Glauben Sie mir, die Kaiserin sollte sich damit zufriedengeben, einen römischen König gemacht zu haben; sie kann nicht alle Könige machen."[33]

Er sei überzeugt, sagte er zum Abschluß des Gesprächs, die Kaiserin und Kaunitz seien zu klug, um sich den Gefahren eines Krieges auszusetzen. Er seinerseits würde nichts unternehmen, was sein Bündnis mit Rußland gefährden könnte.

Auf die Absage Frankreichs war damit die preußische gefolgt, und der Kaiserin blieb nichts anderes übrig, als Rußland gewähren zu lassen, so sorgenvoll sie auch in die Zukunft sah. Sie begnügte sich, dem provisorischen König, dem Erzbischof von Gnesen, ihr Mißfallen an den Vorgängen auszudrücken. Als aber der Reichstag zur Wahl zusammengerufen wurde und in Warschau russische Truppen auftauchten, raffte sich Frankreich doch zu einer Initiative auf. Botschafter Paulmy erklärte dem interimistischen König, unter den jetzigen Umständen, da das Land besetzt sei und es sich um keine freie Wahl mehr handle, gäbe es für den Stellvertreter des Königs von Frankreich keine Veranlassung, länger in diesem Land zu bleiben. Worauf der Erzbischof den Botschafter sehr von oben herab aufforderte, nach Hause zu gehen, wenn es ihm hier nicht passe: „Auf Wiedersehen, Graf Paulmy!" Mit dieser Titulierung wollte er anzeigen, daß er ihn nicht mehr als Stellvertreter Ludwigs XV. ansah. „Gehorsamster Diener, Herr Erzbischof von Gnesen", antwortete Paulmy, womit er ihn seinerseits nicht mehr als interimistischen König anerkannte.[34] Die Österreicher hätten gerne einen solchen Affront vermieden. Sie versuchten es daher mit einer letzten Karte und appellierten an die Ehre und das patriotische Gefühl der polnischen Adeligen. Konnten sie nicht Katharina II. zum Rückzug ihrer Truppen auffordern? Aber die Gemüter waren zu erregt, als daß man sich noch kühlen Argumenten gebeugt hätte. Nun blieb Österreich nichts anderes übrig, als so wie Frankreich zu handeln: Es berief seinen Botschafter ab, und Graf Mercy trat die Reise nach Wien an. Der Botschafter Rußlands war somit Herr der Situation und manövrierte so geschickt auf dem Wahlfeld von Wolo, daß am 26. September 1764 der russische Kandidat mit 5584 Stimmen als Sieger aus der Wahl hervorging.

Stanislaus II. August Poniatowski war durch seine Mutter mit der mächtigen Familie der Czartoryskis verwandt. Mit seinen zweiunddreißig Jahren besaß er bereits eine an Abenteuern reiche Vergangenheit. Aber er war nicht nur ein Abenteurer, er war auch ein äußerst kultivierter Mann. Er hatte in Paris gelebt und hier die philosophischen und literarischen Salons besucht, besonders den der Madame Geoffrin, die er seither „Maman" nannte. Daher sprachen die Pariser philosophischen Zirkel sogleich ihr Entzücken über die Wahl dieses Kandidaten aus, der versprach, ein reformfreudiger und aufgeklärter Regent zu sein.

Die Czartoryskis hätten Stanislaus möglicherweise gar nicht als ihren Kandidaten aufgestellt, wenn er nicht der Schützling Katharinas II. gewesen wäre. Er hatte die damalige Großfürstin Katharina bei seinem ersten Aufenthalt in Rußland kennengelernt, als er im Gefolge des englischen Botschafters nach Petersburg gekommen war und ihr Geliebter wurde. Als er als Gesandter Augusts III. wiederkam, dachte Katharina wohl, in ihm den gefügigsten Verbündeten zu besitzen. Aber da täuschte sie sich, er war durchaus keine einfache Persönlichkeit. Die Urteile seiner Zeitgenossen und der Historiker gehen denn auch dementsprechend auseinander. Während die Gräfin Rostopschin eines Tages erklärte: „Ihr (der Polen) letzter König ist ein Gottloser",[35] lobten andere seine Kultur, seine Liebe zu Polen und seine Intelligenz. So erkannte er sehr wohl die Schwächen der polnischen Verfassung, auch wenn er ihr seinen Erfolg verdankte. Auch den wirtschaftlichen und sozialen Rückstand, in dem sich sein Land befand, schätzte er richtig ein. Aber da er andererseits extrem vergnügungssüchtig war und sich gerne in amourösen Intrigen verzettelte, brachte er nicht genügend Charakter auf, um sich mit ganzer Kraft einem durchgreifenden Reformwerk zu widmen.[36]

Zunächst einmal mußte er von den anderen Mächten anerkannt werden. Mit Preußen gab es in diesem Punkt keine Schwierigkeiten, und auch England zeigte sich entgegenkommend. So blieben Österreich, Frankreich und die Türkei zu gewinnen. Unter diesen drei widerstrebenden Mächten hoffte er Österreich am leichtesten umstimmen zu können. Er schickte daher Maria Theresia, die sich gerade in Preßburg beim ungarischen Landtag befand, eine Botschaft durch seinen eigenen Bruder, General Andrej Poniatowski. Maria Theresia empfing ihn zwar nicht offiziell, gab aber nach Absprache mit Kaunitz zu erkennen, daß die Anerkennung nicht ausgeschlossen sei, wenn gewisse Bedingungen akzeptiert würden.

Gegen die Polen, die an der Wahl nicht teilgenommen oder ihn nicht unterstützt hatten, dürften keine Repressalien ausgeübt werden, ebenso wie der persönliche Besitz des Hauses Sachsen nicht anzutasten sei. Frankreich forderte noch mehr: Der Erzbischof von Gnesen sollte persönlich nach Versailles kommen, um sich für sein Verhalten Marquis Paulmy gegenüber zu entschuldigen. Von dieser lächerlichen Forderung konnte Kaunitz jedoch Choiseul wieder abbringen. Die größte Gefahr drohte aber aus der Türkei: Es war zu befürchten, daß Konstantinopel die polnische Opposition aufhetzte, einen Aufstand zu machen. Das hätte zu solchen Unruhen führen können, daß Preußen und Rußland genügend Vorwände für ihr erneutes Einschreiten gefunden hätten.

Maria Theresia ermahnte also sowohl Versailles als auch Konstantinopel, hinzunehmen, was nicht mehr verhindert werden konnte, und der neue König von Polen erhielt, obwohl er gegen den Willen Österreichs gewählt worden war, dank der Bemühungen Maria Theresias die internationale Anerkennung.

# *Maria Theresia und Ungarn*

In der Geschichte Ungarns kommt der Epoche Maria Theresias große Bedeutung zu; denn in dieser Zeit traten die Probleme eines von langer Fremdherrschaft befreiten Landes besonders kraß hervor.[1]

Die Dreiteilung Ungarns in ein königliches Ungarn mit Kroatien, ein von den Türken besetztes Ungarn und das vom Sultan abhängige Siebenbürgen war nun aufgehoben. Aber überall, im Brauchtum, im Denken und in den Strukturen der Wirtschaft, stieß man auf die Spuren der Vergangenheit. Obgleich es jetzt zum Königreich Ungarn gehörte, behielt Siebenbürgen weiter seine eigene Kanzlei, seinen eigenen Reichstag und seine eigene Verfassung.[2] Die Gebiete an den Militärgrenzen standen aufgrund ihrer besonderen Situation unter einer speziellen Verwaltung, während man im Banat wieder die Komitatsverwaltung eingeführt hatte. Ungarn existierte also wieder als ein Königreich, aber unter welchen Schwierigkeiten!

Um diese ganz begreifen zu können, muß noch einmal auf die Tatsache hingewiesen werden, daß Ungarn der Monarchie nur angegliedert war, somit auch außerhalb des Heiligen Römischen Reiches stand und keine andere Herrschaft als die eigene anerkennen mußte; denn es war niemals von der Monarchie unterworfen worden. Indem es die Pragmatische Sanktion als eines seiner Verfassungsgesetze akzeptierte, erklärte es sich lediglich einverstanden, sich mit den Erbländern des Erzhauses vom gleichen Herrscher regieren zu lassen. Umso mehr betonte es seine rechtliche Unabhängigkeit und die Besonderheit seiner Institutionen. In Wien betrachtete man mit einiger Unruhe und einem Rest von Mißtrauen dieses Land, das so gute Reiter und so rebellische Geister züchtete.

Die Kaiserin-Königin empfand Ungarn gegenüber ein starkes und dauerhaftes Gefühl der Dankbarkeit und war gewissenhaft darauf bedacht, ihren Schwur, die traditionellen Privilegien zu respektieren, nicht zu brechen. Umgekehrt war die ungarische Ehrengarde in Wien in ihren prachtvollen Uniformen ein lebendiger Beweis für die Treue Ungarns zur Königin.

Diese gegenseitige Loyalität war der Grund dafür, daß die Königin sich aufs neue an den ungarischen Reichstag mit der Bitte um finanzielle Hilfe wenden konnte. Diese wurde ihr auch in Form einer Spende bewilligt, welche die Komitate einzutreiben und an die Königliche Kammer in Preßburg zu schicken versprachen.

Von Buda, der alten Königsstadt, waren nämlich die Funktionen der Hauptstadt auf Preßburg übergegangen, welches immer frei von türkischer Oberherrschaft geblieben war. Hier war Maria Theresia in Sankt Martin gekrönt worden, hier trat der Reichstag zusammen, hier befanden sich die Verwaltungsorgane des Königreichs. Bis 1783 befand sich hier auch die Königliche Kammer. Preßburg war eine lebendige, unmittelbar an der Donau gelegene mittelgroße Stadt westlichen Zuschnitts. In den letzten dreißig Jahren waren neben vielen Kirchen zahlreiche Patrizierhäuser für den Adel und das reiche Bürgertum entstanden.

Viele aber wollten Buda seine angestammte Würde zurückgeben und es zur Hauptstadt des Königreichs machen. Von Preßburg kommend, liegt Buda einige Stunden stromabwärts auf einem Hügel über dem Strom, der hier schon erheblich breiter ist als bei Preßburg und in diesem an Straßen armen Land der beste Verkehrsweg ist. Jenseits des Stromes liegt Pest in der Ebene. Es bildete damals noch keine Stadtgemeinschaft mit dem Burgberg von Buda. Hier oben sind die Festung, das Schloß, das Viertel der Vornehmen, das Rathaus und der Markt, die Kirchen und ein Jesuitenkolleg. Karl VI. hat auf dem Platz, wo sich die alten Paläste der Árpád, Anjou und des Matthias Corvinus befanden, mit dem Bau eines neuen Schlosses begonnen.

Auch Pest, die alte Handelsstadt, machte zur Barockzeit gewisse Veränderungen durch. Die gotische Stadtpfarrkirche wurde barockisiert, es entstanden neue Kirchen und das prachtvolle Invalidenhaus, das Karl VI. 1725 „ad servandos milites senio, vulneribus confectos" errichten ließ. Dennoch dauerte es lange, bis Buda und Pest die Rolle einer Hauptstadt übernahmen.

Ungarn war administrativ in Komitate unterteilt, die in der Größe sehr voneinander abwichen, aber alle ihre eigene Komitatsversammlung und ihren gewählten Administrator besaßen, den „alispan", der viel wichtiger als der „Gespan" war, der Repräsentant des Königs. So waren die Verwaltungssitze der einzelnen Komitate lauter kleine regionale Hauptstädte. In diesem ausgesprochenen Agrarland waren die Städte mit westlichem Aussehen dünn gesät. Die meisten Ortschaften bestanden aus einer bescheidenen Hauptstraße oder einem von niederen Häusern umrahmten Marktplatz mit einer meistens sehr prunkvollen Kirche. An die Zeit der türkischen Oberherrschaft erinnern noch heute die zahlreichen Minaretts, Moscheen und Bäder mit buntbemalten oder sternengeschmückten Kuppeln.

Alles an Ungarn war eine Mischung aus westlichen und orientalischen Einflüssen. Da war einerseits die Sehnsucht, in der modernen westlichen Welt einen Platz einzunehmen, andererseits das Festhalten an mittelalterlichen Strukturen. Die Geschichtsschreibung pflegt drei für die ungarische Gesellschaft spezifische Faktoren zu betonen: die Macht des Adels, die die Basis des Staates bildet, die geringe Ausprägung eines städtischen Bürgertums und die weitverbreitete Leibeigenschaft unter den Bauern.

Zu Ende des 18. Jahrhunderts zählte die Bevölkerung des Königreichs nach einer Epoche starker Zuwachsraten 6,500.000 Köpfe, davon kamen auf den Adel ungefähr 350.000, die alle keine Steuern zu zahlen hatten. An der Spitze der Adelshierarchie befanden sich etwa zweihundert große Familien, deren Besitzungen sich über Zehntausende Hektar erstreckten. In dieser Gruppe sind die Namen zu finden, die im Reichstag dominieren: Esterházy, Batthyány, Pálffy, Nádasdy. Ihr immenser Reichtum erlaubt ihnen, prunkvolle Schlösser zu bauen, zahlreiches Personal zu halten und großzügige Mäzene zu sein. Nutznießer sind die Architektur und die schönen Künste. Aus diesen Familien sind auch viele kirchliche Würdenträger hervorgegangen, die auf dem Besitz der Kirche ein fürstliches Leben führen. Von ihrer patriarchalischen Ideologie zeugen noch heute zahlreiche prunkvolle Kirchenbauten und Kapellen und alle möglichen wohltätigen Stiftungen. Aber nicht immer ist der Adel auch reich. Ein charakteristischer Zug der ungarischen Aristokratie ist der wirtschaftliche Abstieg, der bei zirka 100.000 Adeligen in der Armut endet. Umso stolzer pochen gerade diese Verarmten auf ihre Privilegien, ohne die sie nichts mehr vom Bauernstand unterscheiden würde. Daher sind gerade sie es, die im Komitat für die alte Ordnung eintreten und sich allen Reformen widersetzen, weil sie nur die unmittelbaren Nachteile und nicht die Vorteile auf lange Sicht beachten.

Auch das Bürgertum bildet ungefähr 5,5 Prozent der Gesamtbevölkerung, wenn man alle Städter zusammennimmt, aber nur 1,25 Prozent, wenn man sie nach ihrer Bildung oder ihrem Rang in der kaufmännischen Hierarchie beurteilt.[3] Sie leben hauptsächlich in den Städten Westungarns, nahe der österreichischen Grenze, in Preßburg, aber auch in Raab, einer kleinen Garnisonstadt, in Ödenburg oder in den Bergwerkstädten Oberungarns wie Neusohl.

Die Mehrheit der Bevölkerung ist also bäuerlich, und die meisten Bauern sind Leibeigene. Es gibt in Ungarn aber auch freie Bauern, die nur an den Staat Steuern zu zahlen haben. Es sind dies die alten Volksstämme der Jazygen und der Kumanen zwischen Donau und Theiß, deren Privilegien bis ins Mittelalter zurückgehen, der Szekler in Siebenbürgen und der halb bäuerlichen, halb militärischen Haiduken. Zusammen machen sie ungefähr 3 Prozent der Gesamtbevölkerung aus.[4]

Nach dem Abzug der Türken wurde in der ungarischen Tiefebene wieder das strenge Grundherrnregime errichtet. Aufgrund der Bestimmungen des „Opus tripartitum" von 1514 unterstand der Bauer ganz der Willkür des Grundherrn und seiner Verwalter. Die Verwaltung der Domäne, die sich durch lange Zeit einen patriarchalischen und menschlichen Charakter bewahren konnte, wurde nun rationalisiert und bürokratisiert.[5] Die konsequent durchgeführte Ausbeutung auf den großen Gütern führte zwangsläufig zum Ruin des bäuerlichen Eigentums und der bäuerlichen Dorfgemeinschaft, die außer ihren regulären Lasten auch noch die vom Reichstag genehmigten außerordentlichen Summen aufzubringen hatte, während der Adel (inklusive das adelige Proletariat) nichts zu zahlen hatte.

Die ungarische Landwirtschaft hatte nach Niederschlagung des Rákóczi-Aufstands — zu einem Moment, da der Sieg und möglicherweise die Befreiung der Bauern schon greifbar nahe gerückt war — große Veränderungen durchgemacht.

Noch im 17. Jahrhundert war die Viehzucht die Existenzgrundlage Ungarns gewesen. Und selbst aus dem von den Türken besetzten Teil Ungarns, zumindest aus seinem nördlichen, zogen riesige Rinderherden die Donau aufwärts nach Wien und weiter zu den deutschen Märkten.

Dieser Produktionssektor verlor nun, ohne daß er ganz verschwand, immer mehr an Bedeutung, da die Kriege um die polnische und die österreichische Erbfolge die Regierung in Wien zu größeren Getreide- und Pferdekäufen zwangen. Das Burgenland mit Ödenburg und das Land um Preßburg und Raab — hier befanden sich die Güter der Esterházy und Pálffy — kamen dieser Forderung entgegen. Der Ackerbau nahm hier bereits 35 bis 40 Prozent der bebauten Fläche ein.[6] So beruhte jetzt bald der Reichtum des ungarischen Großgrundbesitzes auf dem Getreideanbau, wie im vorigen Jahrhundert der tschechische Grundherr seinen Wohlstand durch Fischzucht und Bierbrauerei vermehrte. Weitere fruchtbare Korngegenden waren das Banat von Temeschburg (Temesvár) und die südlichen Bezirke der großen ungarischen Tiefebene. Dennoch erreichte man aus mehreren Gründen niemals so hohe Produktionsziffern wie der Nordwesten. Das lag an der geringen Einwohnerzahl und an den vielen Sümpfen, die sich während der türkischen Besatzungszeit noch vermehrt hatten. Diese versumpften Gebiete wieder urbar zu machen, dazu reichten die Technik und die Qualität der zur Verfügung stehenden Werkzeuge einfach noch nicht aus. Dazu kam ein völlig unzureichendes Verkehrsnetz, das praktisch nur aus der Donau bestand.

In Mittelungarn und im Hügelland bildete dagegen der Weinbau eine wichtige Einnahmequelle. Auch hier war selbstverständlich der Grundherr der größte Nutznießer und nicht der Weinbauer selbst. Die ungarischen Weine, besonders der Tokajer, waren bei den reichen Kunden der Nachbarländer Schlesien und Polen sehr beliebt. 1756 schrieb der französische Botschafter, Marquis d'Aubeterre: „Die Ungarn lieferten bisher für mehr als zwei Millionen Gulden jährlich Wein nach Schlesien. Dieser Absatzmarkt geht ihnen nun plötzlich (nach der Annexion durch Friedrich II.) verloren. Schlesien versorgt sich nun über Stettin und die Oder mit französischen Weinen, und Ungarn weiß mit seinen Weinen nichts anzufangen, die immerhin eine seiner Haupteinnahmequellen bilden."[7]

Die Mentalität der Zeit war viel zu traditionsbewußt und beschränkt, als daß man an eine Ersatzindustrie gedacht hätte: Es gab nur eine Möglichkeit für die Weinbauern um Tokaj und Erlau (Eger): Sie mußten einen größeren Kundenkreis in Ungarn und in Wien gewinnen. Unterdessen waren in Ungarn auch Textilmanufakturen gegründet worden, meistens in der Nähe der österreichischen Grenze. Sogar der Kaiser hatte eine auf seinem Gut Holics gegründet. Auf diesem Industriesektor ging es weniger darum, den heimischen Käufer anzusprechen, als die Konkurrenz mit den österreichischen Fabrikanten in Wien aufzunehmen. Nicht nur, daß dies äußerst schwierig war, die österreichischen Händler verstanden es sogar, den ungarischen Markt fast völlig zu beherrschen. Schließlich erreichten sie, daß ihnen die Importsteuer für nach Ungarn eingeführte Waren teilweise rückvergütet wurde.

Schon Ende des 18. Jahrhunderts empfanden ungarische Schriftsteller diese Gängelung der ungarischen Wirtschaft durch die österreichische als „Kolonialsystem“. Und diese Meinung setzte sich im folgenden Jahrhundert bis zur Revolution von 1848 und weiter in die Gegenwart immer mehr durch. Daher waren die wirtschaftliche Unabhängigkeit und die Autonomie von Industrie und Handel für die führenden ungarischen Politiker zur Zeit des „Ausgleichs“ von 1867 so wichtig, und man muß hier daran erinnern, daß die politische Union, die von nun an Österreich und Ungarn für immer verbinden sollte, von einem wirtschaftlichen Übereinkommen begleitet war, das alle zehn Jahre erneuert werden sollte. Ungarn litt mehr als ein Jahrhundert lang an dem beträchtlichen Rückstand, in dem es sich Österreich und Böhmen gegenüber befand. Es war dies der berühmte österreichisch-böhmische Komplex, wie ihn die Historiker heute nennen. Muß man die Politik Maria Theresias dafür verantwortlich machen? Diese These hat vor fünfzig Jahren der ungarische Historiker Franz Eckhart aufgestellt und wissenschaftlich belegt.[8] Aber inzwischen wird diese These nicht mehr einmütig verfochten. So hat Domokos Kosary, ohne die egoistischen Absichten der Wiener Handelskreise zu leugnen, nachgewiesen, daß die österreichische Politik eher zur Konsolidierung der bestehenden Verhältnisse in Ungarn beigetragen hat. Es fehlten die Voraussetzungen, um hier die Entwicklung in demselben Maße voranzutreiben wie in westlichen Teilen der Monarchie.[9] Böhmen war schon zu Beginn des 18. Jahrhunderts wesentlich weiter entwickelt als Ungarn. Dabei war das Königreich des hl. Stephan weit weniger mittellos, als allgemein angenommen wurde. Aber die Mentalität der führenden Kreise stand dem Neuen im allgemeinen ablehnend gegenüber. Einige Grundherren gründeten zwar Manufakturen mit unterschiedlichem Erfolg, aber im allgemeinen beschäftigte sich die Aristokratie hauptsächlich mit dem Bau prunkvoller Paläste. Auch die Städte in den Komitaten stellten sich taub, als Maria Theresia sie dazu aufforderte, Manufakturen zu gründen. Die Elite dieser Städte, die sich aus Landwirten, Winzern und in Zünften zusammengeschlossenen Handwerkern zusammensetzten, fürchtete, besonders natürlich die Handwerker, daß die Manufaktur ihren unmittelbaren Interessen schaden könnte. Wie in Rußland kommt also auch in Ungarn die industrielle Entwicklung nur langsam und schwerfällig in Schwung. Die meisten Bauern wirtschaften noch allein für den eigenen Verbrauch. Die Kluft zwischen den höheren Schichten der Gesellschaft, die einen aufwendigen Lebensstil führen, und dem oft ums Wenigste kämpfenden Bauern hat sich zweifellos verschärft, so daß es häufig zu Bauernaufständen kommt, wie 1756 in Kroatien. Auf der einen Seite also Armut und Elend, auf der anderen Seite Luxus, und dazwischen eine sehr langsame Aufwärtsentwicklung in den Städten und Dörfern.

Die Kriege, die nun nicht mehr auf eigenem Territorium stattfinden, nämlich der Österreichische Erbfolgekrieg und der Siebenjährige Krieg, wirkten sich sogar günstig auf den Getreide-, Pferde- und Lederhandel aus. Ein gewisser Wohlstand zeigt sich wie in Böhmen in hübscheren Bauernhäusern und besserer Kleidung, in Spitzen, gestickten Leintüchern und besseren Hausgeräten, irdenem Geschirr und Kunstschmiedearbeiten. Es dauert noch lange, bis der wirtschaftliche Rückstand von Ungarn überhaupt zur Kenntnis genommen, als Skandal empfunden und wirksam bekämpft wird. Trotzdem gehen wie im Westen, wenn auch viel langsamer, bedeutende Veränderungen vor sich.

Hier stellt sich nun bereits die Frage nach den Nationalitäten.[10] Die ungarische Nation bestand ja nicht nur aus Magyaren. Da gab es Kroaten, Deutsche, Slowaken, Rumänen, Serben und Ruthenen. Ihre Existenz in der Monarchie war nicht das Resultat einer Eroberung, sondern der komplizierten Entwicklung eines Staatswesens im Verlauf mehrerer Jahrhunderte, und man begeht einen schlimmen Fehler, wenn man das 18. Jahrhundert schon aus dem Blickwinkel der späteren Nationalitätenfrage betrachtet. Dieses ist ja einer der Widersprüche des Lebens, daß sich dasselbe Ding sowohl schädlich als auch positiv auswirken kann. Das Prinzip der Freiheit und der lokalen Privilegien gab den Minderheiten das Recht, ihre Muttersprache weiter zu sprechen, ohne daß damit der politischen Einheit des Königreichs Ungarn irgendein Schaden zugefügt wurde. Damals war das Recht des Staates noch stärker als die Autonomiebestrebungen einer Nationalität. So besaß das alte Königreich Kroatien, obwohl es an Ungarn angeschlossen war, seinen eigenen Landtag und seine eigene Sprache. In der bekannten kroatischen Familie Zrinyi gab es im 17. Jahrhundert zwei Brüder, von denen der eine Kroatisch, der andere Magyarisch sprach und sich dennoch beide für Ungarn hielten. In den Komitaten Oberungarns sprachen die Bauern und Kleinbürger, aber auch ein Teil des niederen Adels Slowakisch und hatten die gleichen Rechte wie die hier ansässigen Magyaren. Die rumänischen Bauern in Siebenbürgen waren allerdings zum großen Teil Leibeigene des magyarischen Adels. Aber die Serben, die auf der Flucht vor den Türken nach Ungarn gekommen waren, besonders nach der Wiedereroberung Belgrads, lebten unter dem Schutz ihrer Privilegien. Was nun die Deutschen anging, so waren sie zu verschiedenen

Zeiten und unter jeweils anderen Umständen eingewandert. So waren zum Beispiel deutsche Techniker zur Verbesserung des Kupferbergbaus in die Städte Oberungarns und in das Komitat Zips gerufen worden. In Siebenbürgen gab es rein sächsische Städte und Dörfer mit besonderen Vorrechten, und in der ungarischen Tiefebene waren unter dem Schutz der Regierung (Wiens und Preßburgs) schwäbische und westdeutsche Siedler ansässig geworden. Hatten nicht alle Staaten Europas zu allen Zeiten fremde Einwanderer aufgenommen und assimiliert? Dort, wo die Regierung über eine solide Verwaltung verfügte, tendierte sie natürlich zur Zentralisierung und Vereinheitlichung: Durch die Vorschreibung der Landessprache ging der Prozeß der Assimilierung sozusagen von selbst. So war es in Frankreich. Aber dort, wo die zentralen Organe schwach ausgeprägt waren, betonte jede nationale Gruppe ihre Eigenarten und besonders ihre Sprache. So war es in Ungarn. Wegen der sprachlichen Vielfalt hielt sich Latein lange als offizielle Sprache des Reichstags und der Gesetzgebung in Ungarn, und zwar viel länger als in anderen europäischen Ländern. Das Ungarische, eine finnisch-ugrische Sprache, welche die Aristokratie und die Bevölkerung Mittelungarns sprach, nahm den zweiten Platz ein und setzte sich immer mehr durch, in dem Maße, in dem das Königreich nach der Befreiung von den Türken an Selbstbewußtsein und Stärke zunahm.[11] Die Habsburger hätten es zwar aus politischen und praktischen Gründen gerne gesehen, wenn Deutsch gesprochen worden wäre, aber sie waren weit davon entfernt, Deutsch als Staatssprache vorzuschreiben, ja sie gaben sich sogar alle Mühe, Ungarisch zu erlernen: Maria Theresia verstand und sprach genügend Ungarisch und ließ es auch ihre Kinder lernen.

Die Stärke der Privilegien war auch ein Hindernis für die Durchsetzung einer einheitlichen Religion. Und die Herrscher des Erzhauses hätten natürlich gerne die Untertanen aller ihrer Staaten zu guten Katholiken gemacht. Maria Theresia war tief betroffen, als sich hier und da in ihren längst zum katholischen Glauben zurückgekehrten Provinzen wieder protestantische Glaubensgemeinschaften bildeten. Und obwohl sich in Ungarn die Bischöfe und Äbte alle Mühe gaben, ihren Einfluß so weit wie möglich zu festigen, blieb die Vielfalt der Religionsausübung in Ungarn bestehen; denn die andersgläubigen Kirchen standen in Ungarn ebenfalls unter Privilegienschutz. In vielen Städten, besonders in deutschen und einwohnerstarken Städten, setzte sich der lutherische Glaube durch. Der Kalvinismus hielt sich auf den Domänen von Anhängern der Genfer Konfession und breitete sich auch in der Ebene aus. In Siebenbürgen lebten Katholiken, Lutheraner, Kalvinisten und Griechisch-Orthodoxe nebeneinander. In einigen Komitaten Oberungarns hatten sich orthodoxe Kirchen wieder an Rom angeschlossen, mit der Bedingung, den orthodoxen Ritus beibehalten zu dürfen. Die Serben in Südungarn betonten dagegen ihre Unabhängigkeit unter der Autorität ihres Patriarchen. Die Religion war also sehr wohl von der ethnischen und sprachlichen Zugehörigkeit einer Gruppe abhängig, so daß später die Nationalitätenfrage manchmal einen religiösen Aspekt annehmen konnte. Im Gegensatz also zu den westlichen Ländern der Monarchie gab es im Ungarn des 18. Jahrhunderts die Gewissensfreiheit, nicht aufgrund einer aufgeklärten Toleranz freilich, sondern weil hier in Ungarn die Privilegien besonders stark ausgeprägt waren. Oft standen in einer Stadt, man denke an Preßburg und Pest, die Kultstätten der verschiedenen Religionen dicht nebeneinander und zeugten für den gegenseitigen Respekt ihrer Gläubigen.

Wenn die Königin Unterstützung brauchte, mußte sie den ungarischen Reichstag einberufen. Aber die Sitzungen zogen sich oft sehr in die Länge, weil die verschiedenen Abgeordneten zunächst ihre Forderungen, die sogenannten Gravamina, vorlegten. So dauerte der Reichstag von 1751 vom 18. April bis zum 28. August. Die Händler nahmen ihn zum Anlaß, um Einfuhrbeschränkungen für Wiener Waren in die Stadt zu fordern und sich Handelserleichterungen in anderen Teilen der Monarchie versprechen zu lassen.[12] Sie machten sich auch zum Fürsprecher anderer Städte. Aber die Königin hatte ganz andere Sorgen: Sie hatte sich über die elende Situation der Bauern informieren lassen und wollte nach ihren eigenen Worten „wegen der Handlungen einiger Magnaten nicht ewig verdammt sein". Dabei befanden sich unter diesen einige sehr treue Diener: der Kanzler Nádasdy, der Palatin Ludwig Graf Batthyány, der Nachfolger des getreuen Johann Graf Pálffy, der beinahe neunzigjährig gestorben war, und Anton Graf Grassalkovich, Präsident der königlichen Kammer und Inhaber anderer hoher Ämter. Zweitens hätte Maria Theresia gerne gewissen Ortschaften den Rang von königlichen Städten verliehen, um sich unter den Patriziern, deren Handelsinteressen sie gefördert hätte, eine Anhängerschaft heranzuziehen. Aber auch in diesem Punkt stieß sie auf den heftigen Widerstand des Adels. War Koch nicht reichlich euphorisch, als er an Kaunitz schrieb, daß man bei allen Beschlüssen, die die Königin noch durch ein Dekret zu sanktionieren hatte, die königliche Autorität zu bewahren gewußt habe? Der Reichstag hatte der Königin nur zwei Vorteile gebracht, eine Mehreinnahme von 700.000 Gulden, die freilich in Wirklichkeit nur 500.000 ausmachten, und gewisse Kenntnisse über das Königreich.[13]

Da der Siebenjährige Krieg Ungarn viel weniger belastet hatte als Böhmen und sich im Gegenteil viele große Herren und Händler an den Kriegslieferungen von Pferden und Getreide bereichert hatten, wandte sich die Königin nochmals an Ungarn mit der Bitte um finanzielle Unterstützung. Zu diesem Anlaß wurde der Reichstag feierlich im Juni 1764 eröffnet. Er sollte bis März 1765 dauern. Die königlichen Forderungen betrafen zwei Punkte: die Anhebung der Kontribution und die Reform des Militärwesens. Es ging dabei um die Einrichtung eines stehenden Heeres. Aber die beiden Kammern — besonders die Kammer der Komitate — unterbreiteten der Königin lang und breit die Gravamina, wiesen auf die Armut des größten Teils der bäuerlichen

Bevölkerung hin und widersetzten sich sowohl der Abschaffung der Steuerfreiheit des Adels und des Klerus als auch jeder Änderung innerhalb der Armee. Die Königin wollte erreichen, daß jene Adeligen, die nicht mit in den Krieg zogen, eine bestimmte Geldsumme zu zahlen hatten und daß die Lasten überhaupt gerechter verteilt würden. Insgeheim hoffte sie, den Adel dafür zu gewinnen, daß wenigstens der Klerus besteuert würde. Aber der Reichstag zog sich in die Länge, ohne daß im Frühjahr 1765 mehr erreicht worden war als eine Erhöhung der Kontribution um 300.000 Gulden.

Seit dieser Enttäuschung wollte sie den Reichstag nicht mehr zusammenrufen. Sie hatte erkannt, daß auf diese Weise keine ernsthaften Reformen durchzusetzen waren. Statt dessen versuchte sie nun durch Veränderungen innerhalb der Verwaltung gewisse Reformen durchzusetzen und besonders die Arbeitsbedingungen der Bauern zu verbessern.

Mit Unterstützung ihres Hofrates Franz Anton von Raab und des Hofbibliothekars Franz Adam Kollár ließ sie eine Bauerncharta ausarbeiten, die sie teilweise persönlich überprüfte und korrigierte: das „Urbarium" von 1767. Um einer übertriebenen Parzellierung des von Bauern beziehungsweise Leibeigenen bebauten Landes entgegenzuwirken, legte das Dekret die Größe eines Leibeigenengutes genau fest. Sie schwankte je nach der Bodenqualität zwischen 7 und 14 Hektar. Darüber hinaus wurde ausdrücklich festgestellt, daß der Bauer kein Land besaß und also auch nicht zu Steuerzahlungen verpflichtet war. Dagegen wurde ihm sein Recht auf die Nutzung gemeinsamer Weiden und des Waldes bestätigt. Auch die Abgaben an die Grundherrschaft wurden genau festgelegt. Eine Manse (der Gutsbetrieb eines Leibeigenen) war zu 52 Tagen mit Gespann oder 104 Tagen ohne Gespann verpflichtet sowie zu Zahlungen in Naturalien. Das waren, wenn einmal der Zehnte an die Kirche entrichtet war, der Neunte von der Ernte mit Ausnahme von Gemüse, der Neunte der Zweitsaat und der Heuernte, der Neunte an Lämmern und Ziegen und schließlich der Neunte an Hühnern, Kapaunen, Eiern und Butter. Jede Leibeigenenfamilie in Ungarn mußte dem Staat zudem jährlich einen Gulden zahlen. Alle diese Abgaben waren belastend, aber nicht unerträglich, wenn man den ungarischen Historikern wie Kálmán Benda und Imre Wellmann Glauben schenken darf.

Es muß hier betont werden, daß das Dekret Maria Theresias kein neues System schaffen wollte. Es bestätigte und konsolidierte sogar die grundherrschaftlichen Rechte, auch wenn es versuchte, Mißstände zu beseitigen. Und es stellte auch keineswegs einen kaiserlich-zentralistischen Akt dar. Es bezog sich allein auf Ungarn und überschritt in keinem Punkt die Machtbefugnisse des Herrschers.

Die Anwendung hing allerdings von den Komitatsleitungen ab, und darüber liegen noch nicht genügend Informationen vor. Man weiß nur, daß die Königin in manchen Komitaten einen speziellen Kommissär zur Unterstützung des dortigen „Gespan" entsenden mußte. Denn dieselben Menschen, die die traditionellen Institutionen Ungarns verteidigten und für die Autonomie des Königreichs eintraten, widersetzten sich den Maßnahmen, die dem Allgemeinwohl des Landes und dem Privateigentum des einzelnen dienen sollten. Es ist allerdings auch sehr gut möglich, daß die Durchführung des Dekrets auf gewissen Gütern zu einer Verschlechterung der Situation geführt hat. So wurde behauptet, daß auf den Besitzungen des Grafen Grassalkovich bei Gödöllö die Bauern, deren Nutzland die Fläche der vorgeschriebenen Größe von 7 bis 14 Hektar überstieg, zur Restitution der die Norm übersteigenden Parzellen gezwungen wurden und daß auf den von den Türken befreiten Domänen der Grundherr nun erst so richtig durchgreifen konnte. Im ganzen gesehen entsprachen jedoch die Ergebnisse des „Urbarium" den Absichten seiner Schöpfer, nämlich die grundherrschaftlichen Rechte genau zu definieren und das Los der Bauern zu erleichtern.[14] Jedenfalls trug das Dekret zur Beliebtheit Maria Theresias in Ungarn erheblich bei. So wurden alle möglichen rührenden Geschichten erzählt, zum Beispiel, daß die Königin einem Bauern von Somogy, nachdem er ihr sein Leid geklagt hatte, mütterlich die Wange getätschelt habe. Und warum sollte das nicht wirklich so gewesen sein? Maria Theresia hat in allen ihren Ländern immer den direkten Kontakt zum Volk gesucht. Der Historiker muß allerdings feststellen, daß auch nach dem Dekret von 1767 es weiter zu Bauernrevolten gekommen ist. Bei den Magnaten selbst stieß das Dekret wieder einmal auf heftige Ablehnung, selbst bei dem Palatin Ludwig Graf Batthyány, dem Fürstprimas Franz Rákóczy und dem Präsidenten der Königlichen Kammer, Anton Graf Grassalkovich. Dagegen hatten zwei Bischöfe, Karl Fürst Esterházy von Erlau (Eger) und Josef Graf Batthyány, der Sohn des Palatin, die karitativen Absichten begriffen.

Auf anderen Gebieten konnte dagegen die Kaiserin ihre Reformideen wesentlich leichter durchsetzen, nämlich dort, wo sie nicht auf bereits vorhandene Institutionen stieß: auf dem Gesundheits- und Schulsektor. Die sanitären Verhältnisse in Ungarn waren unter aller Kritik. Die Seuchen, besonders die Pocken, pflegten sich mit Windeseile auszubreiten, einmal durch den Warenverkehr mit dem Osten, zum anderen, weil der Großteil der Bauern nicht nur ohne jede Hygiene, sondern dazu im größten Schmutz lebte. Eine Kommission der ungarischen Kanzlei in Wien beschäftigte sich nun mit dem Bau von Quarantänestationen an den Handelsstraßen aus dem Osten, und 1753 ernannte Maria Theresia diese Kommission zu einer Hofstelle, die für die ganze Monarchie zuständig war. Praktisch unterstand sie direkt dem Direktorium, da Haugwitz ihr Präsident wurde.

Da die Bevölkerungspolitik einen wichtigen Platz in den Theorien des Merkantilismus einnahm, mußten die Ratgeber der Kaiserin schon aus diesem Grund dringend raten, Maßnahmen zur Verteidigung des menschlichen Lebens und zur Bekämpfung der Kindersterblichkeit, die in Ungarn besonders hoch war, zu ergreifen. Da es kaum Ärzte gab, nahm die Bevölkerung ihre Zuflucht zu Hexenmeistern, Heilpraktikern und Quacksalbern. Auf den Rat van Swietens gründete die Kaiserin 1769 eine medizinische Fakultät an der Universität von Tyrnau, damit die Ausbildung ungarischer Ärzte nun in breiterem Umfang möglich war; denn bisher waren die ärztlichen Diplome nur in Wien und in Deutschland vergeben worden. Den Komitaten wurde nun nahegelegt, Ärzte und Hebammen einzustellen, welche ebenfalls an dieser neugegründeten medizinischen Fakultät ausgebildet und den Armen kostenlos zur Verfügung gestellt werden sollten. Die Pfarrer wurden aufgefordert, gegen die Roheit der Sitten zu predigen und den Ehemännern zu verbieten, ihre schwangeren Frauen zu schlagen. Für die zahllosen Waisenkinder, welche bisher den Verwandten und Nachbarn zur Last fielen und oft als billige Arbeitskräfte mißbraucht wurden, richtete man Waisenhäuser ein, wo sie auch beruflich ausgebildet werden konnten. Und da damals die Tollwut grassierte und viel Unheil anrichtete, erließ die Kaiserin nach dem Vorbild Friedrichs II. ein Dekret mit Vorschriften, wie man sich nach dem Biß eines tollwütigen Hundes zu verhalten habe. Nur mit Hilfe der Komitatsbehörden war eine Besserung der gesundheitlichen Verhältnisse und eine rationalere Einstellung zum Leben zu erreichen. Wie gering war doch noch die Zahl derer, die überhaupt imstande waren, den Wert dieser Vorschriften zu begreifen.

Auch auf dem Unterrichtssektor mußte dringend etwas geschehen. Ungarn besaß damals nur eine einzige Universität: die 1635 von Kardinal Pázmány gegründete Universität von Tyrnau in Königlich-Ungarn. In mehreren Städten existierten in der Mitte des Jahrhunderts auch Jesuitenkollegien und höhere Schulen: in Preßburg elf, in Buda sechs, in Pest zwei, eine deutsche und eine ungarische, in Tyrnau drei, eine deutsche, eine ungarische und eine slowakische, in Neusohl zwei, eine deutsche und eine slowakische.

Schon lange war von einer Verlagerung der abgelegenen Universität von Tyrnau nach Buda die Rede gewesen. Im Jahre 1777 wurde nun endgültig der Entschluß gefaßt, und da für die Universität in Buda keine geeigneten Räumlichkeiten zur Verfügung standen, brachte man sie einfach im Königsschloß unter. Unter Josef II. zog sie dann später in die ehemaligen Jesuitengebäude nach Pest um. In der Bischofsstadt Erlau unterhielt der Bischof Karl Graf Esterházy eine bedeutsame „Akademie", die er nun zum Rang einer Universität erheben wollte. Maria Theresia hatte nichts dagegen, ließ sich aber vom Primas Rákóczy umstimmen, der ihr einredete, es würde nun zu einer gefährlichen Rivalität mit den Universitäten von Tyrnau und Wien kommen. Ging es da um Prälateneifersucht oder um die Angst gewisser Kreise vor der Macht des unabhängigen Geistes?

Die Königin war insofern gezwungen, dem Rat des Fürstprimas zu folgen, weil Bildung und Unterricht noch ganz in den Händen der Kirche beziehungsweise der Kirchen lag. Es gab nämlich auch zahlreiche protestantische Schulen.

Nach dem Tod Rákóczys wurde unter dem Vorsitz von Nikolaus Graf Pálffy eine staatliche Kommission ins Leben gerufen, welche sich mit dem Unterricht in Gymnasien beschäftigen sollte. Hier sollte die Zahl erhöht und das Programm mehr auf die Naturwissenschaft, Agronomie, Rechts- und Geschichtswissenschaft ausgerichtet werden.

Die Aufhebung der Jesuitenorden gab dem Staat Gelegenheit zu zahlreichen Universitätsgründungen. Der ehemalige Jesuit Josef Urmanyi, Referent für Unterrichtswesen an der ungarischen Kanzlei, wurde mit der Mission betraut, ein allgemeines Reformprojekt auzuarbeiten: die „Ratio Educationis", 1777. Man wollte drei Unterrichtsstufen einrichten: die sogenannten Trivialschulen, welche den Kindern die nötigen Grundkenntnisse und natürlich die Muttersprache beibringen sollten. Für diese Schulen wurden sieben Sprachen anerkannt: Ungarisch, Deutsch, Slowakisch, Kroatisch, Ruthenisch, Illyrisch und Rumänisch. An den höheren Schulen und Universitäten wurde das Latein abgeschafft, weil es zur modernen Wissensübermittlung nicht mehr geeignet schien, und statt dessen Deutsch eingeführt. Deutsch war, da es die Sprache der Geschäftsleute war, die meistgesprochene Sprache der Städte. Zur selben Zeit wuchs aber auch das Interesse am Ungarischen. György Bessenyei fand, daß die Nationalsprache zu Unrecht verachtet würde und daß nur sie für die Erziehung in den ungarischen Schulen geeignet wäre. Die ursprünglich ganz unpolitische Bewegung verdeutlicht ein doppeltes Problem: Sollte die ungarische Sprache zur Sprache des sozialen Aufstiegs werden, das heißt die Sprache der höheren Bildung, die zu den höheren Posten berechtigt, gleichgültig, welche Muttersprache man zu Hause spricht? Sollte die ungarische Sprache im Unterricht von nun an den Platz einnehmen, den man bisher dem Deutschen reserviert hatte, sollte sie allen Einwohnern gelehrt werden? Sollte Ungarn zur Gänze ungarisch werden, indem die Schule und die Universität die deutschen, slowakischen, kroatischen und russischen Sprachgruppen „magyarisierten"? Für viele ging die Liebe zur Muttersprache Hand in Hand mit der Liebe zur Landestracht: Dies waren die Mittel, um ein bestimmtes Gruppenbewußtsein auszudrücken.[15] Das ungarische Territorium wurde in neun Unterrichtsbereiche eingeteilt: Preßburg, Buda, Raab, Pest, Neusohl, Kassa, Ungvar, Großwardein und Agram. In jedem Kreis übernahm ein königlicher Schulinspektor die Aufsicht über alle katholischen und protestantischen Schulen. So übernahm der Staat die Leitung des gesamten Schulwesens, die bisher die Kirche innegehabt hatte. Aber auch der Katholizismus fühlte sich insofern bestätigt, als der Religionsunterricht zum Pflichtgegenstand in den Schulen erklärt wurde und die Professoren der höheren Schulen der katholischen Religion angehören mußten. Daher kamen die meisten Lehrer aus den Klöstern, und der große Erfolg der Piaristen, die lange Zeit ihren Einfluß auf das höhere Schulwesen in Ungarn geltend machen konnten, ist auf diese Epoche zurückzuführen.

Man kann dennoch nicht sagen, daß der protestantische Unterricht unterdrückt worden wäre. Er ist im Gegenteil gesetzlich anerkannt worden, wie überhaupt die Religionsfreiheit in Ungarn weiter bestand. Aber wie beim „Urbarium“ hing die Durchführung sehr von der Komitatsleitung ab und damit von Leuten, die manchmal dem Neuen feindlich gegenüberstanden.

In Ungarn war es daher wegen des starken Gewichts des katholischen Klerus leichter, Lehrer auszubilden als Mediziner, Apotheker und Hebammen. Diese Berufszweige wurden erst langsam mit der Entwicklung des Unterrichtswesens stärker.

1762 wurde in Schemnitz (Štiavnica) eine Bergwerksschule gegründet; denn in dieser Stadt waren bereits bedeutende technische Ideen realisiert worden, wie die Trockenlegung der Schächte durch Josef Karl Hell. Die Regierung hoffte sehr, dadurch den im Abstieg befindlichen Bergbau wieder zu beleben, und bald erwarb die Akademie von Schemnitz in ganz Mitteleuropa den Ruf einer modernen Ausbildungsstätte für Ingenieure.[16] Die Reformen der Königin schufen also, wenn auch manchmal über Umwege, die Voraussetzungen für die Erneuerung der gesamten Gesellschaft. Die Initiative zu den Reformen ging aber keinswegs nur von Maria Theresia aus.

Der slowakische Bibliothekar der Königin, Franz Adam Kollár, auf den, wie wir gesehen haben, das „Urbarium“ zurückging, war der Überzeugung, daß das Adelsregime einer wirksamen Administration immer im Wege stehen würde und daß nur der königliche Absolutismus zu Resultaten führen würde. Er veröffentlichte seine Ansichten in dem lateinischen Buch „Über die Ursprünge und die Ausübung der legislativen Macht, am Beispiel der heiligen Rechte der apostolischen Könige von Ungarn“. Vor allem hielt er die Vorstellung für überholt und gefährlich, daß der waffentragende Adelige von allen Steuerzahlungen befreit war. Das hieß aber das Grundprinzip der ungarischen Verfassung in Frage stellen, und dementsprechend groß war der Ärger in den betroffenen Kreisen. Der ungarische Reichstag von 1764 erklärte daher den Verfasser zum Vaterlandsverräter und ließ seine Schrift öffentlich verbrennen.[17] Der Zwischenfall gab Maria Theresia zu denken. Wie sie später einmal zu Josef II. sagte, wäre es unklug gewesen, es sich mit den Ungarn zu verderben, indem man ihre Institutionen zerstörte. Sie hoffte, auf andere Weise eine allgemeine Verbesserung der ungarischen Verhältnisse herbeiführen zu können. Nichts war zum Beispiel leichter, als die Einberufung des Reichstags endlos zu verzögern und inzwischen die notwendigen Maßnahmen zu ergreifen, solange man sie nicht zu unumstößlichen Gesetzen erklärte. So zeigte sie ihre ganze Geschicklichkeit, indem sie einerseits voll und ganz die Verfassung respektierte, wie sie es geschworen hatte, andererseits den Hindernissen einfach aus dem Weg ging. Denn sie liebte die ungarische Nation, wie sie ihrer Tochter in einem Brief nach dem Siebenjährigen Krieg schrieb, und glaubte, daß diese Liebe auch erwidert wurde.[18]

Sie war sich klar darüber, daß Ungarn in ihrer Monarchie eine andere Rolle einnahm als die, die das Königreich früher gespielt hatte. Auch in der Zeit seiner größten Verstümmelung war Ungarn immer der Wall gegen die Türken gewesen, jetzt, da diese Gefahr gebannt war, stellte es die militärische Basis für die Kriege im Westen und namentlich gegen Preußen, eröffnete die Möglichkeit einer wirtschaftlichen Expansion nach Osten, zur Adria und ins östliche Mittelmeer und gab der Monarchie kraft seiner Ausdehnung und wachsenden Bevölkerungsstärke das nötige Gleichgewicht für ihre Stellung als Großmacht innerhalb Europas. Mit all seinen Erbländern, deren wichtigstes Böhmen war und blieb, nahm die Monarchie ohnehin im Reich den Platz des wichtigsten deutschen Staates ein, aber Ungarn erhöhte ihr Prestige und ihr Ansehen auch in internationalen Angelegenheiten.

Man hört immer wieder die Ansicht, Maria Theresia habe für die Assoziation ihrer deutschen Erbländer mit dem Königreich Ungarn den Dualismus erfunden, womit der Vorwurf der Vereinheitlichung und der „Germanisierung" von ihr genommen wäre. Aber das hieße ihrer Politik doch zu viel Absicht unterschieben.

Durchdrungen wie sie war von ihrem angestammten Recht und ihren monarchischen Pflichten, ging es ihr sicher nur um eine möglichst harmonische Verbindung dieser beiden Blöcke, von denen der eine noch im Mittelalter, der andere bereits auf dem Wege der Modernisierung nach westlichem Vorbild war. Daher war sie für alles empfänglich, was das Ansehen Ungarns steigern konnte. Die in Ragusa (Dubrovnik) aufbewahrte Hand des hl. Stephan ließ sie feierlich nach Buda überstellen, und dem Orden, den sie analog zu dem militärischen Maria-Theresien-Orden als Auszeichnung für zivile Dienste schuf, gab sie den Namen des hl. Stephan. Von den vier ersten Trägern des großen Verdienstkreuzes waren bezeichnenderweise drei ungarische Adelige.

Ihre fromme Natur hatte Freude daran, daß das Königreich Ungarn sich unter den besonderen Schutz der Jungfrau Maria gestellt hatte: regnum marianum. So bat sie den Papst persönlich, dem Herrscher von Ungarn den Titel Apostolische Majestät zu verleihen, so wie der König von Frankreich der Sehr Christliche König und der König von Spanien der Katholische König hieß. Und es war sie, die sich zum Schutze ihrer Person eine ungarische Garde wünschte, welche sich aus jungen ungarischen Adeligen zu rekrutieren hatte. Allerdings war sie der Ansicht, daß für ihren Unterhalt nicht sie, sondern Ungarn aufzukommen habe, und war sich nicht zu gut, um über dieses Thema beim Reichstag von 1764 lange Debatten mit der zweiten Kammer zu führen, die schließlich höchst widerwillig eine Unterhaltszahlung von 100.000 Gulden bewilligte.

Als der ungarische Adel sich dafür einsetzte, daß Buda wieder die königliche Residenz werden sollte und der 1749 nach Plänen des italienischen Architekten Prati begonnene Bau des Königsschlosses fortgesetzt werden sollte, stimmte

Maria Theresia unter der Bedingung zu, daß die Kosten nicht der Kammer aufgebürdet würden, sondern durch eine öffentliche Sammlung hereinzubringen wären. Diese Aufgabe übernahm Anton Graf Grassalkovich, der Präsident der Kammer. Bei dem französischen Architekten Jadot de la Ville-Issey gab man neue Pläne in Auftrag, und diese wurden schließlich von dem Erbauer Schönbrunns, Nikolaus Pacassi, und den Bauunternehmern Oraschek und Mayerhoffer in die endgültige Form gebracht. Nach zwanzigjähriger Bauzeit konnte man endlich vom anderen Ufer die regelmäßige Fassade auf einem den Fluß dominierenden Hügel bewundern. Im Mittelrisalit mit seinen schlanken Säulen befanden sich die Gemächer der Königin. Bei der Ausschmückung und Möblierung griff man auf Wiener Bestände zurück, unter anderem auf die große Sammlung des Erzherzogs Leopold Wilhelm. Da die Königin sich immer weniger gerne auf Reisen begab, hofften die Ungarn, daß wenigstens ihre Kinder, die Erzherzogin Marie Christine und Herzog Albert von Sachsen-Teschen, welche sie in Preßburg vertraten, sich nun öfters und länger in dem neuen Schloß aufhalten würden. Aber 1777 zog das Paar vor, in der Universität zu wohnen, worauf einige Bilder nach Wien zurück, einige der Universität überlassen und der Rest verkauft wurde.[19]

Auf dem Reichstag von 1764 war der Wunsch ausgesprochen worden, die Königin möge sich häufiger als bisher in Ungarn zeigen, woraufhin Maria Theresia die Wiederherstellung des Friedens zum Anlaß nahm, um sich nach Buda und Waitzen zu begeben. Aber im ganzen gesehen, hat sie sich nur wenig in Mittelungarn aufgehalten und sich wohler in der Gegend um Preßburg gefühlt, wo ihr die Schlösser Holics, ein persönliches Eigentum des Kaisers, und Sárvár, Besitz der Krone, zur Verfügung standen.

In Preßburg leitete eine Sektion der Königlichen Kammer die Errichtung öffentlicher Bauwerke und pflegte die Pläne der Königin vorzulegen, welche auch zahlreiche Kirchenbauten in Auftrag gab. Maria Theresia studierte die Pläne im allgemeinen sehr genau und schlug zuweilen auch Änderungen vor.

Unter ihrer Regierung veränderte sich das Aussehen Ungarns gewaltig. Die privilegierten Schichten, Hochadel und Kirche, waren wohlhabend genug, um zahllose Schlösser und Kirchen bauen zu lassen.[20] Und den ungarischen Städten fehlte es nicht an Handwerkergilden mit solider Tradition und guten Arbeitskräften. Eine Kunstschule allerdings wie die Wiener Akademie oder so berühmte Kunsthandwerkstätten wie in Prag suchte man im ganzen Königreich vergeblich. Wegen größerer Baupläne, Deckenmalereien und Altarbilder mußte man sich an die Künstler in den Erbländern wenden.

Von ihnen wurden einige so oft in Anspruch genommen, daß sich nun der größere Teil ihrer Werke in Ungarn befindet. So hat Maulbertsch, das Genie des Rokoko, vierzig Jahre lang entweder in seinem Wiener Atelier oder in Ungarn selbst die Fresken von elf Kirchen, sechs Palästen und vierundzwanzig Altarbilder gemalt. Weder in seinem Vaterland Österreich noch in Böhmen kann man sein Gesamtwerk so gut studieren wie in Ungarn.[21] Bei einer so reichen Infiltration ausländischer Kunst kam es natürlich, wie nicht anders zu erwarten, zum Wettstreit zwischen einheimischen und fremden Künstlern, so daß ein Gutsverwalter der Esterházy in Tata einen nur wenig bekannten ungarischen Architekten all „diesen Schülern der Wiener Akademie, die nichts von der Praxis verstehen", vorzog.[22] Und der Maler Stephan Dorfmeister signiert mit „Hungarus" auch jene Bilder, die er im Auftrag deutscher Mäzene gemalt hat.

Zehn Jahre lang, von 1729 bis 1739, hielt sich der Bildhauer Raphael Donner in Preßburg auf, und hier im Dom befindet sich noch heute eine der schönsten Bronzestatuen, der hl. Martin.

Hoch zu Pferd trägt der Heilige die Uniform des ungarischen Husaren mit der Pelzmütze und dem Federbusch. Um den Armen zu seinen Füßen zu bekleiden, durchschneidet er mit einem Hieb seines Schwertes seinen prachtvollen Mantel. Kaum hatte Donner Preßburg verlassen, als ein Wiener Architekt, der lange Jahre in Rom gearbeitet und hier die barocke Kunst studiert hatte, seinen Verwandten, den Architekten Jänggl, bei den Arbeiten an der Dreifaltigkeitskirche ablöst, einem sehr schönen Bauwerk mit eingebuchteter Fassade. Das war Franz Anton Pilgram. Die Deckengemälde stammen von Galli-Bibiena. Von 1739 bis 1743 baute Pilgram die anmutige Elisabethskirche, und hier malte Troger die Deckenfresken.

In denselben Jahren machte auch Raab, diese kleine Garnison- und Handelsstadt, eine Wandlung durch. In der Jesuitenkirche malte wieder Paul Troger die Decke aus und den Altaraufsatz des Hauptaltars. Für die hübsche Karmeliterkirche entwarf der Mönch Athanasius Witwer die Pläne, und die Bilder der Seitenaltäre stammten von M. Altomonte. Einer dieser Altäre, ein Geschenk der Garnison, war dem hl. Johannes von Pomuk gewidmet. Hier, auf dem Gebiet der kirchlichen Kunst, gab es zwischen Ungarn und den anderen Ländern der Monarchie keine Grenzbarrieren.

Die Schlösser von Anton Graf Grassalkovich in Westungarn zeigten einen so ausgeprägten Stil, daß die Kunsthistoriker vom „Grassalkovich-Barock" sprechen, so wie es in Rußland das „Naryschkin-Barock" und in der Ukraine das „Mazeppa-Barock" gibt. In dem U-förmigen Grundriß der Grassalkovich-Schlösser erkennt man den Einfluß des französischen Barock. Die zweigeschossigen Fassaden weisen einen Mittelrisalit mit drei hohen Fenstern auf, einem großen Giebel und einem von schlanken Säulen gestützten Balkon wie in Gödöllö und Hatvan oder einer Terrasse wie in Preßburg. Zu der Anmut dieser Fassaden stehen die massiven steil abfallenden Dächer mit einer mächtigen Kuppel über dem Mittelrisalit in einem seltsamen Gegensatz. Das Schloß von Gödöllö hat sogar zwei Kuppeln hintereinander. Leider sind die Architekten dieser Schlösser nicht mit Sicherheit zu identifizieren. War Oraschek der Baumeister von Gödöllö und Franz Anton Hillebrant von

Preßburg? Hillebrant war, nachdem er für die Familie Schönborn gearbeitet hatte, zum Baumeister der Kammer ernannt worden.

Als sich Maria Theresia 1751 aus Anlaß des Reichstags in Ungarn aufhielt, wurde sie auch in dem noch nicht fertiggestellten Schloß Gödöllö empfangen, wo man in aller Eile ein Zimmer für sie im Stil ihres Appartements in Schönbrunn hergerichtet hatte.[23] Viele Jahre später, nämlich 1773, machte sie einen Besuch in einem der schönsten Schlösser des Landes, in Esterházy, bei dem Besitzer gleichen Namens. Dieses Schloß wurde schon damals das Versailles von Ungarn genannt. Es wirkt anders als die Grassalkovich-Schlösser, anmutiger und ausgewogener. Begonnen worden war der Bau 1720 von Anton Erhard Martinelli, beendet ungefähr 1766 von Melchior Hefele. Der Bauherr, Franz Fürst Esterházy, war zweimal zum Studium der Architektur nach Versailles gefahren. Die gelungene Gliederung der vielen Bauteile, die Ausgewogenheit der Proportionen, der Reichtum der Innenausstattung und die Schönheit des Parkes mit seinem reichen Blumenschmuck machten aus Esterházy die aristokratische Residenz par excellence. Hier war alles vorhanden, was zur damaligen höheren Zivilisation gehörte: Bibliothek, Oper, Orangerie und Tanzsaal. „Extra Hungariam non est vita. Si est vita, non est ita." Maria Theresia, die in einem weißgoldenen, mit kostbaren Tapeten geschmückten Zimmer wohnte, zeigte sich zwar beeindruckt von einer derart großzügigen Prachtentfaltung, aber ganz überzeugen konnte sie dieser ungarische Luxus nicht.

Von allen ungarischen Städten, die in dieser Zeit eine rege Bautätigkeit zu verzeichnen hatten, wollen wir zwei gesondert betrachten, weil hier etwas Neues vor sich ging: Erlau und Waitzen.

Erlau war die Bischofsstadt einer sehr großen Diözese, die zwölf Komitate umfaßte. Es war zugleich aber auch eine Weinbaustadt, die es zeitweilig zu Wohlstand gebracht hatte. Dank des Mäzenatentums der Kirche und der wohlhabenden Bürger entwickelte sich Erlau zu einem Kunstzentrum, dessen Charme sich noch heute in einigen Gassen erhalten hat. Die zweitürmige Minoritenkirche mit ihrer ausgebauchten Fassade und den massigen ionischen Säulenreihen gilt noch heute als Juwel Ungarns und als eines der eindrucksvollsten Bauwerke des Spätbarock. Nachdem sie lange einem Schüler Hildebrandts, Matthias Gerls, zugeschrieben wurde, nimmt man jetzt eher an, daß es sich hier um ein Spätwerk von Kilian Ignaz Dientzenhofer handelt.[24] In Erlau kann man aber auch eines der phantastischsten Kunstwerke des religiösen Barock bestaunen: Die Reliefskulptur über dem Hauptaltar der Zisterzienserkirche stellt den hl. Franz Borgia kniend vor dem Altarsakrament dar. Wenn also ein Priester die Messe zelebriert oder betet, sieht er über sich wie ein Spiegelbild einen anderen betenden Priester. Einige Jahre lang saß ein besessener Bauherr auf dem Bischofsstuhl von Erlau, Franz Rákóczy, bis sich die Stadt so sehr über seine Ausgaben aufregte, daß es 1756 zu einem Aufstand kam. Sein Nachfolger, Karl Fürst Esterházy, war aber ebenfalls ein begeisterter Kunstfreund, der zur selben Zeit wie Pilgram in Rom studiert hatte. Er ließ von Josef Fillner ein bischöfliches Lyzeum bauen, dessen Bibliothek von dem österreichischen Maler J. L. Kracker ausgemalt wurde. Kracker war durch die Deckengemälde der Nikolauskirche in Prag berühmt geworden. 1765 ließ er sich in Erlau nieder und arbeitete dreizehn Jahre lang an der Decke der Bibliothek. Das ihm aufgetragene Thema war das Trienter Konzil. Die Konzilsteilnehmer sitzen auf den Stufen der Tribünen und lauschen einem Vortrag P. Salmeróns. Kracker hat hier auf alles barocke Pathos und alle Schnörkel des Rokoko verzichtet. Jede einzelne Figur, ob es sich nun um einen Kardinal, Bischof, Priester, Abt oder Gesandten handelt, zeigt spezifische Züge und Gesten: Ein alter Bischof betrachtet den Redner durch ein Monokel mit einem langen Stiel, ein Kardinal lauscht mit gekreuzten Armen, ein anderer legt die Hand auf sein Bein, wo er einen plötzlichen Schmerz zu verspüren scheint, und zwei Nachbarn tuscheln leise miteinander. Auch in der Geste des Redners kein Pathos, keine Effekthascherei. Anstatt des in der barocken Malerei so beliebten strahlend blauen Himmels sehen wir hier die Spitzbogen einer Kathedrale. Kracker hatte damit den Architekturmaler Johann Zach betraut, aber vielleicht gab er hier auch eigene Anregungen weiter, die er bei seinem Aufenthalt in Böhmen in den Kirchen Kladrau und Kuttenberg empfangen hatte.[25] In den vier Ecken der Komposition sind vier Szenen dargestellt, die nur indirekt mit der Hauptszene zu tun haben, aber das bemerkt man erst bei näherem Hinschauen. Es geht um vier verschiedene Konzilsbeschlüsse, um die Priesterweihe, die Letzte Ölung, die Reliquienverehrung und die Bücherzensur, den Index librorum prohibitorum. Vom künstlerischen Standpunkt aus war diese Malerei äußerst kühn und revolutionär.

Man versteht, daß Franz Anton Maulbertsch, als er einige Jahre später zum ersten Mal die Bibliothek betrat, vor Überraschung die Hände zusammenschlug.[26] Krackers Bemühen um dokumentarische Genauigkeit und Echtheit kann durchaus als bewußter Bruch mit dem bisher geltenden Geschmack aufgefaßt werden. Ja, man fühlt sich versucht, von Rationalismus zu sprechen und von katholischer Aufklärung. Aber sehen wir uns vor! Die hier dargestellten Konzilsbeschlüsse sind genau die, die dem Geist der Aufklärung im höchsten Grad zuwider sind: die Priesterweihe, weil sie dem Klerus eine überragende Rolle verschaffte und ihn weit über die Schar der Gläubigen erhob, der Index librorum prohibitorum, weil damit allen kühneren Denkweisen der Krieg erklärt wurde, die Letzte Ölung und schließlich die Reliquienverehrung. Diese letztere wird mittels eines klassizistischen Altars dargestellt, auf dem sich in einem gläsernen Reliquienschrein ein Skelett in voller Montur erhebt. Außergewöhnlich ist diese Darstellung insofern, als hier eine orthodoxe Botschaft auf eine ungewöhnliche, neue Weise zum Ausdruck gebracht wird.[27] Kann man hier schon von Klassizismus sprechen? Viele klassizistische

Elemente würden das rechtfertigen, aber in der gotischen Architekturmalerei ist auch das Mittelalter noch sehr lebendig.

Ungarn war jedenfalls das erste Land der Monarchie, in dem die Architekten sich ihre Ideen aus der Antike holten. Zum Beispiel in Waitzen sieht sich der Besucher aus der Fremde plötzlich vor einem antiken Triumphbogen, der in seiner vollkommenen Regelmäßigkeit und Schlichtheit eher griechisch als romanisch wirkt. Er wurde 1764 aus Anlaß des bevorstehenden Besuchs des Kaiserpaars von Bischof Migazzi — der zugleich Erzbischof von Wien war — in Auftrag gegeben. Der Architekt war Isidor Canevale. Die beiden Medaillons stellen daher die Profile Maria Theresias und Franz' I. dar. Nicht weit von dem Triumphbogen befindet sich die vom gleichen Architekten 1761 erbaute Kathedrale. Mit ihren hohen korinthischen Säulen und den beiden viereckigen Türmen, die als Abschluß eine Balustrade tragen, wirkt das Bauwerk majestätisch schwer und etwas kalt. In den gleichen Jahren wählt der Erzbischof Rákóczy für die Rekonstruktion des Doms von Gran ebenfalls den klassizistischen Stil und bittet Canevale um Entwürfe.

Muß man in diesen Manifestationen einer neuen Kunstrichtung die ersten Anzeichen einer geistigen Wandlung sehen, in der sich vor die bárocke Phantasie und Sensibilität rationellere Wertvorstellungen schieben und man sich für die neue monumentale und strenge Kunst Anregungen aus der Antike holt? Muß die Imagination vor der Vernunft das Feld räumen? Wie weit machte sich der Einfluß Johann Jakob Winckelmanns in Ungarn bemerkbar?

Zweifellos handelte es sich um eine Wandlung des Stilgefühls, aber es war noch keine Revolution. Die Anmut des Rokoko hat für die Wegbereiter des klassizistischen Baustils noch nicht alle Anziehungskraft verloren.

Maulbertsch braucht sich um seinen Ruf keine Sorgen zu machen. Auf seine Weise nähert auch er sich übrigens in manchen Details dem nun aufkommenden Klassizismus an.[28] Aber die Kuppel des Doms von Waitzen muß er für Migazzi in traditioneller Barockmanier ausmalen, und 1784 bittet ihn Erzbischof Esterházy, die Kapelle seines Lyzeums auszumalen. Man denke an die Charaktere seiner Auftraggeber: Erzbischof Migazzi war ein entschiedener Feind der Reformen der Aufklärung, und Rákóczy hat sich nie von dem Formenreichtum des Barock trennen mögen.

Es ist unmöglich, mit einem Satz die Situation Ungarns nach vierzig Jahren theresianischer Regierung zu definieren. Besser als alle ihre Vorgänger hatte Maria Theresia es verstanden, Ungarn an die anderen Staaten ihrer Monarchie zu binden, indem sie dem Königreich eine bestimmte Rolle in ihrem politischen und wirtschaftlichen System zuwies und dennoch seine traditionellen Rechte und seine Unabhängigkeit unangetastet ließ. Mehr als ihre Vorgänger und wahrscheinlich mehr als alle ihre Nachfolger hat sie die Geschichte Ungarns respektiert. Ihre Eingriffe blieben immer diskret, nie verstieg sie sich zu einer Politik der radikalen Veränderung. „Die Regierung Maria Theresias", schrieb

Louis Eisenmann, „weist alle Charakteristika einer Übergangsepoche auf. Sie benutzt, so gut es geht, die alten Strukturen, um sie mit einem modernen Geist zu erfüllen."[29]

Trotz dieser Assoziation blieb Ungarn also ein autonomer Staat, der mit seinen Widersprüchen selber fertig zu werden hatte. Ein Land, in dem die Bevölkerungszahl im Steigen begriffen ist und das dennoch Einwanderer ins Land ruft, ein Land, das wirtschaftlich weit hinter jenen Ländern steht, die nicht vom Krieg verschont worden sind.

Denn die ungarische Gesellschaft hält mit unglaublicher Beharrlichkeit an ihren überlieferten Strukturen fest. Adel und Bauernschaft stehen sich unversöhnlich gegenüber, obwohl jede Gruppe viel weniger homogen ist, als meistens behauptet wird. Die Kluft ist jedenfalls so tief, daß der soziale Aufstieg unmöglich gemacht wird und das Bürgertum sich nicht wie in anderen Ländern entwickeln kann. Und dennoch hat dieses rückständige Land einen so starken Lebenswillen, daß der von einer kleinen Elite ausgehende Aufruf zum Fortschritt und zum Erwachen der Nation nicht ungehört verhallt. Auch in dieser so unbeweglichen Gesellschaft machen sich erste Anzeichen einer Veränderung bemerkbar. Indem Maria Theresia den ungarischen Staat respektierte, respektierte sie die Vaterlandsgefühle der Ungarn und beging nicht den Fehler ihrer Nachfolger, das Kollektivbewußtsein einer Nation zu verletzen.

# *Die kulturelle Situation zur Zeit Maria Theresias*

Die *maria-theresianischen* Reformen sind zu einem Begriff der europäischen Geschichtsschreibung geworden, so wie man in England von der *viktorianischen* Epoche spricht. Kann man den Begriff maria-theresianisch auch auf das Kulturleben anwenden und von einer maria-theresianischen Kultur sprechen?[1]

Wenn man heutzutage bewundernd vor den barocken Kunstdenkmälern Wiens, Budapests, Preßburgs und anderer Städte der alten Monarchie steht, wenn man feststellt, welchen Platz die Musik noch heute im Kulturleben dieser Länder einnimmt, dann drängt sich einem unwillkürlich der Gedanke an die Zeit auf, in der diese Kunstwerke geschaffen und diese Traditionen begründet wurden. Und schon beschäftigt man sich mit der Persönlichkeit Maria Theresias.

Nun wäre es sicher nicht leicht nachzuweisen, daß sie dem Kunstleben persönliche Impulse gegeben hätte oder als Mäzen in Erscheinung getreten wäre. Dazu fehlten ihr die geistigen und materiellen Voraussetzungen, auch dürften ihr dazu ihre politischen Pflichten kaum Zeit gelassen haben.

Dennoch hat ihre Regierung das damalige Kulturleben nachhaltig beeinflußt. Zwar haben die infolge der Kriege erhöhten und gleichmäßiger verteilten Steuern die gesellschaftliche Oberschicht daran gehindert, weiter so großzügig zu bauen und Aufträge zu vergeben wie bisher, aber die barocke Prachtliebe regte sich immer wieder, und man fuhr fort, Schlösser, Klöster und Kirchen zu bauen und zu verschönern. Zugleich begünstigte die staatliche Unterstützung von Industrie und Handel den Aufstieg neuer sozialer Schichten. Es entstand eine städtische Bürgerschaft mit anspruchsvollem Lebensstil. Wenn man also von einer theresianischen Epoche spricht, dann meint man damit die Zeit des Übergangs von einer rein agrarischen Gesellschaft und einer feudalistischen Ordnung zum Handels- und Industriekapitalismus der modernen Zeit beziehungsweise vom Barock zum Rokoko oder Aufklärungszeitalter, je nachdem, ob man die Betonung auf die Kunst oder die Philosophie der Zeit legt.

Eine Übergangsepoche also.[2] Man muß sich aber auch die geographische Lage der Monarchie vor Augen führen, die sie dazu prädestinierte, die Einflüsse zweier Nachbarländer zu verarbeiten, nämlich Deutschlands, das sich zu Ende des 18. Jahrhunderts in einer interessanten geistigen Entwicklung befand, und Italiens mit seinem Reichtum an alten und neuen Kunstschätzen.

Bis 1740 überwog in dieser von der bildenden Kunst geprägten Kultur der Einfluß Italiens. Denn die Länder der Donaumonarchie besitzen noch keine originale Literatur. Die Autoren wissenschaftlicher und didaktischer Bücher benutzen die lateinische Sprache, und auf dem Theater werden italienische, französische und sogar spanische Stücke einem kultivierten Publikum vorgestellt, das diese Sprachen beherrscht. Das breitere Publikum erfreut sich an der Art der Darstellung.

Ab 1740 bestimmen aber die deutschen Denker und Schriftsteller immer mehr das intellektuelle Leben in der Monarchie. Im Frühling 1749 kommt Gottsched nach Wien, der als erster die deutsche Sprache festen Regeln unterwarf und aus ihr alles Barbarische vertrieb.[3] Maria Theresia empfing ihn mit gewohnter Freundlichkeit und entschuldigte sich bei ihm wegen ihres schlechten Deutschs, das sie sprach, wobei es sich aber um den Wiener Dialekt handelte. Karoline Pichler hat später in ihren Memoiren erzählt, wie sie ein neues Kammermädchen einmal um ein Buch gebeten hat und dieses absolut nicht verstehen konnte, was die Kaiserin von ihr wollte.[4] Gottsched war übrigens auch von Friedrich II. empfangen worden und hatte vergeblich versucht, ihm klarzumachen, wie harmonisch die Worte „Donner" und „Wetter" klängen, wenn man sie nur richtig aussprach. Aber der Schöngeist, der sich vorwiegend des Französischen bediente, hatte nur gelacht über diesen Pedanten und seinen kindischen Bekehrungseifer.[5] In Maria Theresias Ländern sollte die deutsche Sprache ein Gütezeichen für Kultur und Vornehmheit werden. Nicht nur in Wien. In Prag folgte die gute Gesellschaft voller Eifer dem Unterricht Professor Karl Seibts, um ein elegantes Deutsch schreiben und ganz wie Professor Seibt, nämlich „seibtisch", reden zu können. Und durch den Kanal der Sprache fand die Philosophie der Aufklärung ihren Weg in die Elite mit den Werken Johann Christian Wolffs und Christian Thomasius', ebenso wie die schöngeistige Literatur: Christian Fürchtegott Gellert, Gotthold Ephraim Lessing und Friedrich Gottlieb Klopstock.

Das Jahr 1740, in dem der erste einer Reihe von aufeinanderfolgenden Kriegen begann, war ein deutlicher Drehpunkt der Kulturgeschichte. Die Bautätigkeit muß zwar infolge finanzieller Schwierigkeiten vorübergehend eingestellt werden, aber die bildende Kunst steht in voller Blüte. Während 1740 die Wiener Kunstakademie bereits auf eine fünfundreißigjährige erfolgreiche Existenz zurückblicken kann, gibt es trotz der Projekte von Leibniz und der Bemühungen des Prinzen Eugen noch immer keine Akademie der Wissenschaften. Auch Gottscheds Vorstoß von 1749 geht ins Leere.[6]

Wir haben bereits von dem Reichtum an Kunstwerken gesprochen, welche die Monarchie zur Zeit von Maria Theresias Thronbesteigung besaß. Haben wir es hier mit einem speziellen Barock zu tun? Insofern ja, als die besonderen soziologischen Verhältnisse dieser Länder klar erkennbar sind. Aber dennoch beginge man den schlimmsten Fehler, hier von einem einheitlichen Stil sprechen zu wollen. Faszinierend ist im Gegenteil die Vielfalt der Methoden und die Freiheit der Phantasie, die barock im höchsten Sinn ist.

Mit Recht ist auf die Unterschiede in der Architektur der österreichischen Klöster und des Hofes hingewiesen worden, bewegte Linienführung auf der einen, Regelmäßigkeit und Eleganz auf der anderen Seite. Kirche und Hof verfolgten ja auch ganz verschiedene Ziele. Die religiöse Kunst muß danach trachten, den gläubigen Betrachter aus dem Irdischen in die übernatürliche Welt zu entführen und ihn einen Blick auf das heißersehnte Jenseits werfen zu lassen. Die höfische Kunst dagegen schafft den Rahmen, in dem die kaiserliche Familie und ihr Personal sich bewegt. Und dieser Rahmen muß würdig sein. Auch sie vermittelt den Eindruck von Größe, aber einer rationell erfaßbaren Größe. Dies ist der Stil Josef Emanuel Fischer von Erlachs, der die Bauten seines Vaters Johann Bernhard, die Hofbibliothek und die Reichskanzlei, vollendete. Die Bibliothek, die spätere Nationalbibliothek, ist eines der elegantesten Bauwerke des Barock. Mitteltrakt und Seitenflügel entsprechen einander in vollkommener Harmonie. In der zweiten Jahrhunderthälfte ist Nikolaus Paccassi der Architekt dieses Stils. Er baut für Maria Theresia, die seine Pläne genauso aufmerksam studiert wie die Rapporte über Finanzen, Wirtschaft und Politik, die Schlösser in Prag, Buda und schließlich Schönbrunn.

So entwickelten sich während der vierzigjährigen theresianischen Epoche parallel zueinander ein kirchliches Barock, das reich an Kontrasten und Überraschungseffekten war, und ein ziviles Barock, das sich schon dem Klassizismus annäherte.

Die Wiener Kunstakademie stand damals unter der Leitung des erst in neuerer Zeit bekannt gewordenen Malers Paul Troger (1698—1762).[7] Der aus Tirol stammende Künstler hatte mehrere Jahre in Italien verbracht und hier in Parma die Renaissance Correggios, in den Ateliers der Venezianer Piazetta und Pittoni, in Bologna bei Crespi und in Neapel bei Solimena und Ribera studiert. 1739 vollendete er im Stift Altenburg die bewundernswerte Komposition des apokalyptischen Weibes. Unter seinen zahlreichen Schülern waren so große Kirchenmaler wie Josef Ignaz Mildorfer, Johann Jakob Zeiler, Martin Knoller, Johann Bergl, Franz X. Anton Palko, Franz Anton Maulbertsch und Johann Lukas Kracker. Er selber brach in seiner Malerei mit der Scheinarchitektur Pozzos und gab dem Licht und der Atmosphäre den Vorrang.

Das Pathos des Hochbarock ist im Rückzug begriffen. Das heißt nicht, daß Themen wie Leid und Martyrium aus den Bildern verbannt waren, aber man sieht nun weniger Blut und Schrecken und etwas mehr Fröhlichkeit. Ganz unabhängig von Troger und seinen Schülern stattet Bartolomeo Altomonte (1702—1783) die spätbarocke Zisterzienserabtei Wilhering bei Linz aus.

Während die Kunstszene in Österreich stark den Einfluß Wiens widerspiegelt, geht man in Prag eigene Wege, auch wenn man sich nur in Nuancen unterscheidet. Obwohl die Kriege hier viel größere Spuren hinterließen als in Österreich, sind in Prag während der maria-theresianischen Epoche ständig neue Paläste, Gartenanlagen und Kirchen entstanden. Es sind, wie gesagt, nur Nuancen, welche das Prager Barock vom Wiener Barock unterscheiden. Arne Novák spricht von einem ganz bestimmten Genius loci, und Jaromir Neumann hebt die religiöse Tradition hervor, die, ein Erbe des Hussitentums, den böhmischen Kunstwerken des 18. Jahrhunderts einen ernsteren und verinnerlichteren Charakter verleiht.[8] Die Prager Palais, zum Beispiel das der Lobkowitz von Alliprandi oder Schlösser wie Schloß Koruna bei Chlumetz von Santini, sind um einen zentralen Rundbau konzipiert und um einiges bewegter und komplizierter als die Wiener.

In Prag und im ganzen Königreich waren eben die Bautätigkeit und die Produktion von Kunstwerken auch in schweren Zeiten nie unterbrochen worden, und die Werkstätten der Baumeister, Maler und Bildhauer konnten auf eine lange Tradition zurücksehen. Daher hatte man in Prag auch darauf verzichten können, eine Kunstakademie zu gründen. Die Schule Johann Schors brachte so bedeutsame Maler wie die Rokokomaler Norbert Grund und Franz Anton Palko hervor. Palko hat übrigens im Zisterzienserkloster von Königsaal Maria Theresia in einer Barke auf der Moldau dargestellt. Aber dabei muß es sich um die Erinnerung an 1741 handeln. Denn die Kaiserin-Königin hat den politischen Fehler begangen, Böhmen nur selten zu besuchen und viel zuwenig den Kontakt mit dem böhmischen Volk zu suchen. Ihr letzter Aufenthalt in Böhmen war 1754 gewesen, also sechsundzwanzig Jahre vor ihrem Tod, und in all diesen Jahren hatte sie sich nicht mehr blicken lassen! Und dabei verdankt Prag gerade ihr die schönsten Bauwerke auf dem Prager Burghügel.[9] Sie bilden jetzt das elegante Ensemble, das man nach dem Durchschreiten des ersten Hofes vor sich hat. Ihr war auch der Umbau des Rosenbergschen Palais zu danken, wo sie ein Kapitel für die jungen Mädchen des böhmischen Adels schuf.

Wenn auch nicht in ihrem Auftrag, so doch in ihrer Zeit wurden zahlreiche schöne Kirchen von den Architekten Kaňka (gest. 1766) und Kilian Ignaz Dientzenhofer (1689—1751) in Karlsbad und Prag gebaut, nämlich die Kirche St. Johann von Pomuk am Felsen und die beiden Nikolauskirchen in der Altstadt und auf der Kleinseite. Besonders die letztere gehört wie die Theynkirche, die Karlsbrücke und der Hradschin zu den Wahrzeichen Prags. Man ist versucht zu sagen, daß diese vier Bauwerke das Wesentliche des Prager Charakters wiedergeben, daß sie, musikalisch gesehen, das Hauptthema waren und alles andere Orchestrierung ist. Man betrachte nur die alten Stiche, Bilder und Fotografien.

Das Innere der Nikolauskirche — ein riesiges Kirchenschiff mit Seitenkapellen und Galerien — ist mit seiner fliehenden Perspektive ein Meisterwerk Dientzenhofers, Krackers, der das monumentale Deckenfresko schuf, und

Palkos, der die Kapellen und die Kuppel ausmalte.[10] Zur vollen Wirkung kommt die Kirche, wenn in ihr ein Orgelkonzert gegeben wird. Das ist dann die Synthese aller Barockkünste, ein unvergleichliches Zeugnis für den subtilen und raffinierten Geschmack der theresianischen Epoche.

Ganz anders die alte Universität in Wien, heute Sitz der österreichischen Akademie der Wissenschaften, 1753 nach den Plänen des lothringischen Architekten Jadot de la Ville-Issey, eines Schülers von Germain Boffrand, geschaffen. Hier haben wir ein Bauwerk ganz im französischen Stil, bei dem der Kaiser, die Kaiserin, Paccassi, van Swieten und der Hofschriftsteller Metastasio beratend mitgewirkt haben. Die Säulenreihe im ersten Stock zwischen den beiden vorspringenden Risaliten erinnert an den Louvre, und die maßvolle Ornamentik des Erdgeschosses gibt dem Gebäude den würdig-anmutigen Charakter, den Maria Theresia so schätzte. Innen befanden sich mehrere Arbeitsräume und die Bibliothek sowie ein Fest- und ein Ratssaal mit reicherer Dekoration. Besonders der erstere ist sehr prunkvoll: Die Wände sind mit buntem Marmor verkleidet, in allen Nischen befinden sich Statuen, und darüber geht die Scheinarchitektur unauffällig in das große Deckenfresko über.

Dieses ist ein Meisterwerk Gregorio Gugliemis nach dem Programm von Metastasio und stellte die vier Fakultäten dar: die Theologie und die Philosophie, die Jurisprudenz und die Medizin. Daß die Philosophie hier von der Theologie getrennt und die Medizin durch eine Anatomieszene dargestellt wird, zeugt von dem neuen Geist, der von nun an die Wissenschaft beherrscht, nämlich die rationelle und experimentelle Vorgangsweise. Im Zentrum des Gemäldes hält die Zeit dem Betrachter ein Medaillon mit den Porträts des Kaiserpaares entgegen. Die Ausstattung des Ratssaales, des heutigen Johannessaales, stammt von Maulbertsch und stellt die Taufe Christi in einer duftigen Landschaft aus Felsen, Blumen und Wasser dar. Die frischen Farben und die Anmut der Komposition machen dieses Fresko zu einem der gelungensten Werke des Wiener Rokoko.[11]

Am lebendigsten aber ist die Erinnerung an Maria Theresia in Schönbrunn geblieben. Unter ihrem Vater von Fischer von Erlach begonnen, wurde das Schloß nach ihrem Geschmack von Nikolaus Paccassi zwischen 1749 und 1780 umgebaut. Bedauernswerterweise sind zu Beginn des 19. Jahrhunderts erhebliche Veränderungen vorgenommen worden, und man kann sich nur mehr nach dem Gemälde von Bernardo Bellotto (im Kunsthistorischen Museum) ein Bild davon machen, wie Schönbrunn zu seiner besten Zeit ausgesehen hat. Nichtsdestoweniger beeindrucken auch jetzt die beiden Fassaden des Gebäudes durch ihre Ausgewogenheit und Eleganz. Und aus der Innenausstattung der Salons und der chinesischen Kabinette spricht noch heute der unverwechselbare Geschmack der Kaiserin. Sie hat die Dekorationen aus gelacktem Holz und Porzellan ausgesucht und die Art der Verzierung bestimmt. Am liebsten waren ihr helle und liebenswürdige Landschaften mit Blumen und Vögeln und natürlich die Porträts ihrer Kinder und Enkelkinder. Die Deckengemälde der kleinen und der großen Galerie stammen von Guglielmi und schildern in sanften Farben und in einer gelungenen Symbiose von allegorischen und wirklichen Figuren die Milde der theresianischen Regierung, die Schlachten des Siebenjährigen Krieges, die reichen Schätze ihrer Königreiche und die Wohltaten des Friedens. In ihrer Kapelle zeugen zwei Bilder von Bergl von ihrer Verehrung für die Jungfrau Maria und den hl. Johannes von Pomuk. Je älter sie wurde, umso lieber hielt sich Maria Theresia in Schönbrunn auf, lieber als in allen anderen Residenzen, die ihr zur Verfügung standen. Daher entschloß sie sich auch, nicht ohne einige Gewissensbisse, den Park zu verschönern und auf dem Hügel gegenüber vom Schloß von Hetzendorf die Gloriette bauen zu lassen.[12]

Das Rokoko prädominiert, aber einige klassizistische Elemente verleihen ihm Ausgewogenheit und Eleganz, und dieser Charme, der auch heute noch von Schönbrunn ausgeht, entspricht sowohl dem Charakter Maria Theresias als auch der Atmosphäre Wiens.

Die Provinzen waren jedoch so eigenständig, daß sich hier Barock und Rokoko auf jeweils etwas verschiedene Weise entfalteten.

Vorarlberg zum Beispiel hat nie nach Wien geblickt und besitzt rund um den Bodensee zahllose Klöster in einem ganz spezifischen Baustil. Es ist der Stil der Baumeister Moosbrugger, Thum und Beer und charakterisiert sich durch die Pfeiler im Innern, den großen Bogen vor dem Querschiff und den verhältnismäßig kleinen Chor.[13]

In den Vorländern entstand in Günzburg nach den Plänen Dominik Zimmermanns, des Erbauers der Stiftskirche Wies in Bayern, eine neue Kirche, deren Schiff 1741 fertig war und von dem ansässigen Maler Anton Ederle mit Fresken zur Ehre der Jungfrau Maria ausgemalt wurde. In den vier Ecken sind die vier verschiedenen Weltteile dargestellt. Europa trägt die Züge der jungen Maria Theresia, die damals noch nicht Kaiserin war. Das Gemälde wurde vor einiger Zeit renoviert, so daß nun das Bildnis Maria Theresias frisch und strahlend in einer der schönsten Rokokokirchen ihrer Erbländer prangt.[14]

Die Länder der maria-theresianischen Monarchie waren wahrscheinlich zur damaligen Zeit die katholischsten Länder Europas, nirgendwo sonst wurde der barocken Frömmigkeit so gehuldigt wie hier. Selbst an der Peripherie, nämlich in den Vorländern, in Belgien und in Mailand bekannte man sich entschieden zur römisch-katholischen Religion. Das Leben der Einwohner richtete sich ganz nach dem Ablauf der liturgischen Feste, und überall zeugen in Stadt und Land Kalvarienberge, Votivsäulen und sogenannte Marterln für den Glauben der Menschen an die Allmacht des Göttlichen. Selbst Ungarn, wo die Protestanten sich ihre Privilegien zu bewahren wußten, machte einen nicht minder frommen Eindruck. Ein charakteristischer Zug der barocken Frömmigkeit war die Pilgerfahrt zu einem alten Heiligtum, das übrigens nicht selten im Mittelalter auf einer heidnischen Kultstätte errichtet worden war oder in jüngerer Zeit an dem Ort, wo ein Wunder geschehen war.

Die Prozession mit flatternden Fahnen und der Pilgerzug, der sich aus Tausenden Gläubigen zusammensetzte, gehören zu den beliebtesten Manifestationen des Kollektivbewußtseins. So verehrte man zum Beispiel den hl. Johann von Pomuk, den Märtyrer des Beichtgeheimnisses und Beschützer vor den Gefahren des Wassers. Ursprünglich war dies ein rein tschechischer Brauch. Zu Ende des 14. Jahrhunderts wurde nämlich ein Prager Mönch von der Karlsbrücke auf Befehl König Wenzels IV. in die Moldau geworfen, und um dieses historische Faktum hatte sich eine fromme Legende gerankt, die dann später zu einem außerordentlich intensiven Kult führte. Sicher haben auch die Jesuiten zu dem Erfolg bewußt beigetragen, aber die wahren Erfinder und Verbreiter waren der Klerus und die Bewohner Prags, der Adel und die Bauern Böhmens. Es ging auch gar nicht so sehr darum, mit einem neuen Kult dem Kult um Johann Hus ein Ende zu bereiten — Hus war den meisten gleichgültig geworden —, sondern es war das dringende Bedürfnis, sich des Schutzes eines Landesheiligen zu versichern, der zum Ruhme des Königreichs beitrug. Ein von Schor oder seinen Schülern illustriertes Gebetbuch zur Ehre des hl. Johannes von Pomuk verdeutlicht, daß es sich hier eigentlich um eine Johannesverehrung handelt. Die Tugenden aller bisherigen Hl.-Johannes-Figuren scheinen die des Prager Märtyrers vorauszunehmen und sich erst in ihm zu entfalten.[15] 1729 erklärte der Papst nach einer zwar gründlichen, aber letztlich unzureichenden Untersuchung (die zugrunde liegenden Dokumente der „acta sanctorum" erwiesen sich später als nicht stichhaltig) Johann von Pomuk für einen Heiligen, und der Kult breitete sich über die tschechischen Grenzen hinaus in die ganze Monarchie bis zu gewissen Orten in der Schweiz, in Deutschland und in Polen aus.

Die barocke Frömmigkeit hat mit ihrem Marienkult und ihrer Heiligenverehrung unzählige Statuen in der Donaumonarchie, in Süddeutschland und in Polen hervorgebracht und den Ausstattungsstil überall nachhaltig beeinflußt. Dabei sind höchste Kunstwerke oder Produkte mehr oder weniger primitiver Volkskunst entstanden, an denen sich nun die Nachwelt schon seit mehr als zwei Jahrhunderten erfreuen kann. Dennoch wird sich kein ernsthafter Historiker Illusionen darüber machen, daß die Grenze zum Aberglauben mit allen seinen Gefahren hier nur sehr schwer zu ziehen war. Maria Theresia, die in dieser frommen Atmosphäre aufgewachsen war, hat an diesen Bräuchen zweifellos sehr gerne teilgenommen. Zwischen der katholischen Religion und ihrer Berufung zum Monarchen bestand für sie, die aus Veranlagung traditionalistisch dachte und immer aus dem Respekt vor ihren Eltern und Vorfahren handelte, ein inniges Band. Die barocken Bräuche hat sie in aller Demut praktiziert und den Wallfahrtsorten prächtige Geschenke gemacht: Dem Altar von Mariazell in der Steiermark schenkte sie ein silbernes Gitter, und für den Sarkophag des hl. Johannes von Pomuk in Prag stiftete sie mehrere Silberengel, um nur zwei ihrer zahllosen Geschenke zu erwähnen. Sie nahm zu Fuß an der Fronleichnamsprozession teil, ging jeden Tag zur Messe, beichtete und ging an allen hohen Festtagen zur Kommunion. Anders als einige ihrer monarchischen Kollegen störte es sie, wenn ihr Privatleben nicht in allen Einzelheiten ihren Prinzipien entsprach. So nahm sie es auch äußerst ernst mit der Fastenzeit und verbot an diesen Tagen sogar, daß die (fleischlosen) Gerichte dekoriert wurden.[16] Daher war sie auch sehr darauf bedacht, ihre Kinder zur Strenge zu erziehen, und las am liebsten fromme Werke. Vielleicht machte sich hier der Einfluß ihrer Mutter bemerkbar, die als ehemalige Protestantin sicher nicht die Frau war, die sich mit Riten und Äußerlichkeiten zufriedengab. Da aber Maria Theresia ihre Umgebung sehr aufmerksam beobachtete, blieb ihr nicht verborgen, daß es bei den Wallfahrten, kaum daß die Zeremonie beendet war, oftmals zu schlimmen Ausschweifungen kam, die fromme Menge sich in eine Horde verwandelte, die Ordnung sich auflöste und die erhöhte Stimmung in eine andere Richtung umschlug. Außerdem mußte sie feststellen, daß die vielen kirchlichen Festtage die Leute zum süßen Leben und Nichtstun animierten und der Wirtschaft einen nicht unerheblichen Schaden zufügten.

Ihre Gegner haben sie bigott genannt, aber ihre Frömmigkeit machte sie durchaus nicht blind für gewisse Nachteile der Religion. Mehrere Personen ihrer Umgebung haben sie übrigens in Religionsfragen beraten: ihr Mann, ihr Arzt van Swieten, später ihr Beichtvater, der Propst des Klosters St. Dorothea, Müller, und der Erzbischof Migazzi, um nur die wichtigsten zu nennen.

Franz Stephan von Lothringen soll der erste europäische Herrscher gewesen sein, der (bei seiner Hollandreise 1731) Mitglied einer Freimaurerloge wurde. Das führte aber bei ihm zu keiner Feindseligkeit gegenüber der katholischen Kirche, höchstens zu einer gewissen Reserve gegenüber den Jesuiten. Über seine religiösen Beschäftigungen und persönlichen Meditationen gibt es viel schriftliches Material, zum Beispiel Briefe an seine Kinder, „wo das Wort katholisch niemals und das Wort christlich sehr selten vorkommt".[17] Er empfiehlt aber den täglichen Besuch der Messe und die häufige Kommunion, allerdings müsse man sich ihrer würdig erweisen und sollte daher viel mehr zur Beichte gehen. Macht sich hier ein gewisser Einfluß des Jansenismus und des Quietismus bemerkbar? Franz Stephan glaubte, daß sich in der menschlichen Seele und vor jeder wichtigeren Handlung ein Kampf zwischen dem „tödlichen Feind" und dem Schutzengel in uns abspielt. Seine Spiritualität bleibt immer in den Grenzen des Erbaulichen.

Wesentlich bedeutsamer für die Religionspolitik Maria Theresias war die Rolle van Swietens.[18] Der holländische Arzt, Student der Universität Leiden, hatte der Schwester Maria Theresias, der Erzherzogin Maria Anna und Frau

Karls von Lothringen, bei ihrem Todeskampf im Kindbett in Brüssel beigestanden, wo ihr Mann Gouverneur war. Der Ruf Swietens überlebte diesen Sterbefall, den er nicht mehr verhindern konnte. Er wurde von der Kaiserin nach Wien gerufen, wo er einer ihrer nächsten Vertrauten wurde. 1754 nannte ihn Maria Theresia „meinen besten Freund, Vertrauten und Wohltäter", und nach seinem Tod 1772 sprach sie mit Bewunderung von „unserem großen van Swieten". Die meisten Maßnahmen, welche das Geistesleben der Monarchie betrafen, wurden auf seinen Rat hin beschlossen.

Lange Zeit hindurch hat man sich der vereinfachenden Gegenüberstellung eines barocken, von den Jesuiten gestützten Katholizismus und der Philosophie der Vernunft bedient, die, jansenistisch gefärbt, sehr bald zum Deismus und Agnostizismus führen konnte. Diese Sicht des 19. Jahrhunderts ist jedoch längst überholt. Viel richtiger wäre es zu sagen, daß gewisse fromme Praktiken, mit denen der überall verbreitete Aberglaube verschleiert wurde, den Anhängern einer anspruchsvolleren Spiritualität kindisch und gefährlich vorkamen und daß sie sich deshalb für vernünftige und maßvolle Religionsbräuche einsetzten, wie sie übrigens durch das Tridentiner Konzil definiert worden waren. Mit diesen Problemen beschäftigten sich zahlreiche religiöse Schriften in französischer und deutscher Sprache, für deren Verbreitung übrigens viele Benediktiner- und Kartäuserklöster sorgten. Zweifellos war es hier zu persönlichen Kontakten mit jansenistischen Kreisen gekommen, es ist lange Zeit behauptet worden, van Swieten sei Jansenist gewesen. Dies aber wird von seinen neusten Biographen bestritten.[19] Sie beweisen im Gegenteil, daß er ursprünglich auch nichts gegen die Jesuiten gehabt habe. Er habe nach Österreich kommen müssen, soll er gesagt haben, um sie erst richtig kennenzulernen. Sicher ist, daß dieser ernste Charakter und Vertreter einer meditativen und verinnerlichten Religion beim Anblick von so viel Kindlichkeit und Oberflächlichkeit entsetzt sein mußte. Aber noch entsetzter war er über die sanitären Verhältnisse des Landes. Daran konnten seiner Meinung nach nur Ignoranz und Aberglauben schuld sein und die Verhältnisse an der Universität und insbesondere die der medizinischen Fakultät.

Anstatt eines Lehr- und Forschungsinstituts hatte er es hier mit einer Körperschaft zu tun, die nicht nur Ärzte, sondern auch Hebammen ausbildete und hauptsächlich damit beschäftigt war, den Ärzteberuf gegen die Konkurrenz der Quacksalber und Heilpraktiker zu verteidigen. Der Unterricht war so schlecht und ungenügend, daß sie sich damit begnügte, die an deutschen Universitäten erworbenen Grade zu bestätigen. Das war die sogenannte „Nostrifikation". Welch ein trauriger Abstieg seit dem Jahr 1679, da der Wiener Arzt Paul von Sorbait bei der Bekämpfung einer entsetzlichen Pestepidemie nicht nur Erfahrung und Hingabe, sondern auch einen wahrhaft wissenschaftlichen Forschungsdrang gezeigt hatte.

Van Swieten konzentrierte sich nach seiner Ankunft in Wien auf zwei

Aufgaben, erstens auf eine Reform des Unterrichts an den Hochschulen und zweitens auf eine Reorganisation der Zensur.

Ausländische und inländische Publikationen unterlagen in der Donaumonarchie nämlich einer strengen Zensur, die aber, da sie auch von den lokalen Instanzen abhing, nicht immer in allen Ländern gleich ausgeübt wurde: Das an einem Ort verbotene Buch war es keineswegs überall. Aber im allgemeinen waren die alten Zensurgesetze sehr streng. Niemand durfte ein verdächtiges Buch in seinem Besitz haben, wenn er es nicht dem Pfarrer vorgezeigt hatte. Und wenn man auch nicht mehr die aus der Zeit Karls V. stammende Todesstrafe riskierte, so lief man immerhin Gefahr, eine Strafe von 3 Gulden aufgebrummt zu bekommen, wenn man nicht innerhalb von vier Wochen der Aufforderung der zivilen und kirchlichen Behörden folgte und seinem Pfarrer alle seine religiösen Bücher zur Begutachtung vorlegte. Hausdurchsuchungen und Kontrollen in den Druckereien waren an der Tagesordnung. In Wien hatte sich die Universität, das heißt die Gesellschaft Jesu, der Zensur bemächtigt und kontrollierte nicht nur die Bücher, sondern auch die Almanache und selbst alle bildlichen religiösen Darstellungen.

Van Swieten hatte es nicht schwer, Maria Theresia von der Notwendigkeit seiner Reformen zu überzeugen. Sie wußte, daß die ganze Monarchie der Reform bedürftig war, war aber bisher am persönlichen Widerstand ihrer Untergebenen und an der verzwickten Rechtssituation der Instanzen gescheitert. Jetzt verschaffte sie sich mit Hilfe van Swietens das Recht, die Vorstände der Fakultäten selbst zu ernennen, ebenso wie neue Professoren, wenn ein Stellenwechsel angebracht war. Der nächste Schritt bestand in der Ernennung des Erzbischofs Graf Trautson zum Protektor der philosophischen und theologischen Fakultäten, womit der Übermacht der Jesuiten ein Riegel vorgeschoben wurde. Die medizinische Fakultät wurde von Grund auf umgestaltet. Die Hebammen, die bisher nur eine praktische Einführung in ihren Beruf von älteren Kolleginnen erhalten hatten, wurden nun gesondert unterrichtet. Ein neuer Professor, Molinari, brachte den Kandidatinnen die anatomischen Grundbegriffe bei. Für die Kurse in Chirurgie und Chemie bezahlte die Kaiserin die ersten Honorare aus eigener Tasche. 1749 wurde van Swieten das Amt eines Präsidenten der Fakultät übertragen (praeses facultatis). Nun hatte er die Macht, einige Verordnungen zu modifizieren. Zum Beispiel konnte er verlangen, daß die zukünftigen Ärzte im Land selbst studierten, er konnte gewisse Bedingungen für Auslandsaufenthalte festlegen und der „Nostrifikation" ein Ende bereiten. Außerdem gründete er einen Lehrstuhl für Chirurgie und besetzte ihn mit dem Chirurgen Josef Jans und nach dessen Tod mit Ferdinand Leber, mit dem er nun sein Projekt, in Wien eine Chirurgenschule zu gründen, realisieren konnte. Da ihm viel daran lag, den theoretischen Unterricht mit der Praxis zu verbinden, richtete er im Bürgerspital eine chirurgische Abteilung ein, lud ausländische Chirurgen ein, dort zu operieren, und schrieb den Studenten die Assistenz bei diesen Operationen vor. Dies erklärt, warum in Guglielmis Fresko in der Universität die Medizin durch eine Leichensezierung dargestellt ist.

Auch die pharmazeutischen und botanischen Studien wurden nun von van Swieten organisiert, und besonders die letzteren mit voller Unterstützung des Kaisers und des Botanikers Jacquin aus Lothringen. Nach zwanzig Jahren konnte er bereits in Wien ausgebildete Professoren an die Universitäten von Prag, Innsbruck, Freiburg und Budapest schicken. Hier in Budapest gründete er übrigens auch eine medizinische Fakultät. So sicherte er den Universitäten der Donaumonarchie einen autonomen Platz in der europäischen Wissenschaft. Durch die Methodenvereinheitlichung schuf er für alle Provinzen gleiche Arbeits- und Forschungsgrundlagen, was für die Bildung eines Kollektivbewußtseins innerhalb der geistigen Elite der Monarchie nicht zu unterschätzen war.

Die Umorganisation der Zensur war kein weniger heikles Unterfangen. Vor allem mußte man den Jesuiten die Leitung der Zensur entziehen, und zwar mit Unterstützung einiger Patres, die das Gefährliche der Situation sehr wohl erkannt hatten und zu Veränderungen bereit waren. Die ersten, die sich darüber freuten, daß ihnen ihre alten Rechte wieder zugesprochen wurden, waren die Erzbischöfe von Wien, Trautson und später Migazzi. Diese waren vor allem darauf bedacht, sich das Wohlwollen des Nuntius und des Papstes zu bewahren und mit ihrer kirchlichen Macht keinen Zentimeter vor der weltlichen zurückzuweichen. Daher zeichnete sich bald auf dem Gebiet der Zensur zwischen Kirche und Staat ein Konflikt ab, den die fromme Maria Theresia immer wieder beizulegen suchte, während Josef II. wesentlich aggressiver an ihn heranging, wenn auch nicht unbedingt entschlossener.[20]

Man ging schrittweise vor: 1752 wurde eine neue Zensurstelle gegründet, die zunächst dem Direktorium unterstellt, 1757 aber zur Hofstelle erhoben wurde. Van Swieten war in dieser Kommission einer der weltlichen Zensoren. Ihm zur Seite standen die Rechtsprofessoren des Theresianums: Paul Josef von Riegger, Spezialist für das Naturrecht und die Geschichte des Heiligen Römischen Reiches, sowie Johann Justi und Beck. Ab 1759 führte van Swieten den Vorsitz. Die kirchlichen Zensoren wurden vom Erzbischof der Kaiserin zur Bestellung vorgeschlagen. Anfangs versuchte die Kommission, die Arbeit unter den Mitgliedern nach deren Kapazitäten aufzuteilen. Als erstes verbot die Kommission gewisse jesuitische Bücher, in welchen probabilistische Thesen in Fragen der Moral vertreten wurden. Damit war der Kampf eröffnet. Migazzi empfahl seinen Seminaristen, Französisch zu lernen, um Bossuet und Pascal lesen zu können. Und als Maria Theresia ihn um Rat betreffend des Buches von Muratori „Regolata devozine" bat, empfahl er ihr die Lektüre. Umso überraschter war die Kaiserin, als Pater Lehner ihr Vorstellungen machte, weil er das Buch auf dem Tisch seines Beichtkindes, der Erzherzogin

Maria Anna, gefunden hatte.[21] So wurde eine erste Bresche in die Macht der Jesuiten geschlagen. Die Kommission hatte die Aufgabe, einen Index der verbotenen Bücher aufzustellen. Für van Swieten sollte dieser Index ein Führer für den Leser sein und ihn darüber aufklären, daß diese Werke nicht den Grundsätzen der Religion, der Moral und des Staates entsprachen. Ab 1760 wurden die Meinungsverschiedenheiten immer heftiger ausgetragen, und es kam zu stürmischen Sitzungen unter dem Vorsitz van Swietens, zum Beispiel war das berühmte Buch von Febronius „De statu praesentis Ecclesiae“ ein solcher Anlaß. Van Swieten neigte dazu, das Buch zu erlauben, Maria Theresia entschied sich aber zum Verbot, zweifellos auf Rat Migazzis. Denn dieser hatte nach einigen Fehden seinen Frieden mit den Jesuiten gemacht. Wie so häufig in der Geschichte der Kirche hatte er erfahren müssen, daß die notwendige Reaktion gegen Absurditäten und Mißbräuche zu Zweifeln an der Doktrin und Substanz der katholischen Religion selbst ausgeartet war. So versuchte der Erzbischof nun eilends, die Reformbewegung, die er anfangs gefördert hatte, wieder in den Griff zu bekommen, und wurde darin sicherlich von der besorgten Kaiserin unterstützt.

Maria Theresia wußte, daß die Situation des Klerus Anlaß zu mancherlei Kritik bot. Die Strukturen der Diözesen und Pfarrgemeinden stammten mit einigen Ausnahmen alle aus dem Mittelalter und entsprachen nicht mehr den modernen Erfordernissen. So machte bei der Ernennung der Pfarrer noch immer der Adel seinen Einfluß geltend, so waren viele Pfarren Besitz der Klöster, und so war der Kirchenbesitz noch immer steuerfrei und nahm ständig zu. Ständig zu nahm auch die Anzahl der Mönche. Bei den Novizen handelte es sich häufig noch um reine Kinder, deren Berufung noch gar nicht zu testen war. Und da viele Orden ihren Mutterorden im Ausland hatten, floß trotz einer gewissen Autonomie sehr viel Geld nach Rom und in andere Länder.

Schließlich warf man den frommen Stiftungen vor (viele stammten von der Kaiserin selbst), daß sie den Geldverkehr blockierten, und den Klöstern, daß sich in ihnen bis auf einige Ausnahmen, zu denen die Benediktiner und andere Schulorden gehörten, empörende Zustände abspielten und von den Äbten und Äbtissinnen geduldet wurden.

In einem ihrer politischen Testamente preist Maria Theresia das Werk ihrer Vorfahren, die private und öffentliche Gelder geopfert hatten, um den Klerus zu unterstützen, derart, daß „in denen teutschen Erblanden“ die katholische Religion wieder ihre alte Stärke wiederfand. Aber mittlerweile war es nicht nur unerwünscht, es war auch gefährlich, dem Klerus zu viel zukommen zu lassen, weil die Zeiten der Not vorbei waren und sich leider einige Mönche nicht so betrugen, wie sie sollten. Die Klöster waren in ihrem Besitzstand weit über die ursprünglichen Anfänge hinausgewachsen und boten zahlreichen Nichtstuern Unterschlupf. Aber diesen Mißständen, meinte die Kaiserin zuversichtlich, würde man mit der Zeit schon auf die Spur kommen.[22] Energisch verbot sie auch im Interesse der Ordnung und der wirtschaftlichen Verhältnisse eine große Zahl kirchlicher Festtage (zirka zwanzig), aber sie mußte feststellen, daß sie sich mit dieser Regelung in Wien beim Volk recht unbeliebt machte.[23] Tief beunruhigt über die zunehmende Sittenlosigkeit in ihrer Hauptstadt, gründete sie zudem 1753 die sogenannte Keuschheitskommission. Über den Sinn und die Wirkung dieser Kommission gingen die Ansichten sehr auseinander. Für die Kaiserin aber war die Religion und die fromme Lebenshaltung einer der wichtigsten Pfeiler ihrer Monarchie. Darin unterstützte sie sogar einer der Repräsentanten der Aufklärung, Josef von Sonnenfels, der 1767 erklärte, die Religion sei ein „unentbehrliches Instrument für die Aufrechterhaltung der Moral einer Gesellschaft", und die zivile Rechtsprechung allein würde wenig ausrichten, wenn sie nicht eine Beziehung zur Religion und deren positiven Werten herstellen kann.[24]

Mit großem persönlichem Einsatz ging Maria Theresia daher an die Aufgabe, die Autorität der katholischen Religion in ihren Staaten wiederherzustellen und andererseits die Mißstände zu bekämpfen, zu denen auch der Aberglaube gehörte. Man überschaut heute ziemlich genau die intellektuelle Reformbewegung, die sich parallel zur Philosophie der Aufklärung innerhalb der katholischen Kirche bemerkbar machte. Die katholische Aufklärung entstand zugleich in Frankreich, Deutschland (am Rhein) und in Italien, und von dem aufsehenerregenden Buch des Archivars der Este in Modena, Ludwig Anton Muratori, brachte 1759 die Druckerei Trattner in Wien eine deutsche Übersetzung heraus. Muratori war wie so viele Denker der damaligen Zeit ein Briefpartner von Leibniz, aber am reinsten vertrat die Lehre Leibniz' Johann Christian Wolff, Professor an der Universität von Halle, der „Praeceptor Germaniae", dem es darum ging, die Domäne der Vernunft klar von der Offenbarung zu trennen, nicht um ihren Antagonismus aufzudecken, sondern um zu beweisen, daß beide Quellen der Erkenntnis waren.

Der protestantischen Aufklärung folgte nun die katholische Aufklärung.[25] „Es ist leider wahr", schreibt einer der hervorragendsten Professoren der Wiener Universität, Martini, „daß wir in Ansehung der Protestanten um ein Mehrfaches zurück sind. Es ist aber auch sicher, daß vor wenigen Jahren der Abstand noch viel größer war. Wir werden sie mit Geduld und Standhaftigkeit noch einholen, ja auch mit Hilfe Gottes darin übertreffen, weil sie sich täglich mehr voneinander vermessend entfernen, die österreichische Monarchie dagegen ihrer einzigen katholischen Lehre sich doch einmal zu erfreuen haben wird."[26]

Wie aber wollte man diese Einheit erreichen? Wie weit war dafür die zivile Gewalt einzusetzen? Da von allen Ländern Europas Italien das Land mit dem mächtigsten Klerus war, schlug Kaunitz vor, gegen den Mißbrauch der kirchlichen Macht zuerst in Mailand zu Felde zu ziehen. 1767 riet er Maria Theresia, die Macht der „Giunta economale" wiederherzustellen und ihr wieder die Kontrolle über die gemeinsamen Angelegenheiten von Kirche und Staat zu übertragen. Sie sollte die Finanzen regeln, die Beziehungen zwischen dem Papst und dem Klerus definieren und den Aktionsradius des Klerus auf den religiösen Bereich beschränken: auf die Auslegung des Evangeliums und der Doktrin, auf den Gottesdienst, auf die Verteilung der Sakramente und auf das Kirchenrecht. In allem anderen galt die Autorität des Staates.

War dies schon der Beginn des Josefinismus? Der Erzbischof von Mailand protestierte sofort in aller Schärfe. Die Kaiserin konsultierte daraufhin Propst Müller, der ihr versicherte, sie habe in keinem Punkt ihre Rechte überschritten und kein Satz ihres Dekrets befände sich im Widerspruch zu den Statuten der Kirche. Aber damals waren in der Kirche die geistigen und die weltlichen Interessen so sehr miteinander verflochten, daß für viele Priester jeder Reformversuch von weltlicher Seite ein Verstoß gegen die Grundrechte der Kirche darstellte.

Papst Clemens XIII. war mit der Zensurregelung in den Erbländern höchst unzufrieden. Er gab zwar zu, daß Kirche und Staat verschiedene Domänen waren und daß der Staat über die öffentliche Verwaltung und das äußere Wohl seiner Untertanen zu entscheiden hatte, aber in Dingen des Glaubens und der Moral mußte seiner Meinung nach die Kirche bestimmen. Daher verwarnte der Papst „seine liebe Tochter in Christo“ und machte sie darauf aufmerksam, daß der Friede zwischen dem Heiligen Stuhl und dem Reich nur unter der Bedingung aufrechtzuerhalten sei, daß die Trennung der Befugnisse streng eingehalten würde.[27]

Aber Maria Theresia beabsichtigte keinesfalls, aus ihrer Monarchie eine Theokratie oder ein klerikales Reich zu machen. Die Unabhängigkeit ihrer Regierung ist ein Grundsatz, auf den sie nicht verzichten kann. 1765 gibt sie Leopold den Ratschlag, darauf zu achten, daß sich Kirchenleute nicht in seine Angelegenheiten mischen. In diesem Punkte sollte er sie kurz halten. Aber wie sollte sie sich in einer Zeit verhalten, da gegen alle Arten von Devotionen, gegen die Priester und gegen die Kirche selbst und ihre Lehre Krieg geführt wurde? In allem konnte sie nicht nachgeben, und besonders in einem Punkt blieb sie ganz und gar unnachgiebig: Niemals würde sie der freien Religionsausübung zustimmen.[28]

Mit großer Besorgnis verfolgte sie auch die Angriffe gegen die Gesellschaft Jesu. Im Gegensatz zu den Bourbonen wäre sie nie so weit gegangen, sie aus ihren Staaten auszuweisen. Auch Josef II. schien daran nicht zu denken. Als er sich mit Friedrich II. in Neiße traf, brachte der König von Preußen das Gespräch auf die Jesuiten; der Kaiser gab zu verstehen, daß er sie sehr schätze, worauf der König von Preußen ihm zustimmte und meinte, man solle nur einige ihrer Werke verbieten, wie die Schrift des Paters Busenbaum, welche gefährliche Angriffe auf die Unabhängigkeit des Staates enthielte.[29]

Die Kaiserin wartete, bis Clemens XIV. die Auflösung der Gesellschaft befohlen hatte, um eine Maßnahme vorzunehmen, die sie durchaus nicht billigte. So ist es nicht wahr, wenn man sagt, sie habe die Jesuiten dem Minister Choiseul geopfert, um die Heirat ihrer Tochter Marie Antoinette durchzusetzen. Dem Erzherzog Ferdinand gestand sie am 30. August 1773, die Nachricht über die Aufhebung des Jesuitenordens habe sie tief bekümmert, denn sie „habe nur Erbauliches von ihrer Seite erfahren".[30]

Die Rolle, die die Jesuiten nach der Gegenreformation in den habsburgischen Staaten gespielt haben, ist maßlos übertrieben worden. Ohne Zweifel hatten sie es verstanden, im 17. Jahrhundert verlorengegangene Kräfte der mittelalterlichen Frömmigkeit zu sammeln und sie der tridentinischen Doktrin zu unterstellen. Ohne Zweifel waren sie dafür verantwortlich, daß die Menschen sich dem Übersinnlichen zuwandten und von der Realität ablösten. Und ohne Zweifel lehrten sie die damalige Gesellschaft den Respekt vor Hierarchien und die Unterwerfung unter eine Autorität. Aber der Einfluß der Gesellschaft hielt sich insofern in Grenzen, als überall in Europa die Zahl der religiösen Orden zunahm, so daß sie eigentlich nur auf einigen bestimmten Gebieten eindeutig dominierten, zum Beispiel auf dem Unterrichtssektor. Hier nahmen die Regierungen aber nun selbst wieder die Erziehung ihrer Untertanen in die Hand.

Maria Theresia ließ sich von van Swieten, Sonnenfels und Propst Müller überzeugen, daß man das Volk der Unwissenheit entreißen müsse und daß die Bildung des einzelnen nicht nur ihm selbst, sondern dem Staat zugute käme. Ihre Haltung in dieser Frage änderte sich indessen im Lauf ihrer Regierung. Zunächst hatte sie sich um einige spezielle Fragen gekümmert, um das Schulreglement für Tirol im Jahr 1747, um den Unterricht der tschechischen Sprache in Böhmen[31] und um die Gründung einiger Eliteschulen: Das Theresianum, die Wiener Neustädter Militärakademie und so wohltätige Institute wie das große Waisenhaus in Wien sind Gründungen Maria Theresias. Bei der Reform der Universität hatte sie sich ganz auf den Rat van Swietens verlassen. Nach dem Abgang der Jesuiten nahm sie sich nun die komplette Neuorganisation des Unterrichts zu Herzen, welche unter anderem zum Ziel hatte, daß die Jugend in allen ihren Ländern dieselbe Grundausbildung erfahren sollte. Eine spezielle Hofkommission hatte die Aufgabe, ein Reglement für die Grundschulen auszuarbeiten, und nicht ohne Mühe setzte die Kaiserin die Mitarbeit des Propstes von Sagan, Johann Ignaz Felbiger, durch. 1774 wurden die Vorschläge der Kommission von der Kaiserin bewilligt. Für die Dorfschulen basierten sie auf den Vorstellungen Felbigers, für die höheren Schulen auf den Ideen des Piaristenpaters Gratian Marx. Die Schulzeit sollte sich auf fünf Jahre erstrecken, und anders als bei den Jesuiten wurde mehr Wert auf technische Ausbildung und geschichtliches Wissen gelegt. Selbstverständlich konnte nicht die Rede davon sein, daß der Staat nun sofort in jedem Dorf eine Schule baute und unterhielt, aber prinzipiell waren die Kinder ab sechs Jahren zum Schulbesuch verpflichtet, um Lesen und Schreiben zu lernen und die notwendigen Grundkenntnisse zu erwerben. Grundherren und Pfarrer wurden angehalten, auf ihrem Besitz Schulen zu eröffnen, und Maria Theresia ging selbst mit gutem Beispiel voran, indem sie auf dem Terrain ihrer Schlösser in Schönbrunn, Laxenburg, Hetzendorf und Schloßhof Schulen gründete. So wie die junge Herrscherin einst die Heereslager besichtigt hatte, so besichtigte nun die alte Kaiserin nach dem Vorbild Karls des Großen die Schulen, prüfte die Hefte der Schüler und stärkte die Lehrer mit ihrem Zuspruch.[32]

Ein Reglement folgte nun dem andern, ja, in den zwei letzten Jahren ihres Lebens entwickelte Maria Theresia direkt eine Vorliebe für Schulangelegenheiten. Felbiger und Pater Gratian, den sie übrigens zum Rektor des Theresianums ernannt hatte, zählten zu den Vertrauten, die sie am häufigsten empfing.[33] Als sehr sinnvoll erwies sich die Einsetzung von Schulkommissionen in allen Erbländern, die über die Befolgung der Reglements zu wachen hatten. Abt (später Bischof von Leitmeritz) Ferdinand Kindermann, der die Schulen auf den Gütern des Grafen Buquoy geleitet hatte, bekam die Funktion eines Inspektors für Böhmen übertragen.

Die Einheitlichkeit der Unterrichtsmethoden mußte auf die Dauer zu einem gleichen Bildungsniveau und zu gleichen Denkschemen in allen Ländern der Monarchie führen, so wie die barocke Religion einst ein ganz bestimmtes Gemütsklima geschaffen hatte. Wurde hier ein österreichisches Bewußtsein geboren? Wohl kaum, wenn man bedenkt, wie im darauffolgenden Jahrhundert sich die Nationalitäten der gemeinsamen Kultur nur zum eigenen Nutzen bedient haben. Der Sprachenstreit sollte dazu führen, daß die alten Beziehungen vergessen wurden. Denn während die Nationalsprache zum Unterricht in der Grundschule benutzt wurde, unterrichtete man an den höheren Schulen in Deutsch, ebenso wie an den Schulen, wo die Lehrer ausgebildet wurden. Da Deutsch auch bald das Latein an den Universitäten ersetzte, kam es zu einer fatalen Germanisierung der Elite.

Auch auf anderen Gebieten waren Maßnahmen, welche alle Untertanen gleichermaßen betrafen, ein Mittel zur Vereinheitlichung der habsburgischen Länder. An erster Stelle natürlich der theresianische Kodex, der die verschiedenen Gesetzgebungen der Länder zusammenfaßte. Diese Arbeit nahm allerdings viele Jahre in Anspruch und wurde erst nach dem Tod Maria Theresias im Jahr 1811 abgeschlossen. Aber 1768 hatte man immerhin das Strafrecht beendet, die sogenannte „Nemesis theresiana“. Später ist dieses Werk wegen seiner mittelalterlichen Vorstellungen und seiner außerordentlichen Strenge gerügt worden. So gab es hier noch die Folter mit allen ihren Qualen und den Scheiterhaufen für Homosexualität und Sodomie. Auf Blasphemie, Gotteslästerung, Götzendienst, Entführung, Heirat mit nichtchristlichen Personen und Aufgabe des katholischen Glaubens standen schwere Strafen. Selbstmördern wurde ein christliches Begräbnis verweigert. Aber andererseits machte das Strafrecht dem Hexenprozeß ein Ende, und die Tortur wurde von der Kaiserin auf Drängen von Sonnenfels im Jahre 1776 nachträglich abgeschafft, nicht ohne daß sie vor der revolutionären Kühnheit ihres Entschlusses selber zurückschreckte.[34] In Ungarn hatte das Strafrecht keine Geltung.

Die Schwierigkeiten, die zum Österreichischen Erbfolgekrieg geführt hatten, hatten Maria Theresia das Gefühl gegeben, daß es gut sei, geordnete Archive zu besitzen. Sie beauftragte Frhr. von Rosenthal mit der Gründung der Archive des Erzhauses, des Hofes und des Staates, des sogenannten Haus-, Hof- und Staatsarchivs. So ist es nur gerecht, daß die Statue der Maria Theresia den Forscher begrüßt, wenn er die Schwelle zu einer der reichsten Archivsammlungen Europas überschreitet.

Carl J. Burckardt hat geschrieben, daß sich um Maria Theresia „ein Meer von Musik" gebildet habe. Sie war selber eine ausgezeichnete Musikerin, hat allerdings nie selber komponiert oder sich angemaßt, in Sachen Musik entscheidend einzugreifen. Aber in allen Ländern der Monarchie und in allen Gesellschaftsschichten spielte die Musik eine immer größere Rolle. Die großen weltlichen und kirchlichen Herren hatten meistens ihre eigene Musikkapelle, die manchmal sogar größer als die Hofkapelle war. Und man begnügte sich bei weitem nicht damit, immer wieder dieselben Werke zu spielen: Kein Fest ohne Uraufführung, möchte man sagen. In Kremsier, der Sommerresidenz der Erzbischöfe von Olmütz in Mähren, gaben sich ein Jahrhundert lang die Komponisten und Musiker die Türklinke in die Hand, so daß von der Schule von Kremsier gesprochen wurde. Andere Musikzentren waren Schloß Eisenstadt und Esterházy in Ungarn. Hier hörte Maria Theresia die Musik von Haydn.

Im Geschmack der italienischen Musik erzogen, inspirierten sich die Musiker Österreichs, Böhmens, Mährens und Ungarns auch an der heimischen Volksmusik. Als der damalige Besitzer von Schloßhof, der Josef von Sachsen-Hildburghausen, einmal das Kaiserpaar bei sich empfangen mußte, rief er die Bauern der Umgebung zusammen, Männer, Frauen und Kinder, stellte sie in seinem Park vor dem Hintergrund der blauen Hügel Preßburgs auf der anderen Seite der March auf und ließ sie singen und musizieren.[35] In denselben Tagen wurde auch die kleine Oper „Der Tanz" des jungen Musikers Christoph Willibald von Gluck aufgeführt. Acht Jahre später leitete Gluck mit „Orfeo e Eurydice" ein neues Kapitel der Operngeschichte ein, ein entscheidender Schritt in der Emanzipation der deutschen Musik im Gegensatz zur italienischen Tradition und ein weiterer Schritt im Übergang vom Barock zur Klassik. Und es dauert nicht mehr lange, daß ein Wunderkind, der kleine Mozart, zum ersten Mal bei Hof seine Kunst zeigt.

Friedrich Heer meint, die österreichische Musik sei nichts anderes „als eine Aussage und Verbindung von Gegensätzen, Abgründen, Brücken und Schwierigkeiten, die kein Systemdenken einer Philosophie und kein staatspolitisches Machtsystem zu bewältigen vermag".[36]

Österreichische Musik: Das war die Musik aller Länder der Donaumonarchie, der Volksfeste und der Prozessionen, der Konzerte in der Hofburg und in Schönbrunn, der Stadtpaläste und Schlösser auf dem Land, der Kirchen und Kapellen und schließlich der zwei Wiener Theater, des Theaters am Kärntnertor und des Burgtheaters.[37] Die Musik war zur Zeit Maria Theresias die große Kraft, die die Menschen zusammenführen und ihnen ein Gefühl der Solidarität vermitteln konnte. Denn die neue Philosophie[38] interessierte nur einen kleinen Kreis von Gelehrten, adeligen Herren und reichen Bürgern, während sich die Masse des Volkes noch lange in einem barocken Klima bewegte, das mehr imaginativ und gefühlvoll als intellektuell war.[39]

# *Die Dynastie im Dienste der Monarchie*

Von den sechzehn Kindern des Kaiserpaares überlebten dreizehn die gefährlichen ersten Jahre, acht Töchter und fünf Söhne. Das war nicht nur ein biologischer, das war zugleich auch ein politischer Erfolg. Die männliche Erbfolge schien auf Jahrhunderte hinaus gesichert, und durch mehrere günstige Heiraten würden die Allianzen mit den Herrscherhäusern Europas vervielfacht werden können.[1]

Maria Theresia und Franz Stephan von Lothringen haben der Erziehung ihrer Kinder die größte Aufmerksamkeit gewidmet und versucht, sie ganz auf die Begabung jedes einzelnen abzustimmen. Aber wegen ihrer herrscherlichen Pflichten konnten sie sich im Alltag nie so um sie kümmern wie normale Elternpaare.

Daher wurden die kaiserlich-königlichen Kinder einzeln oder in Gruppen einem Erzieher oder einer Erzieherin anvertraut. Entsprechend ihrem Alter differierte auch der Lebensstil der Kinder. So bildeten die drei kleinen Erzherzoginnen Johanna, Josefa und Maria Karolina, die kurz hintereinander von 1750 bis 1752 geboren wurden, eine kleine Gruppe für sich, die noch nicht wie die älteren an Ausflügen und Reisen der kaiserlichen Familie teilnahm, sondern im leopoldinischen Flügel in der Hofburg blieb. Es gibt in Schönbrunn ein sehr schönes Bild, auf dem eine Episode aus dem Leben dieser kleinen Erzherzoginnen dargestellt ist. Man feiert das Fest des hl. Nikolaus; die Atmosphäre ist bürgerlich; der Kaiser sitzt in Schlafrock, Pantoffeln und Mütze am Feuer, die Kaiserin schenkt heiße Schokolade aus. Ein junges Mädchen, die Erzherzogin Marie Christine, genannt Mimi, verteilt die Nikolausgeschenke, in ihrem schlichten Kleid sieht sie sehr graziös aus. Marie Antoinette betrachtet voll Stolz ihre große Puppe, Erzherzog Maximilian spielt am Boden mit einem Reiter aus Holz, und nur der arme Erzherzog Ferdinand weint, weil die große Schwester ihm die Rute für die unartigen Kinder vors Gesicht hält. Hinter ihrem Rücken versteckt sie jedoch einen Teller mit Süßigkeiten, die zweifellos die Strafe mindern werden: eine mütterliche große Schwester mit ihren um zwölf, dreizehn und vierzehn Jahre jüngeren Geschwistern. Die Erzherzogin ist übrigens auch die Malerin dieses Bildes, das in seiner Bescheidenheit des Anspruchs nichts Gemeinsames mit den noblen Kompositionen von Meytens hat, welche die gesamte Familie in steifer Hoftracht zeigen.[2]

In der Erziehung der Kinder wurde auch das Verhältnis zu den Bediensteten stark beachtet. Maria Theresia beklagte sich über die Schmeicheleien, die ihre Kinder übermütig machten, und an seinem vierzehnten Geburtstag wurde Erzherzog Karl nicht beglückwünscht. Die Kaiserin schützte eine kleine Indisposition vor, in Wirklichkeit sollte er dafür bestraft werden, daß er seine Kammerherren mehrmals beleidigt hatte.[3]

Den Erziehern und Erzieherinnen schrieb Maria Theresia präzise Anweisungen. Die interessanteste ist zweifellos die, die Graf Batthyány erhielt, als er 1751 seine Funktion als Erzieher des Thronfolgers Josef antrat, der damals elf Jahre alt war.[4] Der Erzherzog mache einen intelligenten und aufgeweckten Eindruck, er scheine auch ein gutes Herz zu haben, aber vielleicht weil man ihm gegenüber manchmal ein wenig zu schwach gewesen sei, sei er nun eigensinnig, streitsüchtig, spottlustig und frech. Sein Hauslehrer, Pater Franz Anton Weger, ein Augustiner, habe versucht, die Fehler zu korrigieren, aber nun sei die Stunde gekommen, um dem Erzherzog eine solidere Erziehung angedeihen zu lassen und in ihm den Sinn für die Verantwortung zu wecken. Feldmarschall Batthyány solle vor allem versuchen, sein Vertrauen und seinen Respekt zu gewinnen: Er solle sich daher hüten, seine Autorität wegen Kleinigkeiten aufs Spiel zu setzen, aber in ernsten Fällen solle er unnachgiebig die angedrohte Strafe vollziehen. Der Tag habe immer mit einem Gebet zu beginnen, denn das Wichtigste sei, daß der Erzherzog an die Allmacht Gottes glaube und in aller Demut Gott liebe und fürchte und niemals vergesse, daß in der strikten Observanz der religiösen Pflichten die Kraft zu allen anderen Tugenden läge.

Einmal, erzählt Khevenhüller, war der Erzherzog gerade bei seinem Vater, als man dem Kaiser meldete, bei der Kaiserin haben die Wehen begonnen. Der Kaiser befahl daraufhin, daß man den Erzherzog fortführe, damit er nichts höre und sehe, was seinem Alter nicht entspräche: Er war damals fünfzehn Jahre alt.[5]

Die Erziehung der Erzherzöge war möglichst breit angelegt und bereitete sie sowohl auf einen militärischen Posten als auch auf die Regierungsgeschäfte vor. In den Fächern Geschichte, Recht, Geographie, Mathematik und Fremdsprachen wurden Examen vor so bedeutenden Persönlichkeiten wie Bartenstein abgelegt. Als sie älter waren, wurden sie von den besten Professoren Wiens unterrichtet, unter anderen von dem Rechtsgelehrten Martini. Mit zwanzig nahm Erzherzog Josef bereits an den Sitzungen des Staatsrats teil. Die Religion aber nahm immer die erste Stelle ein, und am Tag der Erstkommunion Erzherzog Josefs und der Erzherzogin Maria Anna in der Augustinerkirche reichte der Nuntius persönlich auch dem Kaiser und der Kaiserin die Kommunion. Nicht wenig Wert legte Maria Theresia bei ihren Töchtern auf die bildnerische Erziehung, und hier erwiesen sich besonders Maria Anna und Marie Christine als recht begabt.

Tu, felix Austria, nube ... Sehr früh schon begann man an die Heiraten der

Kinder zu denken. Protestantische Familien kamen dabei für Maria Theresia nicht in Frage. Ihr Eigensinn in diesem Punkt überrascht umso mehr, als ihre eigene Mutter vor der Ehe Protestantin gewesen war und sie mit ihren Vettern Wolfenbüttel einen herzlichen Briefwechsel führte.[6] Man mußte sich also an die katholischen Herrscherhäuser in Deutschland oder an die neuen Verbündeten, die Bourbonen, in Frankreich und Spanien halten. Silva-Tarouca empfahl außerdem das Haus Braganza in Portugal. Maria Theresia ging es vor allem um eine Stärkung des katholischen Allianzsystems.

Nach dem Tod des Erzherzogs Karl (1761) rückte nun Leopold an die zweite Stelle in der Thronfolge. Hatte man bisher im Sinn gehabt, ihn mit der Prinzessin Maria Beatrix, der Erbin des Herzogtums Modena, zu verheiraten, um somit eine Seitenlinie der Habsburg-Lothringer in Italien zu verankern, bestimmte man jetzt, daß er die Infantin des spanischen Königs, Maria Ludovika, heiraten sollte.

Dem jungen König von Neapel, dem zweiten Sohn Karls III., wollte die Kaiserin ihre Tochter Josefa zur Frau geben.[7] Sie machte sich allerdings keine Illusion über die private Seite dieser Verbindung und schreibt am 13. Oktober 1763, sie wisse sehr wohl um die Vorteile dieser Verbindung, aber als Mutter hege sie große Bedenken. Die arme Josefa sei ein Opfer der Politik. Der König zeige keine andere Neigung als für die Jagd und das Theater. Er sei sehr kindlich und lerne nichts, beherrsche nur das schlechte Italienisch des Landes, und das nur mangelhaft... und sei im übrigen gewohnt zu tun, was ihm passe. Er habe niemanden, der ihn erziehen könne und wolle.[8]

Schöne Aussichten! Maria Theresia versuchte ihnen zu begegnen, indem sie der Erzieherin ihrer Tochter, Gräfin Lerchenfeld, ans Herz legte, die Tugenden der Erzherzogin soweit wie möglich zu fordern, gerade weil die Erzherzogin einen hochmütigen und schwierigen Charakter zeige. Die Verlobte ihres Sohnes Leopold dagegen, Maria Ludovika, schien von sehr angenehmem Wesen zu sein. Maria Theresia war entzückt über ihre liebenswürdigen Briefe[9] und schwärmte nach ihrer ersten Begegnung, die Prinzessin sei charmant, sie habe einen strahlend weißen Teint, die schönsten Haare, die sie in ihrem ganzen Leben gesehen habe, klare blaue Augen, kurz, sie sei eine charmante Person, lebhaft, frei und fröhlich, unverkennbar eine Sächsin.[10]

Die Mutter der Infantin, die Königin Amalia, war nämlich eine sächsische Prinzessin, und Maria Theresia empfand zu jener Zeit noch sehr viel Sympathie für die Sachsen. Auf den Porträts ist die Infantin nicht gar so hübsch, wie die Kaiserin sie schildert; hat sie doch das lange eckige Gesicht ihres Vaters geerbt. Ihr Ausdruck ist dagegen tatsächlich sehr freundlich.

Die Hochzeit sollte Anfang August 1765 in Innsbruck gefeiert werden. Nicht nur das Kaiserpaar, auch der Bruder Franz Stephans, Karl von Lothringen, der sich als Gouverneur der Niederlande wesentlich geschickter als in der Armee anstellte, und seine Schwester, die Prinzessin Charlotte, die seit einigen Jahren im Kloster von Mons lebte,[11] wurden zur Hochzeit erwartet. Maria Theresia gab der Gräfin Enzenberg, deren Mann damals Statthalter in Tirol war, für das Fest einige Anweisungen. Sie wünschte, daß die Stadt schön geschmückt würde, ohne daß dies jedoch mit hohen Ausgaben für die Bevölkerung verbunden sei. Außerdem wünschte sie sich einen Triumphbogen aus Stein: „Es wird so zum ewigen Gedächtnis sein."[12]

Es ist die Triumphpforte, die noch heute in Innsbruck in der Maria-Theresien-Straße steht. Ihr Vorbild war der Triumphbogen, den man ihr zu Ehren 1764 in Waitzen errichtet hatte, als sie wegen des ungarischen Reichstags in Ungarn weilte und eben auch Waitzen besuchte.

Die Hochzeit fand am 5. August statt. Das junge Paar wurde vom Bischof von Regensburg und Straubing, ein Prinz von Sachsen und Onkel der Infantin, eingesegnet. Der erste Schatten war allerdings auf das Fest schon einige Tage vorher durch die Nachricht vom Tod des Herzogs von Parma gefallen. Dazu kam, daß sich Erzherzog Leopold schon bei seiner Ankunft in Innsbruck nicht wohl fühlte und krank wurde. Sein Zustand war besorgniserregend. Aber auch der Kaiser selbst war unpäßlich: Er hatte Schwindelanfälle und ließ sich Blut abnehmen. Das Kaiserpaar hatte, da es sehr robust war, seine Gesundheit mit einer viel zu schweren und üppigen Ernährung strapaziert. Obwohl sie sich viel an der frischen Luft aufhielten und viel ritten, waren beide viel zu dick geworden. Van Swieten riet ihnen, weniger zu essen und sich zur Ader zu lassen.

Am Abend des 17. August begab sich die kaiserliche Familie ins Theater, wo eine italienische Komödie gegeben wurde, aber schon vor dem Ende des Spektakels wollte sich der Kaiser zurückziehen, und der König von Rom folgte ihm aus Ehrerbietung oder auf Grund einer dunklen Vorahnung. Noch bevor er sein Zimmer erreicht hatte, schwankte Franz Stephan, beruhigte aber seinen Sohn mit einem Wort, machte noch einige Schritte, fiel dann vornüber und versuchte sich am Türgriff festzuklammern. Sein Sohn konnte ihn noch gerade in seinen Armen auffangen, aber Franz Stephan war tot. Der Arzt, den man vom Krankenbett Leopolds holte, konnte ihn auch nicht mehr retten. Die Kaiserin war tief verzweifelt. Sie mußte ihre ganze Kraft zusammennehmen, um ihre Witwenpflichten zu erfüllen und durch ihren Schmerz den Schmerz der Kinder nicht noch zu vergrößern. Der Sarg des Kaisers wurde zu Schiff nach Wien transportiert, wo die Begräbnisfeierlichkeiten am 31. August stattfanden. Gemäß der Etikette nahmen Maria Theresia und ihre Kinder nicht daran teil. Leopold, nunmehr Großherzog der Toskana, war bereits mit seiner Frau auf dem Weg nach Florenz, nicht ohne ausführliche Instruktionen der Kaiserin. Am 6. September trafen Maria Theresia und Josef II. in Wien ein, wo sie sich jede Huldigung verbeten hatten und ohne Geleit in die Hofburg fuhren. Trotz ihres Schmerzes entzog sie sich nicht den täglichen Geschäften und fällte kaltblütig wichtige Entscheidungen auf privatem und politischem Gebiet. Sie sprach zwar davon, abzudanken und sich in ein Kloster zurückzuziehen, und man kann ziemlich sicher sein, daß sie es getan hätte, wenn sie nur Kaiserin gewesen wäre, aber da es sich um ihre persönlichen Staaten und Völker handelte, für die sie sich verantwortlich fühlte, entschloß sie sich seufzend, ihre Pflicht weiter zu erfüllen. Sie übertrug aber Josef II. dieselben Funktionen als Mitregent, die schon sein Vater ausgeübt hatte. Vielleicht folgte sie darin dem Rat von Kaunitz. Dieser hätte ja auch seinen Ehrgeiz darauf richten können, die Alleinregierung an der Seite einer alternden Herrscherin zu übernehmen. Da er aber zweifellos in dem ungeduldigen Thronfolger eine ständige Gefahrenquelle sah, zog er es vor, eine „Regierung zu dritt" zu bilden.[13]

Mit dem Tod des Kaisers veränderte sich das Aussehen der Kaiserin schlagartig. In ihren schwarzen Trauerkleidern, die sie nie mehr ausziehen sollte, ihren weißen Haaren unter der Haube mit Ohrenschützern und dem unterm Kinn zusammengebundenen Schleier war sie nun die alte Frau, die wir von zahlreichen Stichen her kennen. Trotz ihrer Trauer ging sie weiter ihren Pflichten nach, sowohl als Mutter einer großen Familie wie auch als Herrscherin. Sie hatte ihren Mann zärtlich geliebt. Das kleine Billett, das man später in ihrem Gebetbuch fand und in dem sie nachrechnet, wie lange ihr glücklicher Ehestand gedauert hat, ist dafür ein rührender Beweis: „29 Jahr, 6 Monat, 6 Täge; um die nämliche Stund, da ihme die Hand gegeben, auch an einem Sonntag, ist er mir plötzlich entrissen worden. Macht also: Jahr 29, Monat 335, Wochen 1540, Täge 10.781, Stunden 258.744."[14]

Sie hatten sich gegenseitig geliebt und geschätzt. Und wenn er auch nicht ganz so tugendsam wie sie gewesen war, so hatte er so viel Diskretion besessen, daß es nie zu einem Skandal kam.[15] Die gemeinsame Religion vertiefte noch ihre Beziehung, obgleich da ein Punkt ist, der bis heute unklar geblieben ist: Franz Stephan war Freimaurer, 1738 aber hatte Papst Clemens XII. die Freimaurerei verboten. Wie haben sich der Kaiser, der jeden Sonntag zur Beichte ging, und die Kaiserin mit diesem Verbot arrangiert? Überhaupt bleibt manches unklar an dieser Persönlichkeit, deren zur Schau getragene Bonhomie ein starkes Quantum an Gerissenheit verbarg. Und obwohl er keine ausgesprochene Liebe für die ihm anvertrauten Völker empfand und auch kein besonderes Gefühl für seine Wahlheimat Österreich entwickelte, hat dieser große Kosmopolit der Monarchie wichtige Dienste geleistet.

Das 1751 abgefaßte und mehrmals ergänzte Testament des Kaisers setzte zu seinem Universalerben den bei seinem Tod ältesten Sohn ein.[16] Sein Vermögen war größer, als man gedacht hatte. Es war die Frucht einer geduldigen und geschickten Verwaltung, gut genützter Gelegenheiten und günstiger Investitionen, von denen die meisten neuartig und kühn waren. Aber auch im Spiel hatte er manches gewonnen. Er selbst oder seine Agenten? Auf seinen Besitzungen in Österreich, Böhmen und Ungarn hatte er Webereien und Majolika-Manufakturen einrichten lassen und den Gewinn durch Pferdezuchten und bessere landwirtschaftliche Methoden erhöht. Er besaß Obligationen und Staatspapiere, auf privaten Schmuck und auf Sammlungen ausgestellte Schuldscheine und war Teilhaber niederländischer, holländischer und Genueser Banken. Die genaue Höhe des Vermögens ist jedoch nicht festzustellen, weil beträchtliche Summen unter Decknamen liefen.

Der Universalerbe Josef II. gab die Höhe des Erbteils in Grund und Boden, Papieren und Bargeld mit 18,978.178 Gulden an. Im Volk sprach man von 20 Millionen Gulden, die der Erbe im Haus in der Wallnerstraße vorgefunden habe. Fest steht dagegen, daß Maria Theresia mit den Dispositionen des Testaments nicht ganz glücklich war, da sie noch alle ihre Töchter und zwei sehr junge Söhne zu versorgen hatte. Und obwohl sie dem alten Grundsatz treu blieb, der keine Trennung zwischen dem persönlichen Gut des Herrschers und dem Besitz der Krone und den Staatseinnahmen kannte, führte sie dennoch im Einverständnis mit ihrem Sohn eine Neuerung ein. Sie entnahm dem Vermögen 5,861.279 Gulden und vertraute sie der Bank von Wien zum Zins von 4 Prozent an. Außerdem behielt sie sich vor, jederzeit über das Kapital und die Einnahmen verfügen zu können.

Am 16. Oktober 1765 wurde somit ein Familienfonds gegründet, der getrennt verwaltet wurde und den Mitgliedern der Familie als Erbe und, wenn erforderlich, zur vorzeitigen Entnahme bereitstand.

Angesichts der schlechten Finanzlage der Monarchie entschloß sich Josef II. zu einer großzügigen Geste. Er übergab dem Staat 7,559.401 Gulden, in Obligationen und Bargeld, und forderte auch von seinem darüber sehr erstaunten Bruder Leopold zwei Millionen Gulden, die in Florenz lagen und die er als privates Eigentum des Kaisers und nicht des Herrschers von Florenz betrachtete. Damit wollte Josef II. die Staatsschuld vermindern, die ihn sehr bedrückte. Aufgrund dieser Stiftung wurde es jedenfalls der Schuldenkasse möglich, den Gläubigern des Staates anzubieten, ihnen die Kredite im Nominalwert zurückzuzahlen oder ihnen bei weiterer Überlassung des Kredits einen Zins von 4 Prozent zu garantieren. Die meisten zogen die Zurückzahlung vor (14 Millionen), aber da der öffentliche Kredit nun wieder hergestellt war, konnten sehr schnell an andere Käufer Staatsobligationen zu 4 Prozent für 8 Millionen Gulden verkauft werden. Und dieselbe Operation wurde mit den Obligationen der verschiedenen Länder der Monarchie vorgenommen.[17] Das Erbe Franz Stephans stellte somit nicht nur die Zukunft der Familie sicher, es trug auch zur Gesundung der öffentlichen Finanzen bei. Es kam zu einer allgemeinen Wertsteigerung, auch bei Immobilien. Die Erwartung vieler, daß daraufhin die Steuer gesenkt würde, stellte sich allerdings als Irrtum heraus. Dieses kam gar nicht in Frage, weil die Ausgaben des Staates nach wie vor sehr hoch waren.

Gegen den Widerstand Feldmarschall Dauns, der übrigens im folgenden Jahr starb, und seines Nachfolgers Lacy entschloß sich Maria Theresia, dem

Kaiser die Verwaltung des Militärwesens zu übertragen. Dies war Josefs II. eigener Wunsch: dem Herrscher wieder die Rolle des obersten Chefs der Armee zu übertragen, eine Rolle, an der sein Vater keinen Geschmack gefunden hatte und die eine Frau nicht hatte ausüben können. Sogleich setzte er sich auch dafür ein, daß auf der Stelle der Zustand der Festungen, der Ausrüstung, die Artillerie und das Rekrutierungssystem verbessert würden. Denn obwohl er gar kein Freund des Krieges war, war er der Meinung, ganz Europa müsse spüren, daß Österreich eine starke Macht war. Kaunitz, dessen außenpolitischer Ehrgeiz so groß wie eh und je war, konnte ihm darin nur zustimmen. Maria Theresia schätzte die Intelligenz ihres Sohnes und den Ernst, mit dem er an seine Aufgabe ging, aber nichtsdestoweniger beunruhigten sie manche Charakterzüge ihres Sohnes. Er war kein Freimaurer, weil er geheime Glaubensgemeinschaften und ihre Riten nicht mochte, er war auch nicht areligiös, aber er zeigte der katholischen Kirche und dem Klerus die kalte Schulter. Auch in diesem Punkt stimmte er übrigens mit Kaunitz überein. Vor allem aber fürchtete die Kaiserin, daß er hart und herzlos sei. Was sie trennte, war laut Kretschmayr nicht nur eine Reihe von Differenzen in Sachen der Innen- und Außenpolitik, was sie trennte, war eine grundverschiedene Weltauffassung.[18]

Bevor das Jahr 1765 zu Ende ging, mußte die Mutter schlichtend in den Streit ihrer beiden Söhne über die Toskaner Millionen eingreifen. Der Großherzog war neunzehn Jahre alt, der Kaiser vierundzwanzig. Sie konnte nicht verstehen, warum der ältere sich dem jüngeren Bruder gegenüber so hart zeigte, anstatt ihn zu ermutigen und zu protegieren. Und schon einige Monate später mußte sie in einen Konflikt Josefs mit Kaunitz eingreifen. Dieser hatte seine Demission angeboten, nachdem er vom Kaiser beleidigt worden war. Daraufhin schrieb sie ihrem Sohn den berühmten Brief, in dem sie ihn eine „Kokette des Geistes" schilt. „Und es ist nicht der Kaiser", schreibt sie, „nicht der Mitregent, der solche beißende, ironische, boshafte Worte spricht, sie kommen aus dem Herzen Josefs: das ist's, was mich beunruhigt, was das Unglück Deines Lebens sein und den Untergang der Monarchie und von uns allen herbeiführen wird..." Und da sie erschreckt bemerkt hatte, daß Josef II. dazu neigte, sich den König von Preußen zum Vorbild zu wählen, schreibt sie: „Jener Held, der so viel von sich reden macht, jener Eroberer, hat er einen einzigen Freund? Muß er nicht aller Welt mißtrauen? ... Gib acht, daß Du Dich nicht in Bösartigkeiten gefällst! Dein Herz ist noch nicht schlecht, aber es wird es werden... Du bist eine Kokette des Geistes... Du gehst auf die Jagd nach Einfällen... Eine Wendung, ein Witz, den Du in irgendeinem Buch findest oder in einem Gespräch hörst, Du wendest ihn bei erster Gelegenheit an, ohne viel zu bedenken, ob er auch am Platz ist; bist beiläufig so wie Elisabeth mit ihrer Schönheit..."[19]

Mit dem letzten Satz dieses strengen Sermons bezieht sich die Kaiserin auf die Erzherzogin Maria Elisabeth, die hübscheste ihrer Töchter, mit der sie große Pläne hatte.[20]

Die Heiratspolitik ist von nun an eine ihrer Hauptbeschäftigungen. Die oberste Verpflichtung, die jedes ihrer Kinder dem Erzhaus gegenüber hatte, war, keine Ehe einzugehen, die nicht dazu diente, eine bereits bestehende Allianz zu festigen oder eine neue abzuschließen, die für die Monarchie von Nutzen war. Zugleich mußte sichergestellt sein, daß das junge Paar die Mittel besaß, einen angemessenen Lebensstil zu führen.

Selbstverständlich hatte Maria Theresia ihren Töchtern eine Mitgift zugedacht, die Kosten einer fürstlichen Hofhaltung waren allerdings damit nicht zu decken. Daher wurden die Einnahmen des zukünftigen Gatten sorgfältig geprüft. Die Erzherzoginnen willigten umso lieber in die ihnen angebotenen Ehen ein, als sie die Ehelosigkeit als Demütigung und Versagen auffaßten. Dieses Schicksal sollte die Älteste erleiden: Maria Anna wurde die erste Äbtissin des Prager Damenstiftes. Dieses war 1754 für den böhmischen Adel gegründet worden, und die Prager hatten die Kaiserin gebeten, eine ihrer Töchter zur Äbtissin zu machen. Maria Theresia, die ihre Älteste eigentlich gut verheiraten wollte, hatte zunächst an Marie Christine gedacht. Da diese sich rechtzeitig durch ihre Heirat dem Stiftsleben entzog, kam sie wieder auf Maria Anna zurück, die übrigens auch nicht sehr schön und gesundheitlich nicht sehr stabil war. Nach den Reglements konnte die Äbtissin jederzeit ihr Amt niederlegen, um sich zu verheiraten, weder sie noch die anderen Stiftsdamen waren durch Gelübde gebunden. Aber die neue Äbtissin, die von Maria Theresia zwei Millionen Mitgift bekam, blieb zeit ihres Lebens unverheiratet und verbrachte einen Großteil des Jahres an der Seite ihrer Mutter in Wien, wo sie sich frommen Werken, der Kupferstecherei und der Musik widmete.[21]

Dagegen war die schöne und lebhafte Erzherzogin Marie Christine wie prädestiniert für die Verehelichung. Der erste Verehrer, der ihr nicht mißfallen hätte, Prinz Ludwig von Württemberg, fand allerdings vor den Eltern keine Gnade, allzu bekannt waren seine Unfrömmigkeit und seine Beziehungen zu Voltaire. Aber schon bald darauf verliebte sie sich in ihren Vetter Albert von Sachsen, und der gutaussehende und intelligente junge Prinz erwiderte ihre Zuneigung. Seine Familie setzte sich ebenfalls sehr für die Verbindung ein; das Haus Sachsen war von leidenschaftlichem Ehrgeiz erfüllt und suchte die Protektion der Kaiserin.[22] Aber der Kaiser hatte seinen Neffen, den Prinzen von Chablais, Sohn des Königs von Sardinien und Elisabeths von Lothringen, als Schwiegersohn ins Auge gefaßt und lud ihn zur Hochzeit Leopolds nach Innsbruck ein. Da Marie Christine ihrerseits Albert von Sachsen eingeladen hatte, waren nun beide Bewerber Gäste der kaiserlichen Familie, als plötzlich das Oberhaupt, Franz Stephan von Lothringen, verschied. In diesen traurigen Tagen ging Maria Theresia und auch Josef II. das Gefühl über die Politik, so daß sie der Verlobung Marie Christines mit Albert von Sachsen zustimmten.

Die Höhe der Mitgift wurde auf 4 Millionen festgesetzt. Josef stiftete zwei Güter seines Vaters, Altenburg und Mannersdorf, sowie das Herzogtum Teschen. Den Rest der vier Millionen gab die Kaiserin in Kapitalien dazu.

Das Paar führte eine glückliche Ehe, erwies sich als sehr kunstsinnig (es legte den Grundstock für die Sammlungen der Albertina) und betrieb mit Ernst seine politischen Funktionen zunächst in Preßburg und später, nach dem Tod Karls von Lothringen, in Brüssel.

Aber Josef II. hielt es aus politischen Gründen für unmöglich, mit allen seinen Schwestern so großzügig zu verfahren. Die schöne Maria Elisabeth sollte das erste Opfer des politischen Kalküls werden. Um sie bewarben sich sowohl der König von Polen, Stanislaus II. Poniatowski, als auch der Prinz von Chablais. Aber weder der eine noch der andere waren Maria Theresia reich genug, der eine nicht, obwohl er König war, der andere nicht, weil er der jüngere Bruder war. Aber inzwischen waren zwei Bourbonen zu Witwern geworden, zuerst Karl III., dann Ludwig XV. In Wien dachte man zuerst an Karl III., aber Ludwig XV. war dann doch die interessantere Partie, ja man erwog bereits die Möglichkeit, die blutjunge Erzherzogin Marie Antoinette mit dem ältesten der Enkel Ludwigs XV. zu verloben. Welch ein Triumph für das Erzhaus, wenn Maria Elisabeth den französischen Thron bestiegen und zugleich die Heirat Marie Antoinettes mit dem Thronfolger vorbereitet worden wäre. Aber im November 1767 erkrankte Maria Elisabeth an den Pocken. Sie genas zwar, aber ihr schönes Gesicht war für immer von Narben entstellt. Ludwig XV. verzichtete und machte Madame du Barry zu seiner offiziellen Mätresse. Maria Theresia war tief empört und ließ das Projekt fallen. Die arme Maria Elisabeth machte man zur Äbtissin in Innsbruck; dies war ein schwacher Trost, gemessen an den stolzen Träumen, die sie einst hegen durfte.

Das Jahr 1767 war für die kaiserliche Familie ein Katastrophenjahr: Die Pocken rafften hintereinander die zweite Frau Josefs II. und die Tochter Alberts von Sachsen-Teschen dahin. Auch Maria Theresia erkrankte schwer, überwand jedoch die Krankheit und begann sogleich mit den Vorbereitungen zu der Hochzeit ihrer Tochter Josefa mit dem König von Neapel. Aber die zukünftige Königin erkrankte im Oktober und starb wenige Tage danach. Als sich nun im November auch noch Maria Elisabeth ansteckt, ruft Maria Theresia verzweifelt aus: „Mit fünfzig alle Kinder sterben sehen!“ Der König von Spanien bat sie jedoch schon am 2. November, „ohne zu schwanken und ohne eine Minute zu verlieren“ (dies sind seine eigenen Worte), um die Hand einer anderen Tochter für seinen Sohn, den König von Neapel, und die Kaiserin bot ihm am 18. November hocherfreut, denn auch ihr lag viel an der Verbindung der beiden Häuser, eine der Töchter an, die ihr geblieben waren: Sie überläßt ihm die Wahl zwischen Maria Amalia oder Maria Karoline.[23]

Der König entscheidet sich für die jüngere. Voller Verzweiflung, daß sie ihre geliebte Schwester Marie Antoinette verlassen muß, bricht Karoline als Königin im Frühjahr 1768 nach Neapel auf. Sie findet ihren Mann „sehr häßlich, aber man gewöhnt sich daran". Sie liebt ihn nur aus Pflichtgefühl. Aber solange Maria Theresia und Karl III. am Leben sind und auf „ihre Kinder von Neapel" wie auf zwei Schulkinder aufpassen, geht es am Hof zu Neapel ganz ordentlich zu. Nicht so in Parma. 1769 heiratet die Erzherzogin Maria Amalia den um fünf Jahre jüngeren Herzog Ferdinand. Offenbar hatte man sich in Wien Illusionen über seinen Charakter gemacht, immerhin war er ein Enkel Ludwigs XV. und von Mably und Condillac erzogen worden. Aber es stellte sich nun heraus, daß Ferdinand ein Dummkopf und ein genußsüchtiger Mensch ist. Die Regierungsgeschäfte des Herzogtums führte der Minister Tillot.

Maria Theresia hatte der jungen Herzogin, der Infantin, empfohlen, sich nicht in die Politik zu mischen und Tillot schalten und walten zu lassen, denn dieser handelte auf Geheiß Ludwigs XV. und Karls III. Parma war nämlich ein Protektorat beider Bourbonen. Durch ihre Tochter verstärkte Maria Theresia auch ihre Beziehung zu beiden Häusern und sorgte zugleich für die Sicherheit Mailands. Maria Amalia sah allerdings nicht so weit in die Zukunft.

Der Minister du Tillot wollte in Parma eine Kirchenreform durchführen, machte sich jedoch damit beim Volk höchst unbeliebt; denn wie so oft in Italien hing das Volk an seinem Klerus, akzeptierte dessen Praktiken und wollte keine Reformen. Die Gegner Tillots versuchten nun die Infantin gegen ihn aufzuhetzen. Da diese eitel und ehrgeizig war, tat sie alles, um den Minister zu stürzen und selber die Geschäfte zu übernehmen. Die beiden Infanten führten ein verschwenderisches Leben und machten kein Hehl aus ihrer schlechten Ehe. Maria Theresia schickte Ermahnungen, eine nach der anderen, vergebens. Schließlich belegte sie die Tochter mit dem Familienbann, brach die Korrespondenz ab und verbot auch den anderen Kindern, ihr zu schreiben und von ihr Briefe in Empfang zu nehmen. Sentenziös schrieb der König von Spanien 1772 in einem Brief an die Kaiserin, nachdem er das gute Verhalten der Herrscherpaare der Toskana und Neapels gerühmt hatte: „Leider haben wir in Parma weniger Glück; das junge Fürstenpaar muß zur Ordnung und Mäßigung gebracht werden. Von beiden Seiten haben wir alles getan, was möglich war. Ohne Erfolg. Aber es ist die Pflicht des Vaters, nach immer neuen Mitteln zu suchen, um einen heilsamen Zweck zu erreichen und seine Kinder nicht aufzugeben, die, wenn sie so weiter leben, in noch größere Unordnung geraten könnten."[24] Maria Amalias Schwestern empörten sich darüber, daß sie, ohne „Nachricht von der besten aller Mütter zu bekommen, leben konnte". Und als der Onkel (Karl III.) und der Großvater (Ludwig XV.) drohten, sie würden keine Pensionen mehr auszahlen, wenn nicht ein Minister nach ihrem Geschmack in die Regierung in Parma aufgenommen würde, nahmen die Infanten Vernunft an. 1773 nahm Maria Theresia wieder die Beziehung zu ihrer Tochter auf, aber die Herzlichkeit war dahin. Sie verweigerte auch ihrer Tochter die Erlaubnis, sie in Wien zu besuchen.

Alle Hoffnungen konzentrierten sich demnach auf die jüngste Erzherzogin, Marie Antoinette. 1776 nahm Choiseul die Gespräche mit Starhemberg über eine eventuelle Heirat Marie Antoinettes mit dem ältesten Enkel Ludwigs XV., dem 1765 Dauphin gewordenen Herzog von Berry, auf. Ludwig XV. sprach dann auch selber zu dem Botschafter bei seiner Abschiedsaudienz darüber. „Dieser letzte Erfolg schmeichelt mir mehr als alles andere, das mir während meiner langen Botschaftszeit in Paris geglückt ist", erklärte Starhemberg, der Mitbegründer des neuen Allianzsystems, vor seiner Rückkehr nach Wien. Choiseul legte nun großen Wert darauf, daß die zukünftige Dauphine eine französische Erziehung erhielt. Bei der charakterlichen Erziehung verließ man sich auf die Kaiserin, aber man wünschte, daß sie die französische Sprache beherrschte und Konversation machen konnte, daß ihre Manieren nichts zu wünschen übrigließen und sie sich beim Tanz und bei allen musischen Betätigungen auszeichnen konnte. Noch nie hatte man an eine Königin von Frankreich derartige Erwartungen als Gesellschaftsdame gestellt.

Bald trafen denn auch in Wien verschiedene französische Professoren ein sowie ein Tanzmeister und ein Zahnarzt, um die kleinen Fehler des erzherzoglichen Gebisses auszubessern. Maria Theresia bat ihren Botschafter Mercy d'Argenteau, ihr einen Beichtvater zu schicken, der außerdem so versiert in der französischen Literatur sei, daß er zugleich auch in dieser Richtung die junge Erzherzogin bilden könne.[25] Das war der Abbé de Vermond, Doktor der Sorbonne und Bibliothekar am Kolleg der Vier Nationen, ein „hochgebildeter, einfacher und bescheidener Mann". Er und der Botschafter wurden nach der Hochzeit die besorgten und strengen Mentoren der Dauphine. Mercy bekam von der Kaiserin die Order, ihr alles über das Betragen ihrer Tochter und über die Vorgänge in Versailles in besonderen Rapporten mitzuteilen, die weder der Kaiser noch Kaunitz zu lesen bekamen.

Der offizielle Heiratsantrag wurde im Frühling 1777 zunächst dem Kaiser als Oberhaupt der Familie und dann der Kaiserin gestellt. Aus Freude darüber gab man am folgenden Tag im Belvedere einen großen Maskenball. Am 19. April wurde in der Augustinerkirche die Hochzeit per procuram gefeiert, und zwei Tage später machte sich die Dauphine auf den Weg nach Frankreich. Der Kaiser begleitete sie bis Melk. Auf ihrem ganzen Weg durch das Deutsche Reich fuhr sie nur durch die Länder des Hauses Österreich. Sie war übrigens die erste, die die neue Route durchs Höllental benutzte, bis heute eine der schönsten Straßen des Schwarzwalds.

Maria Theresia war der Ansicht, daß sich ihre Töchter, wo immer sie sie hingeschickt hatte, nicht in die Innenpolitik mischen sollten. „Stellt Euch niemals an die Seite einer Partei; am besten, ihr ignoriert alles." Ihre Aufgabe sollte darin bestehen, die Allianz mit Österreich zu stärken und im Fall Marie Antoinettes über die gemeinsamen Interessen der beiden Monarchien zu wachen. Marie Antoinette mußte vor allem den König und den Dauphin für sich gewinnen. Indem sie wohl auf die verstorbene Königin und die vorherige Dauphine anspielte, meinte Maria Theresia, es sei nicht gut, wenn man sich zu sehr im Hintergrund hielte: „Es ist an Ihnen, den Ton in Versailles anzugeben.“.[26]

Von einer fünfzehnjährigen Prinzessin zu erwarten, daß sie das Gleichgewicht hält zwischen frommer Lektüre und Repräsentation am Hofe, war viel verlangt. Umso mehr, als die ersten Briefe Marie Antoinettes orthographisch und stilistisch noch sehr kindlich wirken.[27] In ihrer etwas schikanösen mütterlichen Fürsorge überwacht Maria Theresia aus der Ferne ihre Tochter. Man kann ruhig sagen, sie spioniert ihr nach, sogar Mercy erfährt nichts davon. Sie befragte die Kuriere, die zwischen Versailles und Wien hin und her ritten, sie befragte die Reisenden und las die Gazetten und die Pamphlete. Es wäre sehr von Vorteil, wenn die Dauphine möglichst bald die Zukunft der Dynastie sicherstellen würde, daher empfahl sie ihr, nicht zu viel zu reiten und nicht im Herrensitz, damit sie nicht etwa eine Fehlgeburt riskiere. Aber so weit war man noch gar nicht. Der Dauphin, der so plump ist, daß Mercy sich sorgte, er könnte die junge Prinzessin mit Abscheu erfüllen, hatte seine Ehe noch gar nicht vollzogen. Marie Antoinette schien ihrem Gatten deshalb nicht böse zu sein, sie lobte seine Güte und meint zuversichtlich, es würde schon dazu kommen.

Der Tod Ludwigs XV. im Mai 1774 hob die beiden jungen Leute viel zu schnell auf den Thron. Zunächst wurde ihnen zugejubelt, aber bald schon riefen sie heftige Kritik hervor, deren Echo in den Gazetten bis zu Maria Theresia drang. Den König hielt man für schwach, die Königin für zu leichtfertig: Man tadelt ihre Vergnügungssucht und ihre Ausgaben. Die Kaiserin war sehr beunruhigt. Im Juli 1775 beging Marie Antoinette am Ende des ersten Regierungsjahres einen schweren Fehler.[28] Sie schrieb dem Grafen Rosenberg, einem der Vertrauten ihrer Mutter, daß sie den König um die Erlaubnis einer Unterredung mit Choiseul gebeten habe, der in Ungnade gefallen sei. Sie sei so geschickt vorgegangen, fügte sie stolz hinzu, daß der „arme Mann“ ihr selbst das Rendezvous arrangiert habe. Maria Theresia war entsetzt, als Rosenberg ihr den Brief zeigte. „Welcher Stil, welche Art zu sprechen! Der arme Mann! Wo bleibt der Respekt und die Dankbarkeit?“ schrieb sie ihr empört. „Sie werden sich durch eigene Schuld in das größte Unglück stürzen!“

Man hatte diese mütterliche Strafpredigt oftmals überschätzt, indem man aus ihr die Prophezeiung der Französischen Revolution herauslesen wollte. Fest steht, daß Marie Antoinette schon im ersten Jahr das tat, von dem ihre Mutter ihr dringend abgeraten hatte: Sie mischte sich in die französische Innenpolitik. Mit der Außenpolitik verhielt es sich dagegen anders. 1778 bat Maria Theresia ihre Tochter um die Vermittlung Frankreichs in dem neuen Konflikt mit Preußen: „Unsere Interessen sind die gleichen... Wir werden nacheinander zugrunde gehen, wenn wir nicht der totalen Vernichtung durch unsere Festigkeit zuvorkommen ...“[29]

Es ging ihr um die Allianz, um nichts als die Allianz. Man mußte der Welt zeigen, wie solide und unlösbar, aber auch wie pazifistisch gesinnt diese Allianz war. Auf außenpolitischem Gebiet zählte die Kaiserin also durchaus auf ihre Tochter. Aber natürlich diente diese den beiden Ländern umso besser, je populärer sie in ihrem eigenen Lande war. Wie stand es um die Aussichten auf einen Thronfolger? Josef II. hatte 1777 eine Reise nach Paris unternommen und kam mit der erfreulichen Nachricht zurück, der König habe sich einem kleinen chirurgischen Eingriff unterzogen. Die Kaiserin konnte aufatmen. Tatsächlich brachte Marie Antoinette 1778 ein Mädchen zur Welt. Maria Theresia übernahm die Patenschaft. „Nun brauchen wir nur noch den Dauphin“, schrieb sie.[30] In den letzten Monaten ihres Lebens sah sie die französischen Angelegenheiten etwas weniger schwarz, auch wenn sie den französischen Hof und die verschwenderische Großzügigkeit Marie Antoinettes nicht ohne Sorge beobachtete.

Nun mußte sie noch die beiden jüngsten Erzherzöge versorgen. Nach der Pockenepidemie von 1767 hatte die Kaiserin sie impfen lassen.[31] Welche Heiraten boten sich jetzt für sie an?

Da war zunächst einmal Modena. Wie das Herzogtum Parma im Süden von Mailand, würde auch das Herzogtum Modena im Süden von Mantua den Einfluß der Habsburg-Lothringer auf der Halbinsel wirksam abstützen. Außerdem berührte es das Großherzogtum Toskana an einer Grenzstelle. Die Heirat eines Erzherzogs mit der Erbin des Herzogs Herkules III. von Modena würde zumindest einen Prestigeerfolg darstellen. Man bat also um die Hand der Maria Beatrix für Erzherzog Ferdinand, obwohl er vier Jahre jünger als sie war. Auch Josef II. setzte sich mit Nachdruck 1769 auf einer Italienreise für dieses Projekt ein.[32] Als Prinzgemahl von Modena würde der Erzherzog auch Mailand zu regieren haben, vorerst jedoch unter Aufsicht Rosenbergs. Erzherzog Ferdinand war sehr jung (siebzehn), sehr schön, höflich, freundlich und ziemlich faul. „Er hat einen guten Kern“, schrieb Rosenberg über ihn. „Ich wünschte nur, er hätte mehr Geschmack an guter Lektüre. Gute Bücher sind nötig, um die Kunst des Regierens zu lernen.“

1771 wurde die Hochzeit gefeiert, und das junge Paar ließ sich in Mailand nieder. Eine der sympathischesten Züge Maria Theresias war ihr unablässiges Bemühen, die Schwiegersöhne und Schwiegertöchter in die kaiserliche Familie aufzunehmen und ihre Zuneigung zu gewinnen.[33] So versicherte sie Maria Beatrix, sie liebe sie wie eine ihrer eigenen Töchter, und Maria Beatrix glaubte es ihr. Reifer, intelligenter und gebildeter als ihr Mann, versuchte sie dennoch nicht, ihn zu beherrschen oder ihn zu einer anderen Politik als die, die man von ihm in Wien erwartete, zu zwingen. Sie versuchte sogar, Deutsch zu lernen.[34] Und Maria Theresia schickte ihr sogenannte gute Bücher in der Hoffnung, daß sie auch den Erzherzog dazu bringen würde, sie zu lesen. Diese Eheschließung war ganz dazu angetan, Maria Theresia über den Mißerfolg in Parma hinwegzutrösten.

Der jüngste Erzherzog, Maximilian Franz, war äußerlich weniger attraktiv als Ferdinand, aber er war von sehr kräftiger Statur und sollte später ein stattlicher Prälat werden.[35] Als Benjamin hatte Maria Theresia ihn besonders ins Herz geschlossen, wohl auch, weil er seinen Vater früher als die anderen, nämlich schon mit neun Jahren, verloren hatte. Da sie der Ansicht war, daß das Leben am Wiener Hof für ihn eher abträglich sei, da der herrschende Ton unfromm sei und die jungen Leute allen möglichen Ausschweifungen nachgingen,[36] hätte sie ihm gerne die Regierung Ungarns übertragen, da Marie Christine und Albert Karl von Lothringens Platz in Brüssel einnahmen: „Der Posten in Ungarn ist einer der wichtigsten und angenehmsten der Monarchie, vor den Toren Wiens und an der Spitze einer Nation, die sich mir gegenüber sehr verdient gemacht hat."

Der Erzherzog wurde Großmeister des Deutschen Ordens, und die Kaiserin vermachte ihm als väterliches Erbe das ehemalige Schloß des Prinzen Eugen, mit dem Hintergedanken, das Vorbild des großen Helden und des eigenen Vaters möge sein Leben vorteilhaft beeinflussen.[37] Aber es sollte ganz anders kommen. Aus politischen Gründen empfahl es sich, die Wahl ihres Sohnes zum Erzbischof von Köln zu betreiben, nicht ohne daß Maria Theresia das prunkliebende Leben der Kirchenfürsten im Reich mit Sorge erfüllte. 1780 wurde Maximilian Franz zum Weihbischof geweiht. Es war nicht leicht gewesen, diese Wahl durchzusetzen, weil der König von Preußen alles tat, um sie zu verhindern, quasi als letzten Waffengang zwischen zwei letztlich doch unversöhnlichen Gegnern. Aber die Allianz mit Frankreich erwies sich als kräftig und führte zu dem erstaunlichen Resultat, daß der König von Frankreich die Kandidatur eines Erzherzogs für das rheinische Erzbistum unterstützte, wo doch seine Vorfahren immer daran gearbeitet hatten, selbst die Protegés des Erzhauses aus dem Spiel zu räumen.[38] Dieser Sieg im Reich vervollständigte das Netz der Verbindungen, das die Kaiserin mit Erfolg in Europa ausgelegt hatte.

Das System der Sekundogenitur hatte dem Haus Österreich wesentlich mehr strategisch günstige Positionen eingebracht als die Verheiratungen der Töchter und hatte dazu verholfen, daß sich das lokale Unabhängigkeitsstreben mit der Loyalität zum Herrscherhaus verbinden konnte. So war es im 17. Jahrhundert in Tirol gewesen und zur Zeit Maria Theresias und Josefs II. in Belgien und Mailand. Es wäre auch für Ungarn besser gewesen als der aufgeklärte Despotismus Josefs II. Zumindest liegt es nahe, dies nach dem Erfolg anzunehmen, den in der ersten Hälfte des 19. Jahrhunderts Erzherzog Josef, der Bruder Kaiser Franz', in Ungarn für sich verbuchen konnte. Seine Statue steht bis heute auf einem Platz in Budapest.[39]

Aber sowohl das System der Sekundogenitur in Form der Statthalterschaft als auch das System der dynastischen Allianzen in Versailles und Neapel bezog seinen Wert aus der Art, wie Maria Theresia das System praktizierte. Sie, die nicht gerne reiste, führte mit ihren Kindern eine regelmäßige Korrespondenz,[40] in der nur wenig von Politik und umso mehr von familiären Nachrichten, Schwangerschaften, Krankheiten, Geburten und Genesungen die Rede ist. Trotz aller Entfernungen gelang es ihr, die Familie zusammenzuhalten und der Dynastie die Anhänglichkeit der Völker zu bewahren. Sie, die seit dem Tod ihres Mannes nicht mehr ins Theater gegangen war, eilte, kaum daß man ihr die Nachricht von der Geburt eines Enkelsohnes in der Toskana gebracht hatte, ins Burgtheater und rief von der kaiserlichen Loge ins Publikum: „Der Leopold hat an Buam!“ Es war dies der spätere Kaiser Franz.[41]

## *Bauernaufstand in Böhmen*

Das schwierigste Problem der theresianischen Regierung war der Widerspruch zwischen dem Machtanspruch eines Militärstaates, der die Unabhängigkeit der habsburgischen Länder und die Ehre des Erzhauses zu verteidigen hatte, und der Zurückgebliebenheit einer feudalistischen Agrargesellschaft,[1] die sich, wo immer sie konnte, dem Zugriff des Staates zu entziehen trachtete. Man kann sogar sagen: Das größte Problem war die Landwirtschaft. Wir haben von der Gründung und Entwicklung des Manufakturwesens gesprochen und vom Beginn eines industriellen Kapitalismus parallel zum kommerziellen Kapitalismus. Aber die alten Formen der grundherrschaftlichen Ökonomie waren außerordentlich zählebig. Der Adel, der die wichtigsten staatlichen Posten besetzt hielt und sich im außenpolitischen Dienst zu einer supranationalen Klasse entwickelte, widersetzte sich zu Hause allen fortschrittlichen Reformen. Auf Provinzebene[2] wehrte er sich gegen Koordination und Absolutismus, weil er in seiner Existenz von Organisationsformen abhängig war, die sich längst nicht mehr mit den Bedürfnissen eines modernen Staates vereinbaren ließen. Da er alle seine Macht und sein Ansehen aus dem grundherrschaftlichen Zins und der Ausbeutung der Bauern bezog, konnte er nicht für eine Verminderung seiner Rechte zugunsten des Staates eintreten und stellte sich mit ganzer Kraft zwischen die Regierung und ihre Untertanen.

Die Stützen des modernen Staates waren die Armee und der Fiskus. Der prädestinierte Steuerzahler schlechthin aber war nun einmal der Bauer; er war, sowohl was seine Anzahl als auch was seine Produktivität anging, der wichtigste Produzent des Staates. Gingen seine Zahlungen zurück, sei es durch schlechte Ernten oder durch grundherrschaftliche Abzüge, war die Zahlungsbilanz des Staates in höchster Gefahr: Es blieb nur noch die Veräußerung der Krongüter und die Anleihe. Aber ein verschuldeter Staat war immer ein schwacher Staat. Maria Theresia mußte sich jedoch auch deshalb für die Bauern einsetzen, weil es ihrem Ideal der Souveränität entsprach, daß sie allen ihren Untertanen, die sie alle als ihre Kinder betrachtete, eine angemessene Existenzgrundlage und die Menschenwürde garantierte.

Daher rührte der tiefe Konflikt mit dem Adel, als Stand und als soziale Gruppe, was die Kaiserin nicht daran hinderte, individuelle Dienstleistungen von ihm zu erwarten und zu honorieren. In allen Ländern der Monarchie teilte sie ohnehin, wenn auch in verschiedenem Maße, die Autorität mit den

Ständen. Aber ihre Machtfülle war dennoch groß genug, um Reformen einzuleiten und sie durch ihre Beamten durchführen zu lassen. Wir haben gesehen, auf welche Schwierigkeiten sie dabei stießen, wie unmöglich es zum Beispiel war, eine einheitliche Rechtsprechung durchzuführen. Lange Zeit hindurch war die Politik Maria Theresias dazu verdammt, lediglich die schlimmsten Mißstände zu korrigieren.

Der Siebenjährige Krieg hatte auch jene Länder schwer belastet, die nicht unmittelbar vom Kriegsgeschehen betroffen waren. Denn ohne Ausnahme wurden alle Länder der Monarchie zur finanziellen Unterstützung aufgerufen. Selbstverständlich waren die Beiträge verschieden. Belgien gab mehr Geld als Ungarn; der Breisgau genehmigte Steuervorauszahlungen und verdoppelte nach dem Krieg die Kontribution, wofür praktisch wieder der Bauernstand aufkommen mußte.

Daher erinnerte Maria Theresia immer wieder die Behörden daran, wie notwendig es war, die Steuern gleichmäßiger zu verteilen, an „die gottgefällige Gleichheit in Steuersachen".[3] Dafür sollten die neuen Kataster sorgen, aber wir haben gesehen, daß dies ein langer Weg war.

Ende der sechziger Jahre zeigte sich im Staatsrat ein neuer Geist. Es verbanden sich hier die Tendenzen des Naturrechts mit den religiösen Skrupeln der Kaiserin, um dem Bauernstand zu mehr Rechten zu verhelfen. In den Instruktionen für die vereinigte Kanzlei von Böhmen und Österreich heißt es: „Daß der Bauernstand als die zahlreichste Klasse der Staatsbürger folglich die größte Stärke des Staates ausmacht, in aufrechtem, und zwar in solchem Stand erhalten werde, daß derselbe sich und seine Familie ernähren und daneben in Friedens- und Kriegszeiten die allgemeinen Landesumlagen bestreiten könne." Es folgt daraus, daß kein noch „so altes Herkommen" gegen diesen Hauptgrundsatz verstoßen dürfe.[4]

Dieser Grundsatz war neu, da er das Herkommen dem Recht der Persönlichkeit selbst eines Bauern unterordnete.

Jedenfalls verstärkte sich nach dem Siebenjährigen Krieg auch als Folge seiner diversen Belastungen die allgemeine Unzufriedenheit des bäuerlichen Standes. Es gab auch freie Bauern, aber sie waren eine Minorität. An sich waren die zur Robot gezwungenen Untertanen persönlich frei und nicht der Willkür des Grundherrn unterworfen. Der Begriff „Leibeigenschaft", der erst später geprägt wurde, ist nur ein ungenauer Ausdruck für das Bündel der Verpflichtungen, das der Bauer als Gegenleistung für die Benutzung des Bodens und gewisse Dienste, die der Grundherr ihm laut alter Verträge zu erweisen hatte, auf sich zu nehmen hatte. Im Prinzip war der Bauer ein freier Mensch, aber der Gebrauch der Freiheit war ihm praktisch untersagt. Dessen war man sich jetzt mehr denn je bewußt.

Es ist heute schwer zu rekonstruieren, wie die Robot wirklich praktiziert wurde. Jedenfalls stützten sich die Forderungen der Grundherren auf alte

Robotpatente von 1681 und 1738. Die Herrscher, die sie herausgegeben hatten, waren an den Menschenrechten und auch an christlicher Barmherzigkeit wenig interessiert, wohl aber daran, daß das Menschenmaterial durch extreme Ausnützung nicht unbrauchbar wurde. Es ging ihnen also um vernünftige Gesetze. Aber trotz dieser Patente hing die Praktizierung der Robot weitgehend von der Willkür der Verwalter ab.

Man unterschied zwischen der Robot mit Gespann, die bedeutete, daß der Bauer dem Grundherrn bei der Bebauung seines Landes mit mehreren Ochsen- oder Pferdegespannen an bestimmten Wochentagen behilflich sein mußte, und der händischen Robot für die ärmeren Bauern. Unter den reicheren Bauern gab es welche, die mehrere Gespanne besaßen, zum eigenen Gebrauch und für den Herrn. In einem solchen Fall wurden meist die älteren und schlechteren Gespanne für die Bebauung des Dominikallandes eingesetzt und auch nicht von ihm selbst geführt, sondern von seinen Söhnen oder Knechten. Es versteht sich, daß auch der Handarbeiter unter der Knute des Verwalters nicht sein Bestes hergab.[5]

Die Bauern haßten die Robot. Umso mehr, als sie gar nicht in Kontakt mit dem Grundherrn kamen, der, besonders wenn er reich war, weiß Gott angenehmere Dinge zu tun hatte, als sich um seine Leibeigenen zu kümmern. Die Bauern bekamen nur die Verwalter und Angestellten des Grundherrn zu sehen. Da auch diese aus dem Bauernstand kamen, also so etwas wie bäuerliche Parvenus darstellten, kann man sich vorstellen, was sich hier an Haß und Neid auf der einen und Arroganz und Härte auf der anderen Seite abspielte.

Dazu kam, daß während des Siebenjährigen Krieges von 1766 bis 1769 drei Katastrophenjahre nacheinander die Menschen heimsuchten. Verspätete Frostperioden und anhaltender Regen im Frühjahr machten die Ernten zunichte und ließen die Sterblichkeitsrate in Böhmen wieder steigen, nachdem sie in den Jahren vorher merklich zurückgegangen war (1762: 41 von 1000, 1764—1768: 35 von 1000).[6] Wie soll man sich ein Bild von den bäuerlichen Verhältnissen zur damaligen Zeit verschaffen, wenn sie von Jahr zu Jahr verschieden sind? Übereinstimmend kann man sagen, gemessen an unseren heutigen Maßstäben, aber auch im Vergleich mit den Bewohnern der damaligen Städte führten die Bauern ein miserables Leben. Die von Wien aufs Land entsandten Beamten (zum Beispiel zur Vorbereitung der Konskription von 1771) waren höchst erstaunt über die Verhältnisse, die sich von den ihnen bekannten Zuständen rund um Wien zum Beispiel kraß unterschieden.

Sie berichteten von den groben Leinenkitteln, die nicht trocknen wollten, wenn der Regen sie einmal durchnäßt hatte, von ungenügender Ernährung und von Schmutz und Ungeziefer in den Häusern. Sie erzählten, daß es keine sanitären Einrichtungen gab, arme Bauern mit ihrem Vieh und den Hühnern zusammenschliefen, daß sie meist lungenkrank waren und einen entsetzlichen

Geruch an sich hatten. Man darf aber nicht unterschlagen, daß es Gradunterschiede innerhalb der Misere gab und sich einige wenige Bauern eines gewissen Wohlstandes erfreuen durften. Das beweisen die Bücher der bäuerlichen Gemeinden und die Testamente. Gerade diese aber kämpften am erbittertsten gegen die Robot, weil sie sich von der Aufhebung eine Konsolidierung ihres relativen Wohlstandes erhofften. Der Schultheiß von Militz Vavák, der lesen und schreiben konnte und zu den angesehenen Bürgern zählte, hat von der Robot als der schlimmsten Knechtschaft gesprochen. „Niemand, der nicht in seinem Leben die Robot durchgemacht hat, wird das glauben wollen."[7]

Die Robot wurde übrigens von Land zu Land verschieden empfunden: In Österreich galt sie als milder als in Böhmen und besonders in Schlesien. Und es scheint, als ob diese Auffassung begründet war.[8] In der Regierung kristallisierten sich nun zwei Auffassungen heraus; die eine wurde von den Rechtsgelehrten vertreten, von denen die meisten selber Grundbesitz, aber natürlich nicht in dem Ausmaß der großen aristokratischen Domänen, besaßen. Sie waren die Verfechter des römischen Rechts und der Menschenrechte. Den anderen Standpunkt vertraten die Großgrundbesitzer, die empört waren, wenn es zu Mißbräuchen auf ihren Domänen kam, auch nicht allen neuen Vorstellungen feindlich gegenüberstanden, aber sich natürlich gegen einen Umsturz der bestehenden Ordnung wehrten. Denn im Namen der Menschenrechte war die Robot eine Negierung des Rechtes jedes Individuums auf Eigentum. Die Großgrundbesitzer wollten sich mit der Korrektion von Mißbräuchen zufriedengeben und wollten sich im übrigen an die alten Reglements halten, die sie für gerecht und angemessen hielten. So der Kanzler von Böhmen-Österreich, Rudolf Graf Chotek, und auch Kaunitz selbst.

Die Unruhen brachen in Schlesien im Gebiet von Teschen im Lauf des Jahres 1766 aus und ergriffen 137 Gemeinden. In der Kanzlei von Böhmen-Österreich und in den Wiener Verwaltungsstellen häuften sich die Memoranden der Gutsverwalter und die Klagen der Bauern. Maria Theresia brauchte nicht alle zu lesen, um davon überzeugt zu sein, daß die in den Patenten festgehaltenen Feudalrechte voller Widersprüche waren und daß sie als Landesherrin hier Ordnung zu schaffen hatte. Sie dachte allerdings nie an die Abschaffung des feudalistischen Systems, da sie sich nichts anderes vorstellen konnte, aber sie wollte diesem System einen humaneren Charakter verleihen. Im gleichen Jahr, nämlich 1764, da der ungarische Reichstag die allgemeinen Reformen abgelehnt hatte, die sie für notwendig gehalten hatte, ging sie daran, die Situation des Bauernstandes zu verbessern und zu vereinheitlichen, indem sie das Urbarium von 1767 vorbereiten ließ, das wir in einem der vorherigen Kapitel analysiert hatten. Jetzt, 1767, dachte sie an eine große Agrarreform in allen ihren Staaten.

Gewisse skandalöse Vorfälle heizten die Stimmung an. Da war einmal die Affäre Mansfeld.[9] Auf einer Domäne in der Nähe Prags, in Dobrzich, hatten sich die Angestellten des Fürsten Mansfeld die übelsten Gewalttätigkeiten gegen die Robotbauern herausgenommen: Die Männer sind teilweise zu Tode geprügelt, andere gefoltert, schwangere Frauen geschlagen worden. Die Bauern hatten daraufhin ihre Klagen bei den Kreisbehörden vorgebracht. Sie waren an die Kanzlei von Böhmen-Österreich weitergeleitet worden, die ihrerseits einen Bericht beim Staatsrat vorgelegt hatte. Hier herrschte nun allgemeine Empörung. Es wurde auf der Stelle, am 19. August 1768, ein Dekret des Hofes erlassen, das dem Kreishauptmann von Kaurim eine gründliche Untersuchung und einen Bericht nach Wien vorschreibt. Andere Klagen kamen aus den Domänen von Manětín (Besitz des Grafen Lažanský), aus Lobositz (Besitz des Markgrafen von Baden) und aus mehreren Domänen des Großmeisters des Malteserordens. Überall wurden Untersuchungskommissionen gebildet. An ihrer Spitze stand ein Hofrat, dem meistens der Kreishauptmann des Nachbarkreises zur Seite stand, da man die Erfahrung machen mußte, daß der Hauptmann des zu untersuchenden Kreises in unzulässigem Maße die Interessen des Feudalherrn vertrat.

Es war zwar ein Aufstand der Bauern gegen die Großgrundbesitzer, aber eigentlich viel mehr ein Aufstand der Bauern gegen die Verwalter und die Subalternen, welche am Tage der Robot die Aufsicht führten und die nachlässigen Arbeiter beschimpften, beleidigten und schlugen, Strafen austeilten und von den Kreisbehörden meistens gedeckt wurden. Aus Rache, daß man sie gezwungen hatte, die schlimmsten Mißstände abzustellen, hoben jetzt die Gutsverwalter gewisse Vergünstigungen auf, die bis dahin üblich waren, wie zum Beispiel die Brennholzbeschaffung aus den grundherrschaftlichen Wäldern.

Der Gerichtsbescheid für den Fürsten Mansfeld bezog sich nicht nur auf die körperlichen Züchtigungen von 1768, sondern auf alle in der Verwaltung der Domäne vorgekommenen Mißbräuche: Mansfeld wurde zu einer Buße von 2000 Gulden verurteilt, die dem Hospiz für Findelkinder in Prag zugute kommen und zur Wiedergutmachung der den Bauern zugefügten Schäden dienen sollten. Außerdem enthob man ihn für eine gewisse Anzahl von Jahren der Verwaltung seiner Güter. Der Kreishauptmann von Kaurim, Streer von Streeruwitz, wurde, weil er die Handgreiflichkeiten und Mißbräuche der Verwalter geduldet hatte, zu einer Strafe von 100 Dukaten verurteilt, die zwischen den Armen der Domäne von Dobrzich aufgeteilt werden sollten. Es schien, daß es zwischen den Gemeinden und der provisorischen Verwaltung des Gutes daraufhin zu einer gütlichen Einigung kam und die Konfiszierung vor Ablauf der Frist aufgehoben wurde. An die Kreishauptleute wurde die ernste Ermahnung erlassen, alle Mißstände sofort an die Regierung in Prag zu melden.

Über die Affäre Mansfeld kam es in Prag zu erregten Diskussionen. In den aufgeklärten Kreisen beschäftigte man sich mit den Thesen[10] des Wiener

Universitätsprofessors Justi über die Macht und das Wohl des Staates und über bessere Methoden in der Landwirtschaft, indem man zugab, daß die wirtschaftliche Stagnation und die Misere des Bauernstands dem feudalistischen System zuzuschreiben war, weil es dem Bauern die freie Verfügung über den Pachtgrund unmöglich machte. Auch die Ideen der französischen Physiokraten machten die Runde: Eine blühende Landwirtschaft bildete die sicherste Grundlage für den Wohlstand des Volkes, aber die Landwirtschaft konnte nur gesunden, wenn der Bauer seine Freiheit wiedergefunden hatte: „Laßt ihn die Früchte seiner Arbeit genießen, und die unfruchtbarsten Gegenden werden fruchtbar werden."[11]

In seinem Buch „Die Pflicht eines Wirtschaftsbeamten" entwickelt Josef Trnka den interessanten Gedanken, daß die Erholung der Landwirtschaft eng mit der Befreiung des Bauern verknüpft war.[12]

Auch Fürst Karl Egon von Fürstenberg, böhmischer Großgrundbesitzer und von der Aufklärung geprägter Geist, verurteilt die Robot als mißbräuchlich und schädlich. Fürstenberg zufolge macht die Robot sowohl den Herrn als auch den Bauern ärmer, als der erstere sich nicht veranlaßt sieht, seine Produktionsmethoden ständig zu verbessern, und der Bauer nur mehr Routinearbeit leistet. Von einer intensiveren und rationelleren Produktion aber hätten beide mehr Nutzen. Schon eine vernünftig praktizierte Robot würde zu besseren Resultaten führen, und das Recht zur Freizügigkeit würde dem Bauern erlauben, sich zum Beispiel in einer Manufaktur etwas dazuzuverdienen. Man sollte, meinte er, unabhängige Bauernhöfe schaffen, also die persönliche Unfreiheit abschaffen, ohne die Grundherrschaften und die Robot abzuschaffen. Die Robot sollte nur auf einen vernünftigen Rahmen begrenzt werden.

1768 trat eine Kommission des Hofes für Schlesien in Angelegenheiten der Robot und der bäuerlichen Pflichten zusammen. Für diese Provinz war seit 1652 keine neue Regelung mehr erlassen worden. Die Kommission stand nun ganz unter dem Einfluß Franz von Blancs, eines entschiedenen Verfechters der Menschenrechte, der sich nicht von der Macht der Gewohnheit ins Bockshorn jagen lassen mochte. Trotzdem stellte das Patent für Schlesien dann doch nur einen Kompromiß dar. Es beseitigte zwar eine große Anzahl von Mißbräuchen und führte auch viele Neuerungen ein, aber die radikalen Ansichten Blancs, für die er übrigens auch die Kaiserin gewinnen konnte, kamen nicht so zum Durchbruch, wie es zu hoffen gewesen wäre.[13]

Nach den aufeinanderfolgenden Mißernten von 1768 und 1769 war es zur Knappheit und Teuerung von Korn im größten Teil Böhmens gekommen. Aber große Mengen von Getreide wurden von den Gütern nach Bayern exportiert, wo man gut dafür zahlte, ohne daß die örtlichen Behörden dagegen einschritten. Der große Burggraf von Prag, Graf Kolowrat, war ein Greis, der diesen Problemen gleichgültig gegenüberstand, und auch der kranke und bejahrte böhmische Kanzler, Rudolf Graf Chotek, war nicht mehr zu Initiativen bereit. Schließlich faßte die Kaiserin den glücklichen Entschluß, im Februar 1771 Rat Kressl mit allen Vollmachten nach Böhmen zu schicken. Er untersagte sofort den Getreideexport nach Bayern und lieferte der Regierung in Wien endlich ein angemessenes Bild der Situation.

Das Jahr 1771 war ein schlimmes Jahr, Fröste und Frühjahrsregen verhinderten überall die Aussaat. In Massen strömten die Bettler in die Städte. In Prag wurden vom Adel private Hilfsaktionen organisiert, um die mehr als sechshundert Bettler zu ernähren. Ein reicher jüdischer Händler verteilte Korn und Mehl. Maria Theresia schickte im Juli eine Million Gulden und verdoppelte die Summe im Herbst. Der Landtag bewilligte eine Million Gulden für den Ankauf von Saatgut, und die Regierung ließ Getreide aus Ungarn und Triest kommen. Aber für die vom Hunger geschwächte Bevölkerung kam ein noch schlimmerer Schlag. Im Sommer 1771 brach die Pest über Prag und Böhmen herein und wütete sogar noch heftiger als in den berüchtigten Pestjahren 1680 und 1713. Obgleich die Verluste nicht mehr genau zu rekonstruieren sind (man sprach von 1710 Personen allein auf der Kleinseite), nennen die Historiker Zahlen, die zwischen 165.000 und 168.000 Toten schwanken.[14] Es dauerte fünfzehn Jahre, bis Böhmen seine alte Bevölkerungsdichte wieder erreicht hatte. Prag, das zwischen 1768 und 1770 von 54.294 Einwohnern auf 74.874 Einwohner gestiegen war, zählte 1780 nur noch 70.214. Als sich 1771 Josef II. zu den Manövern nach Mähren begab, durchquerte er auch Böhmen. Tief entsetzt nahm er das allgemeine Elend zur Kenntnis und verteilte großzügige Almosen. Nach seiner Rückkehr nach Wien veröffentlichte er das Patent vom 7. Jänner 1772, das die Ausfuhr von Korn verbot. Außerdem gingen die hohen Ämter auf jüngere Leute über: Dem alten Kolowrat folgte der junge Karl Egon von Fürstenberg, und zum böhmischen Kanzler wurde Graf Hatzfeld ernannt, während Graf Blümegen die Regierung Mährens übernahm.[15]

Obwohl das Jahr 1772 wieder eine bessere Ernte brachte und sich die Verhältnisse wieder fast normalisierten, zweifelte niemand an der Dringlichkeit einer Agrarreform, umso mehr, als die Unzufriedenheit im Bauernstand zunahm und es schon zu Verweigerungen der Robot kam. Selbst mitten in der Hungersnot und zur Zeit der Seuche ging die Arbeit der Kommissare zur Erfassung der männlichen Bevölkerung für die Rekrutierung der Armee weiter. Manche erinnerten sich nun an den Krieg von 1740, wo die Regierung den Eintritt in die Armee mit der Befreiung von der Robot verbunden hatte. So verbreitete sich das Gerücht, die Konskription habe die Abschaffung der Robot zur Folge.

Angesichts der schwelenden Unruhe gingen die Zentralbehörden viel zu langsam vor. Die Informationen, auf Grund derer man im Staatsrat die Entscheidungen traf, brauchten lange, bis sie den Weg von den Kreishauptleuten über das böhmische Gubernium in die böhmisch-österreichische Kanzlei und schließlich in den Staatsrat fanden. In der Zwischenzeit folgte ein Dekret dem anderen, die alle nur immer dieselben Verbote wiederholten: Bäuerliches Land durfte nicht ohne Deklarierung dem Dominikalland einverleibt werden, die Robot durfte die festgelegten Tage nicht überschreiten und so weiter.

Das Problem lag darin, daß man nicht wußte, ob eine Einigung zwischen den Grundherren und den Bauern über neue Robotbedingungen eine wirkliche Besserung der Lage herbeiführen würde oder ob das Problem nur durch eine Entscheidung von oben zu lösen war. Es war zu befürchten, daß einerseits die Verschiedenheit der Standpunkte zu noch größerer Konfusion führen würde und andererseits eine zu einfache Entscheidung der Herrscherin sich als undurchführbar erweisen würde.

Die unentschlossene Haltung der Regierung in Wien erklärte der Historiker Svátek mit folgendem Sprichwort: „Man wollte den Wolf fangen, ohne die Ziege zu verletzen.“[16] Die Räte diskutierten deshalb so ausführlich über die Robot und die Möglichkeiten, sie zu ändern, weil sie fürchteten, durch unvorsichtige Maßnahmen alles noch schlimmer zu machen. Es war relativ leicht zu entscheiden, daß die Robot eine bestimmte Anzahl von Tagen nicht übersteigen dürfe, viel schwieriger war, sie zwischen den verschiedenen Kategorien von Bauern aufzuteilen und die Kriterien festzusetzen, nach denen man hier unterschied. Sollte man sich an die Höhe der für den Staat geleisteten Steuern halten oder an die Größe des bebauten Landes? Immer wieder wurde ein anderes System vorgeschlagen, und die Kaiserin verließ die Sitzungen des Staatrats unsicherer als zuvor, einmal weil sie von Natur aus nicht zu schnellen Entscheidungen neigte, zum andern, weil die Argumente der Experten sie in ihrer Widersprüchlichkeit verwirrten.

Schließlich einigte man sich darauf, daß die Regierung einige allgemeine Grundsätze definieren sollte, nach denen neue, aber nur vorläufige Verträge ausgearbeitet werden sollten, denen dann das endgültige rechtskräftige Patent folgen würde. Das sollte dann das Ende aller Sonderregelungen bedeuten. Solange aber das Gesetz nicht in Kraft getreten war, galten die alten Bräuche, und die Robot mußte wie bisher gewissenhaft erfüllt werden.

Eine Instruktion vom 4. April 1774 legte die maximale Dauer der Robot fest und forderte die Grundherren und Dorfgemeinden auf, sich über neue Urbarien ins Einvernehmen zu setzen. Diese sollten bis in spätestens sechs Monaten den Kreisbehörden vorgelegt werden. Sollte dies nach Ablauf der Frist noch nicht geschehen sein, müßten die Behörden nach eigenem Gutdünken ein neues Statut aufstellen.

Im Juni war man sich nur in drei Kreisen einig geworden. Die Kaiserin gab daraufhin gegen den Rat des Staatsrats ein Dekret heraus, nach dem freiwillig und ohne Zwang getroffene Vereinbarungen bis zum endgültigen Gesetz gültig seien, selbst wenn die in der Instruktion angegebene Länge der Robot überschritten werde.[17]

Das Jahr 1774 ging relativ ruhig zu Ende. Hier und da kam es zu Unruhen auf den Domänen. Einige Bauern weigerten sich, Steuern zu zahlen und ihre Robotpflichten zu erfüllen. In den grundherrschaftlichen Büros ließ man sich Zeit mit der Ausarbeitung neuer Reglements, man hatte ja sechs Monate Zeit. Die Bauern spürten, daß etwas vorging, und hofften auf die baldige Abschaffung der Robot. Die radikaleren Elemente schauten sich bereits nach Mitteln um, mit denen sie selbst der Robot ein für allemal ein Ende bereiten konnten.

Ende Jänner 1775 plünderten und brandschatzten am Fuß des Riesengebirges im Kreis Königgrätz deutsche Bergbauern Schlösser und Kirchen. Dies war der erste schwerere Zwischenfall.[18] Aber schon seit einigen Monaten hatte sich in der Gegend von Nachod eine Geheimorganisation gebildet, die einen größeren Aufstand im Frühjahr vorbereitete. Sie setzte sich aus einer Gruppe von Ortsvorständen zusammen und hatte den Vogt von Hertin, Anton Nydlt, einen freien und angesehenen Bauern, zum Anführer gewählt. Diese „Bauernregierung" war noch vorwiegend damit beschäftigt, Geld für Waffen zu sammeln und Kontakt mit den anderen Kreisdomänen aufzunehmen. Das Signal sollte an einem bestimmten Tag durch Glockengeläut und Hörnerschall gegeben werden, und die versammelten Bauern sollten in Richtung Prag aufbrechen, um hier am 16. Mai, am Tag der jährlichen Wallfahrt zu Ehren des hl. Johannes von Pomuk, einzutreffen. An diesem Tag würden sich Bauern aus allen Teilen Böhmens in Prag zusammenfinden und durch das Gubernium von der Robot für immer befreit werden.

Eine vorzeitige Revolte würde den ganzen Plan gefährden. Deshalb richtete Nydlt scharfe Worte des Tadels an die deutschen Bauern und ihren Anführer Seidl. Die Armee zerstreute die Aufständischen, die letzten Wochen des Winters blieb es relativ ruhig, obwohl es immer wieder zu Robotverweigerungen kam und die Rede von einem goldenen Patent war, mit dem der Kaiser längst die Robot abgeschafft habe, was aber von den Grundherren verheimlicht werde. Im März griff die Unruhe wieder um sich: In mehreren Orten stürmten die Bauern die Büros, und manchmal erklärten sich die erschrockenen Domänenverwalter zur schriftlichen Abschaffung der Robot bereit. Überall bildeten sich Banden von hundert, ja mehreren tausend Männern. Der Aufstand gewann an Boden und nahm einen gefährlichen Charakter an. Die Bauernregierung des Vogts von Hertin hatte ihn längst nicht mehr unter Kontrolle. Am 20. März trat Nydlt in Verhandlungen mit der Verwaltung des Schlosses von Nachod ein. Man versprach ihm eine Milderung der Robot, lockte ihn sodann in einen Hinterhalt und nahm ihn am 28. März fest.

Auch in der Gegend von Neubydžow bildeten sich Banden von Aufständischen. An ihrer Spitze stand ein wohlhabender Bauer, Matthias Chvojka. Vor dem Schloß von Chlumetz wurden sie am 25. März von Regierungstruppen auseinandergetrieben. Auch nach Prag marschierten Aufständische, die, je näher sie der Hauptstadt kamen, aus den Dörfern immer mehr Zustrom erhielten. In der Stadt standen jedoch mehrere Regimenter zur Verteidigung bereit. Am Eingang zur Neustadt trat der Burggraf den Aufständischen entgegen und bat um Verhandlungspartner. Aber die Bauern brüllten nur und rückten weiter vor. Darauf befahl der Burggraf seinen Leuten, zum Angriff vorzugehen; nach kurzem Handgemenge zerstreuten sich die Bauern: Nur einige wenige konnten festgenommen werden.

Anfang April sprach die Kaiserin die Amnestie für alle Aufständischen aus. Aber in den folgenden Monaten kam es zu neuen Aufständen. Endlich, am 13. August 1775, unterschrieb die Kaiserin das Patent über die Robot und ließ es in allen Bezirken von ihren Kommissaren verkünden. Die Gefahr einer Revolution war gebannt.

Denn wenn die Bauern auch nicht erreicht hatten, daß die Robot und das feudalistische Regime beseitigt wurden, so hatten sie nun zumindest ein Gesetz, das ihr Los wesentlich erleichterte.

Die Bauern? Welche Bauern? Man muß sich darüber klar sein, daß es sich hier um sehr unterschiedliche soziale Gruppen handelte. Da sind einerseits die wohlhabenden Bauern und Handwerker, die die Bauernregierung um Anton Nydlt gebildet hatten und vor Prag dabeigewesen waren. Es waren die, die sich zu Verhandlungen mit dem Burggrafen bereit erklärt hatten, während ein vor Wut schäumender Verwalter sie mit der Peitsche bedrohte. Anton Nydlt gehörte zu dieser Gruppe. Er war ein freier Bauer, ein „svobodnik", der Robot nicht unterworfen, und setzte sich, obwohl er die Freiheit bereits besaß, für die Freiheit der anderen ein.[19] Mit Gewalt zwang er oft zögernde Schultheiße, bei dem Aufstand mitzumachen, nirgendwo sonst in Böhmen war die Organisation so straff wie bei der Regierung von Hertin.

Die Aufständischen hatten die Situation richtig eingeschätzt. Die marxistische Geschichtsschreibung behauptet zwar, sie hätten als naive Monarchisten nicht begriffen, daß die kaiserliche Regierung durch die Macht der Verhältnisse mit ihren Klassenfeinden eng liiert war, aber das ist nicht richtig. Zwischen der zu Reformen bereiten Regierung und den Verwaltungen der Domänen, welche diese Reformen verhindern wollten, bestand ein tiefer Konflikt, und das hatten die Bauern sehr wohl begriffen. Sie hofften, durch ihre geballte bäuerliche Kraft, die Grundherren und ihre Verwalter zum Nachgeben und zur Abschaffung der Robot zu zwingen.

Dann allerdings resignierten sie, indem sie auf halbem Wege stehenblieben. Nydlt hatte am 20. März vom Verwalter und vom Kassierer der Grundherrschaft Nachod die Zusage erhalten, daß bis zur Veröffentlichung des endgültigen Patents die Robot mit Gespann nur noch einen Tag im Monat, die Handrobot nur noch sechs Tage im Jahr und für die kleinen Bauern nur noch zwei Tage im Jahr betragen sollte. Daraufhin hatte er geholfen, den Ausschreitungen in den Bergen und auf der Domäne von Nachod ein Ende zu bereiten. Aufgrund dieser kompromißbereiten Haltung wurde er nach seinem Prozeß begnadigt. Die strengen marxistischen Historiker haben die ganze Gruppe der wohlhabenderen Bauern und Handwerker des Klassenverrats angeklagt. Das ist hart, denn viele von ihnen haben viel Mut und Festigkeit bewiesen. Nur haben es nicht alle ertragen können, daß ihre Scheunen und Häuser angezündet wurden und daß sich angesichts ihrer Forderungen die Unterdrückungsmaßnahmen der grundherrschaftlichen Verwaltungen noch verschärften.

Viel radikaler waren die Forderungen der großen Bauernbanden, die sich aus den Ärmsten der Armen zusammensetzten. Aus allen Dörfern strömten ihnen die Unzufriedenen zu, manchmal wurden sie auch mit Gewalt zum Mitgehen gezwungen, die Masse wurde immer bedrohlicher und amorpher, ein kollektives Rachebewußtsein schweißte sie zusammen, und auf ihren Fahnen stand „Svoboda nebo smrt!" (Freiheit oder Tod!).

Man hat diese Bewegung mit der von Pugatschew vergleichen wollen, dem tragischen Aufstand von 1772, der einen Teil Rußlands dem Zarenregime entriß und ganz Rußland zu überrollen schien. Aber es sind da doch grundlegende Unterschiede. Der russische Aufstand ging von Kosaken, also von bewaffneten Berufssoldaten, aus, konnte dann die Waffenfabriken im Ural in seine Kontrolle bringen und die Solidarität der Bevölkerung gewinnen.[20]

Die Bauernrevolte von 1775 brach zwar in dem am dichtesten bevölkerten Distrikt Böhmens aus, in dem es die meisten Schulen und die gebildetsten Bauern gab, aber dann breitete er sich völlig planlos nach allen Seiten aus. Es fehlte sowohl an Waffen als auch an Anführern. Hier müssen wir ein Wort über Matthias Chvojka verlieren, der die Belagerung von Chlumetz angeführt hatte. Sein Vater war ein wohlhabender Bauer, der für seinen Sohn die Erlaubnis des Grundherrn erhalten hatte, ihn bei den Jesuiten von Königgrätz und dann in Prag in die Schule zu schicken. Aber nach dem Tod seines Vaters mußte Matthias das Studium abbrechen, um seiner Mutter bei der Bewirtschaftung des kleinen Bauernhofes zu helfen. Er gewann das Ansehen eines studierten Mannes, ja, man nannte ihn den Kaiser der Bauern, weil er angeblich Josef II. ähnlich sah. Aber er entwickelte sich nie zu einem wirklichen Anführer. Nach dem Kampf vor Chlumetz floh er, wurde eingefangen, abgeurteilt und begnadigt. Er kehrte auf seinen Hof zurück, wo er noch als alter Mann seinen einstigen Ruhm in Versen besang, denn er war auch ein Dichter und Sänger.[21]

Die Erinnerung an den Aufstand von 1775 hielt sich lang im böhmischen Volk und bekam schließlich das Flair eines Kampfes um die nationale Freiheit. War es nicht den Bauern damals gelungen, eine kaiserliche Regierung zu zwingen, auf ihre Forderungen einzugehen? Jede neue Generation von Geschichtsschreibern hat versucht, den Aufstand neu zu interpretieren.

Josef Svátek legte mit seiner soliden Dokumentation (böhmische Archive und Pfarrchroniken) die Grundlage für die noch heute gültige marxistische Geschichtsschreibung. Dazu kommen die Wiener Archive und die Archive der Grundherrschaften. Svátek war der Auffassung, daß der Aufstand ursprünglich genauso religiös wie sozial war, daß die Emissäre des Königs von Preußen zur Bildung von hussitischen und protestantischen Glaubensgemeinschaften aufgerufen hatten. Spätere Historiker wollten dagegen wenig von einer ausländischen Propaganda wissen, da sie vor allem der nationale Charakter des Aufstands interessierte, während die marxistischen Historiker die Betonung ganz auf die Volksbanden legten, denen sie eine entscheidende Rolle zuschrieben. Aber immerhin hatte Svátek die Plünderungen der katholischen Kirchen nicht erfunden, ebensowenig wie den Brief der Bauern von Tschiaschel an Friedrich II., in dem sie ihn um seinen Schutz baten, oder die Worte des Chronisten des Klosters Opočno: „Die wahre Ursache für den Aufstand war weniger die Robot als das religiöse Sektierertum und die Häresie ihrer Leitböcke.“[22] Die Empfehlungen der preußischen Regierung an die schlesischen Behörden, Flüchtlinge aus Böhmen aufzunehmen, zeugen freilich durchaus für das Interesse, das der gefährliche Nachbar an der Affäre nahm.

Sicher hat die preußische Propaganda auch eine gewisse Rolle gespielt. Sie ist aber schwer zu erfassen und zweifellos nicht sehr wesentlich. Die wahren Gründe lagen sicher im sozialen Bereich.

Eine andere Frage ist die, über wieviel Geld die Aufständischen verfügten: In Neubydžow hat man eine Kriegskasse von 20.000 Gulden entdeckt. Woher stammte das Geld? Möglicherweise aus Plünderungen der Gutsverwaltungen. Im Bezirk von Königgrätz hatte ja auch die Bauernregierung zu Beitragszahlungen aufgerufen, und Nydlt hatte von einem Verräter, den die Bauern umbringen wollten, ein Bußgeld in bar verlangt. Hatten zwei gute Erntejahre (1772 und 1774) genügt, daß die Bauern etwas zu Geld gekommen waren? Man sieht, es ist ebenso gefährlich, das Bild einer einheitlichen Misere zu entwerfen wie auch den relativen Wohlstand gewisser Jahre zu rosig zu malen.

Kann man nun den Aufstand von 1775 als Erfolg bezeichnen, insofern als er das Patent von 1775 zur Folge hatte? Immerhin hatten die Aufständischen anders als die Schultheiße, die sich mit einer gemäßigten Robot zufriedengaben, die Abschaffung der Leibeigenschaft und der Robot gefordert.[23]

Nun, hierin hatten sie in der Kaiserin selbst einen Bundesgenossen. Die Wiener Regierung mußte befürchten, daß die bewaffneten Bauern einen Bürgerkrieg anzetteln könnten. Tatsächlich war die Gefahr nicht groß, weil sie keine ausreichende Artillerie besaßen und die Salven der Kavallerie sie ohne Schwierigkeit auseinandertrieben. Da aber über die Art ihrer Bewaffnung Unklarheiten bestanden, empfahl es sich aber schon aus Berechnung, sie nicht weiter zur Verzweiflung zu treiben. Man sprach die Amnestierung aus, bevor der Aufstand noch niedergeschlagen war. Diesem ersten Schritt sollte möglichst bald das angekündigte Gesetz über die Robot folgen. Als Maria

Theresia ihre Unterschrift darunter setzte, sah sie jedoch darin nur ein Provisorium. Ihr war klar, daß trotz der vielen Reglements, die sich in ihrer langen Regierung gehäuft hatten, die Unterdrückung der armen Leute und die Tyrannei der Reichen niemals aufgehört hatte. Es mußte also mehr geschehen. Sie trug ihre Entschlossenheit den Ministern vor und erklärte sie in einem Brief an den Erzherzog Ferdinand: „Ich glaube, wenn der Kaiser — ich will gar nicht sagen: mich unterstützt — nur neutral bleiben möchte, würde es mir gelingen, die Leibeigenschaft und die Fronden abzuschaffen: dann wäre alles gut. Aber leider haben diese Herren, da sie sehen, daß ich mir von ihnen nicht imponieren lasse, sich auf Seite des Kaisers gestellt, und der Geist des Widerspruchs, der hier herrscht, macht mir viel zu schaffen."[24] Die Minister, die selber Grundherren sind, und auch Kaunitz geben zwar zu, daß die Befreiung von der Fron in nächster Zukunft durchzuführen sei, aber im Augenblick kommt ihnen die Maßnahme zu übereilt vor.

Franz von Blanc, der die Kaiserin für seine Ansichten zu gewinnen verstanden hatte, nimmt daraufhin seinen Abschied. Die Kaiserin bedauert das tief, kann ihn aber nicht hindern zu gehen. So kann man weder dem radikalen Flügel der Aufständischen noch der Kaiserin selbst das Verdienst an dem Patent von 1775 zusprechen. Die Lösung einer „maßvollen Fron" war das Werk der Minister und großen Herren, es war eine vorsichtige, aber unvollständige Maßnahme, mit der sich die Bauern unter dem Einfluß ihrer Anführer dennoch zufriedengaben. Nein, das Patent von 1775, das letzte der Patente über die Fron, kann man wirklich nicht revolutionär nennen.[25] Es gehört in die Kategorie der kompliziert formulierten Urkunden, die mit einem Hinweis auf das grundherrschaftliche Recht und die Beibehaltung der Fron beginnen und Punkt für Punkt die Einzelheiten festlegen, die Länge des Arbeitstages, die Essenspause, den Ersatzdienst für die Feiertage und so weiter. Sehr wichtig war die Aufteilung der zur Fron Verpflichteten in elf Klassen. Die Höhe der Fron richtete sich nach der Höhe der Grundsteuer für den Staat. Die Grenze zwischen dem Handdienst und dem Spanndienst lag bei 9 Gulden 30 Kreuzern. So waren die Bauern der ersten Klasse, die, da sie kein Land besaßen, auch keine Steuern zahlten, nur zu einem Handdienst von dreizehn Tagen im Jahr verpflichtet, die Bauern der siebenten Klasse (9 Gulden 30 Kreuzer) zu einem Handdienst von drei Tagen in der Woche. Der Spanndienst wurde erst ab der achten Klasse verlangt. Die elfte Klasse (42 Gulden 45 Kreuzer) war zur Fron von drei Tagen wöchentlich mit zwei Gespannen zu je zwei Tieren verpflichtet und während der Erntezeit, vom 24. Juni bis 28. September, zu einem bis zu drei Tagen Handdienst in der Woche. Nirgendwo und unter keinen Umständen also mehr als drei Tage Hand- oder Spanndienst in der Woche. Mit allen anderen Frondiensten hatte es ein Ende. Wenn die Grundherren außerhalb der Erntezeit um eine zusätzliche Arbeit baten, mußten sie diese zu einem festgelegten Tarif bezahlen.

Analoge Patente wurden bald darauf für Mähren und Kärnten publiziert, und tatsächlich ermöglichten sie, daß viele Mißbräuche abgestellt und die Fron auf ein erträgliches Maß reduziert wurde. Am nachteiligsten wirkte sich das Patent auf die mittleren Grundherrschaften aus, die nicht genug Geld verdienten, um sich Lohnempfänger anstelle der Fronarbeiter leisten zu können. Bis zum letzten Tag ihrer Regierung häuften sich auf dem Schreibtisch der Kaiserin Klagen über Komplikationen bei der Durchführung des Patents.

War es überhaupt möglich und wünschenswert, unabhängige bäuerliche Besitzungen zu schaffen, wo der Bauer keine anderen Verpflichtungen mehr hätte, als die Pacht zu bezahlen oder die jährlichen Raten für den Bodenankauf und die Befreiung von den grundherrschaftlichen Rechten? Diese Lösung wurde von Hofrat Franz Anton von Raab vorgeschlagen. Die Verstaatlichung der Güter der Jesuiten gab nun Gelegenheit, den Versuch zu wagen. Auf zwei ehemaligen Jesuitendomänen in Zíreč und Zacléř teilte man das Land in mittelgroße Parzellen auf und besetzte sie mit Bauernfamilien. Das Ergebnis fiel so zufriedenstellend aus, daß die Kaiserin das System auf einigen Staatsdomänen anwandte und Hofrat Raab zum Direktor sowohl der staatlichen als auch der ehemaligen jesuitischen Domänen machte.[26]

Um die Großgrundbesitzer anzuregen, auf ihren Domänen dasselbe zu versuchen, veröffentlichte Raab seine Erfahrungen und Vorstellungen in einer Schrift.[27] Ebenso wie das Gehalt an die Stelle der Fron trat, sollten auch andere Lasten und persönliche Verpflichtungen durch einen Zins oder durch Getreide ersetzt werden. Der Bauer blieb entweder Pächter oder er wurde Besitzer, je nachdem, ob es sich um Dominikalland oder um Rustikalland handelte, um Bauern, die zu der Kategorie der freigekauften Bauern gehörten, welche bereits ihren persönlichen Besitz vererben konnten, oder um unfreie Bauern, bei denen die Bodennutzung, auch wenn sie vererbbar war, mit wesentlich komplizierteren Auflagen versehen war. Die „Raabisation" wurde tatsächlich auch auf privaten Domänen ausprobiert. Man erhoffte sich von dieser Neuerung sowohl eine steigende Wachstumsrate der Bevölkerung als auch eine höhere landwirtschaftliche Produktionsziffer, aber es stellte sich nur da ein wirklicher Erfolg ein, wo genügend Kapital zur Verfügung stand und die Landwirtschaft fachgerecht betrieben wurde.

Auch „wenn der Bauer als einziger Nutzen aus der Reform der Fron gezogen hätte, könnte man nicht sagen, daß das Land dabei nichts gewonnen hat, denn schließlich besteht das Königreich nicht nur aus dem Adel".[28] Diese weisen Worte Karl Egon von Fürstenbergs weisen auf ein entscheidendes Problem hin: auf die sozialen Verhältnisse im Königreich Böhmen.

Die Macht der Kaiserin in Böhmen beruhte einerseits auf der Konstitution von 1627, andererseits auf altehrwürdigen Institutionen wie dem Landtag und seiner Exekutive und schließlich auf den von der Kaiserin eingerichteten Kreishauptmannschaften. Die Verfassung erfuhr insofern leichte Modifikationen, als die Kanzlei Böhmens mit der österreichischen vereinigt wurde und die Interventionen der königlichen Macht sich sehr zum Nachteil der Stände auswirkten. Da die Sitzungen der Landtage nur schlecht besucht waren, muß man allerdings annehmen, daß den Ständen nicht viel an ihrer Macht lag. Besonders die zunehmend engere wirtschaftliche Allianz zwischen Böhmen und Österreich, der Abbau der Zwischenzölle, die Abhängigkeit der Manufakturen Nordböhmens vom Wiener Markt und die Kredite der Wiener Stadtbank machen aus dem österreichisch-tschechischen Gebilde einen festen Block, der eine Sonderposition innerhalb der Besitzungen des Erzhauses einnimmt. Wenn nur das Königreich Böhmen innerhalb seiner historischen Grenzen selbst ein kohärentes Gebilde gewesen wäre! Aber niemals schafften es seine politischen Führer, aus den drei Provinzen Böhmen, Mähren und Schlesien einen einheitlichen Staat zu formen. Immer hat es diesem Staat an einem bestimmten Quantum an Durchschlagskraft gefehlt.[29] Warum? Weil man vor den Machtansprüchen, den Eifersüchteleien und den Empfindlichkeiten der Domänenbesitzer in den verschiedenen Provinzen zurückschreckte.

Zweifellos hätte sich der von Wien ausgehende Zentralismus weniger leicht durchsetzen können, wenn die inkorporierten Provinzen Mähren und Schlesien in engerer Verbindung mit Böhmen gestanden wären.

Von den 3,777.802 Einwohnern, die das Königreich 1776 zählte, lebten 2,401.115 in Böhmen und 1,376.000 in Mähren und Schlesien. Die Bevölkerung setzte sich aus Deutschen und Tschechen zusammen, und durch die lange Stabilität des feudalistischen Regimes konnten sich zahlreiche ethnische Gruppen ihre alten Positionen bewahren.[30] Sie waren nicht nur durch die Sprache, sie waren auch durch verschiedene Dialekte getrennt, ob es sich dabei nun um slawische oder um deutsche handelte. Die Böhmen und Mähren benutzten zwar die gleiche tschechische Schriftsprache, aber sie sprachen es unterschiedlich aus. Die Deutschen sprachen die Dialekte Bayerns und Sachsens. Das heißt, daß nicht einmal die deutsche Gruppe oder die böhmische Gruppe in sich einheitlich und stark war.

Frau Kárníková hat nachgewiesen, daß die Randbezirke mit Manufakturen die am dichtesten bevölkerten waren und auch die höhere Wachstumsrate als die landwirtschaftlichen Gebiete im Inneren Böhmens aufwiesen. Die ersteren waren von Deutschen besiedelt. Die deutsche Sprache wurde demgemäß immer wichtiger, die tschechische dagegen machte einen Niedergang durch. Beim Studium der Landtagsakten mußte J. Pekař folgende Beobachtung machen: „Wer den Zustand der tschechischen Sprache zur Zeit der Aufklärung studieren will, findet in den Archiven jener Jahre ein sehr aufschlußreiches Material. Es hat nie eine unverständlichere tschechische Sprache gegeben!“[31] Die Herausgeber des „Tereziánsky katastr český“ betonen aber, daß der Klerus sich um die tschechische Sprache sehr verdient gemacht hat, indem er versucht hat, sie so zu lehren, wie sie in den großen Werken der tschechischen Dichter und Denker benutzt wurde. „Dies war das Tschechisch vor der Germanisierung der Schreibstuben, vor seiner Entehrung in der zweiten Hälfte des 18. und zu Anfang des 19. Jahrhunderts.“[32]

So sind zwei parallele und widersprüchliche Phänomene zu beobachten: der Rückgang der tschechischen Sprache in der Administration und im Handel, der sich ja immer mehr auf österreichische und deutsche Märkte ausdehnte, und andererseits eine bewußte Wiederbelebung der Muttersprache bei der Elite der ländlichen Bevölkerung: Pfarrer, Kantoren und Schulmeister.

Deutsch, das schöne Deutsch des Herrn Seibt, wurde die Sprache der gebildeten Kreise Prags. Von den Aristokraten beherrschte kaum noch einer seine Muttersprache. Tschechisch ist die Sprache der Dienstboten, als Schriftsprache gab es sie kaum noch. Die ersten Zeitungen und Wochenschriften Prags und Brünns erschienen in deutscher Sprache, und auch an der Universität wurden die Vorlesungen nur noch in Deutsch und nicht mehr in Tschechisch gehalten. Es ist aber falsch, in diesem Erfolg der deutschen Sprache einen Prozeßakt der Unterwerfung unter die Vorherrschaft Wiens zu sehen. Im Gegenteil, in den Gelehrtenkreisen von Prag wuchs das Interesse an der eigenen Geschichte. Pfarrchroniken wurden neu verlegt, und 1771 gibt Ignaz von Born zum ersten Mal die „Prager Gelehrten Nachrichten“ heraus, wo er die Forschungsergebnisse aller Zweige der Wissenschaft vorstellte. Nach dem Modell der wissenschaftlichen Gesellschaften Sachsens gründete er 1774 die „Privatgesellschaft zur Pflege der Wissenschaften in Böhmen“. Sie sollte zehn Jahre später ein Staatsprivileg erhalten und in die „Königlich-böhmische Gesellschaft der Wissenschaften“ umgetauft werden und unter dem Namen „Ceská Královská Společnost nauk“ bis 1952 am Leben bleiben, bis man sie in die neue Akademie der Wissenschaften integrierte.

Die Gesellschaft des Ignaz Born veröffentlichte ab dem Zeitpunkt ihrer Gründung fünfzehn Jahre lang eine Reihe von mathematischen, historischen (Nationalgeschichte) und naturwissenschaftlichen Abhandlungen. Im Mai 1775 wird „cum approbatione caesareo-regiae censurae“, ein Sammelband mit Biographien der Wissenschaftler und Künstler Böhmens und Mährens mit schönen Porträts, herausgegeben, in dem auch die großen Chronisten der Vergangenheit wie der berühmte Dubravius (15. Jahrhundert), der große Mäzen und Patriot Zierotin (17. Jahrhundert) und Künstler wie der Kupferstecher Hollar (1607—1677), dem wir die schönen alten Ansichten Prags verdanken, und der Architekt Kilian Ignaz Dientzenhofer lobend erwähnt werden.[33] Eine kleine Einführung preist das Mäzenat der Aristokratie Böhmens und Mährens: „Die Aristokratie ist die Zierde jeder kultivierten Nation, und die Wissenschaften sind die Zierde der Aristokratie.“

Während sich also im gleichen Jahr, nämlich 1775, die Bauern gegen den Adel erheben, bemühen sich die Wissenschaftler in Böhmen um die Protektion dieses selben Adels. Graf Kinsky läßt seine Bibliothek ins Clementinum, der alten Jesuitenuniversität, transportieren und macht sie dort „ad usum publicum“, also zum allgemeinen Gebrauch, zugänglich. Der Bibliothekar des Grafen Nostiz, Franz Martin Pelcl, brachte eine deutsche Übersetzung der 1667 in Latein geschriebenen Verteidigung der tschechischen Sprache des Jesuiten Balbín heraus, die niemals publiziert wurde. Einige Jahre später beginnt er an der Universität mit der philologischen Analyse tschechischer Texte, allerdings in Deutsch, und er schreibt, auch in Deutsch, eine Geschichte Böhmens.[34]

Auf dem Pferdemarkt, dem heutigen Wenzelsplatz, stand schon damals, fast an der gleichen Stelle wie heute, eine Statue des hl. Wenzel. Die damalige stammte von Bendl, einem barocken Bildhauer. Sie war, auch wenn es sich bei ihr um kein Meisterwerk handelte, ein starkes Symbol der gemeinsamen Vergangenheit. So trug alles in dieser zweitgrößten Stadt der Monarchie, in der das politische Leben erstickt zu sein schien, zum Erwachen eines Landespatriotismus bei, zum Stolz auf die eigene Geschichte. Und während die deutsche Sprache noch im Vormarsch begriffen war, zeichnete sich bereits eine sehr eigenständige böhmische Kultur ab, die in vielen Aspekten schon tschechisch zu nennen ist.

Mußte der böhmische Bauer, der die Möglichkeit hatte, sich sozial zu verbessern — eine Möglichkeit, die nicht jeder besaß, solange das feudalistische System bestand, die aber im Verlauf der Zeit auch durch die besseren wirtschaftlichen Verhältnisse keine Ausnahme mehr bildete —, ab einer gewissen sozialen Stufe die deutsche Sprache erlernen? Schon durch die Heirat in eine sozial höher stehende Schicht, und besonders, wenn es sich bei seiner Frau um eine Deutsche handelte, trat die Muttersprache zugunsten der Sprache der Oberschicht in den Hintergrund. Wie immer spielte die Art der Volksschulausbildung eine entscheidende Rolle für jedes einzelne Schicksal so gut wie für das Schicksal der Nation. Josef Hanzel, ein tschechischer Historiker unserer Zeit, hat die Situation der Grundschulen in Böhmen in den 1770er Jahren studiert[35] und nachgewiesen, daß in den dreizehn böhmischen Distrikten schon vor der Reform von 1775 1109 Schulen existierten. Die meisten gab es natürlich in den Regionen mit Manufakturen und hoher Bevölkerungsdichte in Nordböhmen, also in Neubydžow, Königgrätz und Leitmeritz. Und genau dies waren auch die Gebiete mit einer deutschen Majorität und den zweisprachigen Schulen. Die Distrikte Mittelböhmens, wo die Böhmen in der Mehrzahl waren, besaßen weit weniger Schulen. Die Gefahr der Germanisierung lag hier auf der Hand, in dem Maße, als der soziale Aufstieg ohne Kenntnisse des Deutschen praktisch unmöglich war. Die Reglements von 1775 legten ausdrücklich fest, daß alle Kinder die Möglichkeit haben müßten, Deutsch zu lernen.

Die Gefahr, die der tschechischen Sprache drohte, war also nicht so sehr politischer als soziologischer Natur. Es ist falsch, von einer ausgesprochenen

Feindseligkeit der absolutistischen Regierung zu sprechen, und es kann auch nicht die Rede davon sein, daß diese Regierung die tschechische Nationalität zerstören wollte. Maria Theresia konnte zwar selber kein Tschechisch, ließ es aber ihre Kinder lernen, und der Lehrer Josefs II. war Johann Wenzel Pohl, Professor an der Militärakademie in Wiener Neustadt, dessen Direktor Franz Graf Kinsky war.[36]

Ebenso wäre es sehr ungerecht und nicht der Wahrheit entsprechend, dem Adel generell vorzuwerfen, er habe den Bauernkindern keine Gelegenheit geboten, in die Schule zu gehen. Auf zahlreichen Domänen sind auf Veranlassung des Grundherrn neue Schulen eröffnet und bereits bestehende den neuen pädagogischen Prinzipien angepaßt worden, zum Beispiel 1773 auf den Domänen des Grafen Clam Gallas und 1771 auf der Domäne des Grafen Buquoy in Gratzen.[37] Leider sind wir weniger genau über das informiert, was in Mittelböhmen vor sich ging; die eben zitierten Domänen befanden sich in der Nähe der Manufakturzentren, und es ist eine bekannte Tatsache, daß sich eine solide Grundschulausbildung günstig auf das Niveau der Arbeiter auswirkt. Das mochte damals eines der Motive der Domänenbesitzer für die Errichtung von Schulen gewesen sein.

Jedenfalls war dem alten Regime durch die Bauernaufstände von 1775 ein empfindlicher Schlag versetzt worden. Und es gärte weiter in diesem Volk von Bauern und Arbeitern, das allein durch seine Größe und seine Kraft ein ernstzunehmender Faktor war.

Für die alte und weit entfernte Kaiserin empfand man einen vagen Respekt, dem jungen Kaiser dagegen, ihrem Sohn, der sich mehrmals in Böhmen seinen Untertanen gegenüber sehr freundlich und großzügig aufgeführt hatte, schlug eine ganze Welle der Sympathie entgegen, deren Echo sich später in der Romantik in einem der populärsten Bücher der tschechischen Literatur niederschlagen sollte: in „Babička“ von Božena Némcová.

## *Die territoriale Ausdehnung der Monarchie*

Die Erbländer bildeten zusammen mit Ungarn das Herzstück der Monarchie. Um diesen Kern gruppierten sich die habsburgischen Besitzungen im Reich, an der Donau, am Rhein und im Schwarzwald, die Niederlande (das heutige Belgien) und Mailand. Immer wieder ist auf den disparaten und anachronistischen Charakter der Besitzungen des Erzhauses hingewiesen worden.

Vergleicht man die theresianische Monarchie mit einem so stark zentralisierten Staat wie Frankreich, dann erscheint sie freilich zerstückelt und allzu locker zusammengefügt. Aber das ist ein oberflächlicher Eindruck. Die Gruppe der Erbländer hatte an Zusammenhalt gewonnen, und auch Ungarn ist trotz seiner mittelalterlichen Strukturen und seines enormen wirtschaftlichen Rückstands in sich gefestigter. Die Assoziation dieser beiden Staaten gestaltete sich durch eine gemeinsame Politik und gemeinsame wirtschaftliche Interessen immer enger, so daß sie, gestützt auf eine starke Armee, zusammen eine der größten Mächte Mitteleuropas darstellten. Durch die deutschen Besitzungen hingegen, die man sich im Gefüge der Monarchie nicht nur als unbedeutende Relikte der Vergangenheit vorstellen sollte, ist die Monarchie fest mit dem Römischen Reich verbunden; denn „die Erblande stehen nicht außerhalb des Reiches, sondern sind seine vornehmsten Glieder".[1]

Waldshut, Günzburg und der Breisgau mit Freiburg stellten mit ihren veralteten Verwaltungsstrukturen für die theresianische Monarchie keine starke Einnahmequelle dar, aber ihre Loyalität dem Erzhaus gegenüber war unerschütterlich.[2]

Eine ganz andere Stellung nehmen Belgien und Mailand ein. Bis zum Umsturz der Allianzen war der Besitz dieser Provinzen äußerst gefährdet: In den Kombinationen der internationalen Politik wurde Belgien Frankreich beziehungsweise Philipp zugeschoben und Mailand dem König von Sardinien. Belgien selbst hatte unter dem Österreichischen Erbfolgekrieg schwer gelitten, und wegen der Barriere-Festungen kam es dauernd zu Streitigkeiten mit Holland. Holland unterhielt nämlich seit dem Barriere-Vertrag Festungen in Belgien, hatte sie jedoch im Erbfolgekrieg nicht gegen Frankreich verteidigt. Mit diesen unklaren Verhältnissen hatte es in dem Moment ein Ende, da Belgien im Lauf des Siebenjährigen Krieges neutralisiert wurde. Für diese Provinz begann nun eine Zeit der Prosperität, die bis zur Französischen Revolution dauern sollte.

Lange Zeit hindurch, genauer gesagt, seit Karl VI., wurden Belgien und Mailand von einem Spanischen Rat mit Sitz in Wien regiert. Später wurde der Spanische Rat durch die zwei Räte Flanderns und Italiens ersetzt und schließlich unter Kaunitz durch zwei Abteilungen der Hofkanzlei. Dieser hatte von 1745 bis 1747 persönliche Erfahrungen in Brüssel gesammelt und hatte hier den Fleiß und die Geschicklichkeit der Belgier hoch schätzen gelernt, als er beobachten konnte, wie sie die Schließung der Scheldemündung durch den Ausbau der Häfen von Ostende, Nieuwport und Blankenberge beantworteten. Die belgischen Provinzen und Städte aber besaßen ihre autonomen Institutionen, die das Erzhaus zu respektieren hatte, unter der Bedingung, daß sie bereitwillig Subsidien zahlten. Der Kaiser ließ sich in Brüssel durch einen Statthalter oder eine Statthalterin vertreten, die meistens Mitglieder der kaiserlichen Familie waren. Ihm zur Seite stand ein Minister mit allen Vollmachten, der ihn auch während seiner Abwesenheit vertrat. Von 1774 bis 1780 war Karl von Lothringen, der zweifache Schwager Maria Theresias und wenig erfolgreiche Armeechef des Siebenjährigen Krieges, Statthalter in Brüssel. Da er die unangenehmen Pflichten, unter anderem die Eintreibung der Steuern, seinem Minister Johann Graf Cobenzl überließ, verstand er es, sich beim Volk beliebt zu machen. „Mit guter Façon“, schrieb er, „kann man (hier) alles machen, was Eure Majestät wünscht.“[3] Während des Siebenjährigen Krieges bekam aber Cobenzl doch seine Schwierigkeiten mit dem Rat der Finanzen in Brüssel, und dieser beklagte sich über ihn in Wien. Staatskanzler Kaunitz schlug Maria Theresia folgende Antwort vor: Was den Rat der Finanzen anginge, so hätten seine Vorschläge noch keinen Kreuzer eingebracht, und es sei nichts Schlechtes, daß Cobenzl mehr aus ihm herausholen wolle.[4]

Der kaiserliche Absolutismus, der die Autonomie der belgischen Regierungsorgane nicht zerstörte, trug dennoch reiche Früchte. Der Wohlstand des Landes war trotz des Kriegs gewaltig gewachsen, und zwar in einem Maße, daß selbst die großen Nachbarn Frankreich und England zurückblieben. Das Verdienst daran hatte die Stabilität der Handelshäuser und der Banken (unter anderen die Bank Nettine, die eng mit der Wiener Stadtbank zusammenarbeitete), ebenso wie die rapide Entwicklung der Tuch- und Baumwollmanufakturen und nicht zuletzt der schwungvolle Handel mit Produkten aus Übersee. Aber auch die Landwirtschaft funktionierte blendend. In guten Jahren deckte die Getreideernte den dreifachen Bedarf der Bevölkerung, so wurde an Frankreich und Holland exportiert, zum Beispiel 90.000 Hektoliter Korn nach Südfrankreich, als man dort eine Mißernte zu verzeichnen hatte. Der Reichtum des Landes drückte sich durch die steigenden Einwohnerzahlen Brüssels aus, das jetzt 112.000 Bürger zählte, und den Geldumlauf in allen Schichten der Gesellschaft. Die königliche Lotterie in Brüssel machte von 1761 bis 1768 einen Gewinn von 2,975.801 Gulden und stellte damit eine solide Stütze des österreichischen Kreditwesens dar.[5] Während des Siebenjährigen Krieges stiegen die belgischen Subsidien auf 11,150.000 Gulden, und als es 1778 zu neuen Feindseligkeiten seitens des Königs von Preußen kam, wurden ohne Schwierigkeiten weitere 6 Millionen Gulden bewilligt. Da zahlreiche Handelsbeziehungen Belgiens über den Hafen von Triest liefen und sich zwischen den belgischen und mährischen Manufakturen solide Verbindungen hergestellt hatten, nahm Belgien bald einen festen Platz innerhalb der Monarchie ein, und die maria-theresianische Regierung erscheint heute den Belgiern als ein goldenes Zeitalter. Die in Französisch und Flämisch abgefaßten Ordonnanzen der Kaiserin-Witwe und Königin („by der Keyserinne Douairière ende Koninginen"), die sich sowohl auf die Reinigung der Straßen als auch auf die Pflicht, die Latrinen regelmäßig zu entleeren, und auf das Verbot, bei einer Prozession Waffen zu tragen, bezogen, gehen sicher nicht auf die persönliche Initiative Maria Theresias zurück.[6] Dennoch wurde sie bald ähnlich verehrt wie Karl V.[7]

Maria Theresia, die zu Anfang ihrer Regierung Belgien gegenüber eher Gleichgültigkeit empfunden hatte, lernte im Laufe der Zeit die Rolle dieser Provinz in ihrer Monarchie immer mehr schätzen. Die Vorstellung, die Provinz könnte ihr eines Tages verlorengehen, wurde ihr, obwohl sie sie gar nicht persönlich kannte, immer unerträglicher. Bei der Teilung Polens beglückwünschte sie sich, daß Choiseul nicht mehr Außenminister in Frankreich war, „denn er hätte sicher die Gelegenheit ergriffen, um uns einen Teil der Niederlande abzunehmen" (1772).[8] Als sich später Josef II. in den Kopf setzte, die Niederlande gegen Bayern zu tauschen, wehrte sich Maria Theresia entschieden gegen dieses Projekt, das sie um ihr gutes Erbe und ein glückliches, reiches und treu ergebenes Land gebracht hätte.[9]

Wien gegenüber war die Situation Mailands nicht sehr anders. Auch hier regierte ein Statthalter, auch hier behielten gewisse Institutionen ihre Autonomie. Das Herzogtum Mailand bestand aus einigen Patrizierstädten mit umliegendem Land und einer Senatsregierung. Ob nun der König von Spanien oder ein österreichischer Erzherzog die Steuern eintreiben ließ, war den Mailändern relativ gleichgültig, wenn nur ihre Autonomie gewahrt blieb.

Auch in Mailand wuchs der Wohlstand Hand in Hand mit den Errungenschaften des Jahrhunderts, und neben dem alteingesessenen Adel entwickelte sich das Bürgertum zu einer wohlhabenden und einflußreichen Schicht. Die Macht der Kirche war hier besonders groß, und wir haben gesehen, wie Kaunitz versucht hat, durch Reformen den Einfluß des Klerus zu reglementieren und die Rechte des Herrschers in puncto Verwaltung und Justiz zu betonen. In einem Land mit so alter und subtiler Kultur fielen aber auch die Ideen der Aufklärung auf besonders günstigen Boden. Es ging hier eine Saat auf, die sich für die alten Traditionen einmal als sehr gefährlich erweisen sollte.[10]

Für das Gleichgewicht der maria-theresianischen Monarchie in Europa hatte Mailand eine ausschlaggebende Bedeutung. Auch wenn einige Gebiete an den König von Sardinien abgetreten werden mußten, das Herzogtum Mailand blieb ein wichtiger Stützpunkt der habsburgischen Macht in Italien. Ergänzend kam auf dem linken Po-Ufer Mantua hinzu und gute Beziehungen mit Parma, Modena und Toskana auf der anderen Seite des Pos.

Wenn man sich die territoriale Ausdehnung der maria-theresianischen Monarchie um 1770 vor Augen führt und die Schlagkraft ihrer wiederhergestellten Armee, den Aufschwung von Wirtschaft und Handel und die Konsolidierung ihrer Finanzen sowie ihre eigenständige, an Kunstschätzen überaus reiche Kultur betrachtet, dann kann man durchaus feststellen, daß „das Haus Österreich mächtiger als je dastand".[11]

Die Worte stammen von Friedrich II. Und er hat recht. Aus der heutigen Sicht könnte man nun meinen, daß es für die damalige Regierung nichts Dringenderes gab, als sich mit inneren Reformen, dem Ausbau besserer Verkehrswege, dem Abbau der Zölle, der Agrarfrage und einer vernünftigen Außenpolitik zu beschäftigen, die darin bestand, daß man das französische Bündnis aufrechterhielt, weil es dem Erzhaus gute Beziehungen zu den anderen europäischen Nationen garantierte. Aber dem war nicht so. Es gab damals keine Regierung, die sich nicht vordringlich mit der Möglichkeit von Gebietsgewinnen beschäftigte, sei es aus rein wirtschaftlichen Erwägungen, sei es aus reinen Prestigegründen. Jean Meuvret hat sehr richtig bemerkt, daß die Vorstellungen der Politiker keineswegs mehr den eigentlichen Erfordernissen der Zeit entsprachen.[12] Zumindest nicht einigen Erfordernissen. So war die Idee von einem europäischen Gleichgewicht sicher sinnvoll, aber man richtete sich bei der Verwirklichung dieses Ideals nicht nach dem Glück der Menschen, trotz aller Beteuerungen und Appelle an die Humanität. Zur Aufrechterhaltung des Gleichgewichts bediente man sich der schlimmsten empirischen Mittel. Immer wurde der Verhandlungspartner als möglicher Feind angesehen, und immer trug der dynastische Stolz den Sieg über die eigentlichen Interessen der Völker davon, ja, diese wurden in den seltensten Fällen zur Kenntnis genommen. Immer hatte man ein ganzes Arsenal von Urkunden zur Hand, um seine Rechte auf irgendein Territorium zu begründen. Für die österreichische Regierung war die Abtretung Schlesiens und der Grafschaft Glatz ein so schmerzhafter Verlust, daß man unentwegt nach Möglichkeiten Ausschau hielt, wie man sich wieder in den Besitz der verlorengegangenen Gebiete bringen konnte. Trotz aller geleisteten Unterschriften und gegenseitigen Versicherungen hatte man dies immer im Sinn, und nicht nur Maria Theresia, die ja auf ihr angestammtes Recht pochen konnte, sondern auch Kaunitz.

Die Haltung der maria-theresianischen Monarchie der Türkei und Rußland gegenüber hatte sich im Lauf der Zeit bedeutend gewandelt. Jahrhundertelang war die Türkei der Erzfeind Österreichs gewesen. Die Belagerung Wiens war für immer in das Gedächtnis des Volkes eingebrannt, auch als sich Westeuropa schon längst nicht mehr daran erinnerte. Aber seit dem Belgrader Frieden von 1739, in dem Österreich die Gebiete verlor, die den ungarischen Verteidigungswall gebildet hatten, seit diesem unglückseligen Frieden hatten sich die Beziehungen mit der Türkei nicht nur stabilisiert, sondern gebessert. Zwischen dem Haus Österreich und der Pforte kam es zu weit mehr als einem Modus vivendi, es kam zu einer echten, in erster Linie allerdings wirtschaftlichen Zusammenarbeit. Die Türkei wurde der Absatzmarkt der österreichischen Händler für gefertigte Textilien, und die österreichischen Händler konnten dort Rohstoffe einkaufen, orientalische Gewürze und Gewebe. Besonders die griechischen Händler aus Konstantinopel erwiesen sich als aktive und einfallsreiche Geschäftspartner. Kurz, die Türkei hatte aufgehört, ein Feindesland zu sein.

Rußland dagegen, das Österreichs Verbündeter gegen die Türkei (ihm verdankte man ja auch den katastrophalen Krieg von 1739) und gegen Preußen gewesen war, entwickelte sich zu einem Rivalen. Sein Abfall von 1762 war eine der Ursachen des Hubertusburger Friedens. Obgleich sie zuerst so tat, als würde ihre Politik sich radikal von der Peters III. unterscheiden, hatte Katharina II. dann doch wieder ein Bündnis mit Friedrich II. geknüpft. Unter dem Anschein, sich nach Europa orientieren zu wollen, verfolgte es eigentlich starke militärische und wirtschaftliche Interessen in den Steppen des Südens, wo sich, wie zum Beispiel auf der Krim, osmanische Protektorate befanden. Zwischen dem russischen und dem türkischen Reich kam es nun in dem Moment zu Rivalitäten, da Österreich sich von Rußland löste und sich der Türkei annäherte. Welch eine Umkehrung der alten Zustände! Durch die polnische Affäre wurde der Antagonismus noch verstärkt.

Anders als man angenommen hatte, verstand sich Stanislaus II. August nicht als eine politische Marionette im Dienste Rußlands und seiner ehemaligen Mätresse. Er machte sich aber auch keine Illusionen über die Gebrechlichkeit seines Königreichs, dessen westliche Provinzen mit polnisch-katholischem Bevölkerungsstand und westeuropäischer Zivilisation sich deutlich von den östlichen Provinzen unterschieden, die von orthodoxen Ruthenen und Weißrussen bevölkert waren. Er wußte auch, daß er seine Zuflucht nicht zu drakonischen Reformen nehmen konnte. Weder konnte er das Liberum veto abschaffen, das dafür sorgte, daß nichts verändert wurde, noch konnte er den Dissidenten, nämlich den Orthodoxen und Protestanten, die Religionsfreiheit gewähren, ebensowenig wie er eine Nationalarmee einrichten konnte. Er konnte diese notwendigen Reformen nicht durchführen, weil die katholische Mehrheit den Dissidenten gleiche Rechte verweigerte und weil Rußland noch immer russische Truppen auf polnischem Boden stehen hatte, unter dem Vorwand, den König gegen die Konföderierten unter seinen Untertanen verteidigen zu müssen.

Die Konföderation von Bar in Podolien stellte die stärkste dieser Oppositionsparteien dar. Menschen aus allen Schichten hatten sich hier zusammengeschlossen, um gegen ihren, wie sie glaubten, rußlandhörigen König die Traditionen Polens, seine Unabhängigkeit und seine Freiheit zu verteidigen. Die Konföderation agierte bald wie eine Gegenregierung und schickte ihre Vertreter ins Ausland. Am meisten zählte sie auf Frankreich, aber die französische Öffentlichkeit trat nur zum Teil für die Konföderierten ein. Minister Choiseul wollte ihr Waffen schicken und ihr den Beistand der Türkei vermitteln, während die philosophischen Geister als Bewunderer Katharinas II. und Stanislaus' die Konföderation für eine reaktionäre Clique hielten. Stanislaus lavierte zwischen der sogenannten Schutzmacht und den Konföderierten hin und her: „Die Russen können leicht sagen: Ich spräche für die, die mich entthronen wollen. Ich antworte: Meiner Meinung nach sündigen sie aus Unwissenheit, aber ihre Motive, zumindest die der meisten, sind patriotisch und haben die nationale Unabhängigkeit zum Ziel: Sie sind Polen."

1768 gerieten russische Truppen unter dem Vorwand, die Ordnung wiederherzustellen und den legalen Herrscher zu unterstützen, mit den konföderierten Truppen ins Handgemenge, das sich jenseits der Grenzen des polnischen Reiches auf dem Boden des Osmanischen Reiches fortsetzt. Dabei wurde ein rumänisches Dorf angezündet, und dieser Zwischenfall sollte zum Ausbruch des türkisch-russischen Krieges führen. Nach einer Palastrevolution in Konstantinopel war ein neuer Großwesir, Mamsa Pascha, an die Macht gekommen. Er trug nun dem russischen Botschafter Obreschtow auf, seine Regierung darauf aufmerksam zu machen, daß sie ihre Truppen sofort zurückziehen müsse. Ehe dieser noch etwas ausrichten konnte, wurde er verhaftet und in eine Festung geworfen. Frankreich verurteilte zwar eine derartige Verletzung der Menschenrechte und der Immunität der Botschafter, aber Choiseul dachte sich, daß die Türkei ruhig Krieg gegen Rußland führen und Polen befreien sollte, damit auf diese Weise die traditionelle Allianz Frankreichs mit den drei östlichen Mächten Schweden, Polen und der Türkei wieder ermöglicht würde, eine Allianz, die sich jetzt nicht gegen Österreich richten, sondern ein zusätzliches Bündnis darstellen würde. Der französische Einfluß hätte dann von der Ostsee bis zum Marmarameer gereicht. Das war ein großer Plan.

Die Regierung in Wien verfolgte die Ereignisse mit großer Sorge, aber wie man sich zu verhalten habe, darüber herrschte Uneinigkeit. Maria Theresia vertrat den Standpunkt, daß man unbedingt den Frieden bewahren müsse, während Josef II. und Kaunitz hofften, der Monarchie territoriale Vorteile verschaffen zu können, in dem Moment, wo eine Veränderung in den Beziehungen zwischen den Mächten eintrat. Da aber der Kaiser und Kaunitz sich nicht immer über die einzusetzenden Mittel einig waren, konnte Maria Theresia des öfteren schlichtend eingreifen und dabei sogar ihre eigene Ansicht durchsetzen, aber wesentlich öfter mußte sie sich einer Politik beugen, die sie weder im Prinzip noch in ihren Methoden billigte. Sie hätte gerne zwischen den kriegführenden Mächten vermittelt, aber es war ihr nicht gut möglich, ohne aufgefordert zu werden und ohne Frankreich und Preußen hinter sich zu wissen.

Rußland, von dem sie im Frühjahr 1769 um Unterstützung gegen die Türkei gebeten wurde, indem Rußland sich auf die Verträge von 1746 berief, antwortete sie, daß sie diesen Vertrag seit dem Abfall der Russen im Jahre 1762 als ungültig betrachte. Im übrigen habe sie nicht die Absicht, in Polen zu intervenieren und sei im Gegenteil sehr froh über ihre guten Beziehungen zur Türkei, sie hoffe auf baldigen Frieden. Aber wie würde sich Preußen verhalten, das als Verbündeter Rußlands eigentlich dazu verpflichtet war, Rußland Waffen zu liefern? Um die Absichten Friedrichs II. zu erkunden, machte sich Josef II., der im Gegensatz zu seiner Mutter sehr gerne reiste, auf die Reise nach Neiße, wo er den König von Preußen nach Abschluß seiner Manöver treffen sollte. Da es sich um keinen offiziellen Besuch handelte, reiste Josef II. unter dem Namen eines Grafen von Falkenstein, ein Name, der fortan berühmt werden sollte, da der Kaiser ihn auf vielen seiner Reisen durch Europa benutzte. Er wurde von den Feldmarschällen Lacy und Laudon, mehreren Generalen und seinem Schwager Herzog Albert von Sachsen-Teschen begleitet. Das Treffen war von beiden Seiten vorbereitet worden, und Kaunitz hatte dem Kaiser ein Papier mitgegeben, auf dem in großen Zügen vermerkt war, was er dem König von Preußen zu sagen hatte. Er sollte ihn vor allem von den friedlichen Absichten der österreichischen Monarchie überzeugen, für welche die größten Siege „in der Entwicklung der Industrie, der Landwirtschaft und der Staatsfinanzen lägen . . ., um mit ebenso viel Energie Krieg führen zu können wie dem Frieden zu dienen“.[13]

Im Verlauf ihrer mehrtägigen Gespräche gaben sich die beiden Herrscher alle Mühe, sich gegenseitig zu gefallen. Am meisten erfreute den alten König eine Bemerkung des jungen Kaisers über Schlesien. Indem er die Worte Friedrichs II. benutzte, die dieser seinerzeit über Schlesien gesagt hatte, erklärte Josef, Schlesien besäße für Preußen sicher denselben Wert wie Lothringen und das Elsaß für Frankreich. „Wir haben es vergessen“, fügte er hinzu und erwähnte die Vorteile, die sich Österreich und Preußen ohne Schwertstreich gegenseitig verschaffen könnten und die ihnen weit mehr einbringen könnten als Schlesien oder ein Stückchen von Böhmen. Friedrich II. stimmte dem zu, aber gegen die Begeisterung, in die sich Josef II. geredet hatte, klangen seine Worte sehr zurückhaltend. Dafür behandelte er die österreichischen Generale, seine einstigen Feinde, mit der ausgesuchtesten Höflichkeit. Man ging sämtliche europäischen Angelegenheiten durch, wobei Friedrich auf die Stärke Rußlands und auf den Ehrgeiz Katharinas II. hinwies. Schließlich entwickelte er seine Sicht über die Vorteile einer beständigen Allianz zwischen Preußen und dem Haus Österreich. Die alte Rivalität durch eine Entente zu ersetzen, darüber hatte er schon zu Nugent gesprochen: „Wir sind Deutsche, was liegt uns daran, ob in Kanada oder auf den Inseln Amerikas die Engländer und die Franzosen sich herumschlagen? Ob Paoli den letzteren alle Hände voll zu tun gibt? Ob sich die Russen und die Türken einander in die Haare fallen? So lang wir zwei, das Haus Österreich und ich, uns wohl verstehen, hat Deutschland von Kriegsunruhen wenig zu fürchten."[14]

Solidarität zweier deutscher Mächte also. Das Römische Reich, das sich zu jenem Datum nach den Gesetzen des Westfälischen Friedens noch unter dem Schutz Frankreichs und Schwedens befand, sollte nach Friedrichs Vorstellungen ausschließlich unter dem Einfluß Preußens und Österreichs stehen. Zur Zeit hatte dieses Projekt keine Chance, verwirklicht zu werden. Es blieb eine Vision der Zukunft.

Im Frühling 1770 errang Rußland unerwartete Siege zu Lande und zu Wasser. Eine Armee unter General Rumianstew hielt das Donaufürstentum Moldau besetzt, eine andere die Krim, während eine Flotte unter Admiral Orlow die türkische Flotte im Ägäischen Meer bei Tscheschme in Brand setzte und auseinandertrieb. Jetzt wandte sich die Pforte an Österreich und bat um Vermittlung. Die Kaiserin zögerte. Josef II. und Kaunitz wünschten, daß sich Preußen an Österreichs Seite stellte und seinen Einfluß in Petersburg geltend machte.[15]

Daher mußte ein neues Treffen arrangiert werden. Diesmal wurde Friedrich II. vom Kaiser zu den Manövern von Neustadt in Mähren eingeladen. Er war sehr erfreut, nun, nachdem er im vorigen Jahr die Bekanntschaft Josefs II. gemacht hatte, den österreichischen Kanzler Graf Kaunitz kennenzulernen. Kaunitz hatte ein kleines Memorandum vorbereitet, einen „politischen Katechismus in zehn Punkten", in dem er betonte, wie notwendig es sei, daß sich Österreich und Preußen das größtmögliche Vertrauen schenkten, sich über wichtige Angelegenheiten gegenseitig informierten und sich bei der Vermittlung im türkisch-russischen Krieg gegenseitig absprächen. Dies war schon fast ein Vorschlag zur Allianzbildung, jedenfalls eine Verpflichtung zu einer gemeinsamen Politik und zu gegenseitiger Information. Kaunitz las Friedrich II. sein Memorandum vor, entschuldigte sich aber, es ihm nicht überlassen zu können, da er noch nicht Zeit gehabt habe, es dem Kaiser und der Kaiserin vorzulegen.

Die österreichische Armee wurde während der Manöver, die ein entsetzliches Gewitter unterbrach, vom König von Preußen überschwenglich gelobt. Die ungarischen Grenadiere erschienen ihm als „Söhne des Gottes Mars", und bei den Infanteristen glaubte er, „Preußen in weißer Uniform" vor sich zu haben.[16]

Hinter diesem überschwenglichen Lob versteckte sich sicher eine echte Hochachtung vor der österreichischen Armee, vor der Intelligenz des Kaisers und der Erfahrung und der Autorität des Kanzlers, dessen nicht unerhebliche Selbstzufriedenheit ihm jedoch auch nicht entging. Er zeigte sich entgegenkommend, indem er versprach, sich mit der Zarin in Verbindung zu setzen, und versuchte zugleich herauszubekommen, wie weit die Solidität der französisch-österreichischen Allianz reichte, die er gerne ins Wanken gebracht hätte. Wieso glaubte Österreich, das bei der Annexion Korsikas durch Frankreich den Mund nicht aufgetan hatte, er könne die Politik Rußlands beeinflussen? Er ging aber dann bei seiner versprochenen Demarche so energisch vor, daß die Zarin ausweichend antwortete und bat, England und Frankreich mögen bei der Friedensvermittlung nicht zugezogen werden. Bei dieser Gelegenheit brachte Friedrich auch die polnische Frage aufs Tapet. Die Zarin könne sich mit den Konzessionen, die den Konföderierten gemacht worden seien, zufriedengeben, während er und die österreichischen Herrscher sich bemühen würden, die Konföderierten zum Frieden zu überreden.

In den politischen Kreisen war man damals überhaupt der Meinung, daß Polen nicht ohne einige Gebietsabtretungen davonkommen würde. Dem Botschafter Maria Theresias in Berlin, Nugent, gab Friedrich indirekt zu verstehen, er könne sich für Österreich Gebietsabrundungen in Bayern und in Italien vorstellen, ja eventuell sogar eine Rückgewinnung des Elsaß und Lothringens, worauf ihm Nugent antwortete, er, der König, denke wohl vielmehr daran, sich gewisser polnischer Gebiete zwischen der Ostsee und der Linie Thorn, Posen und Glogau zu bemächtigen. Diese leichthin gesprochenen Worte waren dennoch sehr bezeichnend für den Gebietshunger der einen wie der anderen Seite. Choiseul machte den Vorschlag, Österreich solle ein Protektorat über die seinen Grenzen am nächsten gelegenen polnischen Provinzen errichten, und Kaunitz warf in einem seiner unzähligen Rapporte die Frage auf, ob der König von Preußen nicht gegen das Herzogtum Kurland, welches ein polnisches Lehen war, Schlesien zurückgeben würde.

Zu welchen Kombinationen sich diese Art Tauschhandel versteigen konnte, der zur damaligen Zeit die beherrschende politische Methode war, mit der man das europäische Gleichgewicht stützen wollte, erfährt man, wenn man die Projekte studiert, die fast täglich an allen Höfen erfunden wurden und von denen manche den Weg in die Verwirklichung fanden.

Einfach und gerade, wie sie veranlagt war, blieb Maria Theresia dagegen immer zwei Grundsätzen treu: Nichts zu tun, was der französischen Allianz schaden könnte — und zwar nicht, weil sie Frankreich besonders liebte, sondern weil sie ihr Wort gegeben hatte, aus mehreren Gründen immer dem König von Preußen und seinen Verführungskünsten zu mißtrauen —, und zweitens darauf zu achten, daß sie von ihren Friedensinitiativen nicht in einen Krieg gezogen würde, sei es mit Rußland, weil sie die Türken unterstützte, oder mit der Türkei, weil sie von Katharina II. dazu gedrängt wurde.[17]

1769 kam es zu einer heiklen Affäre an der polnisch-ungarischen Grenze.

Um ähnliche Grenzzwischenfälle zu vermeiden, wie sie an der polnisch-türkischen Grenze vorgekommen waren, beschlossen Kaunitz und Josef II., den Grenzverlauf durch Grenzpfähle zu markieren, an allen Stellen, wo sie nicht klar durch einen Flußverlauf erkennbar war. Die Pfähle trugen den kaiserlichen Adler und auf besonderes Verlangen des ungarischen Kanzleramts das Wappen des ungarischen Königreichs. Unterdessen bat König Stanislaus die österreichische Regierung, Truppen in die dreizehn Städte der Grafschaft Zips an der ungarischen Grenze zu entsenden, wo die Konföderierten Unruhe gestiftet hatten. Wenn man aber dieser Bitte nachkam, ergriff man damit nicht schon Partei in dem polnischen Bürgerkrieg? Kaunitz hielt es für geschickter, darauf hinzuweisen, daß die Grafschaft Zips im Vertrag von Obluvu-Lublu 1412 an Polen nur verpfändet worden war und eigentlich noch immer Besitz des Königreichs Ungarn war.[18] Es sei daher recht und billig, die Grafschaft Zips mit ihren dreizehn Städten in die Grenzpfahlmarkierung mit einzubeziehen.

Im Laufe des Jahres 1770 stellte man fest, daß die Grafschaft zum Zeitpunkt ihrer Verpfändung mehr als dreizehn Städte umfaßt hatte, indem auch noch die südlichen Gebiete der drei polnischen Provinzen Neu Sandez, Neumarkt (Nowy Targ) und Krosctznko zu Zips gehörten. Maria Theresia befahl daher Lacy, die Adler bis dorthin zu tragen. Im Oktober 1770 protestierte der Kanzler von Polen im Namen seines Königs. Kaunitz antwortete, die österreichischen Ansprüche auf die dreizehn Städte bestünden zu Recht, die Besetzung des übrigen Gebietes sei nur eine provisorische, man warte die Untersuchung der Archive ab. Auf jeden Fall wolle man den Konflikt mit Rechtsmitteln schlichten, also einen Vertrag mit dem König von Polen abschließen, sobald der allgemeine Friede wiederhergestellt sei. Aber am 31. benachrichtigte er die Kaiserin, nach allem, was er über den Wert ihrer Ansprüche erfahre, müsse er befürchten, daß „der Mann (der polnische Kanzler) nur allzu recht habe, wenn er unser Vorgehen Eroberung nenne". Und Maria Theresia, die ihre Meinung gerne am Rand zu vermerken pflegte, schrieb dazu: „Ich habe eine sehr geringe Meinung von unseren Ansprüchen."[19]

Allem Anschein nach waren in erster Linie Josef II. und Lacy für diese übereilten Entschlüsse verantwortlich zu machen. Josef hatte sich möglicherweise von der ungarischen Regierung beeinflussen lassen, Feldmarschall Lacy war zum damaligen Zeitpunkt Präsident des Hofkriegsrats. Wie auch immer, man vertraute die Verwaltung des besetzten Gebietes einem ungarischen Administrator an, der den schönen Titel trug „administrator districtorum territorii Sandez, Neumarkt et krosctznko, qui linea militari Caesaro-regia includuntur". Die Österreicher erklärten den Einwohnern, daß sie wohl zu militärischen Leistungen verpflichtet, aber von der Steuer befreit sein würden, denn die Steuer war noch immer das deutlichste Zeichen der Unterwerfung.

Diese unglückliche Affäre öffnete augenblicklich die Schleusen zu allen möglichen Teilungsprojekten. Friedrich II. zeigte sich nicht im geringsten schockiert über das Vorgehen der Österreicher. Im Gegenteil, er war der Meinung, die Kaiserinnen und er sollten sich friedlich ihre Anteile sichern, und trat auch sogleich an Katharina II. mit Vorschlägen in dieser Richtung heran. Die Zarin wandte sich jedoch sogleich an Österreich, weil sie fürchtete, ihr Verbündeter würde sich gar zu gefräßig zeigen. Zuerst mußte ohnehin der Krieg mit der Türkei beendet werden. Hier stellte Katharina folgende Ansprüche: Die Hafenstadt Asow sollte wieder unter russische Oberhoheit kommen, die Herzogtümer Moldau und Walachei sollten vom türkischen Reich abgetrennt werden, und man sollte später über ihr Schicksal bestimmen; warum gab man sie zum Beispiel nicht Polen als Ausgleich für die an Österreich und Preußen abgetretenen Gebiete? Zwischen Rußland und der Türkei sei wieder ein freier Handel und freie Schiffahrt zu vereinbaren, und Rußland müßte als Sicherheitspfand auf einer der Inseln des Archipel einen Stützpunkt erhalten. Schließlich sollten die Tataren auf der Krim, am Dnjepr, am Bug und am Dnjestr von der türkischen Herrschaft befreit und unabhängig werden. Das hieß, daß das Schwarze Meer praktisch in russische Kontrolle kam.

Auf Drängen Josefs II. und Lacys gab Maria Theresia nicht ohne Widerstreben ihre Einwilligung, in Ungarn eine 60.000 Mann starke Armee aufzustellen. Die Regimenter kamen von überall her, sogar aus Belgien und Italien. Die Kaiserin war aber fest entschlossen, daß dieser Schritt eine reine Vorsichtsmaßnahme bleiben sollte. Die Situation wurde aber von Monat zu Monat komplizierter. Man konnte unmöglich mit ansehen, wie sich Rußland auf Kosten des allgemeinen Gleichgewichts geradezu unmäßig vergrößerte. Unter Umständen mußte man sich doch an die Seite der Türkei stellen und Rußland den Krieg erklären. Die Verhandlungen mit Konstantinopel wurden von dem jungen Diplomaten Freiherr von Thugut, einem ehemaligen Schüler der Konsularakademie, geführt. Durch ihn boten Kaunitz und der Kaiser der Pforte an, bei der Zarin zu intervenieren und um vernünftigere Friedensbedingungen zu bitten. Wenn die Intervention zu keinem Erfolg führen sollte, würde Österreich Rußland den Krieg erklären, aber zuerst müsse die Türkei zum Unterhalt der österreichischen Armee beitragen und der Abtretung bestimmter Territorien an Österreich zustimmen, entweder Serbiens und der kleinen Walachei, die 1739 verlorengegangen waren, oder Moldaus und der Walachei. Maria Theresia ließ die Rapporte endlos zwischen ihrem Arbeitszimmer und dem Kanzleramt hin und her gehen, schließlich und endlich aber setzte sie doch ihr Placet unter die Resolutionen, die durchaus nicht ihren Beifall fanden. Am 6. Juli 1771 schloß Thugut mit den Ministern des Osmanischen Reichs eine heimliche Konvention ab: Der Sultan erklärte sich zu einer militärischen Beihilfe in der Höhe von 11,250.000 Gulden bereit, von der ein Fünftel sofort nach Semlin gebracht werden sollte und der Rest innerhalb von acht Monaten zur Auszahlung gelangen sollte. Dafür verpflichtete sich Österreich, seine Armee marschbereit zu halten und die Türkei gegen unannehmbare Friedensbedingungen zu schützen: „Es macht mir keine Freude, Geld von diesen Leuten anzunehmen", erklärte sie, „Gott gebe uns noch diesen Winter Friede, mehr verlange ich nicht."[20]

Es war zweifellos Maria Theresias Verdienst, daß Österreich nicht sofort in den Krieg eintrat, wie es der Kaiser und Lacy am liebsten gesehen hätten. In der Hoffnung, doch noch einen Waffenstillstand zwischen Rußland und der Türkei zustande zu bringen, setzte sie die Verhandlungen zwischen Friedrich II. und Katharina II. fort.

Trotz ihres tiefen Mißtrauens dem König von Preußen gegenüber hätte sie ihn gerne für eine vernünftige Regelung gewonnen. Aber für welche? Es wimmelte nur so von Projekten, die Türkei und Polen betreffend. Die meisten waren nicht ernst zu nehmen, aber manche erwiesen sich als zukunftsträchtig, wie das Projekt jenes Offiziers der russischen Flotte, der nach der Schlacht von Tscheschme in Livorno vor Anker lag und Leopold von Toskana folgende Vorschläge unterbreitete: Da das Osmanische Reich im Begriff sei, sich aufzulösen, müsse man seine Territorien auf der Balkanhalbinsel entweder zu unabhängigen christlichen Staaten machen oder aber sie Österreich oder Rußland überlassen. Auch ein großer orthodoxer, mit Rußland verbündeter Staat sei auf der Halbinsel denkbar.[21]

Vor einer Zerstückelung Polens schreckte die Kaiserin als einer unerhörten Ungerechtigkeit zurück. Aber in den letzten Wochen des Jahres 1772 erfuhr sie, daß Preußen und Rußland im Begriff waren, sich auf einen Teilungsvertrag zu einigen, und daß sie nicht im Sinne hätten, sie davon auszuschließen. Sie fürchtete nun vor allem, daß die beiden Mächte sich sowohl mit dem König von Polen ins Einvernehmen setzen und ihn zu Gebietsabtretungen zwingen würden als auch mit dem Sultan. Dadurch würde Rußland bald eine gefährliche Macht im Osten werden. Das isoliert dastehende Österreich würde dann vielleicht nicht einmal die Städte der Provinz Zips behalten können oder müßte sogar Krieg mit Rußland und Preußen führen.

Aber es quälte Maria Theresia, daß sie die geradlinige Politik ihrer zweiunddreißigjährigen Regierung aufgeben mußte, da sie vom ersten Tag an ihre unbezweifelbaren Rechte gegen die Gier und den Verrat der anderen europäischen Mächte verteidigt hatte. „Jetzt", schreibt sie Kaunitz, „gibt es kein Mittel mehr, auf den alten Weg zurückzukehren."[22]

Um das Wohl der Monarchie wegen muß sie auf die „preußische Art" handeln und sich an einer Ungerechtigkeit beteiligen. Eine Hoffnung, wenn auch eine sehr kleine, blieb ihr aber noch. Kaunitz wollte Friedrich II. einen ganzen Fächer von Möglichkeiten vorlegen. Eine davon wäre, Österreich als Kompensation für die polnischen Gebiete, die Preußen in seinen Besitz bringen wollte, keine polnischen Provinzen, sondern die Grafschaft Glatz und einen

Teil Schlesiens anzubieten. Aber damit gab man ja zu, daß man niemals auf Schlesien verzichtet hatte und daß die schönen Worte in Neiße nichts als Lüge waren. Als der König von Preußen am 4. Februar 1772 vom österreichischen Botschafter, Gisbert van Swieten, die Vorschläge überreicht bekam und den eben erwähnten unter den anderen entdeckte, fuhr er denn auch zornig auf: „Wie? Was?“ und: „Ich habe die Gicht in den Beinen. Hätte ich sie im Kopf, dann könnte man mir einen solchen Vorschlag machen! Es handelt sich um Polen und nicht um meine Staaten.“[23] Er hatte nicht unrecht, besonders wenn man bedenkt, daß der Kaiser, Kaunitz und die übrigen österreichischen Minister seit dem österreichischen Einmarsch in Zips nicht mehr loyal gehandelt hatten und eine außerordentlich gewundene Politik betrieben.

Friedrich II. antwortete auf die Provokation, indem er einen Teilungsvertrag mit Rußland abschloß. Österreich ließ sogleich verlauten, daß, wenn es zu diesem Arrangement käme, dem Haus Österreich ebenfalls entsprechende Gebietsgewinne zuständen.[24] Maria Theresia erklärt dazu: „Ich begreife nicht die Politik, die erlaubt, daß, wenn zwei sich ihrer Überlegenheit bedienen, um einen Unschuldigen zu unterdrücken, der dritte unter dem bloßen Titel der Vorsicht für die Zukunft und der Konvenienz für die Gegenwart dies nachahmt und dieselbe Ungerechtigkeit begeht. Der Fürst hat keine anderen Rechte als jeder Privatmann: Die Größe und die Erhaltung seines Staates werden nicht in Rechnung gestellt werden, wenn er einst vor Gott erscheinen muß, um Rechenschaft abzulegen.“ Was eine Entschädigung durch türkisches Gebiet beträfe, so könne von Serbien und Bosnien nicht die Rede sein — offenbar deshalb, meint sie, weil sie ja von den Russen nicht erobert worden waren —, es blieben nur die Walachei und die Moldau, „ungesunde, verwüstete Länder“.[25] Und „versuchen wir lieber, die Ansprüche der anderen zu verringern, anstatt mit ihnen zu so ungleichen Bedingungen zu teilen. Gelten wir lieber als schwach denn als unehrenhaft.“ Im übrigen waren alle diese Überlegungen rein theoretisch, da der Friede zwischen Rußland und der Türkei ja noch gar nicht geschlossen war. Friedrich II. drängte indessen auf die Teilung Polens, da die zunehmende russische Stärke ihn zu beunruhigen begann.

So kam es am 17. Februar 1772 zum Abschluß von Verträgen zwischen den beiden Mächten Preußen und Rußland und am 5. März zwischen Preußen und Österreich. Mitte September wurden die Teilungspläne dem König von Polen vorgelegt. Unter dem Vorwand, die momentane ungeordnete Lage Polens zwänge seine Nachbarn, alte vergessene Rechte wieder geltend zu machen, versuchten die drei Mächte geschickt ihre Plünderungsabsichten zu verschleiern.[26]

Dies alles ging so langsam vor sich, daß die anderen Großmächte sehr wohl Zeit gehabt hätten, dagegen Einspruch zu erheben. Aber England erhob keine Einwände, weil es Polen gegenüber überhaupt keine Sympathie empfand, und in Frankreich war Choiseul vom Herzog d'Aiguillon in der Leitung der Regierung abgelöst worden. Graf Kaunitz erklärte kalt, er verzichte auf die französische Zustimmung, d'Aiguillon spiele ein Doppelspiel und werde sich noch zwischen zwei Stühle setzen.[27] Der König von Polen machte die resignierende Feststellung, die Geschicke seines Landes würden von 12.000 Fremden bestimmt, nur weil die polnische Nation es abgelehnt hätte, eine eigene Armee aufzustellen. 1773 wurde vom polnischen Sejm der Teilungsvertrag ratifiziert, der Friedrich II. das Gebiet zwischen Preußen und Pommern außer den Städten Thorn und Danzig zusprach, die Westgrenze Rußlands bis zur Düna und zum Dnjepr vorverlegte und Österreich den größten Teil zusprach, nämlich zirka 70.000 $km^2$ mit 3 Millionen Einwohnern in Galizien und Lodomerien. Krakau blieb polnisch. Über die seit 1770 betriebene österreichische Politik hat Maria Theresia selbst ein klares Verdammungsurteil gesprochen; denn sie entsprach nicht mehr den Grundsätzen der Ehre, die nun einmal die ihren waren: „Der König von Preußen ist immer unser schlimmster Feind gewesen und wird es immer sein. Seine bevorstehende Gebietserweiterung ist daher das größte Unglück, das uns passieren kann, und man müßte es um jeden Preis zu verhindern versuchen ... Hätte man sich an dieses Prinzip gehalten, anstatt im trüben zu fischen, um einige miserable polnische Gebiete zu erwerben, anstatt unnötigerweise unter großem Kostenaufwand eine beträchtliche Armee in Ungarn aufzustellen, hätte man sich begnügt, eine Armee zum Einmarsch in Schlesien bereit zu haben, für den Fall, daß der König von Preußen etwas in Polen unternähme, hätte man sich mit dem bescheidenen Amt eines unparteiischen Vermittlers zufriedengegeben, dann hätte man zweifellos mit dieser aufrechten und anständigen Haltung den Krieg schon im vergangenen Jahr beenden können, die Teilung Polens vermeiden, sich den Dank der beiden interessierten Parteien erwerben und unseren Ruf in Europa vergrößern können ..."[28]

Die alternde Kaiserin hatte nicht mehr die Kraft, ihre Ablehnung in die Tat umzusetzen. Die geeinigte Front, die ihr Sohn zusammen mit Kaunitz und Lacy bildete, erwies sich als stärker als sie. Aber dies hinderte sie dennoch nicht, die Konsequenzen dieser Politik in aller Schärfe zu erkennen und zu formulieren. Wir haben hierüber das Zeugnis ihres Schwiegersohns, des Herzogs Albert von Sachsen-Teschen, vorliegen: „Die Kaiserin hat eines Tages meiner Frau und mir anvertraut, welche Qual ihr (die polnische Teilung) bereite, und daß sie darin die Ursache für das spätere Unglück sehe, das über die Monarchie hereinbrechen und zu ihrem Niedergang führen würde."

Guglia, der diesen Text den Anmerkungen Arneths entnahm, konnte schon besser als dieser die Gefahren einschätzen, welche die Nationalitätenfrage für die Doppelmonarchie und alle ihre Bewohner bedeutete. Aber auch er sollte die endgültige Katastrophe nicht mehr erleben.[29]

Auch wenn Österreich von den drei Teilungsmächten noch diejenige war, die den Polen die günstigsten Lebensbedingungen bot, und sich ihr im 19. Jahrhundert zahlreiche polnische Politiker, Diplomaten und Offiziere zu treuen Diensten zur Verfügung stellten, so waren doch die 3 Millionen Slawen seit 1772 ein Fremdkörper in der Monarchie, der auf den Charakter dieses organisch durch Erbschaft und Eheschließung größer gewordenen Staates verändernd einwirkte. Selbst die Streitereien zwischen Deutschen und Tschechen in Böhmen, zwischen Deutschen (der Bergwerksstädte) und Slawen in Oberungarn, zwischen Sachsen, Ungarn und Rumänen in Siebenbürgen hatten keine unlösbaren Probleme geschaffen. Was widerrechtliche Übergriffe und Annexionen anging, so hatte das Haus Österreich in diesem Punkt sicher nicht schlechter, aber auch nicht besser gehandelt als andere Regierungen. Aber die Zipser Aktion „diskreditierte", um mit Maria Theresia zu reden, die Monarchie genau in dem Moment, da in Europa ein ganz neues Rechtsbewußtsein erwachte. Gewiß, auch Preußen und Rußland hatten sich an der Teilung beteiligt, aber abgesehen davon, daß sie moralisch genauso schlecht dastanden wie die österreichische Monarchie, fügte sich ihre Beute wesentlich harmonischer in das bestehende Staatsgebilde ein. Preußen annektierte Gebiete, die vorwiegend deutsch besiedelt waren, und Rußland rein slawische, wo zudem die orthodoxe Religion praktiziert wurde.

„Je mehr sie weint, umso mehr nimmt sie sich", hat Friedrich II. zynisch wie immer beobachtet, und mit dieser Bemerkung traf er genau den wunden Punkt: den Zwiespalt zwischen Maria Theresias Verzweiflung und dem Appetit ihrer Minister. Übrigens weiß man noch immer recht wenig darüber, welche Rolle die katholischen Interessen bei den Ansprüchen auf so große polnische Gebiete gespielt haben. Es befanden sich aber auch orthodoxe Ruthenen in diesen Provinzen, und man schmeichelte sich in Wien mit der Gewährung gewisser Privilegien für östliche Riten, solange Rom der schuldige Gehorsam erwiesen wurde.

Aber auch diese Erwägungen ändern nichts an der Tatsache, daß drei Millionen Ausländer mit Gewalt, wenn auch ohne Blutvergießen, erobert worden waren. Die Monarchie riskierte, daß man diese Gewalttat mit gewissen Vorgangsweisen der Vergangenheit in einen Topf warf, wie der Rückeroberung Böhmens 1618 sowie Ungarns nach dem großen nationalen Aufstand unter Rákóczi, auch wenn diese Aktionen einen ganz anderen Charakter aufwiesen.[30] Eine harmonische, wenn auch keineswegs idyllische Entwicklung wurde durch den Teilungsvertrag stark kompromittiert. Die trotz des Siebenjährigen Krieges mehr defensive als offensive Außenpolitik war schwer angeschlagen, wie überhaupt die Monarchie geschwächt aus dem zweifelhaften Abenteuer hervorging und weit weniger Kraft in die begonnenen inneren Reformen investieren konnte als vorher.

Sehr heikel war nach wie vor das Verhältnis der Monarchie zur Türkei. Sicherlich hatte man nicht vor, ihretwegen Krieg zu führen, aber immerhin mußte man sie in ihrem Friedenswillen unterstützen. Auch die Russen begannen unter den Lasten des Krieges zu leiden. Die dauernden Rekrutierungen hatten 1769 zu Unruhen unter den Kosaken des Don geführt, und bald darauf sollte die gefährliche Revolte von Pugatschew ausbrechen. Daß diese auf türkische Aufputschversuche und türkisches Geld zurückzuführen sei, ist nie erwiesen worden, genausowenig wie das Gegenteil. Jedenfalls brachten diese für den Staat äußerst gefährlichen Unruhen Katharina II. und ihren Minister Panin dahin, den unpopulären Krieg mit der Pforte beenden zu wollen. Es kam sehr schnell zu einem Waffenstillstand und zum Beginn von Friedensverhandlungen in Focksany, im Herzogtum Moldau.

Von österreichischer Seite nahm Thugut daran teil. Gleich zu Anfang verhärteten sich die Standpunkte in der Tatarenfrage. Die Russen bestanden auf der Unabhängigkeit der Tataren, die Türken, die trotz ihrer Niederlagen den Zustand ihrer Armee wesentlich verbessert hatten, wiesen diese Bedingung ab. Darauf wurden die Gespräche unterbrochen und im November 1772 in Bukarest wieder aufgenommen.[31] Josef II. und Kaunitz hofften darauf, daß ihnen ihre Vermittlungsversuche die Kleine Walachei einbringen würden. Aber Josef II. war nach einigen Reisen ins Banat, nach Siebenbürgen und in die polnischen Provinzen zu der Ansicht gelangt, daß auch ein Teil vom Herzogtum Moldau „unsere Verbindungen und unseren Handel erleichtern und uns den Durchzug für unsere Truppen im Kriegsfall von einer Provinz zur anderen gestatten würde, während sie zur Stunde einen großen Umweg machen müssen, um sich zu vereinigen. Militärisch und politisch wäre dieses Gebiet mindestens so wichtig wie die Kleine Walachei."[32]

Während der Kaiser diese erkenntnisreichen Reisen unternahm, ging es in Rußland drunter und drüber: Die Pugatschew-Armeen waren drauf und dran, die Fabriken des Ural zu besetzen und die Bachkirs aufzuwiegeln. Angesichts dieses Aufruhrs im Inneren des eigenen Landes waren die Überschreitung der Donau durch General Rumianstew und der geglückte Vormarsch in Bulgarien vergleichsweise geringe Erfolge. Und obgleich die türkische Regierung das Ende des Krieges herbeisehnte, entwickelte sich innerhalb der muselmanischen religiösen Welt eine starke Opposition, die erklärte, die Mittel des Sultans erlaubten ohne weiteres die Fortführung des Krieges. Die Rechtgläubigen wollten lieber weiterkämpfen als die Bedingungen der Russen akzeptieren. Im Oktober 1773 bat Panin den österreichischen Botschafter in Petersburg, Fürst Lobkowitz, die Gespräche mit den Türken wieder aufzunehmen, indem er hinzufügte, Österreich würde für seine guten Dienste reich belohnt werden.

Zu Anfang des Jahres 1774 starb Sultan Mustafa III., und sein Nachfolger Abdul Hamid, der über die internationale Lage sehr schlecht informiert war, erklärte sich zur Fortführung der Verhandlungen bereit. Am 16. Juli wurde in Kütschük-Kainardsche der Friede unterzeichnet, der für die Russen außerordentlich günstig war. Alle tatarischen Nationen wurden ausnahmslos als unabhängige Staaten anerkannt, die nur „allein von Gott abhängig" waren.[33] In Wirklichkeit war das ganze Khanat der Krim dem russischen Zugriff ausgeliefert. Außerdem erhielt Rußland alle strategisch wichtigen Punkte zugesprochen wie Asow, Ienikalé und Kertsch. Zwei Vertragsklauseln brachten ihm zudem unerhört wichtige wirtschaftliche und politische Vorteile: Erstens freie Schiffahrt auf den Meeren des Osmanischen Reiches, auf dem Schwarzen Meer, dem Marmarameer und dem Ägäischen Meer und den Meerengen, und zweitens das Schutzrecht über die christlichen Bevölkerungsgruppen, das war praktisch das Recht der Einmischung in alle Unruhen in Griechenland und auf der Balkanhalbinsel. Schließlich mußten die Türken den Russen eine Summe von vier Millionen Rubel bezahlen. Die Walachei und das Herzogtum Moldau blieben unter türkischer Oberhoheit, der Sultan verpflichtete sich, hier christliche Statthalter einzusetzen. Einige Gebiete der Oberen Moldau wurden Österreich zugesprochen. Thugut erwies sich als geschickter Lavierer, indem er sich das Wohlwollen des neuen Statthalters der Moldau, Gregor Ghika, zu gewinnen wußte. Die Angelegenheit wurde in Form einer Grenzbereinigung zwischen den neu erworbenen polnischen Provinzen und der osmanischen Moldau im April 1775 geregelt. Dieses Gebiet, die sogenannte Bukowina (Buchenland), ein von rumänischen Bauern besiedeltes und sehr vernachlässigtes Land, hatte zur damaligen Zeit lediglich strategischen Wert, indem es den Zugang zu Siebenbürgen sicherte, das sich bereits über die wirtschaftliche Abschnürung beklagte.[34]

Maria Theresia vertraute Marie Antoinette an, daß „sowohl die polnischen Angelegenheiten als auch die moldauischen" ihr gar nicht paßten. Man muß aber wohl unterscheiden zwischen der Annexion eines integrierenden Teils des Rechtstaats Polen und dem Abkommen über vernachlässigte, praktisch unregierte Gebiete, deren nun einsetzender wirtschaftlicher Aufschwung ein Werk der neuen österreichischen Verwaltung war.

Auch der letzte Krieg der maria-theresianischen Regierung, der Bayerische Erbfolgekrieg, brachte dem Erzhaus einen Gebietsgewinn. Der Kurfürst Max Josef von Bayern war kinderlos, und sein nächster Erbe, der um zwei Jahre ältere Kurfürst von der Pfalz, sein Vetter Karl Theodor von Wittelsbach-Sulzbach, ebenfalls. Die Erbfolge sollte auf einen anderen Wittelsbacher, nämlich den Herzog von Zweibrücken, übergehen. An den europäischen Höfen war man stillschweigend übereingekommen, daß das Haus Österreich beim Tod Max Josefs lediglich Ansprüche auf die böhmischen Lehen stellen würde.[35] „Das wird Euch niemand streitig machen", hatte Friedrich II. erklärt.[36] Als aber Ende Dezember 1777 Kurfürst Max Josef von Bayern starb, unterschied Josef II. plötzlich zwischen den Reichslehen, die er, der Kaiser, für sich beanspruchen wollte, den böhmischen Lehen, die der Königin von Böhmen gehörten, und gewissen Gebieten, die Maria Theresia als der Verwandten und Erbin des Toten gehörten. Man schloß also am 3. Jänner

1778 mit dem neuen Kurfürsten von Bayern, Karl Theodor, einen Vertrag, in dem Österreich ein Teil Niederbayerns mit Landshut und Straubing zugesprochen wurde. Wieder war Maria Theresia ganz und gar nicht mit diesen Kombinationen einverstanden, umso weniger, als Josef noch weiter ging und bereits von einem Tausch der Niederlande gegen die restlichen bayerischen Gebiete sprach. Dazu erklärte Maria Theresia in aller Form ihr Veto. Sie konnte dennoch Josef II. nicht davon abhalten, seine Truppen in die Gebiete einmarschieren zu lassen, die der Kurfürst ihm abgetreten hatte.

Maria Theresia war überzeugt, daß Friedrich II. trotz seiner Worte diese Gebietserweiterung der Österreicher nicht dulden würde und daß auch Rußland nicht erfreut sein würde. Was Frankreich anging, so war es Österreich gegenüber verpflichtet, dessen Besitzstand zur Zeit des Abschlusses der Allianz zu verteidigen, aber in keiner Weise die neuen Annexionen. Daher war die Kaiserin fest entschlossen, sich in keinen Krieg ziehen zu lassen, und schrieb im März ihrem Sohn: „Ich erkläre Dir, daß ich mich nicht mehr dazu hergebe, fortwährend gegen meine Überzeugung und gegen mein Gewissen zu handeln.“[37]

Der Protest Friedrichs II. ließ tatsächlich nicht lange auf sich warten. Friedrich berief sich dabei auf die Rechte der Schwester des Verstorbenen, der Prinzessin von Sachsen, und auf die Ansprüche des Herzogs von Zweibrücken, und forderte Josef II. auf, seine Truppen aus Bayern abzuziehen. Als nichts dergleichen geschah, ließ er im April Truppen in Schlesien aufstellen und verließ Berlin, um das Kommando in Breslau zu übernehmen. Daraufhin verließ der Kaiser seinerseits Wien und begab sich nach Olmütz. In den Briefen, die die beiden Herrscher miteinander wechselten, fand Friedrich II. die besseren Argumente, auch wenn Maria Theresia seine Antwort als die „unverschämteste“ empfand, „die man sich vorstellen kann“.

„Es handelt sich um die Frage“, hatte der König geschrieben, „ob ein Kaiser nach seinem Willen über die Lehen des Reiches verfügen kann. Wenn man dieser Meinung ist, werden aus den Lehen nur noch eine Art Leibrenten, wie die Timariots der türkischen Soldaten, über die der Sultan nach dem Tode des Inhabers wieder verfügt. Das aber ist gegen Gesetze, Überlieferungen und Sitten des Heiligen Römischen Reiches.“

Dabei war Maria Theresia selber von der Sinnlosigkeit dieses Krieges überzeugt und dachte darüber, wie ein moderner Pazifist denken würde.[38] Aber nun war dieser Krieg kaum noch zu vermeiden. Am 5. Juli überschritten die Truppen Friedrichs II. bei Nachod neuerlich die Grenzen Böhmens. Josef II. mußte sogleich feststellen, daß die preußischen Truppen die zweifache Stärke der seinen aufwiesen. Er hielt es daher für klüger, einer Begegnung vorerst auszuweichen, und zog seine Truppen an die obere Elbe zurück. Damit überließ er den Preußen ausgerechnet jene Gebiete, die am meisten unter der Hungersnot von 1772 gelitten hatten und wo 1775 die Bauernunruhe ausgebrochen waren. Weiter von Westen näherte sich eine zweite Armee Friedrichs II.

Josef II. schrieb der Kaiserin, man müsse zu extremen Maßnahmen greifen, eine Massenaushebung in allen Staaten der Monarchie vornehmen und so viel wie möglich Geld zusammenbringen, unter anderem durch ausländische Kredite, notfalls auch zu hohen Zinsen. Man muß bei dieser Gelegenheit vorbringen, daß gerade in diesem Jahr 1775 zum ersten Mal die Einnahmen der Monarchie die Ausgaben überschritten. Durch den Krieg war nun wieder alles in Frage gestellt.

Maria Theresia wunderte sich, daß ihr Sohn schon alles für verloren hielt, bevor noch ein einziger Kanonenschuß abgegeben worden war. Sie autorisierte ihn dazu, notfalls auch auf dem Schlachtfeld einen Frieden zu unterzeichnen, und schickte zur gleichen Zeit Thugut mit einem geheimen Brief zu Friedrich II., in dem sie ihm vorschlug, die Verhandlungen wieder aufzunehmen. Indem sie auf ihre mütterliche Sorge um zwei Söhne (um den Kaiser und den Erzherzog Maximilian) und einen Schwiegersohn anspielte, die sich bei der Armee befanden, bot sie Friedrich II. vernünftige Bedingungen an. Sie wolle nur einen Teil der besetzten Gebiete behalten. Friedrich II. antwortete: „Die Großherzigkeit, die Ew. Majestät zeigen, ist Eures Rufes würdig." Dieser Huldigung fügt er sogleich seine Gegenvorschläge an. Aber der Kaiser schäumte vor Wut, daß man hinter seinem Rücken „diese unglaublichen Verhandlungen" führte, und drohte seiner Mutter „in aller Öffentlichkeit die Divergenz ihrer Ansichten zu manifestieren". Er wolle auf keinen Fall diese Demütigung dulden. Maria Theresia antwortete, auch wenn er zweifellos zwischen Krieg und Frieden zu wählen habe, autorisiere sie ihn nur zur Fortführung der militärischen Operationen, wenn dazu die vier Feldmarschälle ihre Einwilligung gäben.

Zur selben Zeit bemühte sie sich über Marie Antoinette um die Vermittlung Ludwigs XVI. Sie bedauerte zwar keineswegs, sich direkt an Friedrich II. gewandt zu haben, aber „der Schritt ihrem bösen Feind gegenüber habe sie viel gekostet". Darüber hinaus, schrieb sie, fürchte sie eine Wiederbelebung des preußisch-russischen Bündnisses, und sie wisse genau, daß auch in Versailles die Neigung zu einer Annäherung an Preußen bestände. Seit siebenunddreißig Jahren triebe nun der König von Preußen mit seinem Despotismus Europa ins Unglück, während Katharina II. sehr großzügig mit schönen Worten umginge, die nichts bedeuteten. Das seien nun die beiden Mächte, die man „uns guten, treuen Deutschen" vorziehen wolle.[39] In einem späteren Brief schildert sie die traurige Situation der fünf böhmischen Distrikte, die jetzt von den preußischen Truppen geplündert würden.[40] Wieder einmal hatte der böhmische Bauer zu zahlen.

Dieser Manöverkrieg, in dem keine einzige Schlacht geschlagen wurde, hieß im Volksmund bald der „Kartoffelkrieg". Aber selbst die Kartoffeln, zu deren

Anbau man nach der schrecklichen Hungersnot übergegangen war, reichten zur Ernährung der preußischen Soldaten nicht mehr aus. Friedrich II. zog sich aus den verwüsteten Gebieten zurück und kehrte nach Berlin zurück. Alle waren bereit, den Winter zu Friedensverhandlungen zu nützen. Daher trat in Teschen ein Kongreß zusammen, an dem Frankreich und Rußland als Friedensvermittler und als Friedensgaranten teilnahmen. Zum ersten Mal nahm das Zarenreich an einer internationalen Regelung, Deutschland betreffend, teil. Das war für Rußland ein weiterer Prestigegewinn.

Am Ende hatte sich doch die Lösung durchgesetzt, die Maria Theresia Friedrich II. vorgeschlagen hatte. Das Erzhaus behielt von den bayerischen Gebieten lediglich das Innviertel. Dieses war ein sehr fruchtbares Land, durch dessen Besitz die Grenzen Oberösterreichs nun bis zum Inn und zu seinem Zusammenfluß mit der Donau ausgeweitet wurden, was bis heute nicht mehr verändert wurde. Aber auch Friedrich II. ging nicht leer aus: Er erhielt das Versprechen auf den zukünftigen Besitz der beiden Markgrafschaften Ansbach und Bayreuth. Der alte Feind Maria Theresias zeigte sich von seiner galantesten Seite: So bestand er darauf, daß die Unterschriften am 13. Mai unter die Verträge gesetzt würden, weil dies der Geburtstag der Kaiserin war. Sie, die an diesem Tag zweiundsechzig Jahre alt wurde, schrieb an Kaunitz: „Ich hab heut gloriose meine Carrière geendigt ... Das übrige wird nicht mehr in vielen bestehen." Das feierliche „Te Deum" für die Wiederherstellung des Friedens fand zehn Tage später, am 23. Mai, in der Stephanskirche statt. Te Deum oder Nunc dimittis?

Die Anstrengungen der nunmehr vierzigjährigen Regierung hatten ihre Spuren hinterlassen. Der Großherzog der Toskana, der 1779 einige Monate bei seiner Mutter verbrachte, mußte feststellen, daß sie bereits an Alterserscheinungen litt: Sie begann schwerhörig zu werden, das Gedächtnis ließ nach, und sie konnte sich, korpulent wie sie war, nur noch schwerfällig fortbewegen. Dabei tat sie alles, um agil und aufmerksam zu erscheinen. Schwer zu schaffen machten ihr die ständigen Meinungsverschiedenheiten mit ihrem Sohn. Auch die mangelnde Harmonie zwischen ihren Kindern, die freilich nach außen hin vertuscht wurde, bekümmerte die alte Herrscherin. Sie mochte es auch gar nicht, daß der Kaiser Wien verließ, und dabei war er beständig auf Reisen. Im Frühling 1780 gab er dem Botschafter Rußlands zu verstehen, er möchte die Bekanntschaft Katharinas II. machen, wenn sie in der schönen Jahreszeit eine Reise durch die westlichen Provinzen ihres Reiches unternähme. Denn seine Bewunderung für Friedrich II. hatte nach dem unglückseligen Kartoffelkrieg stark nachgelassen. Und so hielt er es für opportun, sich ein Bild von den politischen Absichten der Zarin zu verschaffen. Er hoffte, daß es ihm nicht schwerfallen würde, die tiefe Antipathie, die die beiden Kaiserinnen füreinander empfanden, zu zerstreuen.

In den ersten Junitagen des Jahres 1780 fand die Begegnung in Mohilev statt. Die beiden Herrscher schienen Gefallen aneinander zu finden; denn Josef begleitete Katharina bis nach Kiew, begab sich dann nach Moskau und traf mit Katharina wieder in Petersburg zusammen. So fanden sie Zeit genug, die damaligen politischen Affären, wie den Aufstand der englischen Kolonien in Amerika und die Einmischung Frankreichs, zu besprechen und die Möglichkeiten der territorialen Ausdehnung für Rußland und Österreich zu erwägen, für den Fall, daß sich die Lage in Europa wieder verändern würde. Absolut einig waren sie sich in ihrem Mißtrauen Friedrich II. gegenüber. Aber es wurde auch deutlich, daß die Zarin keine neuen Komplikationen in Deutschland wünschte. Zuerst nur scherzweise, dann immer ernster, wies sie ihren Gast darauf hin, daß doch Rom die geeignete Hauptstadt für den Kaiser des Römischen Reiches wäre. Worauf Josef antwortete, da sei noch ihr Rom, nämlich Konstantinopel, leichter zu verteidigen. Dachten sie ernsthaft an die Errichtung des West- und Oströmischen Reiches?[41]

Sowohl Rußland als auch Österreich, zwischen denen sich durch die Teilung Polens eine feste Solidarität hergestellt hatte, beobachteten mit großem Interesse das Verhalten der türkischen Regierung nach dem Vertrag von Kütschük-Kainardsche. Da jede Gebietserweiterung Rußlands im Osten, außer auf der Krim, die österreichische Autorität im Donauraum empfindlich stören würde, war man sich einig, daß die beste Politik momentan die Aufrechterhaltung des Status quo darstellte, indem man sich gegenseitig verpflichtete, weder Krieg mit der Türkei zu führen noch sich mit ihr zu verbünden, ohne sich gegenseitig zu informieren. Da Katharina nicht die Frau war, den Plan eines Ostreichs fallenzulassen, den sie „in ihrem Kopf hin und her wälzte und in ihren Gedanken ausbrütete", war ein Aufschub die einzig mögliche Lösung.

Seit dieser Begegnung lag die Rivalität Österreichs mit Rußland auf dem Balkan trotz der momentanen Annäherung offen zutage; denn Rußland hatte innerhalb der letzten fünfzig Jahre ungeheure Fortschritte gemacht, sowohl was seine militärische Stärke als auch was seine innere Einheit anging. Vor allem hatte Rußland aufgehört, sich in allem auf den Schutz Englands zu verlassen, und war nun sehr wohl in der Lage, eine unabhängige Politik zu betreiben.

In seinem Mißtrauen bestärkt, aber auch wesentlich informierter, kehrte Josef II. nach Wien zurück, recht zufrieden über das harmonische Verhältnis mit Katharina II. und erfüllt von ihren Erfolgen beim Aufbau der Industrie und besonders des Schiffsbaus. Gerne hätte er zur Ergänzung dieser Reise eine Reise nach England unternommen.

Aber zunächst mußte er das Ende des Unabhängigkeitskrieges abwarten. Dann aber unterstützte Maria Theresia seine Reisepläne, weil sie der Meinung war, man könne dieser Nation nicht genug mißtrauen, die überall im Vormarsch begriffen sei.[42]

Während der Abwesenheit des Kaisers erreichte Maria Theresia die Nachricht über den Tod Karls von Lothringen, des Statthalters von Belgien. Maria Theresia war sehr traurig über den Tod dieses Fürsten, „der seine Provinz zu der glücklichsten der Monarchie gemacht hatte". Mit der Statthalterschaft betraute sie das Paar Sachsen-Teschen, auch wenn sie die Aussicht schmerzte, ihre Tochter nun viel seltener zu Gesicht zu bekommen. Das Paar reiste im Frühjahr ab. Maria Theresia hätte gerne sein Regiment nach ihm benannt, aber Josef schrieb ihr aus Riga, „die Auszeichnung, ein Regiment nach seinem verstorbenen Besitzer zu benennen, sei bisher nur dem Prinzen Eugen zuteil geworden. Man würde den Verstorbenen auf der ganzen Erde nur lächerlich machen, wenn man ihn mit diesem großen Feldherrn vergliche. Denn Karl von Lothringen habe ebenso viele Schlachten verloren, wie der Prinz Eugen gewonnen habe."[43] Die Kaiserin begnügte sich, darüber „unendlich bekümmert" zu sein.

Schon Ende August fand sie, daß die Morgen und die Abende in Schönbrunn recht kühl zu werden begannen, und begab sich früher als sonst zurück nach Wien. Im Oktober beklagte sie sich über Rheumatismus im rechten Arm. Es wurde ihr auch immer mühevoller zu atmen und zu gehen, und sicher dachte sie an ihren baldigen Tod, als sie am 15. Oktober einen letzten Zusatz in ihr Testament einbrachte, mit dem sie der ganzen Armee einen zusätzlichen Monatssold bei ihrem Tode gewährte und die zweiunddreißig Städte ihrer Monarchie bezeichnete, in denen an ihrem Todestag eine Messe gelesen und 500 Gulden an die Armen verteilt werden sollten. In diesen Tagen begab sie sich auch in die Kapuzinergruft, wo der Kaiser und sechs ihrer Kinder ruhten. Man mußte sie in einem Sessel an Seilen in die Gruft hinunterlassen, und es machte einen großen Eindruck auf sie, als eins der Seile riß und ihr Stuhl heftig zu schwanken anfing.

Dennoch fühlte sie sich Anfang November[44] wohl genug, um einige Stunden in Schönbrunn zu verbringen, wo das Paar Sachsen-Teschen eine Jagd veranstaltete. Aber dieser Besuch in ihrer Lieblingsresidenz sollte ihr zum Verhängnis werden: Sie erkältete sich und erkrankte einige Tage später an einer schweren Lungenentzündung. Am 23. November erklärte Josef II. offiziell, seine Mutter sei nun ein wenig erkältet, aber in Wirklichkeit machte er sich große Sorgen um ihren Zustand und verließ nicht mehr ihr Zimmer, so wie er sich einstmals nicht vom Totenbett seiner Frau und seiner kleinen Tochter Maria Theresia entfernt hatte, deren Hand er bis zu ihrem Tode in der seinen gehalten hatte. Dieser angeblich so harte Mann konnte also durchaus liebevoll und zärtlich empfinden. Am 26. litt die Kaiserin plötzlich unter Erstickungsanfällen und bat um die Sterbesakramente, aber in der folgenden Nacht findet Josef sie aufrecht in ihrem Sessel sitzend und schreibend: an ihre Kinder in der Toskana. Im Bett hatte sie keine Luft mehr bekommen. Bei ihr sind nun der Kaiser, ihre Tochter Marie Christine und deren Mann, die beiden unverheirateten Erzherzoginnen und Erzherzog Maximilian. Die lange Agonie steht sie mit vollem Bewußtsein durch. Am 29., gegen neun Uhr abends, erhebt sich Maria Theresia, die mehrmals gefragt hat, wann es denn endlich zu Ende ginge, aus ihrem Sessel, als wollte sie zum Fenster gehen. Josef stürzt vor und fragt: „Wohin wollen Eure Majestät gehen?“ Aber schon sinkt sie zusammen und stirbt.

Kaunitz, der sich vor Krankheit und Tod entsetzlich fürchtete, hatte sich schon einige Zeit nicht mehr in der Hofburg blicken lassen, ließ sich jedoch ständig auf dem laufenden halten. Als ein Bote bei ihm eintrat und ihn starr und eindringlich ansah, begriff er sofort. Zwei große Tränen rollten über seine Wangen.

In Wien läuteten alle Glocken. Es war das Totengeläut für ein zu Ende gegangenes Leben und für das Ende einer Epoche.

# *Schlußwort*

Man vergleiche die Situation der Monarchie in diesen letzten Wochen des Jahres 1780 mit der des Herbstes 1740. Wieder einmal war 1740 die territoriale Macht der Habsburger von der Gefahr der Zerstückelung bedroht. In den Kanzlerämtern der gegnerischen Staaten häuften sich die diesbezüglichen Akten. In dem illustren Haus sollte die weibliche Linie regieren: Da konnte die Jagd ja beginnen. Aber wie durch ein politisches und biologisches Wunder rettete die Frau, der das Erbe zugefallen war, die Zukunft des Systems und der Dynastie. Während die spanische Linie Ende des 17. Jahrhunderts mit einem kränkelnden und unfruchtbaren König erlosch, blühte der österreichische Zweig wieder auf und brachte mehrere gesunde Prinzen hervor. Einer davon war 1780 bereits Vater von sechs Buben.[1]

Die meist falsch interpretierte Pragmatische Sanktion hatte die weibliche Thronfolge nur für den Notfall vorgesehen, um zu verhindern, daß das Erbe aufgeteilt wurde. Dank der Notlösung war die Krise überwunden worden.

Der Besitzstand von 1780 war jedoch nicht mehr derselbe wie der von 1740: Schlesien fehlte ebenso wie die Herzogtümer Parma und Piacenza. Dafür waren Galizien, Lodomerien, die Bukowina und das Innviertel zur Monarchie gekommen. Die Kernländer der Monarchie waren nach wie vor die Erbländer mit Ungarn, fest assoziiert waren Belgien und Mailand. Mit ihren 25 Millionen Einwohnern war die Monarchie größer und fast genauso bevölkert wie Frankreich. Aber weder die Größe noch die Bevölkerungsdichte waren zu Ende des 18. Jahrhunderts die entscheidenden Faktoren für die Macht eines Staates.

Viel wichtiger war es, militärisch autark zu sein, über eine gute Finanzverwaltung zu verfügen und in einem soliden Allianzsystem integriert zu sein. Man kann sagen, daß die theresianische Regierung es zustande gebracht hatte, diese Voraussetzungen zu schaffen. Die Tatsache allerdings, daß die Armee, die sich nach dem Tod des Prinzen Eugen in einem miserablen Zustand befunden hatte, reformiert und wesentlich vergrößert worden war, verlor an Bedeutsamkeit dadurch, daß sich in Europa inzwischen zwei andere schlagkräftige Armeen konstituiert hatten: die preußische und die russische. Die preußische war unter ihrem genialen Strategen, wie wir gesehen haben, nahezu unschlagbar, und auch die russische hatte in den achtziger Jahren das Niveau der besten westeuropäischen Armeen erreicht.[2] Aber die Allianz mit Frankreich bot Österreich wesentlich mehr Sicherheit als die Allianzen von 1740: mit England, das sich Österreichs als eines Vasallen bediente, und mit Rußland, das ebenfalls stark von England abhängig war.

Nach dem Tod Maria Theresias schrieb Kaunitz an den kaiserlichen Botschafter in Versailles, Mercy d'Argenteau, er wolle der Versuchung, den jetzigen Regierungswechsel zum Rücktritt zu benutzen, widerstehen, um sein Werk weiter fortzusetzen und die französische Allianz zu schützen. Er bat Mercy d'Argenteau, Ludwig XVI. und Vergennes auszurichten, er könne für die Gefühle des Kaisers wie für die eigenen einstehen, bäte sie aber, daß das Verhalten der Minister und des Kabinetts, insbesondere dem Hof von Berlin gegenüber, nichts Zweideutiges an sich habe, denn der Kaiser habe noch viel weniger Sinn für „Koketterien" als „unsere gute Kaiserin".[3]

Freilich hatte die Allianz mit Frankreich, die damals in der Hoffnung auf die Wiedereroberung Schlesiens geschlossen worden war, nicht das gewünschte Resultat gebracht. Aber Schlesien hätte mit Belgien bezahlt werden müssen, und gerade Belgien hatte man als reiche und für die Monarchie äußerst nützliche Provinz immer mehr schätzen gelernt. Auch die Erwerbung der Bukowina und besonders des Innviertels wäre ohne das Wohlwollen Frankreichs nicht so glatt gegangen. Die französische Allianz aber, zu der als erster Kaunitz geraten hatte, war seit 1749 und besonders seit 1756 das Werk Maria Theresias und nur ihrer Standfestigkeit und ihrer niemals ermüdenden Aufmerksamkeit zu verdanken.

Indem sie die jahrhundertelange Feindschaft zwischen dem Haus Österreich und den französischen Bourbonen auf Null brachte und das von Ludwig XIV., Villars und Eugen in Rastatt begonnene Werk wieder aufnahm, indem sie bewies, wie nützlich Österreich für Frankreich sein konnte, weil Frankreich nun seine ganze Aufmerksamkeit der Marine, den Kolonien und dem Handel widmen konnte, „auf die wir niemals eifersüchtig sein werden",[4] erwies sich Maria Theresia als außerordentlich weitsichtige Politikerin. Ihr für die damalige Zeit ungewöhnlich loyales Verhalten in den zwischenstaatlichen Beziehungen imponierte schon ihren Zeitgenossen, und wäre nicht „die unglückliche Erwerbung Galiziens" gewesen, wie sie sie selber nannte, dann wäre sie ein makelloses Vorbild gewesen.

Die Leistung Maria Theresias und Kaunitz' muß umso höher eingeschätzt werden, als sie ja für die Allianz mit Frankreich erst gewisse Voraussetzungen schaffen mußten, nämlich den Abbruch der französisch-preußischen Beziehungen, die in Frankreich viele Freunde besaßen.

Maria Theresia hat in dem König von Preußen nie etwas anderes als den schlimmsten Feind ihres Hauses und ihres Systems gesehen. Es entsprach ganz der damaligen Territorialpolitik, daß der König von Preußen die böhmische Provinz, die an seinen Staat angrenzte, für sich beanspruchte und daß Maria Theresia, ihre Minister und Josef II. sie unbedingt wieder in ihren Besitz bringen wollten. Aber dieser Zwist war viel mehr als nur ein Territorialstreit: Hier rivalisierten zwei Großmächte. Es ging um die Stellung im Römischen Reich, ja, um das Schicksal dieses Reiches und seiner Staaten. Es entsprach auch ganz dem praktischen Verstand Friedrichs II., daß er mit seiner Stimme bei der Kaiserwahl Handel trieb und, weil er selber diese Würde nicht anstrebte, zuerst Karl von Bayern und dann Josef II. unterstützte. Auch Maria Theresia war eine praktische Natur, keine faustische, wie Kretschmayr ausführt.[5] Ihr Sinn für die altdeutsche patriarchalische Ordnung führte sie nicht mehr wie ihre Vorfahren dazu, das Reich in eine für ihre Familie erbliche Monarchie umzugestalten. Sie war sogar in schwachen Stunden bereit, auf die Kaiserwürde für ihren Sohn zu verzichten, wenn man zu teuer dafür zu bezahlen hatte. Andererseits hat sie in Preußen immer eine Fremdmacht gesehen, die sich nicht in das Reich einordnen wollte und die alten Traditionen eines Tages brechen würde. Um Preußen zu widerstehen und in dem Bestreben, ihre eigene Monarchie zu stärken, wurde dann auch sie gezwungen, eine Politik zu betreiben, welche das Reich nachhaltig verändern sollte. Was Friedrich II. für Preußen, hatte Maria Theresia für ihre Monarchie geschafft: die Grundlagen für einen modernen Staat.

Welche der beiden Großmächte würde eines Tages die deutsche Nation an ihr Schicksal ketten?

Wie sah Österreich aus, als Maria Theresia starb? Das Ensemble konföderierter Staaten, das sie bei ihrem Regierungsantritt vorfand, änderte im Lauf ihrer Regierung nicht so sehr seinen institutionellen Charakter, als daß es an moralischem Zusammenhalt und an gemeinsamen Interessen gewann; am stärksten in den Erbländern, gerade die, die theoretisch ein Teil des Römischen Reiches bildeten. Nirgends ist die historisch bedingte Unabhängigkeit einer Provinz zerstört worden. Weder die von den Verteidigern des böhmischen Staatsrechts so grausam empfundene Auflösung der böhmischen Kanzlei noch ihre Fusion mit der österreichischen trugen den Charakter eines Staatsstreichs gegen die alten Rechte des böhmischen Königreichs oder sprachen dem tschechischen Staat bewußt das Todesurteil aus.[6] Die Absichten waren weit weniger schlimm. Vielmehr hat Erich Zöllner recht, wenn er schreibt, daß Maria Theresia, indem sie überall die historischen Grenzen respektierte, dem Staatenensemble mehr Solidarität verliehen hatte.[7]

Sie gab diesen Ländern eine bessere Verwaltung, die enger an die Zentralregierung in Wien gebunden war, sie vereinheitlichte das Zollwesen, sie führte dasselbe Strafrecht ein und denselben Unterricht für Grund- und Mittelschulen, sie erleichterte wirtschaftliche Investitionen und Querverbindungen und schuf damit für die Erbländer und Böhmen ein einheitliches System, an dem auch Ungarn, Belgien und Mailand als etwas selbständigere Mitglieder teilhatten.

Was Maria Theresia hier unter dem Einfluß von Haugwitz praktizierte (übrigens auch in Ungarn), war eine Ausweitung des „ius regium", die zwar noch gerade konstitutionell zu rechtfertigen war, aber doch das Gleichgewicht zwischen dem Herrscher und seinen Staaten sehr zugunsten der höchsten Staatsgewalt hin verschob. Man kann unmöglich sagen, daß diese Maßnahmen gegen die tschechische Nation gerichtet waren, aber man muß auch zugeben, daß diese Nation an dem Tag, an dem sie zum Bewußtsein erwachte und selbst die Verantwortung übernehmen wollte, in dem zur theresianischen Zeit eingesetzten System die verschiedensten Widerstände auf rechtlichem und administrativem Gebiet vorfand. Dennoch sind sowohl die Bauerngesetze als auch sämtliche Maßnahmen zur Belebung der Wirtschaft und zur Verbesserung der Schulausbildung ein sprechender Beweis dafür, daß Maria Theresia in Böhmen nicht als böse Königin regiert hat und ihre slawischen Untertanen an der Moldau und an der Elbe auf Kosten ihrer deutschstämmigen Untertanen ausgebeutet hat.

Das Slawentum war zu ihrer Zeit noch kein präziser Begriff. Jedenfalls kommt er in ihren Akten und in ihrer Korrespondenz noch nicht vor. Wahrscheinlich betrachtete sie die Tschechen aufgrund ihrer Bindung mit dem Römischen Reich als Deutsche, die eine slawische Sprache sprechen, was sie durchaus nicht beunruhigte. Sie trat im Gegenteil sehr für die Pflege der tschechischen Sprache ein, wie sie alles verehrte, was ihr die Vorfahren vererbt hatten. Wenn sie die Worte Nation und Vaterland benutzte, meinte sie damit sicher auch Böhmen und alle seine Einwohner. Aber eigentlich zielte ihr Lebenswerk auf einen allgemeineren österreichischen Patriotismus. Ungarn ist für sie ein Land, dem sie niemals die geleistete Hilfe vergessen wird, aber in dem sie sich auch nie ganz zu Hause fühlen wird. Es ist ein autonomer Staat, dem gewisse Zugeständnisse gemacht werden müssen, wie der Anschluß Fiumes an Ungarn und die Eingliederung des Banats.

Von Nationalitäten in dem Sinn, wie dieser Begriff im 19. Jahrhundert gebraucht werden sollte, war damals noch nicht die Rede. Der Staat steht noch an oberster Stelle. So bezog sich zum Beispiel der Ruhm der preußischen Monarchie unter Friedrich II. ganz allein auf den Staat und nicht etwa auf die Nation. Ebenso verhält es sich mit der österreichischen Monarchie, wo das noch unvollendete Staatswesen Würde und Größe verkörpert. Die Welt des 18. Jahrhunderts ist noch eine Welt der barocken Mentalität, die, empirisch und unfestgelegt, noch nicht die klareren und präziseren Begriffe der Aufklärung adoptiert hat.

Maria Theresia ist keine aufgeklärte Despotin. Sie hegt ein tiefes Mißtrauen der neuen Philosophie gegenüber, die für sie den Geruch der Unfrömmigkeit an sich hat, und ist der katholischen Religion und ihrer monarchischen Pflicht immer treu geblieben. In einem ihrer politischen Testamente betont sie, daß das Glück des Herrschers nicht von dem Glück seiner Untertanen zu trennen ist.[8] Darum muß sich der Herrscher vor allem um das Wohl seiner Untertanen bemühen. Sie selbst weiß nicht, ob die Vorsehung ihr gestatten wird, dieses Ziel zu erreichen, aber sie hofft, daß ihre Nachfolger es schaffen werden, wenn sie sich nur immer an Gott halten. In der Ethik einer erblichen und traditionellen Monarchie ist dies nichts Neues, aber die Mittel, die sie an dieser Stelle nennt, mit denen man zum Glück der Untertanen beitragen kann, gehören schon einem neuen System an. Einem System, wo sich der Wohlstand auf Bevölkerungswachstum, auf eine gerechtere Verteilung der Lasten, auf die Verminderung der Steuern für die Ärmsten und auf den Abbau von Mißbrauch und Willkür gründet, auf daß die Steuerpflichten von jedem als erträglich empfunden werden.[9] In den letzten Jahren ging ihre Änderungsbereitschaft sogar noch weiter und zielte auf die Befreiung des Bauern und des bäuerlichen Landes. Aber da war sie schon zu alt, um diesen letzten Schritt kühn und entschlossen zu tun. Auch war die kreative Vorstellungskraft nie ihre Stärke gewesen. So überließ sie diese Entscheidung Kaunitz und ihrem Sohn.

Welche Kräfte waren es nun, die zu einer Solidarität zwischen den Untertanen Österreichs beitrugen? Die marxistischen Historiker sprechen gerne von dem naiven Monarchismus, den die Masse des Volkes zur damaligen Zeit empfunden hat. Das mag für alle europäischen Länder gelten, deren Bevölkerung ja vorwiegend agrarisch war. Aber in Maria Theresias Erbländern hatte der Monarchismus im Lauf ihrer Regierung doch einen viel bewußteren Charakter angenommen. Ohne Zweifel haben die persönlichen Tugenden der Kaiserin dazu beigetragen, daß die Anhänglichkeit der Völker an die Dynastie sich verstärkte: Ihre nicht wegzuleugnende Liebe zu ihren Untertanen, ihr Mangel an persönlichem Ehrgeiz, der sie davon abhielt, eroberungssüchtig und ruhmbegierig zu sein, ihre Sittsamkeit und die relative Bescheidenheit, die an ihrem Hofe herrschte, ohne daß die Etikette, welche ja der Ausdruck für Würde war, vernachlässigt wurde. Der nebulose Mythos und das vage Gefühl wichen bewußt empfundenem Vertrauen.

Die Nachfolger Maria Theresias haben sich auf verschiedene Weise dieser Erbschaft bedient. Die Loyalität der Dynastie gegenüber hat sich dennoch als sehr dauerhaft erwiesen.

Die Heeresreformen haben der Monarchie in ihren Beziehungen zu den anderen europäischen Mächten wieder das nötige Rückgrat verschafft. Durch ihre Verwaltungsreformen schuf sie, inspiriert am preußischen und französischen Beispiel, die neue österreichische Bürokratie, in der eine neue Vorstellung vom Staatsdienst zum Leben erweckt wurde. Und schließlich hat ihre Regierung wesentlich zum wirtschaftlichen Aufschwung und zur Produktionsvielfalt beigetragen. Wenn man in den österreichischen Archiven die zahllosen Dokumente studiert, unter die die Kaiserin in ihrer festen Schrift ihr Placet gesetzt hat, dann hat man das Gefühl, hier an der geduldigen Ausarbeitung eines Entwurfes einer neuen Welt teilzunehmen, einer neuen Welt, die erst im nächsten Jahrhundert realisiert werden sollte.

Unter ihrer Regierung hat sich aber auch ein ganz bestimmtes „österreichisches" Kulturgefühl entwickelt. Ohne daß der Genius loci der verschiedenen Länder verlorenging, breitete sich ein gemeinsamer Lebensstil aus, für den häufig die Mischung slawischer und germanischer Erbgüter, die katholische Religion und der starke italienische Einfluß verantwortlich gemacht werden. Verallgemeinernde Termini führen hier zu nichts, aber jeder einzelne Terminus reizt zur Analyse und zur weiteren Erforschung. Sicher läßt sich sagen, daß die politischen Kämpfe des 19. Jahrhunderts Österreich zu Unrecht als einen „Völkerkerker" gezeigt haben; denn in der Kultur zeigt sich besser als in allen politischen und administrativen Institutionen, daß die theresianische Monarchie ihren Völkern sehr wohl das Gefühl der Gemeinsamkeit und der Solidarität einzugeben verstanden hat.

Daran dachte wohl auch Palacký, der Vater der tschechischen Nation, als er 1848 nach seiner Ablehnung, sein Vaterland an das Schicksal eines neuen Deutschlands zu knüpfen, erklärte, Österreich existiere schon sehr lange und müßte weiter existieren, Worte, aus denen die berühmte, ein wenig verfälschende Formulierung geprägt wurde: „Wenn Österreich nicht existierte, dann müßte es erfunden werden."[10]

In ihrer politischen Form ließ sich die maria-theresianische Monarchie nur schlecht den Erfordernissen des 19. Jahrhunderts anpassen. So begann der langsame Untergang. Ihr bevorstehendes Ende aber wurde von vielen hellsichtigen Geistern nicht ohne Angst und Melancholie wahrgenommen. 1917 schreibt der Dichter Hugo von Hofmannsthal an den Politiker Josef Redlich, daß er vorhabe, einen Essay über Maria Theresia aus Anlaß ihres bevorstehenden zweihundertsten Geburtstages zu schreiben, worauf Redlich ihm zur Dokumentation das Buch des „alten Adam Wolf" zuschickt und ihm ermunternd schreibt, er freue sich, daß er, Hofmannsthal, über die große Kaiserin schreiben wolle; denn er verehre diese edle Frau „als die schönste Verkörperung alles Großen und Guten, was seither der Name Österreich umschließt".[11] Das Lob ist gerecht; denn es sagt nicht, daß die Regierung fehlerlos und die Regentin ohne Schwächen gewesen war.

In einer Epoche, wo in Europa das Barock ausklingt und das Zeitalter der Aufklärung beginnt, die Nationen erwachen und die patriarchalische Monarchie zur Machtabgabe gezwungen wird, wo neben der Agrarwirtschaft vorindustrielle Produktionsmethoden erfolgreich werden, da hat die maria-theresianische Monarchie nicht nur die ererbte Macht verteidigt, sondern sich bemüht, in den zwischenstaatlichen Beziehungen mehr Vernunft walten zu lassen und mehr Gerechtigkeit im täglichen Existenzkampf der Menschen.

# *Anmerkungen*

## *Ihre Länder und Völker*

1 Für dieses Kapitel sei auf folgende Werke der neueren Geschichtsschreibung hingewiesen:
*Österreich:* Hugo Hantsch, Die Geschichte Österreichs, Graz, 1. Bd. 5. Aufl. 1969, 2. Bd. 4. Aufl. 1968; Erich Zöllner, Geschichte Österreichs, Wien 1961; Max Vancsa, Geschichte Nieder- und Oberösterreichs, Stuttgart 1927. Über *Ungarn:* V. Homan–J. Szekfü, Magyar Törtenet, 6 Bde.; Elekes–Lederer, Magyarorszag törtenete, 1961. Über *Böhmen* und die *slowakischen* Komitate Ungarns, die heutige Slowakei: Bd. 4 der Enzyklopädie Vlastivěda, 1932, und Bd. 2, I, Československá Vlastivěda, 1961. Vgl. auch: Innerösterreich 1564—1619, hg. v. A. Novotny u. B. Sutter; Josef Janacek, Dobá předbělohorskă (Die Zeit vor der Schlacht am Weißen Berg) 1526—1547, Bd. 1, 1968. Ausführliche Bibliographie außerdem in meinem Buch: Monarchie et Peuples du Danube, Paris 1969, S. 442.

2 Über die Persönlichkeit des „Blauen Königs", Schwiegersohns Kaiser Leopolds I. und General in seinen Diensten, vgl. P. C. Hartmann, Les Dettes de l'électeur Maximilien-Emanuel de Bavière en France et aux Pays-Bas espagnols de 1700—1726, Diss. Paris 1969.

3 Max Braubach, Prinz Eugen von Savoyen, Bd. 4. Der Staatsmann, 1965.

4 Es ist hier auf zwei Werke der französischen Geschichtsschreibung zu verweisen: J.-F. Noël, Le Conseil aulique et la Justice impériale dans le Saint-Empire romain germanique à l'époque de Joseph II, 1765—1790; J. Bérenger, Finances et Absolutisme autrichien, 1657—1699; vgl. auch E. C. Hellbling, Österreichische Verfassungs- und Verwaltungsgeschichte, Wien 1956.

5 Michel Antoine, Le Conseil du Roi sous Louis XV., Droz 1970.

6 Ceskoslovenská Vlastivěda (1933), Bd. 2, S. 115.

7 A. Koniáš, Klic kacírské bludy k rozeznání otvírjící (Schlüssel zur Kenntnis der Häretik) 1729. Auszüge in V. Husa: Nas národni minulost in dokumentéch, I, Prag 1954, S. 356.

8 Yves Lasfargues, Le Culte mondial de saint Jean Népomucène, Diss. 1969; Katalog der Ausstellung über den Heiligen Nepomuk, Augsburg, München, Wien 1971; J. Neuhardt, Johannes von Nepomuk, Graz 1979.

9 A. Klima, Mercantilism in the Habsburg Monarchy, With special reference to the Bohemian Lands, in: Historica (Prag), Bd. 11, 1965.

## *Ihre Rechte für die Nachfolge*

1 Das Original der Pragmatischen Sanktion, vier in deutscher Sprache beidseitig beschriebene Blätter, befindet sich im Staatsarchiv von Wien (Familienurkunde Nr. 1839). Ausstellungssaal.

2 Pedro Voltes Bou, El Archiduque Carlos de Austria, rey de los Catalanes, Barcelone 1952.

3 Vgl. G. Turba, Die Grundlagen der Pragmatischen Sanktion, 1912, Bd. II, Die Hausgesetze.

4 Das Original dieses Paktes in Latein befindet sich ebenfalls im Staatsarchiv.

5 Kaiserin Elisabeth blieb vier Jahre kinderlos. Erst 1716 brachte sie einen Sohn zur Welt, der im selben Jahr starb, dann drei Töchter: Maria Theresia, Maria Anna und Maria Amalia. Letztere starb noch im Kindesalter.

6 Vgl. die Tagebucheintragung von Khevenhüller, Bd. I, S. 70, am 19. April 1713: Der Kaiser setzt fest, daß die beiden josefinischen Erzherzoginnen innerhalb der Primogenitur vor ihren Tanten, den leopoldinischen Erzherzoginnen, an erster Stelle der Thronfolge stehen und daß diese Verfügung allgemein bekanntzumachen sei. Der Pakt von 1703 war geheim gewesen, so daß man sich nach dem Tod Josefs I. fragte, ob nicht die junge Erzherzogin Josefa die Donaumonarchie erben würde. Die Kaiserin Eleonore, die bis zur Rückkehr Karls III. die Regentschaft ausübte, war allerdings der Ansicht, daß ihre Töchter, die leopoldinischen Erzherzoginnen, zumindest bei Festlichkeiten den Vortritt vor ihren Enkelinnen, den josefinischen Erzherzoginnen, haben.

7 Vgl. Otto Fraß, Quellenbuch zur österreichischen Geschichte, Bd. II, Nr. 164, S. 226: Kaiser Karl publiziert ... die Pragmatische Sanktion.

8 Über Seilern: Paris, Aff. étr., Autriche, 38, Mémoires et documents: mémoire sur la cour de Vienne à l'époque de Joseph I.

9 G. Turba gibt zu, daß einige Passagen des Erbfolgepaktes, insbesondere die beiden Artikel, in denen es um den Fall der Kinderlosigkeit sowohl bei Karl III. als auch bei Josef I. ging, linkisch formuliert worden sind, was durch die Eile zu erklären ist, mit der Seilern im September 1703 seine Arbeit abschließen mußte. Bei anderen Punkten hatte Kaiser Leopold Korrekturen verlangt. Jedenfalls stellte Seilern im Laufe der Diskussionen, die der Veröffentlichung der Pragmatischen Sanktionen vorausgingen, ausdrücklich fest, daß die Töchter Kaiser Josefs in der Erbfolge vor ihren Tanten und weiter entfernten Verwandten ständen, aber nicht vor den noch ungeborenen Kindern Kaiser Karls: „exceptis filiis et filiabus Caroli, quae nasciturae sunt!" (Turba, Hausgesetze, S. 425.) Auch das Testament Kaiser Leopolds von 1705 bestätigt die Dispositionen des Paktes von 1703 und präzisiert darüber hinausgehend, daß, wenn Karl sich nicht in Spanien halten sollte, man für ihn in Tirol ein Fürstentum aufgrund der Sekundogenitur einrichten sollte.

10 Vgl. Supplément au Corps universel, Bd. II, Teil 2, S. 162 (Ordonnanz Kaiser Karls VI. vom 7. August 1723).

11 Die Kopien von dem Testament Ferdinands I. befinden sich im Staatsarchiv in Wien. Es wird hier nicht vollkommen deutlich, ob bei der weiblichen Erbfolge die Nachkommenschaft des „primi acquirentis" — Kaiser Ferdinand I. — das Vorrecht vor der Nachkommenschaft des „ultimi defuncti" — Karl VI. — haben würde. Karl Albrecht war in der Überzeugung erzogen worden, daß er, falls es keinen männlichen habsburgischen Erben gäbe, der rechtmäßige Erbe Böhmens sei. Dieser Fall trat 1740 ein. Der Brief, in dem er sich über den Verrat Frankreichs beklagt, befindet sich in den „Archives étrangères" in Paris, C. P. Bavière 86.

12 Paul Vaucher, Robert Walpole et la Politique de Fleury, S. 452.

13 Wien, Staatsarchiv, Staatenabteilungen, Frankreich, Varia 17, Kardinal Fleury an Maria Theresia, 17. Juni 1741.

14 Paris, Aff. étr., Autriche: Mémoires et documents, 29, f° 40.

1 Über die Kindheit und Jugend Maria Theresias wissen wir recht wenig. Nur ein so höflicher Biograph wie Alfred von Arneth konnte ihr „perfekte Kenntnisse des Deutschen, Lateinischen, Französischen, Italienischen und Spanischen" zuschreiben (Arneth I, S. 14). Tatsächlich war es um ihre Syntax und Orthographie in allen Sprachen sehr schwach bestellt, was aber durch die Lebhaftigkeit ihres Ausdrucks ausgeglichen wird. Die Korrespondenz Maria Theresias und ihres Verlobten ist in dieser Hinsicht sehr aufschlußreich. Mit den Jahren verbesserte sie übrigens ihre Sprachkenntnisse sehr. Über den Alltag, die Gesundheit und das Temperament Maria Theresias erfahren wir viel aus dem Tagebuch des Fürsten Johann Josef Khevenhüller-Metsch. Auszüge daraus bei A. Wolf, Aus der Zeit Maria Theresias 1742—1776, 5 Bde., 1907—1917.

2 Über Franz von Lothringen vgl. meinen Artikel im Bulletin de la Société d'Histoire de France, 1966: Territoire et dynastie.

3 Arneth, Bd. I, bezieht sich hier auf einige, wenn auch widersprüchliche Depeschen des venezianischen Botschafters Zeno.

4 Wien, Staatsarchiv. Plakat über die Thronbesteigung, Wien, am 20. Oktober 1740; gedruckt von „Johann Peter von Ghel, Königlichen und Hof Buchdrücken".

5 Über die Verhandlungen vgl. Arneth I, mit den in den Anmerkungen veröffentlichten Dokumenten, außerdem Kretschmayr und Guglia (Bd. I, S. 65).

6 Arneth, Bd. I, S. 389.

7 Vgl. Bibliographie. Über Franz II. Rákóczi: Béla Köpeczi, La France et la Hongrie au début du XVIIIe siècle, Budapest 1971, und Kálmán Benda, in: Les Hommes d'Etat célèbres, Bd. IV, Paris 1971.

8 Paris, Aff. étr., Autriche, C.P. 242, f[o] 216, 21. Mai 1749.

9 Arneth, Bd. I, S. 396.

10 Wie Guglia sehr richtig bemerkt (I, S. 3), ist das „Moriamur pro rege nostro" wahrscheinlich eine Legende, aber es paßte genau zu der Stimmung des Augenblicks. Am 21. legte der Großherzog seinen Treueid als Mitregent ab, und bei dieser Gelegenheit wurde der sechs Monate alte Erzherzog, „lebendig wie ein Eichhörnchen", vorgezeigt.

11 Guglia, I, S. 113; Hugo Hantsch, Geschichte Österreichs, II, S. 152. Die sechs ungarischen Regimenter, die dem Kaiser zur Verfügung gestellt wurden — Forgasch, Andrassy, Ujvary, Haller, Sziemay und Bethlen —, gehörten der kaiserlichen Armee bis 1918 an.

12 Über den böhmischen Krieg und die Besetzung Prags vgl. J.-F. Noël, L'Affaire de Succession de Bohême, 1740—1743, Sorbonne 1955.

13 Die Papiere Séchelles befinden sich in der Bibl. Nat., Fonds français, N A 5251 bis 5258.

14 F. Grünberg, Die Bauernbefreiung und die Auflösung des gutsherrlich-bäuerlichen Verhältnisses in Böhmen, Mähren und Schlesien, 1893—94.

15 Die tschechischen und deutschen Geschichtsschreiber sind sich über den gemäßigten Charakter der von Maria Theresia ergriffenen Maßnahmen einig. Karl David wurde, nachdem Maria Theresia ihn begnadigt hatte, in der Festung von Buda eingesperrt.

16 Die Historiographen Maria Theresias, Guglia, Kretschmayr und Tschuppik, räumen der Krönung in Prag nur wenig Raum ein, und die gegenwärtige Geschichtsschreibung neigt ebenfalls dazu, diese Zeremonie für einen rein formellen Akt zu halten. Dies ist aber falsch. Vgl. Pelzl, Geschichte von Böhmen, Bd. II (Aufl. 1817), und Svátek, s. o., Bd. I.

17 Ein Ausdruck, der das Selbstbewußtsein der Böhmen tief verletzen mußte. Wie konnte die Königin, die doch die Macht der beiden Reichstage sehr gut miteinander vergleichen konnte, sich so täuschen?
18 Svátek und Pelzl haben, der eine in Tschechisch (s. o., S. 183), der andere in Deutsch (s. o., S. 887), die Übersetzung des lateinischen Eids geliefert.
19 Svátek, s. o., S. 272ff.
20 Mémoires de Fréderic II, zitiert von H. Vallotton, Marie-Thérèse impératrice, S. 89.
21 Ph. Muret, La Préponderance anglaise, S. 410—441.
22 Über die Unterhaltung mit Robinson vgl. Duc de Broglié, Marie-Thérèse impératrice, II, S. 135. Guglia, I, S. 261.
23 Vgl. Duc de Broglié, Le Secret du Roi, correspondance secrète de Louis XV avec ses agents diplomatiques; D. Ozanam und M. Antoine, Correspondance du comte de Broglié avec Louis XV, 2 Bde. (hg. v. d. Société de l'Histoire de France). Während des Österreichischen Erbfolgekriegs arbeitet Ludwig XV. an der Rekonstruktion einer französischen Partei in Polen und an der zukünftigen Wahl des Prinzen Conti zum polnischen König.
24 Martens, Recueil des traités, Bd. I.
25 Dies scheint eine ganz persönliche Entscheidung Maria Theresias gewesen zu sein.
26 Guglia, dessen Werk während des Ersten Weltkriegs erschien, zieht hier den Vergleich zwischen der Besetzung Modenas, dessen Herzog neutral war, und der Verletzung der belgischen Neutralität, I, S. 176.
27 Rousset, Recueil historique d'actes, négociations, mémoires et traités, Bd. XX, préliminaires, S. 158, traités, S. 179.
Die belgischen Städte und Ortschaften, in denen Holland aufgrund des Barriere-Vertrags Garnisonen unterhalten durfte, mußten von Frankreich geräumt und wieder von holländischen Garnisonen besetzt werden. Darauf kam es wieder zu Schwierigkeiten zwischen Österreich und Holland.
Bei den an Don Philipp abgetretenen italienischen Territorien garantierte eine Reversionsklausel in zwei Fällen die Rückkehr zu den alten Besitzern (bei Parma das Haus Österreich, bei Piacenza der König von Sardinien), erstens wenn Philipp König von Neapel werden, zweitens wenn Philipp über keine männlichen Erben verfügen sollte. Der Fall trat nicht ein: Die Bourbonen blieben bis zur Revolution in Parma und regierten wieder von 1847 bis 1860.

### *Der Wiederaufbau. Innenpolitische Reformen*

1 Maria Theresia hat zwei wichtige Memoranden, die ihre politischen Testamente genannt werden, hinterlassen. Das eine stammt aus den Jahren 1750—51, das andere aus den Jahren 1755—56. Diese Texte sind 1932 von Joseph Kallbrunner herausgegeben worden und 1968 von F. Walter, Maria Theresia, Briefe und Aktenstücke in Auswahl. Zitat S. 80. Weitere Auszüge dieser Testamente bei H. Kretschmayr, Maria Theresia, Texte im Anhang.
2 E. Guglia, Maria Theresia, I, S. 372; ders., Anhang von Bd. II.
3 Kaiserin Maria Theresia und Kurfürstin Maria Antonia von Sachsen, Briefwechsel, 1747—1772, hg. v. W. Lippert, Leipzig 1908, Brief vom September 1748, S. 5. Der Brief ist in Französisch geschrieben worden, deutsche Übertragung in: Briefe der Kaiserin Maria Theresia, hg. v. H. Kubin, München, abgedruckt bei F. Walter, s. o., S. 58.

4 Max Braubach, Maria Theresias jüngster Sohn, Max Franz, Wien 1961.
5 In der Serie Staatskanzlei-Vorträge an den Kaiser sind die Protokolle der Sitzungen und die Rapporte der Geheimen Konferenz, des Geheimen Rats und der verschiedenen Ausschüsse, nach Jahren geordnet, enthalten.
6 F. Walter, Österreichische Zentralverwaltung in der Zeit Maria Theresias 1740 bis 1750, S. 528. Ders., Die Theresianische Staatsreform von 1749 (Sammlung Österreich-Archiv, Wien 1958).
7 F. Walter, Geschichte der Österreichischen Zentralverwaltung, s. o., S. 83.
8 F. Walter, Die Maria-Theresianische Staatsreform, S. 31, und N. Preradovich, Des Kaisers Grenzer, Wien 1970, S. 126.
9 Diese anonyme Beschwerde stammt von einem Kärntner Verwaltungsbeamten, ist von der französischen Botschaft in Wien abgeschrieben und nach Paris geschickt worden: Arch. des Aff. étr., Autriche, C. P. 244, f° 292.
10 Ibd.
11 F. Walter, Die Maria-Theresianische Staatsreform, S. 45.
12 Das von Bartenstein signierte Protokoll befindet sich auch im Tagebuch Khevenhüller-Metschs, Aus der Zeit Maria Theresias, Ausg. 1908, Bd. I, 1745—1749, Anm. 254; S. 469ff. (Khevenhüller war ans Krankenbett seiner Frau gerufen worden.) J. Pekař schließt sich seiner Analyse der Sitzung vom 29. Jänner an (České Katastry, S. 150ff.).
13 H. Kretschmayr, Maria Theresia, S. 104.
14 Dies ist die Position, die die liberale Geschichtsschreibung Böhmens im 19. Jahrhundert einnimmt. Auch J. Pekař, s. o., S. 159, vertritt einen allerdings nuancierteren Determinismus.
15 Über die Verhandlungen mit den böhmischen und mährischen Landtagen vgl. J. Svátek, Panováni cisarovny Marie Teresie, Prag 1897, S. 284ff., und J. Pekař, Česke Katastry, S. 164.
16 J. Svátek, s. o., S. 227.
17 Khevenhüller-Metsch, s. o., S. 318, Datum: 2. Mai 1749.
18 F. Walter, Geschichte, s. o., S. 177.
19 In seiner berühmten Propagandabroschüre aus dem Ersten Weltkrieg mit dem Titel „Détruisez l'Autriche — Hongrie", 1916, S. 22, prägte Eduard Benesch den Satz: „Durch den entschlossenen Akt von 1749 vollendete Maria Theresia die Aufgabe, die sich ihr Haus gestellt hatte ... Sie setzte der Existenz des tschechischen Staates ein Ende."
20 Paris, Aff. étr., Autriche, C. P. 242, Depesche Blondels vom Mai 1749. In ihren Testamenten lobt Maria Theresia Haugwitz für seine Treue und Selbstlosigkeit, mit denen er sich den ungerechten Haß seiner Gegner zugezogen habe.
21 Kienast, Der österreichische Erbfolgekrieg, I. In Československá Vlastivěda, 1961, Dějiny, I, S. 539, gibt es einen sehr pittoresken Stich über eine Rekrutierungsszene in einer kleinen böhmischen Stadt im 18. Jahrhundert.
22 Paris, Aff. étr., Autriche, C. P. 242, 3. Dezember 1749.
23 N. Preradovich, Des Kaisers Grenzer, S. 120.
24 H. Kretschmayr, Maria Theresia, S. 268.
25 Paris, Aff. étr., Autriche, C. P. 242, f° 274.
26 Guglia, s. o., II, S. 14—24.
27 N. Preradovich, s. o., Kap. 5, S. 123, Die Reformen des Herzogs von Sachsen-Hildburghausen.

1 Muret, La Prépondérance anglaise, Coll. Peuples et Civilisations, Bd. XI, 1937. Über Schweden vgl. C. Nordmann: Grandeur et liberté de la Suède, Paris 1971; Pierre Jeannin in: Les Hommes d'Etat célèbres, Bd. IV, D. 294—312, 320.

2 Über den geheimen Plan des Königs: Duc A. de Broglié, Le Secret du Roi, 2 Bde., Paris 1878, und La Correspondance secrète du comte de Broglie avec Louis XV., Bd. I, II, hg. v. M. Antoine u. D. Ozanam, Paris, Société de l'Histoire de France.

3 Die Originaldokumente liegen im Staatsarchiv von Wien, Staatskanzlei-Vorträge, 1749, Kartons 61 und 62, Konferenzvota. Karton 61 enthält die Sitzungen vom 18. und 28. März betreffende Texte, Karton 62 die Rapporte vom 18. März der Herren Königsegg, Uhlfeld, Harrach, Colloredo, Khevenhüller und Kaunitz, den Auszug Bartensteins, die Nachträge von Harrach, Colloredo, Khevenhüller und Kaunitz sowie die Meinung des Grafen Batthyány. Es fehlt der Nachtrag Königseggs. Auch die Briefe des Kaisers, von dem Arneth annimmt, daß er dem Projekt einer Annäherung an Frankreich am ablehnendsten gegenüberstand, sind nicht mehr erhalten. Siehe auch: Arneth, s. o., Bd. IV, Guglia, s. o., Bd. II, S. 92ff.; Jacob Strieder, Kritische Forschungen zur österreichischen Politik vom Aachener Frieden bis zum Beginn des Siebenjährigen Krieges, Leipzig 1906; Khevenhüller-Metsch, Aus der Zeit Maria Theresias, 1907, hg. v. R. Khevenhüller-Metsch u. H. Schlitter; Einführung von A. Beer in: Aufzeichnungen des Grafen William Bentinck über Maria Theresia, Wien 1871.

4 Der Rapport von Kaunitz beschränkt sich nicht auf die Untersuchung der Möglichkeiten einer Loslösung Frankreichs von Preußen, sondern gibt einen umfassenden Überblick über das Allianzsystem des damaligen Europas.

5 Arneth (Bd. 4) nimmt an, daß Maria Theresia für den Kaunitz-Plan war, weil er ihr die Möglichkeit gab, sich an Preußen zu rächen. J. Beer jedoch greift in seinem Vorwort zu den Rapporten des holländischen Botschafters Bentinck über seine Gespräche mit Maria Theresia diese These heftig an. Zwischen 1749 und 1755 gibt es laut Beer in den österreichischen Archiven kein Beweisstück für irgendwelche Revanchegelüste oder Kriegsvorbereitungen. Infolgedessen lägen die Wurzeln für den Siebenjährigen Krieg keinesfalls vor 1755. Dieser Ansicht schließt sich auch Schlitter in den Anmerkungen zu Khevenhüller-Metsch, Aus der Zeit Maria Theresias, an, II, S. 539. Dagegen ist aber zu sagen: Wenn Maria Theresia gegen den Kaunitz-Plan gewesen wäre, dann hätte sie Kaunitz nicht als Botschafter nach Paris geschickt. Es ist also unrichtig, wie Beer zu behaupten, daß vor 1755 keine Anzeichen einer neuen Politik zu finden seien.

6 „Wo nach Erklärung des Harrach die Meinungen gleich seind, so approbiere selbe, wo aber ein Unterschied fall denen Majoribus bei, wonach sich künftig zu halten; sowohl in denen Beratschlagungen als Expeditionen, darnach sich allezeit als ein Grund zu halten." Dieser oft zitierte Text befindet sich im Staatsarchiv, Karton 61. Zit. und kommentiert bei Guglia, Bd. II, S. 96.

7 Guglia, II, S. 102.

8 Arch. d. Aff. étr., Paris, Autriche, C. P. 242, 243, 244: Depeschen des Botschafters Blondel aus dem Jahr 1749.

9 Der Bericht Blondels über das Gespräch vom Dezember 1750 ist publiziert bei Schlitter, Correspondance de Koch et de Kaunitz, S. 325, Anm. 34.

10 Kaunitz war bereits Botschafter in Paris, als die Ernennung Hauteforts im Dezember 1750 beschlossen wurde. „Madame d'Hautefort", schrieb Kaunitz an Koch, „gilt hier als gute Landfrau, die sich mit nichts anderem als mit ihrem

Haushalt und ihren Kindern abgibt, mit den Hühnern zu Bett geht und in keiner Weise gesellschaftsfähig ist. Bei uns wäre sie eine gute und vernünftige Frau. Hier in diesem eigenartigen Land ist sie eine lächerliche Person. Bei allem, was man mir über Monsieur und Madame d'Hautefort erzählt hat, glaube ich also, daß sie sehr gut nach Wien passen." (Schlitter, s. o., S. 28.)

11 Beer, s. o., S. 24ff., 22. Oktober 1749; Guglia, II, S. 97ff.

12 Walter, in Kretschmayr, S. 207.

13 Grundlegende Werke zu diesem Thema: J. Pekař, Kniha o Kosti, Bd. II; České Katastry, Prag 2. Aufl. 1932. Vgl. auch die ausgezeichnete Publikation der Archive des Innenministeriums in Prag: Tereziánský Katastr český, Gemeinschaftswerk von M. Lišková, Ghalupa, Nuhlicek und Rajtoral, 3. Bde., davon zwei über das Rustikalland, einer über das Dominikalland. Vgl. auch E. Hradecky, Tereziánský Katastr (Sbornik archivních praci, VI[1], S. 105—135, Prag 1956).

14 J. Pekař, České Katastry, S. 13; Kniha o Kosti, II, S. 179. „Für den Kreis Boleslav", schreibt J. Pekař, „wählte man zum Beispiel den Divisor 47. Das hieß: nach den geschätzten Bodenerträgnissen ergaben 47 Morgen eine Steuereinheit. Im Kreis Kuřim dagegen wurde der Divisor auf 66$^3/_4$ Morgen festgesetzt, so daß nur der Bauer, der mehr als 66 Morgen hatte, als komplette Steuereinheit galt." Ich kann hier selbstverständlich nicht intensiver auf die komplizierte Steuerveranlagung eingehen; die Vermessungseinheiten waren von Gegend zu Gegend geringfügig anders. Ich konnte hier nur eine ungefähre Vorstellung des Systems vermitteln.

15 Über den Dominikalboden vgl. Bd. 3 der Publikation Tereziánský Katastr český, s. o.

16 Das Beispiel ist dem Tereziánský Katastr český entnommen, I, S. 43, und bezieht sich auf die Domäne Osečany, Kreis Berun.

17 J. Pekař, Ceské Katastry, S. 269. Es muß darauf hingewiesen werden, daß es sich hier schon um die Zeit während des Siebenjährigen Krieges handelt, in dessen Verlauf, wie Pekař S. 268 betont, neue außergewöhnliche Lasten zu den Steuern dazukamen.

18 Carl Grünberg, Die Bauernbefreiung und die Auflösung des gutsherrlich-bäuerlichen Verhältnisses in Böhmen, Mähren und Schlesien, 1894, Bd. I, S. 50.

19 Über Larisch: C. Grünberg, s. o., S. 56, und Kamil Krofta, Dějiny selského stavu (Geschichte der bäuerlichen Welt), Prag 1919.

20 L. Kárníková, Vyvoj obyvatelstva v českých 1754—1914 (Über die Bevölkerungs-zu- und -abnahme in den tschechischen Ländern), Prag 1965, S. 19f.
Die Volkszählung von 1754, die zum Zwecke der militärischen Rekrutierung durchgeführt wurde, kann als zuverlässig gelten. Böhmen hatte zu diesem Datum 3,013.369 Einwohner, also die Hälfte der Gesamtbevölkerung der Erbländer: 6,134.589; diese Zahl erhöhte sich 1771 auf 7,306.409.

21 J. Pekař, Kniha o Kosti, II, S. 48 und 205.

22 Über diese Probleme vgl. H. Kellenbenz, Probleme der Merkantilismusforschung; H. Bichtel, Wirtschaftsgeschichte Deutschlands von Beginn des 16. zum Ende des 18. Jahrhunderts, München 1952; F. Tremel, Wirtschafts- und Sozialgeschichte Österreichs, 1969.

23 Paris, Aff. étr., Autriche, C. P. 244.

24 Der Friede von Dresden wurde durch einen Handelsvertrag ergänzt, aber es kam zu keinen guten Handelsbeziehungen. So belegte Preußen den Weinimport nach Schlesien mit exorbitanten Steuern. Dabei handelte es sich hauptsächlich um ungarische Weine, für die schon an der österreichischen Grenze Zoll zu zahlen war. Außerdem mußten die Untertanen der Kaiserin-Königin nun auf den schlesischen

Märkten eine Verbrauchssteuer zahlen. Dazu kamen Veränderungen der in Breslau üblichen Geldsorten.

25 So verließ zum Beispiel Graf Habural de Chamaré Schlesien und gründete in Pottenstein in Nordböhmen eine Tuchmanufaktur mit dazugehörigen Werkstätten, an der sich auch Kaiser Franz I. beteiligte (Československá Vlastivěda, Dějiny, 1963, S. 565).

26 H. Kretschmayr, Maria Theresia, S. 108.

27 C. Peez u. O. J. Raudnitz, Geschichte des Maria Theresienthalers, Wien 1898; A. Loehr, Österreichische Geldgeschichte, 1946.

28 Die Akademie wurde 1904 von Kaiser Franz Josef I. wiedereröffnet. Zu diesem Anlaß wurde eine Medaille geprägt, die vorne die Porträts des Kaisers und Maria Theresias trägt und auf der Rückseite folgende Inschrift: „Academiae edocendorum consulum a diva Maria Theresia ante CL annos fundatae munificentia Francisci Josefi I haec novae aedes exstructae MCMIV." Das Gebäude in der Boltzmanngasse in Wien ist derzeit Sitz der amerikanischen Botschaft.

29 Hanns Leo Mikoletzky, Kaiser Franz I. Stephan und der Ursprung des habsburgisch-lothringischen Familienvermögens, 1961.

30 A. Klima, s. o.; H. Kretschmayr, s. o., S. 109.

*Bündnis mit Frankreich und Siebenjähriger Krieg*

1 Correspondance secrète entre le comte de Kaunitz-Rietberg et Ignaz de Koch, secretaire de l'Impératrice, hg. v. Schlitter, Paris 1899, S. 236. Dieselbe lobende Beschreibung Ludwigs XV. befindet sich in „Mémoire sur la cour de France", in: Revue de Paris, 1904, hg. v. du Dresnay.

2 Aff. étr. Paris–Autriche, C. P. 244 f° 262[A]. 7. Dezember 1749.

3 Aff. étr. Paris–Autriche, C. P. 249 f°, 205 u. 213[B]. Hautefort an Puysieulx, am 20. Februar 1751.

4 Aff. étr. Paris–Autriche, C. P. 249 f° 233, 4. Februar 1751.

5 Aff. étr. Paris–Autriche, ibid., f° 189. Puysieulx à Hautefort, 18. Februar 1751.

6 Ibid., f° 120. In der Depesche vom 3. Februar 1751 schildert Hautefort seine Audienz bei der Kaiserin, die, obwohl im achten Monat schwanger, darauf bestand, der Etikette gemäß, stehen zu bleiben.

7 Instruktion an die Botschafter; Angleterre, Bd. XXV, 2, S. 364, Anm. 41.

8 Guglia, s. o., Bd. II, S. 108.

9 Correspondance secrète entre Kaunitz et Koch, s. o. S. 94. Der Sohn Kaunitz', Moritz Quirion, geboren am 9. Juni 1738, starb am 31. März 1751.

10 Ibid., S. 164, 12. Februar 1752.

11 Marquis d'Argenson, Mémoires, Bd. 7, S. 74.

12 Corr. secr., s. o., S. 197; hier zit. nach Guglia II, S. 107.

13 Ibid., S. 240.

14 Der Marquis d'Argenson nannte den Einzug von Kaunitz in Paris „magnifique" (s. o., S. 305). In der Nationalbibliothek in Paris befindet sich ein Buch, das den Weg beschreibt, den der Festzug durch Paris nahm: Ordre de l'entrée de S. Exc. le comte de Kaunitz 17. sept. 1752.

15 Wie es Max Braubach in Wien und Versailles, Bd. 2, S. 413, tut. Vgl. auch G. Zeller, Histoire des relations internationales, Bd. 3, II, S. 225: „Es ist behauptet worden, daß Kaunitz die Favoritin, Madame de Pompadour, ins Spiel gebracht habe. Dies entspricht nicht den Tatsachen." Alle Dokumente (Geheimkorrespon-

denz Koch–Kaunitz, Wien, Staatsarchiv) sprechen jedoch *für* die wichtige Rolle, die die Favoritin bei den Verhandlungen gespielt hat.

16 Wien, Staatsarchiv, Frankreich 85, Weisungen, 11. Jänner 1752.

17 Über Kaunitz gibt es noch nicht die große Bibliographie, die der Historiker sich wünscht. Vgl. C. Küntzel, Fürst Kaunitz-Rietberg als Staatsmann, Frankfurt 1923; Alexander Novotny, Staatskanzler Kaunitz als geistige Persönlichkeit, Wien 1947; Grete Klingenstein, Soziale Herkunft und Erziehung des Staatskanzlers Kaunitz, Diss. Wien.

18 Wien, Staatsarchiv, Vorträge 1755, Karton 77.

19 Wien, Staatsarchiv, Vorträge 1755, Karton 77. Dieser Karton enthält die Protokolle der Sitzungen, an denen die Majestäten teilgenommen haben, und ein dickes Heft mit dem Titel: „Erleuterung des funfften Weegs." Es diente Arneth zu seinem Kommentar über den Kaunitzplan.

20 Dies sind die „Erleuterungen" von Kaunitz: „Wie Lothringen noch nicht in französischen Händen und das Reich in einer anderen Verfassung war; so mußten wir weit mehreren auf das Luxemburgisch zurücksehen. Allein gilgt est uns zu weit entlegen und in gewisser Mass zur Last. die Allirte nehmen an dessen Conservation Keinen sonderlichen Antheil und Frankreich Können wir nimmermehr Lothringen aus den Händen bringen, wann wir nicht vorher Preußen ecrasirt haben." Die Worte bleiben zweideutig. Wollte Kaunitz damit sagen, daß man umso leichter auf Luxemburg verzichten könne, als keine Hoffnung bestände, jemals wieder Lothringen in Besitz zu nehmen, oder sieht er die Möglichkeit, Lothringen zurückzugewinnen, wenn der König von Preußen vernichtet sei?

21 Ibid. „Wan der Plan nicht chimerisch, sondern thunlich und gut sein soll, so muß er nicht allein Unsern, sondern auch des Frankreich Interesse vereinbaren."

22 Diese Frage hat sich Arneth gestellt (Bd. V, S. 393).

23 Die Weisungen an Starhemberg (in Französisch) befinden sich im Staatsarchiv in Wien, Frankreich 94, Weisungen. Ebenso die Kopie jener oft zitierten Erklärung Maria Theresias vom 21. August 1755, daß sie nichts über die Verhandlungen verlautbaren werde.

24 Warum? Sicher weil er glaubte, die Hilfe der Marquise leichter zu bekommen, und weil er ihren Einfluß beim König für größer hielt. Den für Conti bestimmten Brief mußte er vernichten. Arneth zufolge (V, S. 550, Anm. 482) unterhielt Kaunitz keine Kontakte mehr zur Favoritin; denn er wußte nicht einmal ihre Adresse und bat Starhemberg, für den Fall, daß er sich für die Marquise entscheide, die Anschrift zu vervollständigen. Sein Brief beginnt folgendermaßen: „Madame, j'ai souvent desiré pouvoir me rappeler à votre souvenir." (Madame, ich habe oft gewünscht, mich Ihnen wieder ins Gedächtnis zu bringen.) Am 28. September schrieb Maria Theresia an Starhemberg, den sie duzte, daß sie seine Entscheidung billige: „Tu ne m'as aucunement contrariée en choisissant de préference Madame de Pompadour, qui possède la plus grande confiance du roi, car il aurait pu être très dommageable de la laisser entierement de coté." (Du hast keineswegs gegen meinen Willen gehandelt, indem Du Mame de Pompadour gewählt hast, die das größte Vertrauen des Königs besitzt, denn es hätte sehr schädlich sein können, sie vollständig beiseite zu lassen.)

25 Wien, Staatsarchiv, Frankreich 93, Berichte. Der König von Frankreich stellte fest, daß der Vorvertrag der erste Schritt zu einer soliden und vielleicht ewigen Allianz sei...

26 Ludwig XV. und Maria Theresia (oder vielmehr „Ihre Kaiserlichen Majestäten") tauschten daraufhin mehrere Projekte aus.

27 Die ganze Korrespondenz befindet sich in Wien, Staatsarchiv, Frankreich 95, Berichte.
28 Arneth, Bd. IV, S. 561, Anm. 603: „Tâchez de flatter la P. pour voir si peut-être elle se lâchera et dira par emportement ce que les ministres cachent par sagesse; peut-être sera-ce elle qui réconciliera les choses.“ Bei Schäfer, I, 619.
29 Guglia, Maria Theresia, II.
30 Vgl. R. Waddington, La Guerre de sept Ans, histoire diplomatique et militaire, Paris, 4 Bde., 1899; E. Kotasek, Feldmarschall Graf Lacy. Ein Leben für Österreichs Heer, Horn 1956.
31 Arneth, Bd. V, S. 485: „... étant d'ailleurs notoire à toute l'Europe, que le Roi de Prusse n'auroit osé commettre une aggression si manifeste sans l'aveu et le consentement de l'Angleterre, ni sans être assuré des secours les plus efficaces de cette Puissance; en sorte que la Cour de Londres doit être regardée à juste titre par toute l'Europe comme une des causes principales de la guerre qui vient de s'allumer dans l'Empire.“
32 H. Kretschmayr, Maria Theresia, S. 271.
33 Arneth, Bd. V.
34 Ibid., Bd. V, S. 524: „... si nous perdons encore une partie de la boeme, non seulement nos meilleurs ressources en homme et vivres nous manquent, mais la desertions sera horrible, l'armée deux tiers des boemes; prague perdus tout s'en va.“
35 Waddington, s. o., Bd. II, S. 319.
36 Siehe Anhang.
37 Wien, Kunsthistorisches Museum. Das Gemälde von B. Bellotto zeigt den Ehrenhof des Schlosses Schönbrunn in dem Augenblick, da an einem schönen Sommertag Graf Kinsky mit der Nachricht vom Sieg in Kunersdorf eintrifft.
38 Arneth, Bd. VI, S. 451; E. Kotasek, s. o., S. 51.
39 Waddington, s. o., Bd. IV, S. 442.
40 Ibid., S. 448.
41 Arneth, Bd. VI, S. 453; vgl. auch S. 458.
42 Recueil des Instructions aux ambassadeurs, XX[2], Bd. 3, hg. v. P. Vaucher, S. 373.

## *Anhang*

Da Legenden im allgemeinen langlebig sind, besonders wenn sie ein gewisses Skandalbedürfnis befriedigen, möchte ich hier aufzeichnen, was sich aufgrund unserer Quellen wirklich zwischen der Kaiserin und der Favoritin abgespielt hat. Man hat zum Beispiel erzählt, daß auf Initiative Friedrichs II. ein Brief von Madame de Pompadour veröffentlicht worden ist, dessen schockierender Stil allein an seiner Echtheit zweifeln läßt.

Und hier die Fakten: 1755 teilte Maria Theresia Starhemberg ihr Einverständnis zu der Wahl Pompadours als Vermittlerin mit. Nach der Unterzeichnung des ersten Vertrages (1756) hielten es Kaunitz und Starhemberg für angebracht, daß die Kaiserin der Marquise ein Geschenk überreichen ließ, aber das kostbare Geschenk (die Rechnung liegt im Wiener Staatsarchiv und ist bei Arneth, Bd. V, S. 538f. publiziert worden) erreichte sein Bestimmungsziel erst im Jänner 1759, als man bereits an der Ausarbeitung des dritten Vertrags war. Madame de Pompadour übergab darauf Starhemberg folgenden Dankesbrief:

„Gnädige Frau,
darf ich hoffen, daß Eure Majestät gütigst meinen demütigen Dank für das

unschätzbare Porträt entgegenzunehmen geruhen. Wenn es genügte, daß man, um sich dieses kostbaren Geschenks würdig zu erweisen, bis auf den Grund seiner Seele von Bewunderung für die Anmut und heroischen Tugenden Eurer Majestät durchdrungen ist, dann ist wohl niemand würdiger als ich, und ich wage hinzuzufügen, daß keiner der Untertanen Eurer Majestät diese seltenen und sublimen Qualitäten aufrichtiger zu ehren weiß als ich. Sie sind daran gewöhnt, gnädige Frau, daß alle, die das Glück haben, sich Ihnen nähern zu dürfen, ähnliche Gefühle hegen wie die, die ich die Ehre habe, Ihnen zu erklären, aber ich hoffe, Sie wollen so gütig sein, die meinen als Folge meines tiefen Respekts zu betrachten.

Eurer Majestät demütige und gehorsame Dienerin

Jeanne de Pompadour.

28. Jänner 1759."

Einige Jahre später, im Oktober 1763, erklärte Maria Theresia in einem Brief an ihre Kusine Maria Antonia von Sachsen ihre Beziehungen zu Madame de Pompadour: „Sie täuschen sich, wenn Sie glauben, wir hätten jemals Beziehungen mit der Pompadour gepflegt [der bestimmte Artikel vor einem Eigennamen wurde zur damaligen Zeit nicht negativ gebraucht], niemals ist ein Brief, nie ein Minister durch diesen Weg gegangen. Sie haben ihr den Hof machen müssen, wie alle anderen, aber niemals eine Intimität: dieser Weg hätte mir nicht gepaßt. Ich habe ihr 1756 mit Erlaubnis des Königs ein eher galantes als prunkvolles Geschenk gemacht."

Die Kaiserin hielt es offensichtlich nicht für nötig, einer Fürstin, und sei sie auch verwandt, politische Geheimnisse anzuvertrauen, und leugnet daher, daß die Favoritin ihr je persönlich als Vermittlerin am französischen Hof behilflich gewesen war, was immerhin der Wahrheit entsprochen hätte.

Sie leugnet auch die Existenz eines eigenhändigen Briefes. In diesem Punkt haben wir keinen Anlaß, ihr nicht zu glauben. Jedenfalls hat man bis heute weder in den Archiven Österreichs noch in Frankreich einen derartigen Brief gefunden. Was das Datum der Überreichung des „galanten" Geschenks angeht, das die Kaiserin mit 1756 festsetzt, so muß man sagen, daß die Idee zu diesem Geschenk tatsächlich im Jahre 1756 entstand und zwei Jahre vergingen, bis das kleine Meisterwerk fertiggestellt war, das dann außerdem die Reise von Paris nach Wien und wieder zurück machen mußte, um in Wien mit dem Porträt der Kaiserin geschmückt zu werden. Vgl. auch J. Levron, Secrète Madame de Pompadour, S. 254.

### *Die Situation nach dem Siebenjährigen Krieg*

1 Über den Staatsrat: F. Walter, Die österreichische Zentralverwaltung, II. Abteilung, 1. Bd., Die Geschichte der österreichischen Zentralverwaltung in der Zeit Maria Theresias 1740—1780, 1938, S. 254ff.; A. Arneth, Maria Theresias letzte Regierungszeit 1763—1768, Bd. I, Wien 1876, Kap. I, S. 1—32; Carl von Hock u. I. Bidermann, Der Österreichische Staatsrath, 1879, Wien 1972; A. Beer, Die Staatsschulden und die Ordnung des Staatshaushaltes unter Maria Theresia, 1895, 1972.

2 Guglia, II, S. 172.

3 Wien, Staatsarchiv, Vorträge 1763, Karton 91. Enthält einen sehr interessanten Bericht von Kaunitz, der sehr aufschlußreich für seine Vorgangsweise und seine gute Menschenkenntnis ist. Kaunitz legt dar, daß man für die französische Allianz nicht nur diskrete und ergebene Angestellte nötig habe, sondern auch vorsichtige und erfahrene. Nun benötige er aber selber den Legationssekretär Barré, der sich in

Paris sehr bewährt habe, dringend im Staatsrat, wo er ihm ein Gehalt von 4000 Gulden in Aussicht gestellt hätte. Barré habe sich aber in Paris in Schulden gestürzt, und Kaunitz schlüge daher vor, ihm 2000 bis 3000 Gulden zur Bezahlung seiner Schulden und seiner Reisekosten zu gewähren.

4 Staatsarchiv, Vorträge 1763.

5 Arneth, s. o., S. 498, Brief des Kaisers an seinen Sohn Karl, am 4. Jänner 1762.

6 Wien, Staatsarchiv, Frankreich 125, Weisungen 1763.

7 Hanns L. Mikoletzky, Österreich, das große 18. Jahrhundert, S. 215.

8 F. Walter, s. o., S. 255.

9 J. Svátek, Panováni cisařovny Marie Teresie, II, S. 110ff.

10 Das Majorat war das unveräußerliche Eigentum der Familie, der jeweilige Besitzer war lediglich der Nutznießer: Es bestand aus Bodenbesitz, Möbeln, Bildern, Büchern und Schmuck.

11 Wien, Staatsarchiv, Vorträge 91.

12 Ibid.

13 Arnošt Klima, Die Textilmanufakturen im Böhmen des 18. Jahrhunderts, in: Historica 15 (1968), Prag.

14 Vgl. den historischen tschechoslowakischen Atlas Nr. 23: Manufakturen in der Tschechoslowakai Ende des 18. Jahrhunderts.

15 F. Tremel, Wirtschaft und Sozialgeschichte Österreichs, S. 267.

16 Hock-Bidermann, Staatsrath, S. 81.

17 Arneth, Bd. VIII, S. 500. In den Archiven der Albertina befinden sich die Korrespondenz und die persönlichen Schriftstücke der Isabella von Parma. Vgl. Arneth, s. o., S. 33f., und Henry Vallotton, Marie-Thérèse impératrice, Kap. VII.

18 Arneth, s. o., S. 499, Brief Maria Theresias an Marie Louise von Parma, die jüngere Schwester Isabellas, 14. September 1763.

19 Wien, Staatsarchiv, Hausarchiv, Familienkorrespondenz 37.

20 Arneth, s. o., S. 507, Erzherzog Josef an den Herzog von Parma, 11. Dezember 1763.

21 F. Walter, Maria Theresia, Briefe und Aktenstücke in Auswahl, S. 181, Maria Theresia an Graf Pergen, 7. März 1763.

22 Graf Dietrichstein, Maria Theresias Botschafter am dänischen Hof.

23 Arneth, s. o., S. 506.

24 J. Svátek, s. o., II, S. 128.

25 H. L. Mikoletzky, s. o., S. 223.

26 Wien, Staatsarchiv, Hausarchiv, Familienkorrespondenz 37, Marie Antonia von Sachsen an Maria Theresia, 4. Juni 1764. Zuerst hatte man geplant, für Josef um die Hand seiner jungen Schwägerin Marie Louise von Parma anzuhalten. Aber der König von Spanien, Karl III., Oberhaupt des Hauses Bourbon, lehnte ab, weil er die Infantin seinem älteren Sohne zugedacht hatte. Sie wurde später Königin von Spanien, bekannt wegen ihrer Liebesgeschichten mit Godoy und ihren Streitereien mit Napoleon. Sie figuriert auf dem berühmten Porträt der königlichen Familie von Goya.

Am Wiener Hof hatte sich inzwischen eine Partei gebildet, die für die Heirat des römischen Königs mit der Prinzessin Josefa von Bayern eintrat, weil sie darin die Möglichkeit sah, eines Tages in den Besitz Bayerns zu kommen, umso mehr, als die beiden Vettern, der Kurfürst von Bayern Max Josef und Karl Theodor von der Pfalz, ohne Erben waren. Maria Theresia hielt nicht viel davon, da es zwei ältere Schwestern gab, nämlich Maria Antonia von Sachsen und die Markgräfin von Baden, und zog daher die von Maria Antonia empfohlene Prinzessin Kunigunde von Sachsen vor. Als jedoch Josef diese bei seiner Rückkehr von Frankfurt zu Gesicht bekam, war es mit seiner Heiratswilligkeit vorbei. Und da ihn die bayerische Prinzessin mit weniger Abscheu erfüllte, gab sich Maria Theresia resignierend mit dieser Heirat zufrieden.

27 F. Walter, s. o., nach Arneth: Briefe, IV, 228, Maria Theresia an Pergen, 24. Februar 1764.

28 Mit dem Namen „Sarmatismus" bezeichnet man den Versuch, die nationale Tradition in der Literatur, Kunst und gewissen Bräuchen wiederzuerwecken. Die Bewegung ist sehr widersprüchlich beurteilt worden, war aber sicher eine wichtige Strömung im modernen Polen. Vgl. auch A. Beer, Erste Theilung Polens, Wien, S. 18.

29 Wien, Staatsarchiv, Familienkorrespondenz 37, undat. Brief (1763?), und Lippert, s. o., S. 178.

30 Arneth, s. o., VIII, S. 38 und Fußnote S. 543.

31 Correspondance secrète de Louis XV avec le comte de Broglie, Bd. I.

32 Wien, Staatsarchiv, Frankreich 124, Berichte, März 1763.

33 Arneth, s. o., VIII, S. 59 u. 546.

34 Renaud Przezdziecki, Diplomatie et Protocole à la Cour de Pologne, Paris 1934, S. 284f.

35 Paris B. N. Manuscrits N. A. F. 22 834, f° 97 B. Papiers Segur, Bd. VII.

36 Jean Fabre, Stanislas-Auguste Poniatowski et le siècle des lumières, bes. III. u. IV. Teil.

### *Maria Theresia und Ungarn*

1 Das Kapitel über Ungarn zur Zeit Maria Theresias stützt sich, abgesehen von den klassischen Werken von Homan-Szekfü, G. Szekfür, Marczali, F. Eckardt, auf die Arbeiten moderner Historiker: Kosáry, Kálmán Benda, Sinkovics, Wellmann, Balazs.

2 L. Makkai, Histoire de la Transylvanie, Paris 1948.

3 Kálmán Benda, La Société hongroise au XVIIIe siècle; Eva H. Balazs, Les Lumières et la Paysannerie au cours de dernier tiers du XVIIIe siècle.
Es ist nicht leicht, zuverlässige Angaben über die Bevölkerungsdichte Ungarns im 18. Jahrhundert zu finden. Denn die erste große Volkszählung fand erst unter Josef 1787 statt. Trotzdem stimmen die hier angegebenen Proportionen, von wenigen Abweichungen abgesehen.
Nach der Volkszählung von 1787 gab es in Ungarn (ohne Kroatien und die Gebiete an den Militärgrenzen) 6,467.829 Einwohner, in Siebenbürgen 1,440.986. Nimmt man Kroatien und die Militärgrenzen dazu, dann kommt man ungefähr auf 8,180.000 Einwohner. Während des 18. Jahrhunderts hat die Bevölkerung trotz der erheblichen Kindersterblichkeit weiter zugenommen, zwischen 1711 und 1790 hat sie sich nahezu verdoppelt. Die Magyaren, die vor der türkischen Invasion in der Mehrheit gewesen waren (wahrscheinlich 80 Prozent), hatten nur noch einen Anteil von 38 bis 39 Prozent. Vgl. Stefan Szabo, Ungarisches Volk, Budapest 1944, S. 168f. u. 207f.

4 Kálmán Benda, s. o.

5 Imre Wellmann, Flurnutzung im nordwestlichen Teil der ungarischen Tiefebene in der ersten Hälfte des 18. Jahrhunderts, Budapest 1972.

6 Gyula Benda, Production et Exportation de céréales en Hongrie 1770—178[illegible] (Franz.-ung. Kolloquium, Budapest 1972.)

7 Paris, Aff. étr., Autriche 254, f° 35, Marquis d'Aubeterre, 22. jan. 1755.
8 Ferencz Eckhardt, A bécsi udvar gazdaságpolitikája Mária Terésia Korában (Die Wirtschaftspolitik Wiens zur Zeit Maria Theresias).
9 Domokos Kosáry, Les Antécédents de la révolution industrielle en Hongrie: hypothèses et réalités. Franz.-ung. Kolloquium, Budapest 1968.
10 Über die Nationalitätenfrage: J. Szekfü, Etat et Nation, Paris. L. Makkai, Histoire de la Transylvanie, Paris 1948; C. Daicoviciu u. Miron Constantinescu, Brève Histoire de la Transylvanie, Bukarest 1965; Frantisek Bokes, Dejiny Slovenska a Slovakov, Preßburg 1946.
11 Istvan Söter, Littérature hongroise, littérature européenne. Etudes de littérature comparée, Budapest 1964, S. 334f. Jean Bérenger, Latin et langues vernaculaires dans la Hongrie du XVIIe siècle, in: Revue Historique, Nr. 491, Juli—September 1969.
12 E. Forbát, Die Geschichte des Handels und des Preßburger Handelsstandes im 18. Jahrhundert, Preßburg 1930, bes. interessant das Kapitel „Jahre des Friedens (1751—1775)".
13 Korrespondenz zwischen Ignaz Koch und Kaunitz, hg. v. Schlitter, S. 114, 27. August 1751.
14 Das Urbarium wird in jeder Geschichte Ungarns analysiert.
15 Litterature hongroise, s. o.
16 Václav Husa, Dějiny Československa, 1961, S. 155.
17 Titel des Werkes von Kollar: Adami Francisci Kollarii Pannonii Neosoliensis Mariae Theresiae Aug. a sonsiliis et Vindobonensis bibliothecae Palatinae custodis primarii de originibus et usu perpetuo potestatis legislatoriae circa sacra apostolicorum regum Ungariae libellus singularis. Vindobonae, Typis J. T. von Trattner.
18 Wien, Staatsarchiv, Familienkorrespondenz 37, französischer Brief Maria Theresias an die Kurfürstin von Sachsen Maria Antonia, 12. Mai 1764, hg. v. W. Lippert, Leipzig 1908, S. 221.
19 Klára Garas, La Collection des tableaux du chateau royal de Bude au XVIIIe siècle (Bulletin du musée hongrois des Beaux Arts, 1969, Nr. 32—33).
20 Pál Voít, Der Barock in Ungarn, Budapest 1971.
21 Klára Garas, La Peinture hongroise du XVIIIe siècle, Budapest 1955, S. 319.
22 Pál Voít, s. o., S. 71.
23 Maria Theresia an Maria Antoinette, 29. August 1773: „Ich fahre nach Esterháza zu dem Fürsten gleichen Namens. Ich gebe zu, es kostet mich viel, diese Vergnügungsreise zu unternehmen. Das ist nichts mehr für mich." Arneth, Maria Theresia und Maria Antoinette, 1865, Brief XXXVII, S. 85.
24 Pál Voít, Barock in Ungarn, S. 64.
25 Ibid., S. 82.
26 Ibid., S. 82.
27 Der Autor hat das Fresko von Kracker in Erlau an Ort und Stelle besichtigt.
28 Klára Garas, Maulbertsch, S. 95, Die Wandlung zum Klassizismus.
29 Louis Eisenmann, Le Compromis austro-hongrois, Wiederauflage 1968, S. 25.

*Die kulturelle Situation zur Zeit Maria Theresias*

1 B. Grimschitz, Rupert Feuchtmüller und Wilhelm Mrazek, Barock in Österreich, Wien 1960; Jaromir Neumann, Český Barok, Prag; F.-M. Mayer, Geschichte und

Kulturleben Deutschösterreichs, II, Wien 1929—1937. Vgl. auch V.-L. Tapié, Baroque et Classicisme, 2. Aufl. 1972, und: Die Völker unter dem Doppeladler, Graz 1975.

2 Für den Übergangscharakter der Epoche ist die Persönlichkeit Maria Theresias in keiner Weise bezeichnend.

3 Neue methodische Grammatik nach dem Vorbild der besten Autoren unserer Tage, insbesondere der Professoren Janker und Gottsched, Bern 1794, S. 2.

4 Karoline Pichler, Denkwürdigkeiten aus meinem Leben, Wien 1844, I, S. 15.

5 Arneth, Maria Theresias letzte Regierungszeit, II, S. 620. Brief van Swietens an Kaunitz, 26. Juli 1774.

6 Diese sollte erst 1847 gegründet werden, und ihre ersten Mitglieder kamen aus allen Teilen der Monarchie: Es waren Deutsche, Ungarn, Tschechen, Polen und Italiener.

7 Über Paul Troger vgl. den Katalog zur Paul-Troger-Ausstellung, Altenburg 1963.

8 Jaromir Neumann, Český Barok, S. 15.

9 In einem Brief vom 12. Mai 1764 schreibt Maria Theresia der Kurfürstin Maria Antonia von Sachsen: „Im Herbst 1765 habe ich vor, nach Böhmen zu reisen, wenn der liebe Gott mich am Leben läßt.“ Aber es war der Kaiser, der sein Leben lassen sollte, und in ihrem Schmerz ließ Maria Theresia das Projekt fallen und nahm es niemals wieder auf.

10 C. Nobert-Schulz, K.-I. Dientzenhofer e il baroco boemo.

11 Renate Wagner-Rieger, Das Haus der österreichischen Akademie der Wissenschaften, Wien 1972. O. Demus, Illusion und Kopie, Akademie der Wissenschaften, Wien 1965, zum Anlaß der Deckenrenovierung.

12 In einem Brief an Marie Antoinette, 3. März 1773 (Arneth: M. Th. und M. A., 1865, S. 72): „Ich begreife, daß du Dir die Veränderungen an dem Schönbrunner Berg nicht vorstellen kannst; sie existieren auch nur auf dem Papier und werden niemals ausgeführt werden; Du weißt, der Kaiser liebt Schönbrunn nicht, und in meinem Alter wäre es lächerlich, ein solches Werk zu beginnen. Bis jetzt ist auf dem Berg gar nichts, kein Gebäude, ich habe nur oben ein großes Reservoir anlegen lassen, um gegenüber vom Hause einen Springbrunnen zu haben.“ Sie sollte aber doch auf das Projekt zurückkommen und die Gloriette bauen lassen.

13 N. Lieb-Dieth, Die Vorarlberger Barockbaumeister.

14 F. Heer schreibt in seinem brillanten Essay „Das Glück Maria Theresias“, daß die Figur der Europa in Birnau die Züge der Kaiserin trage. Aber Birnau besitzt keine Darstellung der vier Erdteile, es muß sich um Günzburg handeln.

15 Yves Lasfargues, Le Culte mondial de saint Jean Népomucène, Diss. Sorbonne 1966; P. de Vooght, Hussiana, 1960, S. 400; P. Hain, Joannäischer Ehren und Christlicher Seelenschatz, Prag 1722; Jaroslav V. Polc und Václav Ryněš, Svatý Jan Nepomucký, 2 Bde., Rom 1972.

16 Khevenhüller beschreibt es in seinem Tagebuch 1758: „Noch sonsten et was délicatment assaisoniertes Gerücht.“

17 A. Wandruszka, Die Religiosität Franz Stephans von Lothringen, in: Mitteilungen des Österreichischen Staatsarchivs 12 (1959), S. 162—173. In der Nationalbibliothek in Paris (Manuscrits F 14623) befindet sich ein handgeschriebenes Manuskript mit dem Wappen Marie Antoinettes: „Méditations faites par S. M. l'empereur Francois Ier copiés l'année 1766.“

18 Seit dem Buch von W. Müller, Gerhard van Swieten, 1883, ist keine Biographie über van Swieten erschienen, wohl aber der ausgezeichnete Vortrag von Erna Lesky (8. Mai 1972): „Gerhard van Swieten und seine Zeit.“

Das Zitat Maria Theresias stammt aus Arneth, Briefe, IV, S. 235, u. F. Walter, Maria Theresia, S. 105.

19 P. Hersche, G. V. S. Stellung zum Jansenismus (Internat. Kirchl. Zeitschrift, Bd. 61, 1971, S. 33—56).

20 Grete Klingenstein, Staatsverwaltung und Kirchliche Autorität im 18. Jahrhundert, das Problem der Zensur in der theresianischen Reform, Wien 1970.

21 G. Klingenstein, s. o., S. 107.

22 F. Walter, Briefe und Akten, S. 15, und politisches Testament, S. 72.

23 Arneth, Bd. IV.

24 Über Josef von Sonnenfels: Robert A. Kann, A Study in Austrian Intellectual History from late baroque to romanticism, Kap. IV, Josef, S. 146—258.

25 Über die katholische Aufklärung:
E. Winter, Tausend Jahre Geisteskampf im Sudetenraum, 1938, S. 263; Die Aufklärung, der Josefinismus und seine Geschichte, Brünn 1945; F. Maas, Der Josefinismus, Bd. IV., Wien 1951; ders., Der Frühjosefinismus, 1969; Grete Klingenstein, s. o.; Abbé B. Plongeron, Recherches sur l'Aufklärung catholique en Europe occidentale, in: Revue d'histoire moderne, 15 (1969); ders., Questions pour l'Aufklärung catholique en Italie, Florenz 1970; P. Chaunu, in: La Civilisation des Lumières. S. 285f.

26 E. Winter, Der Josefinismus, S. 130.

27 F. Maas, Maria Theresia und der Josefinismus, in: Zeitschrift für katholische Theologie 79 (1957).

28 F. Walter, s. o., S. 391, Brief Maria Theresias an Josef II., Dezember 1775.

29 Pater Busenbaum (1609—1668) war der Autor der „Medulla theologiae moralis", und seine Werke wurden von der Wiener Zensur verboten.

30 Arneth, Maria Theresia, 1888, S. 21.

31 F. Walter, s. o., S. 296f., Briefe an Erzherzog Ferdinand.

32 Der Vergleich zwischen Maria Theresia und Karl dem Großen stammt von Guglia, s. o., Bd. II, S. 372.

33 A. Wandruszka, Leopold II., Bd. I, S. 337.

34 Über die „Constitutio criminalis Theresiana": Ernst C. Hellbling, Österreichische Verfassungs- und Verwaltungsgeschichte, S. 301 und Bibliographie.

35 O. Fraß, Quellenbuch, 2, S. 287, nach Karl Ditter von Dittersdorf, Lebensbeschreibung, ersch. 1909.

36 F. Heer, Europäische Geistesgeschichte, S. 590.

37 Wo man auch Komödien und ausländische Stücke spielte.

38 E. Winter, Tausend Jahre Geisteskampf im Sudetenraum, S. 285.

39 J. Pekař glaubte, daß das gefühlsbetonte Barock des 18. Jahrhunderts Wegbereiter der Romantik war.

*Die Dynastie im Dienste der Monarchie*

1 Tatsächlich gab es im Haus Habsburg bis zum Untergang der Monarchie immer männliche Thronfolger.

2 Dieses Gemälde ist oft reproduziert worden. Vgl. Hennings, Er sitzet zur linken Hand; A. Wandruszka, Leopold II., Bd. I, S. 36. Von dem Gemälde van Meytens gibt es mehrere Versionen, deren Entstehungsdatum sich leicht an der Anzahl der Kinder ablesen läßt.

3 Khevenhüller, Bd. IV, S. 86.

4 F. Walter, Maria Theresia, Briefe und Aktenstücke, S. 98; enthält auch die Weisungen für die Erzherzoginnen Johanna und Josefa. Sie müssen jeden Tag zur Messe gehen, haben um elf Uhr ihre Französischstunde und müssen mit einem sehr mageren Speisezettel vorliebnehmen: jeden Abend eine magere Gemüsesuppe, Eierspeise und Dessert, aber niemals Süßigkeiten, Marmelade, Bäckerei und Schokolade, auch keinen Kaffee. Auf Seite 151 befinden sich die Weisungen für Erzherzog Leopold, und S. 167 für Josefa, als feststeht, daß sie Königin von Neapel wird.

Khevenhüller, II, S. 443, Weisungen für die Kammerherren Erzherzog Josefs: Die Domestiken haben auf die physische Sauberkeit des Prinzen zu achten, der sich jeden Morgen und Abend den Mund und die Hände waschen muß, sorgfältig gekämmt sein muß und sich einmal in der Woche die Füße zu waschen hat.

5 Khevenhüller, III, S. 266.

6 Wien, Hausarchiv, Familienkorrespondenz 37, an Christian Wolfenbüttel, 1779.

7 Die erste, dem König von Neapel zugedachte Erzherzogin war die kleine Johanna, die 1762 zwölfjährig starb.

8 Wien, Hausarchiv, ibid., 13. Oktober 1763.

9 Ibid., Infantin Marie Louise an Maria Theresia: „Gnädige Frau und liebe Mutter, 30. Juli 1764: Der Herzog von Ossuna hat uns viel vom Erzherzog Leopold berichtet, aber weit davon entfernt, das Gesagte für übertrieben zu halten, glaube ich, daß er noch weit nicht alle seine Verdienste, die mein Herz ihm zuschreibt, gebührend gewürdigt hat. Er ist der Sohn Eurer Majestät, erzogen von einer so würdigen Mutter, daß ich mich sicher nicht täusche."

10 Wien, Hausarchiv, Familienkorrespondenz, 6. August 1765.

11 Die Prinzessin Charlotte war die Schwester von Kaiser Franz. Sie lebte lange in Wien im kaiserlichen Haushalt. Aber als ihre Nichten heranwuchsen, hatten sie der Etikette gemäß vor der Tante den Vortritt. 1754 zog sie sich daher in das Kapitel in Mons zurück.

12 Arneth, VII, Kap. V.

13 Auch Khevenhüller erzählt in seinem Tagebuch, daß er der Kaiserin Vorstellungen gemacht habe, ihre Abdankung könne zu einer konträren Politik führen.

14 Ich glaube, Wolf hat in „Marie Christine", I, S. 79, diese Worte zum ersten Mal publiziert, später Guglia, Kretschmayr etc.

15 Offenbar ist Maria Theresia ziemlich eifersüchtig gewesen, umso mehr als es dem Kaiser nicht an Versuchungen mangelte und er ihnen zweifellos nicht immer aus dem Weg ging: Man hat von Schauspielerinnen etc. gesprochen. Die ernsthafteste Affäre war wohl die mit der Prinzessin Auersperg. Es ist unklar geblieben, ob es sich hier um eine langjährige Liäson oder um eine platonische Freundschaft gehandelt hat. Als die Kaiserin die Prinzessin zum ersten Mal nach dem Tod des Kaisers wiedersah, soll sie gesagt haben: „Wir haben einen großen Verlust erlitten."

16 Arneth, VII, Kap. 5, Der Tod des Kaisers Franz. Vgl. A. Wandruszka, Leopold II., Bd. I. Über das Testament und die folgenden finanziellen Transaktionen siehe Hanns Leo Mikoletzky, Österreich, das große 18. Jahrhundert, S. 216f. u. Anmerkungen S. 387f.

17 Arneth, VII, Kap. 7.

18 H. Kretschmayr, Maria Theresia, S. 181.

19 Arneth, II, S. 251f.

20 Arneth, VII, Kap. 8—13.

21 Das Damenstift ist erst 1919 von der Regierung der 1. tschechoslowakischen

Republik geschlossen worden. Die Stiftsdamen bekamen eine Pension, bis die letzte 1964 verstarb.

22 Wien, Haus-, Hof- und Staatsarchiv, Familienkorrespondenz 37.

23 Arneth, VII, S. 551.

24 Wien, Haus-, Hof- und Staatsarchiv, ibid.

25 Arneth, ibid., S. 562.

26 Arneth, Maria Theresia und Marie Antoinette, Ihr Briefwechsel, Wien 1865, S. 9.

27 Haus-, Hof- und Staatsarchiv, F. A. Sammelbände, Karton 3, enthalten zwei Dossiers der Korrespondenz zwischen Maria Theresia und Marie Antoinette. Im Karton Nr. 12 befinden sich einige Originalbriefe Marie Antoinettes von 1770.

28 Die erste Ausgabe der Korrespondenz der beiden Herrscherinnen von Arneth enthielt nicht den Brief Maria Theresias vom 13. Juli 1775. Kopie im Staatsarchiv, Sammelbände 3.

29 Arneth, Maria Theresia und Marie Antoinette, S. 258 (Brief vom 23. Aug. 1778). O. Placht, Lidnatost a společenská ... Prag 1957 (Bevölkerung und Sozialstruktur Böhmens im 15. und 18. Jahrhundert); G. Grüll, Die Robot in Oberösterreich, Linz 1952.

30 Das Patenkind Maria Theresias sollte Madame Royale werden, dann Herzogin von Angoulême (1778—1851). Die Briefe Maria Theresias, in denen sie sich einen Dauphin wünscht, sind vom 1. Mai 1779 (s. o. S. 274), 1. April 1780 (S. 308) und 2. August 1780 (S. 322).

31 Trotz der Impfung erkrankte die einzige Tochter Josefs II., die kleine Erzherzogin Maria Theresia, und starb 1770. Für den Kaiser war dies ein furchtbarer Schmerz, der seine Persönlichkeit noch mehr verdüsterte.

32 Tatsächlich machte man sich anläßlich dieser Reise Josefs II. in Wien Hoffnungen, er würde eine dritte Ehe eingehen und Maria Beatrice heiraten, aber er zog es vor, sie zur Schwägerin zu haben.

33 F. Walter, s. o. S. 218.

34 Kretschmayr, S. 298: Maria Theresia dankt im Juni 1765 Maria Beatrice für den deutschen Brief, den diese ihr geschrieben hatte.

35 Max Braubach hat eine interessante Biographie über Erzherzog Maximilian Franz geschrieben: Maria Theresias jüngster Sohn, Max Franz, Wien 1961.

36 Arneth, VII, S. 479 u. 572, Anm. 707.

37 Die diesbezügliche Inschrift ist noch immer auf der Fassade von Schloßhof im Marchfeld zu entziffern.

38 Arneth, Maria Theresia und Marie Antoinette, S. 320 f.

39 Der Statthalter des Herrschers spielte in der Konstitution Ungarns eine geringere Rolle als der Palatin. Daher ernannte Leopold, der nicht die gleichen Fehler wie Josef II. begehen wollte, seinen Sohn Alexander Leopold zum Palatin, dessen Bedeutung der junge Herzog sehr wohl begriff, ebenso wie nach ihm sein Bruder, Erzherzog Josef, der in Buda lebte und die Stadt verschönerte. Er starb am Vorabend der Revolution von 1848.

40 Diese Korrespondenz ist von Arneth in mehreren Bänden veröffentlicht worden, siehe Bibliographie.

41 Guglia, s. o., II, S. 274, Anm. 1, sagt, er habe keine authentische Quelle für diese Anekdote finden können.

1 Eigentlich mehr grundherrschaftlich als feudal, wenn sich diese Bezeichnung hauptsächlich auf die militärischen Verpflichtungen bezieht.
2 beziehungsweise in den Königreichen Böhmen und Ungarn.
3 E. Gothein, Der Breisgau unter Maria Theresia und Josef II., Heidelberg 1906. S. 15.
4 Arneth, II., S. 346.
5 Carl Grünberg, Die Bauernbefreiung und die Auflösung des gutsherrlichbäuerlichen Verhältnisses in Böhmen, Mähren und Schlesien, 1894, 2 Bde.; F. Graus, Dějiny venkovského... (Geschichte der bäuerlichen Bevölkerung Böhmens und Mährens vor der Hussitenzeit; K. Krofta, Přehled Dějin selského stavu v Čechách a na Moravě (Versuch einer Geschichte der bäuerlichen Klasse in Böhmen und Mähren) Prag 1919—1949; V. Procházka, Česká poodanska... (Das Grundeigentum der böhmischen Bauern in den Grundbüchern des 16. und 17. Jahrhunderts) O. Placht, Lidnatost a společenská... Prag 1957 (Bevölkerung und Sozialstruktur Böhmens im 15. und 18. Jahrhundert); G. Grüll, Die Robot in Oberösterreich, Linz 1952.
6 L. Karnikova, Vývoj obyvatelstva v českych zemích 1754—1914, Prag 1965.
7 K. Krofta, s. o., S. 207.
8 G. Grüll, Die Robot in Oberösterreich, Linz 1952.
9 Svátek, s. o., II, S. 229.
10 Ausgezeichneter Artikel von František Kutnar in: Acta Universitatis Carolinae Philosophica et Historica, 3 (1962), S. 57.
11 Ibid., S. 12.
12 Ibid., S. 13.
13 K. Krofta, s. o., S. 177.
14 L. Kárníková, s. o., S. 26, Anm. 13.
15 Erika Weinzierl-Fischer, Die Bekämpfung der Hungersnot in Böhmen 1770—1772 durch Maria Theresia und Josef II., in: Mitteilungen des Österreichischen Staatsarchivs, 1954.
Über die Reise Josefs durch Böhmen: F. Roubik, Relace císaře Josefa II... in: Časopis dějin venkova 13 (1926), S. 102—119.
16 Svátek, s. o., S. 239.
17 Hoch, Staatsrath, S. 68f.
18 Über den Bauernaufstand von 1775 gibt es eine umfangreiche Literatur: J. Svátek, s. o., II, S. 218—318; Carl Grünberg, s. o. Die neuesten marxistischen Publikationen sind: Vaclav Husa, Nevolnicke povstani roku 1775 (Der Aufstand der Leibeigenen 1775), Cesky lid, XXXIX, 1932, und unter demselben Titel desselben Autors in Zusammenarbeit mit J. Petran, Prag 1956; J. Koci. Les Emeutes paysannes sur plusieurs domaines de la Bohême du Nord en 1775, ČSČH, 1960, S. 636; J. Fischer, Selské nepokoje na Moravé roku 1775, CCH, 1936, S. 163.
Vgl. auch die vier Essays in dem Heft der Karolinenuniversität: Přispěvky k dějinám třidnich boju v Čechách. II Nevolnické povstání r. 1775 (Beitrag zur Geschichte des Klassenkampfs in Böhmen, Der Bauernaufstand von 1775), 1962, von Frantisek Kutnar, Jaroslav Vávra, Oldricj Janeček, Josef Petran.
19 O. Janeček, s. o., S. 161.
20 J. Vávra u. O. Janeček, S. 159.

21 J. Svátek konnte sich mit den Nachkommen des Chvojka, der 1790 gestorben war, in Verbindung setzen. Das Gut war bis 1890 im Besitz der Familie, S. 306.
22 J. Svátek, s. o., S. 276.
23 Dafür treten auch O. Janeček und J. Petran ein.
24 Briefe der Kaiserin an Erzherzog Ferdinand, s. o., S. 398; Guglia, s. o., II, S. 353. Abgedruckt in F. Walter, s. o., S. 398; H. Kretschmayr, s. o., S. 296.
25 Der Text des Patents über die Robot befindet sich in: J. Kalousek, Řády selské a instrukce hospodarské, in: Archiv Český 24 (1908), S. 496f.
26 K. Krofta, s. o. S. 189.
27 F. A. Raab, Unterricht über die Verwandlung der K. K. böhmischen Domänen in Bauerngüter, 1777.
28 F. Kutnar, s. o., S. 18.
29 K. Krofta, Snahy o společný snem, in: Byli jsme za Rakouska, Prag 1936, S. 142.
30 L. Kárníková, s. o., S. 327.
31 J. Pekař, Ceské Katastry, S. 269, Anm. 2.
32 Tereziánský Katastry český, 3, S. 14.
33 Abbildungen Böhmischer und mährischer Gelehrten und Künstler, Bd. 2, Prag 1775.
34 F. Martin Pelcl, Kurzgefaßte Geschichte von Böhmen von den ältesten bis auf die itzigen Zeiten, hg. von 1774 bis 1817.
35 Josef Hanzal, in: Sbornik historický 18 (1971), S. 39—69.
36 Československá Vlastivěda, s. o., S. 586.
37 J. Hanzal, s. o., S. 40.

*Die territoriale Ausdehnung der Monarchie*

1 H. Hantsch, Geschichte Österreichs, II, S. 7 u. 59.
2 Eberhard Gothein, Der Breisgau unter Maria Theresia und Josef II., 1906.
3 Henri Pirenne, L'Histoire de Belgique, Bd. V, S. 236: „Seit dem Ende des 16. Jahrhunderts hat das Land nie mehr einen derartigen Wohlstand erreicht wie am Ende der theresianischen Epoche.“
H. Benedikt, Als Belgien österreichisch war, Wien 1965, exzellente Bibliographie.
4 Wien, Staatsarchiv, Vorträge, Karton 17.
5 H. Benedikt, s. o., S. 125.
6 J. Le Court, Ordonnances de Marie-Thérèse dans les Pays-Bas autrichiens, Brüssel 1905. Die hier zit. Ordonnanzen befinden sich im Staatsarchiv, s. o.
7 J. Laenen, Le Ministère de Botta Adorno dans les Pays-Bas autrichiens, Anvers, 1901, S. 41 (Antoine de Botta Adorno war Minister von 1750 bis 1753 nach Karl Batthyány, der seinerseits 1746 Kaunitz nachgefolgt war. Nach ihm nahm von 1753 bis 1770 Cobenzl den Posten ein, nach Cobenzl Adam von Starhemberg.)
8 Arneth, s. o., VIII, S. 602.
9 H. Benedikt, s. o., S. 184.
10 Über die Lombardei: F. Valsecchi, L'assolutismo illuminato in Austria e in Lombardia, Bologna 1931—1933; ders., L'Italia nel settecento dal 1714 al 1788, Verona 1959, S. 611.
11 Arneth, s. o., VIII, S. 574.
12 Bericht der Société d'histoire moderne (Beilage zur Revue d'histoire moderne et contemporaine, Nr. 2, 1967). Vierte Serie, Nr. 2, S. 8.
13 Arneth, ibid., S. 176; A. Beer, Die erste Theilung Polens, Wien 1873; ders., Die

Zusammenkünfte Josefs II. und Friedrichs II. zu Neiße und Neustadt, in: Archiv für österreichische Geschichte 47 (1871).

14 Arneth, ibid., S. 157 (15. November 1768).

15 Läßt die Koketterie von Kaunitz Friedrich II. gegenüber darauf schließen, daß er vorhatte, die französisch-österreichische Allianz aufzulösen? Diesen Verdacht hegte zumindest Maria Theresia. Aber offensichtlich zu Unrecht; denn in den Instruktionen, die Kaunitz für das Treffen in Neiße vorbereitet hatte, empfiehlt er Josef II., zum Ausdruck zu bringen, daß „die Allianz mit Frankreich gut und solide" sei. A. Beer, s. o., S. 447.

16 Arneth, s. o., S. 577.

17 Arneth, s. o., S. 227 u. 583. Brief Maria Theresias an Lacy, 27. November 1770: „Ihr (der Kaiser und Lacy) seid beide geneigt, Krieg zu führen und ich, die ich die Härte des Krieges allzu sehr zu spüren bekommen habe, will keinen mehr machen: Ich liebe zu sehr meine Völker und meine Ruhe..."

18 E. Zöllner, Geschichte Österreichs, S. 296.

19 Arneth, s. o., S. 888. 31. Oktober 1770.

20 Ibid., S. 291.

21 A. Wandruszka, Leopold II., I, S. 283.

22 Dieser Text ist innerhalb der Korrespondenz Maria Theresias und Josefs II. publiziert worden; Arneth glaubt aber, daß nicht der Kaiser, sondern Kaunitz der Adressat war.

23 A. Beer, s. o.

24 Arneth, s. o., S. 597.

25 Ibid., S. 596. Dieser Text stammt aus einem Memorandum Maria Theresias an den Kaiser, dessen Abschrift sie Kaunitz zuschickte.

26 Martens, Recueil des Traités, Bd. 1.

27 Arneth, s. o., S. 600.

28 Arneth, ibid., S. 601.

29 Guglia, s. o., II, S. 307.

30 V.-L. Tapié, Die Völker unter dem Doppeladler, Graz 1975.

31 G. Zeller, Les Temps moderns, III, S. 262.

32 Arneth, ibid., S. 613.

33 Martens, s. o., S. 507.

34 L. Makkai, Histoire de Transylvanie, S. 280.

35 Wien, Staatsarchiv, Provinzen, Fasz. I, Böhmen.

36 Arneth, ibid., S. 575.

37 Arneth, ibid., Bd. X, S. 374, u. Maria Theresia und Josef II, 14. März 1778, II, S. 190.

38 K. Tschuppik, Maria Theresia, S. 437.

39 Arneth, Maria Theresia und Marie Antoinette, S. 245, Brief Maria Theresias, 1. Juni 1778.

40 Ibid., S. 252, 3. August 1778.

41 Diese Idee Katharinas II. war sicher zur damaligen Zeit schwer zu realisieren, aber sie war alles andere als chimärisch. Katharina strebte die Gleichwertigkeit zwischen ihrem Reich und dem Heiligen Römischen Reich Deutscher Nation an. Sie hätte es auch gern gesehen, daß Josef II. ihr das Goldene Vlies verliehen hätte. Sie wagte aber nicht, selber darum zu bitten, und Josef hielt sich vorsichtig zurück.

42 Arneth, Maria Theresia und Marie Antoinette, S. 322, Brief Maria Theresias vom 2. August 1780.

43 Ibid., S. 326, Anm. Brief Josefs an Maria Theresia aus Riga, 22. Juli 1780.

44 Über diese letzten Augenblicke: Arneth, X, S. 724f.; Guglia, s. o., II, S. 382f. Der letzte Brief an die Kinder in der Toskana ist französisch und in einer energischen Schrift geschrieben (Faksimilie bei Arneth, X, auf der letzten Seite abgedruckt, sowie bei Kretschmayr, s. o., S. 290).

### *Schlußwort*

1 A. Wandruszka, Leopold II., II, Anhang.
2 J.-B. Duroselle, L'Idee de l'Europe dans l'Histoire, S. 114.
3 Arneth, Correspondance secrète entre Mercy-Argenteau, Josef II. et Kaunitz. Documents inédits de l'Histoire de France, 1859, I, S. 3, 6. Dezember 1780.
4 Arneth, Maria Theresia und Marie Antoinette, s. o., S. 246, 1. Juni 1778.
5 H. Kretschmayr, Maria Theresia, S. 217.
6 Dies sind die Worte Eduard Beneschs in seiner berühmten Propagandaschrift „Détruisez l'Autriche-Hongrie", Paris 1916.
7 Erich Zöllner, Geschichte Österreichs, S. 319.
8 F. Walter, Maria Theresia, Briefe und Aktenstücke, S. 130.
9 Ibid., S. 129.
10 Die Formulierung Palackys war länger und richtiger.
11 Hugo von Hofmannsthal und Josef Redlich, Briefwechsel, Wien 1971, S. 34; Brief Redlichs an H., 24. April 1917. Über das Werk A. Wolfs siehe Bibliographie.

# *Bibliographie*

Folgende Geschichtswerke neueren Datums behandeln die Regierungszeit Maria Theresias unter Berücksichtigung der neuesten Forschungsergebnisse:
*Hugo Hantsch,* Geschichte Österreichs 1648—1918, Graz 4. Aufl. 1968.
*Erich Zöllner,* Geschichte Österreichs, Wien 5. Aufl. 1974, mit ausgezeichneter Bibliographie.
*Hanns L. Mikoletzky,* Österreich, das große 18. Jahrhundert, Wien 1967.
*Gustav Otruba,* Die Wirtschaftspolitik Maria Theresias, Wien 1963.
Dagegen wirkt die zehnbändige Biographie Maria Theresias von *Alfred Arneth,* die zwischen 1863 und 1879 erschien, vielfach überholt, verfügt aber über eine erstklassige Dokumentation:
*Alfred Arneth,* Geschichte Maria Theresias.
Bd. I—III: Maria Theresias erste Regierungsjahre (1740—1748).
Bd. IV: Maria Theresia nach dem Erbfolgekrieg (1748—1756).
Bd. V, VI: Maria Theresia und der siebenjährige Krieg (1756—1763).
Bd. VII—X: Maria Theresias letzte Regierungszeit (1763—1780).
Ergänzend dazu vergl.: *Eugen Guglia,* Maria Theresia, ihr Leben und ihre Regierung, 2 Bde., München 1917. *Heinrich Kretschmayr,* Maria Theresia, 2 Bde., Leipzig 2. Aufl. 1939 (enthält interessante Textpublikationen). *Karl Tschuppik,* Maria Theresia, Amsterdam 1934.
Über das *Verwaltungswesen* siehe:
*F. Walter,* Die österreichische Zentralverwaltung in der Zeit Maria Theresias, Wien 1938.
*Alfred von Arneth* hat verdienstvollerweise die Korrespondenz von Maria Theresia und ihren Kindern und Freunden publiziert:
Maria Theresia und Josef II, ihre Korrespondenz, samt Briefen Josefs an seinen Bruder Leopold, 3 Bde., Wien 1867/68. Maria Theresia und Marie Antoinette, ihr Briefwechsel, Leipzig 2. Aufl. 1866.
Ergänzend dazu vergl.:
*Geffroy-Arneth,* Correspondence secrète entre Marie-Thérèse et le comte de Mercy-Argenteau, avec les lettres de Marie-Thérèse et de Marie-Antoinette, 3 Bde., Paris 1874. Maria Theresia — Briefe an ihre Kinder und Freunde, 4 Bde., Wien 1881. *L. Jedlicka,* Maria Theresia in ihren Briefen und Staatsschriften, Wien 1955. *F. Walter,* Maria Theresia. Briefe und Aktenstücke in Auswahl, Wien 1968.
Im Wiener Staatsarchiv befinden sich noch zahlreiche unveröffentlichte Briefe und Billets Maria Theresias, und es ist zu hoffen, daß bald eine komplette Ausgabe der Korrespondenz erscheint.
Über das *Familien- und Hofleben* informiere man sich im Tagebuch des Obersthofmeisters, *Johann Josef Khevenhüller-Metsch:* Aus der Zeit Maria Theresias, 1742—1776. Erschienen in 7 Bd. Wien 1907—1925.
Auszüge bei *A. Wolf,* Aus dem Hofleben Maria Theresias, Wien 2. Aufl. 1859. Vergl. auch *A. Wolf,* Österreich unter Maria Theresia, Wien 1855.

Über *Böhmen:* Josef Svátek, Panováni císařovny Marie Teresie, 1897, Bd. 1 der Geschichte Böhmens und Mährens, hg. v. *A. Rezek.*
Wie man aus den Anmerkungen der verschiedenen Kapitel ersehen kann, gibt es unter den tschechischen Geschichtswerken keine allgemeine Darstellung der theresianischen Regierung, wohl aber zahlreiche Arbeiten über ökonomische und soziale Aspekte.
Dasselbe gilt für *Ungarn.* Hier ist noch immer auf *Homan-Szekfü,* Magyar Törtènět (Geschichte Ungarns) als grundlegendes Werk zu verweisen.
Einzelaspekte werden u. a. herausgearbeitet von: *F. Eckhardt,* A bécsi udvar gazdasági politikája Magyarországon Mária Terézia Korában (Die Wirtschaftspolitik Wiens zur Zeit Maria Theresias), Budapest 1922.
Auch Arbeiten über *Josef II.* und *Friedrich II.* bringen oft wertvolle Informationen über die Epoche Maria Theresias, z.B.: *F. Fejtö,* Josef II. Kaiser und Revolutionär, Stuttgart 1956. *H. Marczali,* Magyarország II József Korában, Bd. 1, Budapest 1881. *P. Mitrofanov,* Josef II., seine politische und kulturelle Tätigkeit, 2 Bde., Wien 1910. *F. Maass,* Der Josefinismus, Bd. 1, Wien 1951. *P. Gaxotte,* Frédéric II, Paris 1938. *H. Magenschab,* Josef II., Revolutionär von Gottes Gnaden, Graz 2. Aufl. 1980.
Über die *Außenpolitik* und über die Umbildung des Allianzsystems gibt es zahlreiche französische und deutsche Publikationen: *A. Waddinton.* Louis XV et le renversement des alliances, Paris 1896. *J. V. A. de Broglié,* Le Secret du Roi 1752—1774, 2 Bde., Paris 1878; ders., Marie-Thérèse Impératrice, 2 Bde., Paris 1888; ders., L'Alliance autrichienne, 2 Bde., Paris 1895. Dazu ergänzend die Korrespondenz des Duc de Broglié mit Ludwig XV. (1756—1774), hg. v. *Didier Ozanam* und *Michel Antoine* (Société de l'histoire de France), 2 Bde., Paris 1961. *Max Braubach,* Versailles und Wien von Ludwig XIV. bis Kaunitz. Die Vorstadien der diplomatischen Revolution im 18. Jahrhundert, Bonn 1954. *Stephan Skalweit,* Frankreich und Friedrich der Große, Bonn 1952.
Zuletzt sei noch auf kürzlich erschienene deutschsprachige Biographien und Essays hingewiesen:
*W. Andreas,* Maria Theresia — Geist und Staat, München 1922. *Carl J. Burckardt,* Maria Theresia, Lübeck 1932. *Hugo von Hofmannsthal,* Maria Theresia, 1917, in: Ausgewählte Werke in zwei Bänden, 1966, Bd. 2. *Friedrich Heer,* Das Glück Maria Theresias, Wien 1966. *Ann Tizia Leitich,* Maria Theresia Augustissima, Wien 1963. *Peter Reinhold,* Maria Theresia, Frankfurt/Main 1955. *Eduard Crankshaw,* Maria Theresia, München 1970. *Richard Suchenwirth,* Maria Theresia, Leoni 1975. *Walter Koschatzky (Hrsg.),* Maria Theresia und ihre Zeit, Salzburg 1979.

# Personenregister

# *Ortsregister*

Im folgenden Register wird bei den Ortsnamen die altösterreichische bzw. deutsche Schreibweise verwendet. In der Klammer werden die gegenwärtigen bzw. fremdsprachigen Bezeichnungen angeführt.